文化部文化行业标准化研究项目成果
国家社会科学基金重大项目成果

文化行业标准化研究

柯 平 申晓娟 等著

国家圖書館出版社
National Library of China Publishing House

图书在版编目（CIP）数据

文化行业标准化研究/柯平等著. --北京：国家图书馆出版社，2016.7

ISBN 978－7－5013－5822－9

Ⅰ.①文⋯　　Ⅱ.①柯⋯　　Ⅲ.①文化行业—行业标准—研究—中国

Ⅳ.①G124－65

中国版本图书馆 CIP 数据核字（2016）第 094559 号

书　　名	文化行业标准化研究	
著　　者	柯　平　申晓娟　等著	
责任编辑	张　颀	

出　　版	国家图书馆出版社（100034　北京市西城区文津街 7 号）	
	（原书目文献出版社　北京图书馆出版社）	
发　　行	010－66114536　66126153　66151313　66175620	
	66121706（传真）　66126156（门市部）	
E-mail	nlcpress@ nlc. cn（邮购）	
Website	www. nlcpress. com ——→投稿中心	
经　　销	新华书店	
印　　装	北京玥实印刷有限公司	
版　　次	2016 年 7 月第 1 版　2016 年 7 月第 1 次印刷	

开　　本	787 毫米×1092 毫米　1/16	
印　　张	15.75	
字　　数	400 千字	

书　　号	ISBN 978－7－5013－5822－9	
定　　价	98.00 元	

序

早在 1871 年,英国文化人类学家爱德华·泰勒(Edward Taylor)在《原始文化》一书中提出了狭义文化的早期经典学说,即文化是包括知识、信仰、艺术、道德、法律、习俗和任何人作为一名社会成员而获得的能力和习惯在内的复杂整体。而后很多人谈的文化包括了精神和物质的各个方面,扩大到了自然和社会各个领域,将文化广义化,这样,人类产生的所有遗产和一切成果可以称之为文化,甚至人的一切发展变化也可以称之为文化。H. H. Stern(1992)根据文化的结构和范畴把文化分为广义和狭义两种概念,广义的文化即大写的文化(Culture with a big C),狭义的文化即小写的文化(Culture with a small c)。今天,虽然很多人已接受划分为物质文化、制度文化和精神文化(或心理文化)的文化概念,但在信息化的影响下,文化受到了前所未有的冲击与挑战,于是 Hammerly(1982)把文化分为信息文化、行为文化和成就文化。

然而,无论是广义的文化还是狭义的文化,无论是文化学家界定的文化还是各学科行业所论述的文化,无论是理论范畴的文化还是实践范畴的文化,文化都是一个无法阐述清楚的概念,难以形成一个统一的认识。鉴于文化概念本身的模糊性以及文化范畴的复杂性,使用"文化标准化"的提法易于被理解为将各式各样的民族文化、精神文化统一为一个标准,从而遭到驳斥和反对。于是,抛开对于文化概念的论争和易于模糊的"文化标准化",使用一个比较明确的范畴,探讨标准化的问题,这就是"文化行业标准化"。

本书所讨论的文化行业范畴既包括从事文化管理的组织(政府组织、事业单位和其他社会组织),也包括社会以文化为载体和内容的全部活动,既包括公共文化或文化事业的范畴,也包括文化产业的范畴。现有历史文化、民族文化、地方文化、非物质文化遗产、文学艺术、文化传播、对外文化交流等都在这个范畴之中。

当强调标准化重要性时,人们通常用"左准绳,右规矩"(《史记·夏本纪》)、"一法度衡石丈尺。车同轨,书同文字"(《史记·秦始皇本纪》),说明我国早就有"无规矩不成方圆"重视标准的传统。人类标准和标准化有着悠久的发展历史,通常划分为朦胧阶段、古典阶段、传统阶段和现代阶段。实际上,现代意义的标准化的概念最早是在工业领域,现代大工业使标准和标准化成为迫切需要和重要工具,如武器工业中各类枪械的零部件生产、铁路工业中火车的两条铁轨之间的距离确定等,每个行业每个领域都强烈地意识到与标准化密切相关。今天,标准化不仅是生产社会化和管理现代化的重要技术基础,也是提高质量,保护人体健康,保障人身、财产安全,维护消费者合法权益的重要手段,还是发展市场经济、促进贸易交流的技术纽带。

自从科学管理之父弗雷德里克·温斯洛·泰勒(F. W. Taylor)在他的著作《科学管理原理》(1911 年)中把标准化引进了管理科学,把"使所有的工具和工作条件实现标准化和完美化"列入科学管理四大原理的首要原理,标准化成为科学管理的重要领域。随后,标准化的理论与实践得到了快速发展,标准化的范畴从工业领域、经济领域和科学领域拓展到文化和社会生活各个领域,标准化成为一门新兴学科,即以技术科学和管理科学为基础、涉及众多学科领域的综合性交叉学科。

　　然而,相对于其他领域的标准化研究而言,文化行业标准化研究是一个薄弱环节,不仅在我国,而且在国际上也十分缺乏理论成果。从学科的角度,进行文化行业标准化研究,将丰富标准化的理论体系,促进标准化的学科成熟。从现实的角度,进行文化行业标准化研究,适应了我国文化大发展大繁荣、建立文化强国的需要,特别是对于公共文化服务体系建设,对于发展文化产业等,都具有十分重要的意义。

　　文化行业标准化是一个理论问题。从理论上,不能简单地理解为文化与标准化的结合,也不能简单地理解为从标准化视角研究文化或从文化视角研究标准化,而是基于文化学、标准化理论等多学科理论,探讨文化行业标准化的科学依据和标准制订、实施等相关的理论问题。因此,要通过文献的研究,明晰文化行业标准化的基本概念和重点内容,建立起与相关理论有逻辑联系的基本概念框架,梳理出重要的理论基础和学术观点。

　　文化行业标准化还是一个实践问题,理论探讨的目标之一是为了将理论成果应用到文化行业的各个专门领域,解决标准化过程中的具体问题,提供方法论的指导。从活动过程看,文化行业标准化既是一个生命周期,又是一个不断循环、不断提高、不断发展的运动过程,通过这种周期和运动,不断提高标准化的水平和效益。因此,要研究文化行业标准化的全过程,即制定标准、宣传贯彻标准、对标准的实施进行监督管理、根据标准实施情况修订标准的过程。从系统的观点看,文化行业标准化是一个由多种要素组成的体系,这个体系影响着整个文化行业的工作与发展。因此,要研究文化行业标准化的重点领域,建立起文化行业的标准体系框架,包括各子体系的结构与具体要求,探索文化行业标准的发展策略。

作　者
2014 年 10 月

目　录

1 前言

1.1 研究背景与研究意义

1.1.1 研究背景

文化行业的标准化是促进文化艺术与现代科技紧密结合、推动文化创新的重要技术保障,是繁荣文化事业和发展文化产业的重要基础性工作。"十五"期间,文化行业标准化工作取得了很大的进展,为繁荣文化事业、发展文化产业发挥了积极作用。随着文化建设的迅猛发展,文化行业标准数量少、水平低、适用性较差、缺乏统一规划等问题日益凸现。加快文化行业标准化工作已成为今后一段时期一项十分紧迫的任务。"十一五"期间文化行业标准化工作已经取得显著成就,但是仍有各文化行业间标准化工作发展不平衡、缺乏完善的标准体系、文化行业标准化理论研究机制不健全等诸多问题,这为文化部所属各专业标准化技术委员会(以下简称"标委会")下一阶段工作的有效开展提出新的要求。同时,文化行业和国家标准化的"十二五"发展规划,从不同的角度为"十二五"文化行业标准化工作提供宏观指导。此外,"传承创新,推进文化大发展大繁荣"和"文化强国战略"新的文化发展大背景,也对"十二五"期间文化行业标准化工作提出新的要求。21 世纪前 20 年,是我国文化发展的重要战略机遇期,也是国家标准化事业实现跨越式发展的关键时期。为更好地推动国家标准化发展战略在文化领域的贯彻实施,发挥标准化工作在落实科学发展观、建设先进文化和推动文化体制改革和文化创新中的技术支撑和保障作用,根据国家标准化管理委员会《标准化"十一五"发展规划》和文化部《文化建设"十一五"规划》,结合文化建设实际,面对当前文化行业标准化实践中存在问题的挑战和新文化发展环境赋予的机遇,"十二五"期间文化行业标准化工作应涉及哪些重点发展领域便成为文化行业标准化理论与实践中关注的重要议题。

1.1.2 研究意义

就社会效益而言,"十二五"期间文化行业标准化重点工作领域重点强调文化行业标准化体系框架的建立,这能够为文化部开展文化行业标准化研究与立项提供方向。同时,文化行业标准体系的建立,有利于各文化行业标准化工作的统一、协调开展,从而避免各行业之间的标准不均衡、相互交叉重复的弊端,以促进文化行业标准化新业态的形成。此外,通过明确重点工作领域,为文化行业标准化工作未来五年指明了发展方向,以构建发展重点的方式绘制出文化行业标准化领域通向未来的路线图,推进标准化工作"十二五"期间的快速发展,这也将推动我国整个文化事业登上新的发展台阶。

就经济效益而言,面向新的文化发展大环境,明确"十二五"文化行业标准化重点工作领域,有利于文化行业标准化相关部门充分把握文化行业标准化的宏观发展方向,可明确各文化行业标准化的工作重点,通过相互沟通、协作与合作构建文化行业标准化体系框架,有计划、有重点地制定各行业标准,能够节省大量的财力、人力、物力。

1.2 研究目标与研究内容

1.2.1 研究目标

本项目研究的主要目标,立足"传承创新,推进文化大发展大繁荣"和"文化强国战略"新的文化发展环境,从基本原则、主要目标与任务、管理流程、保障与评估等多个方面确定"十二五"文化行业标准化重点研究领域,形成我国文化行业标准体系和标准化体系框架,为文化行业标准化建设提供支持和服务。在文化行业标准体系框架研究的基础上,进一步研究子体系——对各文化领域进行标准研究,形成切实可行的、具有各自领域特色的标准与规范。

1.2.2 研究内容

建立科学的、完整的、体系化的文化行业标准框架,确定"十二五"期间需要制定标准体系的重点领域以及相应领域的优先事项,为国家文化部门制定有关领域的行业标准提供可靠的决策依据,为各文化行业标准的制定提供方向性指导,从而避免文化行业标准的盲目和重复建设。

主要研究内容,拟包括:

(1)文化行业标准化基本理论问题研究

结合文化服务理论、标准化理论、管理学理论等相关理论,研究文化行业标准化的基本原则、主要目标和任务等基本理论问题。

(2)各文化行业标准化现状分析

调查我国文化行业标准化现状,分析我国文化行业标准化的整体状况以及各领域,如图书馆、博物馆、文化馆、美术馆、演出场所、社区文化设施、文化娱乐场所等的状况;国内外文化行业标准的对比研究,如与发达国家的标准研究,包括中美、中澳、中日等国的对比,以吸取发达国家的先进经验,指导我国文化行业标准建设。

(3)文化行业标准化的重点领域及相应领域的优先事项分析

分析文化行业标准化的重点领域;分析面向文化强国的公共文化标准化,确定公共文化标准化的重点领域;分析面向文化强国的文化产业标准化,即急需制定标准的行业,如创意产业、动漫游戏产业、网络文化产业等。确定重点领域中的优先事项,以确立应优先发展的问题。

(4)文化行业标准体系和标准化体系框架分析

根据理论研究与实证研究,构建适合我国国情的科学、规范、包含若干子体系的文化行业标准体系框架以及包含文化行业标准化工作的体系框架。

(5)文化行业标准化体系的子体系研究

根据国内文化行业标准化的总体情况梳理出各子体系中各类标准的发展现状、各子体系中各标准委员会的工作开展情况,对各子体系中标准化工作所取得的进展和存在的问题进行总结和分析。

（6）文化行业标准编制指南

在文化行业标准化体系研究基础上,为指导我国各文化部门制订文化类标准,为文化行业标准的制定提供客观依据,本项目完成《我国文化行业标准编制指南》,包括标准的基本规范、操作指南和建议方案等。

（7）文化行业标准体系的实施评价研究

对文化行业标准体系的实施进行评价,以推进我国文化行业标准化的科学、有序发展。

1.3　研究思路与研究框架

1.3.1　研究思路

第一,根据现有国内外文化行业的现状及构成收集相关文献资料,并结合已有的标准和相关文化产业或行业的分类理论和实践惯例来确定初步的标准框架。首先要尽可能完整的收集好现有的标准文献及相关分类的理论和实践依据,其次根据现有标准的行业划分并结合其间的关联性来确定初步的标准框架。

第二,根据初步框架设计调查问卷和访谈提纲,其中应包括框架的结构、框架中标准的实施现状、框架中的重点部分以及框架中现有标准的不足部分等。问卷调查主要面向相关行业或产业的从业人员和标准执行人员,目的是对初步框架的完善和补充;访谈则主要面对相关领域的专家学者,目的是对初步框架的调整并确定重点领域和优先事项。

第三,对问卷及访谈数据进行初步统计和分析,对现有框架进行完善和补充,最后确定框架中的重点部分。结合问卷调查和访谈数据的分析结果,对框架体系做进一步的完善和补充,并针对其不足做出相应的调整,对于研究重点,除了结合访谈数据,还要在整体上结合国家相应的政策文件和发展纲要来进一步调整。

第四,根据所形成的框架、重点部分以及不足进行更进一步的总结和展望。在最终形成的标准框架和研究重点的基础上,对今后的标准化工作作出预测和展望。

第五,在文化行业标准化体系研究基础上,完成《我国文化行业标准编制指南》,包括标准的基本规范、操作指南和建议方案等。同时对文化行业标准体系的实施进行评价,以推进我国文化行业标准化的科学、有序发展。

1.3.2　研究框架

结合本项目研究的研究内容和研究思路,具体的研究框架如图 1-1 所示。其中以国内外文化行业现有理论和研究成果作为文化行业标准化的基础理论,以行业现状和实践基础作为当前文化行业标准化发展现状的情境支撑,在文献调研、现状研究与实证分析的基础上构建出文化行业标准体系框架及其子体系,并确定其中的重点领域和优先事项,最后以文化行业标准指南的编制和实施评价作为应用层面和反馈机制来深化对该体系框架的修正。

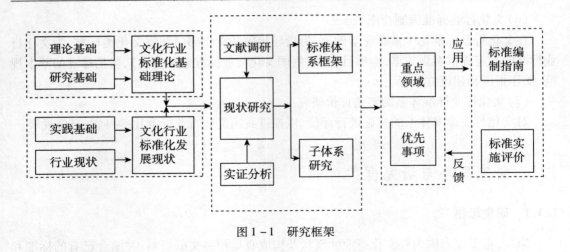

图1-1　研究框架

1.4　相关概念与理论

1.4.1　相关概念

"文化行业"这一术语是由批判理论家 Theodor Adorno(1903—1969)和 Max Horkheimer (1895—1973)于1944年在他们合著的《启蒙辩证法》中最早提出的,他们提出流行文化 (popular culture)是类似于一个生产标准化文化产品的工厂,如电影、广播节目、杂志等,大众被动地接受流行文化,并受其影响。无论受众的经济条件如何,通过大众传媒对流行文化的轻松娱乐的消遣,使得人们变得温顺和满足①。这一术语的理解着重强调了文化行业所产生的文化价值。对于行业的解释,通常指主要根据职业、性质或具体事物,对社会各个领域称呼。"行业"属于中文表述的一种习惯,极少作为术语来表示特定的概念,有时与词汇"产业"混淆使用,来表示同一概念,常指社会领域。行业属于概念广泛的常用中文词汇,其分类具有随意性;辞海对于行业的解释:"行业[释义]:工商业中的类别。泛指职业:饮食~|服务~。"综上所述,文化行业是指从事文化活动的所有单位的集合,结合本项研究来看,主要是指由文化部管辖下的文化单位的集合,其中包括:京剧院、话剧院、歌舞剧院、艺术剧院、书画院、杂技团、乐团、说唱团、艺术创作研究中心、艺术学校等,博物馆、纪念馆、文化遗址管理处、故居管理所、文物考古研究所等,图书馆、档案馆、群众艺术馆、文化馆、美术馆、少年宫、艺术科技研究所、文化社团等,棋牌室、网吧、娱乐会所、酒吧、民众乐园、动漫娱乐中心、游戏中心、健身房、游乐场、游乐园、休闲中心等,艺术开发中心、文化娱乐中心、文化发展有限公司、演出公司(演艺公司)、电影公司、文物公司、文化艺术音像出版社、对外文化交流公司、动漫公司、数字文化公司等,文化市场稽查队、表演艺术咨询管理办公室、文物鉴定审核办公室、文物监察总队、文化管理办公室、文化信息资源管理建设中心等。

所谓"标准",就是为了在一定的范围内获得最佳秩序,经协商一致制定并由公认机构批

---

① O'Connor J. The definition of the "cultural industries"[J]. The European Journal of Arts Education, 2000,2(3):15-27.

准,共同使用的和重复使用的一种规范性文件。所谓"标准化",就是在科学技术、经济贸易及社会发展实践活动中,对重复性事物和概念,通过制定实施标准,以获得最佳秩序和最佳效益的过程①。国家标准 GB/T 20000.1—2002《标准化工作指南 第一部分:标准化和相关活动的通用词汇》对标准化给出了如下定义:"为在一定范围内获得最佳秩序,对现实问题或潜在问题制定共同使用和重复使用的条款的活动"。标准化工作是一个从标准课题的预研、标准的申报、立项、制订、修订、审查、宣传、贯彻、实施和复审的全生命周期的过程。各环节相辅相成,紧密联系形成一个整体。通常情况下,一个标准的制订往往需要两年,甚至更长。结合本项研究来看,文化行业标准化工作主要是涉及文化行业中各项标准的申报、立项、制订、修订、审查、宣传贯彻、实施和复审的过程。

文化行业的标准化工作,内容十分丰富。它涉及文化领域的安全、环保、质量、工艺、功能、资质、消费者权益保护等各个环节,覆盖图书馆、博物馆、文化馆、美术馆、演出场所、社会艺术教育、社区文化设施、文化娱乐场所、网络文化、动漫游戏、乐器、工艺美术等各个领域。结合本项研究来看,推动社会主义文化的大发展大繁荣,需要得到文化行业标准化工作的大力支持。从整体上来看,标准化是促进文化艺术与现代科技紧密结合、推动文化创新的重要技术保障,同时也是保证人民群众文化生活权益和国家文化安全的重要手段和繁荣文化事业和发展文化产业的重要基础性工作。

标准体系是指由若干个相关的标准组成的标准集合,是一个互相联系的有机整体,标准体系与其要素(组成该体系的各个标准)的关系类似整体与局部的关系或个体与总体的关系,与此同时,标准体系中的要素既相互区别又有一定程度的联系②。每一个具体的标准都有其特定的功能,也都可以在实施中产生特定的效应,这种效应叫作个体效应或局部效应,而该体系所产生的效应则称之为整体效应,但整体效应以个体效应为基础,个体效应以整体效应为依托。结合本项研究来看,文化行业标准体系应该是由若干个相关互联但又各自独立的子体系所构成,各个子体系中的标准构成了该子体系的整体效应,多个子体系的整体效应又相应构成了整个文化行业标准的总体效应。

1.4.2 相关理论

对物质进行计量,这是人类所特有的智慧。即使说人类文化是通过计量而发展起来的,也并不过分。产业革命后,利用机器进行生产的具有企业组织形态的工厂,从手工业作坊中脱胎而出进入了工业化大生产的时代。这种生产不仅满足了国内市场的需要,而且促进了国际贸易的进一步发展。于是,为了使生产合理化并且保护使用者及社会的共同利益,更加要求国内标准的统一,进而达到国际的统一,并确立标准化制度,现今的标准化活动就这样产生了。如上所述,人类社会为了生存和发展而制订一些共同的基准并使之普及以达到保护相互利益的目的是标准化。标准化不是一个孤立的事物,而是一个活动过程,主要是制定标准、实施标准进而修订标准的过程。这个过程不是一次就结束,而是一个循环往复、螺旋式上升的活动过程;标准化是一项有目的的活动。标准化可以有一个或更多特定的目的,以

---

① 叶柏林.标准化[M].北京:中国科学技术出版社,1988:27 – 29.

② Gaillard J. Industrial standardization, :Its principles and application [M]. The H. W. Wilson co. ,1934:78 – 81.

使产品、过程或服务具有适用性;标准化活动是建立规范的活动。定义中所说的"条款",即规范性文件内容的表述方式。标准化活动所建立的规范具有共同使用和重复使用的特征。J. Gaillard 提出,所谓标准,就是对测量的基准和单位、物体、动作、方式、能力、功能(职能)、性能、办法、布置、状况、行动、思想准备(态度)、概念和构思等的某种等级给出定义,做出规定和详细说明,是为了在一定时期能够通用,而用语言、文化等方式或模型、样本及其他具体表现方法来做出的规定①。他进一步说,"对标准做出这种规定和定义的理由,是因为只有把想法转换成明确的叙述或其他表现形式才能成为标准的完整形态。"标准化的目的在于尽可能消除技术和经济方面的重复,以确保科学、技术、经济和行政的合理性。从这个目的出发,通过在企业、团体、国家、国际等不同级别上分别制订和实施标准、规程等,高效率地推动各种活动,为顺利达到这一目的必须具备的各种条件,就是标准化的对象。换句话说,推行标准化在企业层次就是通过企业标准实现高效率的经营管理;在团体层次,是以同行业制订的团体标准来达到产业界的共存共亡;在国家层次上,是通过国家标准谋求国民生活的合理化和增加福利;更进一步。在国际层次上,是通过国际标准,更好地沟通各国的意见,随着国际标准化的发展可以给使用者提供公正和方便。标准化的适用范围涉及各种广泛的领域。

综上所述,标准化的目的可归纳为以下几点:简化多余的产品品种及减少人类生活中的无功之劳,传递信息,获得全面的经济效果、安全保障、健康和生命,保护消费者和社会公共利益,消除贸易壁垒。1865 年,法、俄、德等 20 个国家的代表在巴黎召开会议,成立了第一个国际标准化组织——国际电报联盟。1946 年 10 月,国际标准化组织(ISO)成立,中国是 25 个发起国之一。标准化是工业化大生产的产物,工业化大生产是标准化的"孵化器"和"推进器"。首先,只有按统一的规格尺寸等技术要求生产出来的产品才能最大限度地发挥工业化的优势,降低成本和提高劳动生产率,使标准具有生产属性。其次,商品流通社会分工和专业化生产促进使市场产生了对产品的通用性和互换性的需求,使标准又具有贸易属性,随着工业化规模和市场范围的扩大,特别是国际贸易的兴起,在更大的范围内统一技术要求就成为经济贸易发展内在规律的内在需要。国家标准化组织、区域标准化组织和国际标准化组织的诞生、发展和壮大就是标准化适应这一历史潮流的必然产物。目前,无论在国际上还是在国内,标准化在经济领域日益受到重视,在国际市场上,文化行业标准化同样十分重要,这一点越来越受到文化行业内外有关人士的认同。就文化行业而言,标准化是促进文化艺术与现代科技紧密结合、提高文化行业的服务质量和获取最佳经济效益的重要技术保障。

公共服务理论是随着社会政治经济的不断发展,人们对公共物品的需求逐渐加大的基础上提出来的,大体上经历三个发展阶段:社会政策与公法研究阶段、公共经济学研究阶段和新公共管理研究阶段②。新公共管理阶段的研究推动了社会公共服务改革的浪潮,但是随着社会的不断进步与发展,在传统公共管理领域发生了深刻的变革,"新公共服务"(New Public Service)运动对新公共管理理论提出了质疑,这一理论的代表人物是美国亚利桑那州立大学公共事务学院教授 Robert B. Denhardt 和 Janet Vinzant Denhardt,他们力图超越公共选

① Gaillard J. Industrial standardization, :Its principles and application [M]. The H. W. Wilson co. ,1934:17 - 23.

② 齐明山. 公共行政学[M]. 北京:对外经济贸易大学出版社,2008:48.

择理论和新公共管理理论的观点,主张用一种基于公民权、民主和为公共利益服务的新公共服务模式来替代当前的那些基于经济理论和自我利益的主导行政模式,提出了新公共服务的七项原则:服务而非掌舵;公共利益是目标而非副产品;战略地思考,民主地行动;服务于公民而不是顾客;责任并不是单一的;重视人而不只是生产率;超越企业家身份,重视公民权和公共服务①。新公共服务理论强调服务于公民、追求公共利益、重视公民权和人的价值,注重以公民为中心;对于人的重视胜于对生产效率的重视,对于公平和平等方面的考虑超过满足部分顾客愿望的考虑②。新公共服务理论确立了公共服务的尊严和价值,公民权的确立不仅重要而且是能够实现的,公民应被视为政府的主人并且能够为了追求更大的利益而一起采取行动。因此,公共利益超越了个人自身利益的聚集,新公共服务通过广泛的对话和公民参与来追求共同的价值观和共同的利益③。文化行业标准化工作中要充分体现以公民为中心的思想,关注和保障公民参与和享受文化的权利。新公共服务理论认为,符合公共需要的政策和计划,通过集体努力和协作的过程,能够最有效地得到贯彻执行。因此,文化行业标准的制定过程,要体现文化管理部门的共同责任和共同努力,并广泛吸收来自相关行业从业人员、专家学者和社会的意见,制定符合公共需要的政策与计划。根据新公共服务理论,政府的主要角色从政策制订的掌舵者和管理控制者转向服务,注重社会管理和公共服务职能,强调建立社区和各种社会组织,倡导发展公域与私域的沟通与平衡。因此,应当发挥政府、社会组织、公民等多方的积极性,加大对社会公共服务、公共基础设施建设和社会保障的投入,逐步形成并完善惠及全民的基本公共服务体系。公共服务体系包括公共教育体系、公共卫生体系、公共文化服务体系、社会福利体系等涉及民生的众多社会服务内容。

　　文化体制在内容上包括公共文化产品与服务的生产管理与资源配置体制。就我国而言,文化体制中起主导作用的是党委系统、政府系统、文化企事业单位、文化市场等文化主体机构的结构关系及其相关制度规定的集合,也就是所谓文化管理体制。根据所涉及的内容与性质,文化管理体制可以划分为两类体制系统,即宏观管理体制与微观管理体制。具体地,宏观文化管理体制主要是指党委、政府、文化市场与文化企事业单位的结构状况与相互关系,微观文化管理体制主要是指文化企事业内部的组织架构和运行机制④。政府文化管理体制概念略小于宏观文化管理体制这一概念,主要是指分散于党政宣传职能部门的不同文化管理职能以及作为这些职能载体的机构之间的整合方式,可以称为政府文化管理职能与机构整合方式,主要指当前由党委宣传部系统、国家文化部系统、国家新闻出版广电总局系统(原广播电视总局系统和新闻出版总署系统)所管辖的文学艺术、新闻出版、广播影视、文物、图书馆、博物馆等事(产)业,不包括教育、科学、卫生、体育等方面⑤。相应地,根据现行相关规章制度规定与党政机构运行实践,除了作为意识形态工作主管部门的党委宣传部外,文化管理职能的政府部门主要包括现行文化、新闻出版广电(原广播电视和新闻出版)等两

　　① 丹哈特 R B,丹哈特 J V.新公共服务:服务而非掌舵[J].刘俊生,译.张庆东,校.中国行政管理,2002(10):38-44.

　　② 彭未名,王乐夫.新公共服务理论对构建和谐社会的启示[J].中国行政管理,2007(3):42-44.

　　③ 张治忠,廖小平.解读公共服务型政府的价值维度——基于新公共服务理论的视角[J].湖南师范大学社会科学学报,2007(6):39-42.

　　④ 傅才武,陈庚.我国文化体制改革的过程、路径与理论模型[J].江汉论坛,2009(6):17-22.

　　⑤ 曹普.20世纪以来的中国文化体制改革[J].当代中国史研究,2007(5):46-50.

大政府职能与机构系列。政府文化职能定位可以分为三种类型：文化政治职能，涉及意识形态宣传与思想政治教育、社会舆论引导与控制两项职能；文化社会职能，涉及公共文化产品规划与发展、公共文化产品生产与服务两项职能；文化经济职能，涉及文化产业规划与发展、文化产业市场执法与监管两项职能①。

1.5 研究方法与研究计划

1.5.1 研究方法

从总体而言，本项目主要采取实证研究方法。实证研究方法（empirical study）是寻求客观知识并认识客观现象，而采用的切实、有效、准确的一种研究方法。它是通过提出理论假设、搜集事实材料并对假设进行验证，发展或者否定假设的一种方法。从应用的具体方法来讲，本项目采用的研究方法主要涉及文献调查法、问卷调查法、专家访谈法、内容分析法等。

文献调研法是对文献的搜集、选择与整理，通过对文献的调研形成一定的关于研究的科学认识。本研究搜集整理了大量文化行业标准化的相关国内外文献，包括论文、专著、会议报告等。同时访问了国外文化行业标准化的相关网站，获得第一手数据，为研究的开展和深入提供了有力的支持，奠定了本研究的文献基础。本研究方法主要用于调查国内外文化行业标准化工作的现状，对其标准化工作的基本情况进行全方位的剖析。利用搜索引擎、站点聚合、相关链接等途径对世界五大洲以中、英文为主要官方语言的标准化网站进行抽样调查。

内容分析法是客观系统并量化地描述显性传播内容的一种研究方法②，通过使用一整套程序从文本中得出有效推论③。本项目利用内容分析法，对获取的国内外文化行业标准化文本的内外部特征进行审核、分类和编码，进行综合分析，为本项目的研究提供现实依据。

问卷调查法是现代社会研究中最常用的资料收集方法，它是根据一定的调查目的，以严格设计的问卷为工具，向研究对象收集研究资料和数据的一种调查方法。问卷调查法是本项目的核心研究方法之一，从调查文化行业标准制定的现状、工作人员对文化行业标准化的认识到文化行业标准制定的相关问题，再到文化行业标准评价及其他问题，整个过程中都涉及问卷调查法。目的在于了解我国文化行业标准化的现状，为本项研究中的模型和框架提供实证依据。

专家访谈法一般是围绕研究主题，面对面地征询有关专家或权威人士的意见和看法的一种研究方法。本项目采用了半结构化访谈和深度访谈结合的方法，针对本项目构建出的文化行业标准的框架以及《指南》，选择熟悉文化行业标准化的专家学者、管理者和从业者进行访谈，广泛征求专家意见，以检验框架及《指南》的科学性和适用性，并进行修订。

---

① 陈世香.大部制视角下地方政府文化管理体制改革进程及其挑战[J].上海行政学院学报,2010(9):38-48.

② Berelson B. Content Analysis in Communication Research[M]. New York:Free Press,1952:133-135.

③ Weber R P. Basic Content Analysis[M]. 2nd ed. Newbury Park,London,New Delhi:Sage Publications,1990:12.

本项目在统计分析中,主要运用了统计分析软件 SPSS 20.0。该软件主要在文化行业标准化文本的内容分析和调查问卷分析中发挥重要作用,尤其是对调查问卷的信度和效度进行了统计检验,并运用 SPSS 软件对问卷数据进行了计算和统计以分析相关因素和变量的显著性等。

1.5.2　研究计划

根据本项目研究目的,研究开展时间为 2012 年 9 月至 2013 年 9 月。具体安排如下:

(1)2012 年 9—10 月完成相关研究资料的调研;10—11 月完成相关文化行业相关标准的调研;11—12 月完成相关研究资料和文化行业相关标准的汇总工作。

(2)2013 年 1—2 月完成课题的相关准备工作和基础研究。

(3)2013 年 3—4 月完成访谈提纲和调查问卷的设计和预调查工作。

(4)2013 年 5—6 月初步完成文化行业标准化体系框架的相关研究、相关专家访谈以及相关问卷的调研。

(5)2013 年 6—7 月初步完成文化行业标准体系框架及其子体系的相关研究和文化行业标准化的重点领域及其优先事项分析的相关研究。

(6)2013 年 7—8 月,课题组成员集中,对目前的项目研究开展一次讨论,并进行修改,修改完成后,在 2013 年 8 月前将初步完成的研究成果交由其他几个标委会和相关专家征询修改意见。并根据各标委会和各文化行业领域专家的反馈意见完成对研究成果的修订完善工作。

(7)2013 年 8—9 月,修改、完善研究报告,准备课题评审相关材料。

结合上述研究计划,本项目研究的重点在于:

(1)在理论与实证研究的基础上建立国家文化行业标准体系框架和标准化体系框架,对于文化行业标准的制定、发展提供有益的指导。

(2)课题根据文化行业体系和标准化体系制定其标准子体系,并确定其重点领域和优先事项,使文化行业标准化开展具有一定的前瞻性,从而促进文化产业标准化的发展。

(3)编制一套文化行业标准制定指南和实施评价方案,指导文化行业中相关标准制定与实施工作。

2　文献综述

课题组通过对国内外文化行业及其他行业标准化发展情况的文献调研,了解当前国际上部分国家文化行业标准化工作现状及特点,与我国文化行业标准化发展情况进行对比及分析。文献来源主要包括标准组织机构的网站,如 ISO①、中国标准服务网②、中国标准化信息网③等,以及图书、期刊论文、网上资料等。

2.1　国外文献综述

文化行业的标准化工作是一项十分复杂并且涵盖面广泛的一项工作。这其中涉及文化领域的各个环节,包括安全、环保、质量、工艺、功能、资质和消费者权益保护等等,其覆盖面也十分宽,包括图书馆、文化馆、美术馆、演出场所、社会艺术教育、文化娱乐等公共文化服务机构,也包括网络文化、动漫游戏、乐器、工艺美术等领域④。新世纪以来,文化行业标准化工作也进入一个新的阶段,文化行业标准化工作体制机制改革创新步伐不断加快,标准化工作在文化发展和建设中的作用明显增强。在西方文化行业标准化已经受到了学者和实践家们的关注,产生了一系列的研究成果,而我国文化行业标准化的研究刚刚起步,需要借鉴国外的先进经验和理论成果,鉴于此,本研究对有关文化行业标准化研究的文献进行系统的梳理,以期为我国开展相关研究提供借鉴与指导。

2.1.1　数据来源与方法选择

1. 数据来源

本研究中文献来源于 ISI 的 Web of Science 数据库中(1998 年至今),使用标题词检索,共获得文献 3831 篇,然后利用 Bibexcel、Ucinet 等相关软件对获得的数据进行分析。

2. 方法选择

为进一步揭示国外文化行业标准化研究的现状,本研究采取文献统计分析、知识图谱分析对所获取的文献进行归纳总结和归纳。利用文献统计来分析文献的基本情况,包括文献年代、数量、作者、机构等以反映研究的整体状况。从所获得的文献中,借助 bibexcel 软件分析高频关键词,再利用 ucinet 社会网络分析软件生成共词矩阵,通过 netdraw 图形软件生成关键词共现网络,然后利用小团体分析的方法确定文献的主题分布。在对主题分析中归纳

①　http://www.iso.org/iso/iso_catalogue/catalogue_tc.htm.
②　http://www.cssn.net.cn/.
③　http://www.china-cas.org/chinese/index.php.
④　文化部成立八个专业标准化技术委员会[DB\OL].[2013-04-24].http://www.gmw.cn/content/2008-12/10/content_867639.htm.

总结国外研究的经验,以期为我国文化行业标准化研究提供参考。

2.1.2　文献统计

1. 年代分布

对研究文献年代的分布可以看出研究文献增长的速度和发展的成熟度。本研究所检索到的文献年代分布于 1998—2013 年间,整体上呈现出螺旋式上升的趋势,尤其是最近 10 年以来,文献数量增加明显(2013 年文献数量为不完全统计)(见图 2 - 1)。从文献的年代分布来看,国外文化行业标准化研究大体可以划分为两个阶段,以 2006 年为临界点,1998—2006 间文献大体在 200 篇上下浮动,2006 年以后开始逐年增加,突破了 300 篇,尤其 2012 年,论文数量达到峰值,高达 405 篇,占总数量的 10.57%,可以预测,未来有关研究会持续增温,研究文献数量仍会持续增加。

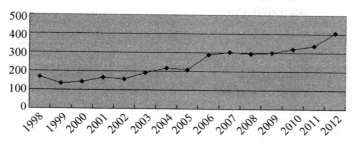

图 2 - 1　研究文献的年代分布

2. 国别分布

本研究所获得的 3831 篇文献来源于 97 个不同的国家(地区),从文献分布情况来看,基本上符合长尾分布,排名前 5 位的国家(地区)所发文献总数已占全部国家(地区)发文数量的一半。由此可见,这一研究比较集中于西方发达国家,其中仅美国就发表相关文献 1309 篇,是发文数量最多的国家(见表 2 - 1)。此外,我国大陆和台湾地区也有学者涉及此领域的研究,排名分列第 2 位和第 13 位。尽管我国的研究排名比较靠前,然而从文献数量上而言,我国共有 266 篇文献,尚与美国存在着不小的差距。

表 2 - 1　研究文献的国别(地区)分布

序号	国家(地区)	中文名称	载文数量
1	USA	美国	1309
2	CHINA	中国	266
3	ENGLAND	英格兰	261
4	GERMANY	德国	248
5	CANADA	加拿大	194
6	ITALY	意大利	193
7	FRANCE	法国	187
8	JAPAN	日本	157
9	SPAIN	西班牙	141

续表

序号	国家（地区）	中文名称	载文数量
10	NETHERLANDS	荷兰	115
11	SOUTH KOREA	韩国	100
12	AUSTRALIA	澳大利亚	91
13	TAIWAN	中国台湾	89
14	RUSSIA	俄罗斯	87
15	TURKEY	土耳其	81
16	BRAZIL	巴西	70
17	SWEDEN	瑞典	69
18	SWITZERLAND	瑞士	69
19	BELGIUM	比利时	58
20	INDIA	印度	56
21	DENMARK	丹麦	48
22	SCOTLAND	苏格兰	46
23	AUSTRIA	奥地利	45
24	GREECE	希腊	43
25	IRAN	伊朗	40
26	ISRAEL	以色列	36
27	MEXICO	墨西哥	36
28	POLAND	波兰	34
29	IRELAND	爱尔兰	33
30	CZECH REPUBLIC	捷克共和国	32
31	PORTUGAL	葡萄牙	32
32	FINLAND	芬兰	27
33	NEW ZEALAND	新西兰	25
34	NORWAY	挪威	24
35	ARGENTINA	阿根廷	19
36	COLOMBIA	哥伦比亚	19
37	MALAYSIA	马来西亚	19
38	ROMANIA	罗马尼亚	17
39	SINGAPORE	新加坡	17
40	SLOVAKIA	斯洛伐克	17
41	SOUTH AFRICA	南非	17
42	THAILAND	泰国	16

续表

序号	国家（地区）	中文名称	载文数量
43	EGYPT	埃及	14
44	SLOVENIA	斯洛文尼亚	13
45	CHILE	智利	12
46	HUNGARY	匈牙利	12
47	SERBIA	塞尔维亚	12
48	PAKISTAN	巴基斯坦	11
49	SAUDI ARABIA	沙特阿拉伯	11
50	ECUADOR	厄瓜多尔	10
51	WALES	威尔士	10
52	CROATIA	克罗地亚	7
53	UKRAINE	乌克兰	7
54	LITHUANIA	立陶宛	6
55	AZERBAIJAN	阿塞拜疆	5
56	KUWAIT	科威特	5
57	MOROCCO	摩洛哥	5
58	TUNISIA	突尼斯	5
59	ARMENIA	亚美尼亚	4
60	BULGARIA	保加利亚	4
61	BYELARUS	白俄罗斯	4
62	JORDAN	约旦	4
63	MALAWI	马拉维	4
64	NORTH IRELAND	北爱尔兰	4
65	REP OF GEORGIA	格鲁吉亚	4
66	ALGERIA	阿尔及利亚	3
67	ETHIOPIA	埃塞俄比亚	3
68	INDONESIA	印度尼西亚	3
69	NIGERIA	尼日利亚	3
70	VENEZUELA	委内瑞拉	3
71	KENYA	肯尼亚	2
72	LUXEMBOURG	卢森堡	2
73	PERU	秘鲁	2
74	UAE	阿拉伯联合酋长国	2
75	UGANDA	乌干达	2

续表

序号	国家(地区)	中文名称	载文数量
76	YUGOSLAVIA	南斯拉夫	2
77	ANGOLA	安哥拉	1
78	CAMEROON	喀麦隆	1
79	COSTA RICA	哥斯达黎加	1
80	DOMINICAN REP	多米尼加共和国	1
81	GUATEMALA	危地马拉	1
82	CHINESE HONGKONG	中国香港	1
83	ICELAND	冰岛	1
84	JAMAICA	牙买加	1
85	KAZAKHSTAN	哈萨克斯坦	1
86	LATVIA	拉脱维亚	1
87	MACEDONIA	马其顿	1
88	MONACO	摩纳哥	1
89	NEPAL	尼泊尔	1
90	OMAN	阿曼	1
91	PHILIPPINES	菲律宾	1
92	QATAR	卡塔尔	1
93	SERBIA MONTENEG	塞尔维亚和黑山	1
94	SEYCHELLES	塞舌尔	1
95	SYRIA	叙利亚	1
96	VIETNAM	越南	1
97	ZIMBABWE	津巴布韦	1

3. 期刊分布

近 15 年的国外研究之中,共有 2020 种期刊刊载了有关文化行业标准化的研究文献,平均每种期刊的载文数量,即总载文比为 1.89 篇,载文数量较低,可见研究文献分布较为分散,涉及的学科和领域可能较为宽泛。根据文献计量学中的布拉德福定律,本研究将所获得的 3831 篇文献进行分析,将文献按照载文量递减顺序排列,将其划分为基本相等的三个区域,见表 2-2。

表 2-2   研究文献的分区

分区	载文量	期刊总数	论文总数
1	≥5	126	1255
2	2—4	514	1264
3	1	1380	1312

由表 2-2 可知,在第一分区,即核心区域中,共有期刊 126 种,刊载论文 1255 篇,占论文总数的 32.76%,这其中还有部分会议收录的论文,可见期刊分布的离散程度较高,尚未形成核心期刊群。

4. 个人与机构分布

（1）作者分布

在对所获取的 3831 篇文献中,尚有一篇文献无相关信息,对 3830 篇文献的统计结果中,出去标注为匿名的作者外,发文量最多的前三位为,LIU H,ZHU J 和 KIM SH(见表 2 - 3)。排位靠前的以美、韩、德、印和英国的作者居多,这其中也有我国学者的身影,他们有的以美国大学的机构身份发表相关论文,也有的是以国内大学机构署名发表的,可见我国学者对这一领域的研究还是比较重视的。

表 2 - 3　研究文献的作者分布

序号	作者	单位	国别	发文数量
1	ANONYMOUS	—	—	44
2	LIU H	Southern Methodist University	美国	18
3	ZHU J	University of Michigan	美国	18
4	KIM SH	Catholic University of Korea	韩国	17
5	LEE HS	Korea University	韩国	17
6	LEE SW	Iowa State University	美国	17
7	MALIK S	University of Nebraska Lincoln	美国	17
8	MEYER J	University of Goettingen	德国	16
9	BANERJEE S	Tata Institute of Fundamental Research	印度	15
10	COOKE M	Fermi National Accelerator Laboratory	美国	15
11	QIAN J	University of Michigan	美国	15
12	WANG H	Shanghai Normal University	中国(大陆)	15
13	WANG J	Dali University	中国(大陆)	15
14	ZHOU B	University of Michigan	美国	15
15	ABBOTT B	University of Oklahoma	美国	14
16	ACHARYA BS	Tata Institute of Fundamental Research	印度	14
17	BERNHARD R	University of Freiburg	德国	14
18	BORISSOV G	Lancaster University	英国	14
19	BRANDT A	University of Texas Arlington	美国	14
20	BROCK R	Michigan State University	美国	14

（2）机构分布

机构分布方面,发文最多的三个机构分别是 UNIV MICHIGAN,UNIV WASHINGTON 和 UNIV ILLINOIS,均来自于美国,此外还有来自中国、加拿大和意大利等国的机构也排名较为靠前,见表 2 - 4。

表 2 - 4　研究文献的机构分布

序号	机构	国家	发文数量
1	UNIV MICHIGAN	美国	46
2	UNIV WASHINGTON	美国	41

续表

序号	机构	国家	发文数量
3	UNIV ILLINOIS	美国	40
4	UNIV CALIF SAN FRANCISCO	美国	38
5	HARVARD UNIV	美国	36
6	UNIV CALIF LOS ANGELES	美国	35
7	DUKE UNIV	美国	32
8	UNIV ROCHESTER	美国	32
9	CHINESE ACAD	中国	27
10	MICHIGAN STATE UNIV	美国	27
11	UNIV TORONTO	加拿大	27
12	UNIV WISCONSIN	美国	27
13	COLUMBIA UNIV	美国	26
14	INDIANA UNIV	美国	26
15	NORTHWESTERN UNIV	美国	26
16	OHIO STATE UNIV	美国	26
17	UNIV PITTSBURGH	美国	26
18	UNIV ROMA LA SAPIENZA	意大利	25
19	FERMILAB NATL ACCELERATOR LAB	美国	24
20	MCGILL UNIV	加拿大	24

2.1.3 关键词可视化

为了进一步研究文化行业标准化研究的主题,本研究抽取文献的关键词字段进行统计分析,利用 bibexcel 和 ucinet 软件进行可视化,在所获得的文献中标注了关键词的文献共有769篇文献。

1. 高频关键词统计

关键词分析可以揭示研究领域的内容和主题,在标注关键词的文献共计769篇,共获得关键词501个,关键词总频次2245次,选取关键词词频大于5的制成高频关键词表,见表2-5。

表2-5 研究文献的高频关键词

序号	关键词	中文名称	词频
1	performance	表演	15
2	system	系统	15
3	design	设计	9
4	management	管理	9
5	survival	残存	8
6	classification	分类	8
7	standard	标准	8

续表

序号	关键词	中文名称	词频
8	detector	探测器	8
9	quality	质量	7
10	selection	选择	7
11	model	模型	6
12	reliability	可靠性	6
13	diagnosis	诊断	6
14	accuracy	精度	6
15	performance criteria	表演标准	6
16	identification	识别	6
17	validation	验证	5
18	Linearized channel	线性化信道	5
19	education	教育	5
20	performance evaluation	表演评估	5
21	parton distributions	部分子分布	5
22	impact	影响	5

2. 知识图谱

利用关键词表绘制关键词共现网络的知识图谱,可以直观地反映关键词之间的共现关系如图 2 - 2 所示。

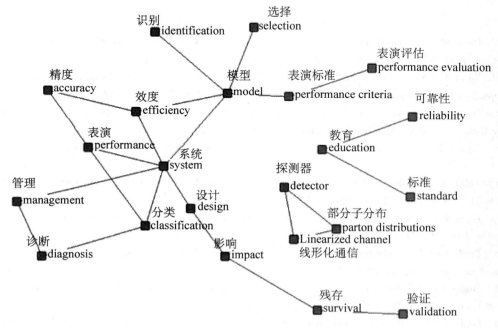

图 2 - 2 关键词共现网络知识图谱

2.1.4 内容分析

由高频关键词表和关键词共现网络的知识图谱,可以看出,文化行业标准化的研究主题是相对来说比较分散的,关键词的共现并没有呈现在一个网络图之内,而是划分为几个共现网络,这与文化行业标准化研究的自身的特殊性有一定关系。根据高频关键词的贡献网络和国外文献的内容分析,将国外文献的研究主题总结为以下几个方面:

1. 文化行业标准化

国外以文化行业标准化为主题的专门研究文献并不多见,Djelic 在文章中探讨了对文化行业的认识①,Novak 在 2003 年的哲学教育年会上的一篇会议论文了探讨"国际标准与文化标准的自由度"②,Dosanjh 在 1998 年的国际权利和人权的会议上的论文探讨了"宗教、道德与文化的共同标准"③。有学者探讨文化行业的归属,例如 Adorno 等人探讨了电子行业是否归属为文化行业的问题④。此外有关文化行业标准的专门研究很少。

2. 文艺服务

关于文艺服务标准化方面的研究,学者们的研究集中在相关文艺工作、文艺教育的标准化等问题上面。文艺工作方面,Ahlkvist 探讨了商业广播中音乐节目的标准化问题⑤,Lopes 认为高度的商业化机制导致了流行音乐产业的标准化⑥。Pearlman 介绍了洛杉矶音乐表演的标准化及变革⑦。文艺教育方面,Humphreys 分析了音乐教育标准化及其有效性⑧。Graham 指出美国的文艺教育偏重教育标准化的倾向⑨。

3. 娱乐休闲

Kando 等在基于范式和研究战略对休闲工作的影响的研究中发现大众休闲活动的标准

---

① Djelic M L, Ainamo A. The telecom industry as cultural industry? The transposition of fashion logics into the field of mobile telephony[J]. Research in the Sociology of Organizations,2005,23:45 – 80.

② Novak B. "National standards" vs the free standards of culture:Matthew Arnold's Culture and Anarchy and contemporary educational philistinism[J]. Philosophy of Education,2004,28(1):71 – 88.

③ Dosanjh U. International Conference on Universal Rights and Human Values:Religion,Ethnicity,Culture and the Common Standard[C]. New York:United Nations press,1988:377 – 382.

④ Adorno T W,Rabinbach A G. Culture industry reconsidered[J]. New German Critique,1975,6(6):12 – 19.

⑤ Ahlkvist J A,Fisher G. And the hits just keep on coming:Music programming standardization in commercial radio[J]. Poetics,2000,27(5):301 – 325.

⑥ Lopes P D. Innovation and diversity in the popular music industry,1969 to 1990[J]. American Sociological Review,1992:56 – 71.

⑦ Pearlman S R. Standardization and Innovation in Mariachi Music Performance in Los Angeles[J]. Pacific Review of Ethnomusicology,1984(1):1 – 12.

⑧ Humphreys J T. Applications of science:The age of standardization and efficiency in music education[J]. The Bulletin of Historical Research in Music Education,1988,9(1):1 – 21.

⑨ Graham M A. Art,ecology and art education:Locating art education in a critical place-based pedagogy [J]. Studies in art education,2006,48(4):375 – 391.

化对休闲工作会产生附加的影响作用①。Moran 在文章中指出娱乐休闲的标准化是存在争议的②。Pruthi 对娱乐休闲产业中无线机器人进行了历史回顾,指出其标准化的重要性③。Brehaut 等在"休闲产业化"一文中,首先对休闲相关文献进行了简要的回顾,区分了定量和定性研究,讨论了产业化的影响,重点强调休闲产业的控制和标准化④。

4. 文化保护与保存

自 1972 年联合国教科文组织第十七届会议通过《世界文化与自然遗产保护公约》开始,文化与自然遗产保护开始受到国际普遍关注,各个国家均开始重视文化遗产的保护工作,并出台相应的政策。相关研究也逐步展开,大体上研究热点集中在文物和文化遗产的保护与保存两个方面。文物的保护与保存方面,Deng 等人提出了中国大运河的文化价值及其保护问题⑤。文化遗产的保护与保存方面,Wang 等人应用可视化技术分析了城市发展中文化遗产保护问题⑥。Geibler 论述了寺庙文化的保护与保存⑦。然而关于文化保护与保存标准化的研究文献极其少见。

5. 公共文化

公共文化标准化研究主要围绕着图书馆、博物馆而展开。"标准"一词在图书馆界已应用多年。早在 1894 年纽约州立大学首先发表文章《图书馆最低标准》,采用一般化语言对图书馆各项工作进行陈述,可用于大中小型图书馆评价。如果图书馆某方面设备不符合标准,图书馆便有理由向州政府申请必要的资助。1917 年美国著名刊物《图书馆杂志》(Library Journal)发表评论文章,再次强调标准的重要性。自从美国图书馆协会成立以后,公共图书馆数量迅速增加,标准日益显出其重要意义。那些由各馆自行制订的标准只能适应特定的环境和规模,而公共图书馆需要一种通用的标准,以确定在不同环境中图书馆必须保证的经费以及经费分配原则。为此,美国图书馆协会及其专业刊物大力宣传和呼吁,终于使标准化问题引起社会的广泛关注。20 世纪中叶,图书馆标准化问题成为国际关注的问题。联合国教科文组织、国际标准化组织及其他国际机构都开始致力于这方面工作。首先进行的是对各国标准的收集、整理和比较,以便制订出可供各国采纳的国际标准。受联合国教科文组织委派,以威泽斯为首的调查小组对 20 多个国家的图书馆标准进行收集,1977 年正式出版图书馆标准汇编,包括大学图书馆、国家图书馆、公共图书馆的标准,并以权威名义将这些标准

---

① Kando T M, Summers W C. The impact of work on leisure:Toward a paradigm and research strategy[J]. The Pacific Sociological Review,1971,14(3):310 – 327.

② Moran A, Keane M. Introduction:The global flow of creative ideas[J]. Continuum:Journal of Media & Cultural Studies,2009,23(2):107 – 114.

③ Pruthi S. Wireless robotics:A history, an overview, and the need for standardization[J]. Wireless Personal Communications,2012,64(3):597 – 609.

④ Brehaut J R, Poole K C. The industrialization of leisure[J]. Leisure Studies,1982,1(1):95 – 107.

⑤ Deng J, Tan X M. Research on Comprehensive Protection and Administration System of the Chinese Grand Canal[J]. Advanced Materials Research,2013,72(6):475 – 479.

⑥ Wang S, Wu Y. The studies and explores visualization in the information of cultural heritage protection [C]//Computer-Aided Industrial Design & Conceptual Design(CAIDCD),2010 IEEE 11th International Conference on. IEEE,2010,2:980 – 983.

⑦ Geibler K A. A culture of temporal diversity[J]. Time & Society,2002,11(1):131 – 140.

推荐给各国图书馆界,尤其对发展中国家图书馆界具有重要的参考价值①。国外图书馆标准化的研究中,还有针对图书馆的业务标准化的研究。例如,Schick 提出图书馆统计的国际标准化问题②,Deshmukh 提出图书馆和信息服务标准化③。

关于博物馆标准化研究。Koshizuka 提出多伦多大学数字博物馆的标准化建设问题,指出数字博物馆标准化建设的必要性④。Smoyer 的一项博物馆案例研究结论认为在数字博物馆的数字图像保存实践中博物馆标准化建设是十分必要的⑤。

6. 其他

由高频关键词表和关键词共现网络的知识图谱,可以看出,文化行业标准化的研究主题是相对来说比较分散的,关键词的共现并没有呈现在一个网络图之内,而是划分为几个共现网络,这与文化行业标准化研究的自身的特殊性有一定关系。除了上述 5 个研究领域外,还有一些研究主题零散地分布在共现网络中,包括文化经营、文化管理和教育等方面的标准化研究。此外,文化行业中的某些行业的标准化研究也出现在相关文献之中,例如旅游行业,它作为文化行业之一,近年来发展迅速,旅游业既是一种产业,又富有文化的象征。随着国际旅游业的兴盛,随之而来的标准化需求也就急剧增加,因此旅游这一文化行业的标准化研究也是被学者们关注最多的。其次与文化行业标准化研究相关联最多的关键词是质量、诊断、模型、选择等,这些关键词从侧面反映了文化行业标准化研究所关注的主要问题。

2.1.5 综合评价

1. 研究的主要特点

从研究的基本特征来看,相关研究文献有逐年增长的趋势,显现出学者们对这一领域的兴趣在逐渐增加。此外,从国别、机构、作者方面来看,美国的机构、学者对这方面的研究尤为重视,其次是我国的学者,尽管数量上同美国有很大差距,然而这一领域的研究也受到了我国一些机构和学者们的重视,此外还有部分我国学者在美国相关机构所做的研究也占有相当的比例。此外,德国、韩国、英国对这一领域的研究也颇为重视。

从研究的主题内容来看,国外相关研究体现出集中性和分散性的特征。首先,集中性。相关研究集中于几个方面的问题:标准的分类、管理和设计,标准体系的模型、有效性、必要性的问题。其次,分散性。这一领域的研究分散于多个学科,是多学科的综合研究。

2. 研究的不足

国外相关研究取得了一定的成就,然而也存在一些不足之处,主要有以下几个方面:

---

① 乔欢. 国外图书馆标准化综览[J]. 图书馆学研究,1994(2):45 - 48,55.

② Schick F L. The International Standardization of Library Statistics[J]. UNESCO bulletin for libraries,1971,25(1):2 - 11.

③ Deshmukh P P. Standardization of Library and Information Services:With Special Reference to Scientific and Agricultural Libraries[M]. ABC Publishing House,1990:115 - 117.

④ Koshizuka N,Sakamura K. Tokyo university digital museum[C]//Digital Libraries:Research and Practice,2000 Kyoto,International Conference on. IEEE,2000:85 - 92.

⑤ Smoyer E P M,Taplin L A,Berns R S. Experimental evaluation of museum case study digital camera systems[J]. Archiving 2005 Final Program and Proceedings,2005,6:85 - 90.

第一,缺乏文化行业标准化的理论研究。在基础理论方面欠缺,多数研究指出了现存的问题和解决的建议,然而对于基础理解方面很少有人去探究和构建。首先,应该构筑文化行业标准研究的概念体系,辨明研究领域中的基本概念、内涵与外延,形成概念系统。其次,应该探究研究方法论体系,探究文化行业标准化研究中适用的方法体系。再次,应该在实践的基础上升华理论,进而再次指导实践。

第二,缺乏标准的实施评价研究。标准的实施效果如何,现有研究还很少涉及标准实施方面及其评价方面的研究。应该加强实施评价体系研究,包括评价的方式、方法、过程和结果的研究,也应该包括评价指南、评价效果、评价控制等方面的研究。

第三,缺乏战略视角。标准化的实施对文化行业未来发展来讲具有一定的战略意义,现有的研究中缺乏战略眼光,很少从未来发展的角度,把文化行业标准化作为一种战略资源来考虑。应该将文化行业标准化的实施看作行业未来发展的一项重要战略,要看到行业标准化实施后的巨大影响力,能够促进行业的平稳发展,进而也会影响到国家文化战略的实施。

国外文化行业标准化研究与行业标准的实践工作密切相关,相关学者认识到了标准化的必要性。总体而言,国外文化行业标准研究的专门文献比较少,研究呈现出既集中又分散的特点。首先,研究集中于两个方面,一是标准的分类、管理和设计,二是标准体系的模型、有效性和必要性。其次,相关研究分散于多个学科领域,是多学科的综合研究。我国所处的国情不同,因此,要借鉴国外的经验,同时又要注意国外文化行业标准化实施的历史背景,形成过程等多种因素,结合我国实际开展中国特色的文化行业标准化的工作和研究。

2.2　国内文献综述

推动社会主义文化的大发展大繁荣,离不开标准化工作。标准化是促进文化艺术与现代科技紧密结合、推动文化创新的重要技术保障,是保证人民群众文化生活权益和国家文化安全的重要手段,是繁荣文化事业和发展文化产业的重要基础性工作。

所谓标准,就是为了在一定的范围内获得最佳秩序,经协商一致制定并由公认机构批准,共同使用的和重复使用的一种规范性文件①。所谓标准化,就是在科学技术、经济贸易及社会发展实践活动中,对重复性事物和概念,通过制定实施标准,以获得最佳秩序和最佳效益的过程。

通过对国内改革开放以后的相关研究进行分析,发现这些研究在报道最新成果基础上揭示了国内文化行业标准化研究的一些新的走向,其主要研究方法都是定性归纳。目前还没有相关研究对国内文化行业标准化研究的现状进行定量的描述、全面的总结与深入的评论,因此本项研究以 1978—2013 年为范围,其中 2013 年的数据统计截至 2013 年 8 月 30 日,在对国内文化行业标准化研究论文进行定量描述和内容分析评价的基础上,探讨国内文化行业标准化研究的主题特征与发展方向,为我国文化行业标准化研究与实践发展提供参考借鉴。

---

① 中华人民共和国国家质量监督检验检疫总局. 标准化工作指南第一部:标准化和相关活动的通用词汇[M].北京:中国标准出版社,2002:3 - 4.

揭示改革开放以来国内文化行业标准化研究的发展变化,厘清该领域当前研究的状况,科学客观地反映国内文化行业标准化研究领域的研究重点、研究结构及研究趋势,从而为国内文化行业标准化研究领域的论文选题、科研立项和学科规划提供决策支持和信息参考,使该领域的研究成果真正体现其理论指导意义,更好地服务于国内文化行业标准化的实践工作。

通过对我国改革开放以来文化行业标准化研究状况的文献内容计量和内容分析,有利于从量化角度梳理和总结该领域的研究现状、研究成果和存在的不足,为我国在该领域的进一步研究提供客观的依据;同时,通过文献内容分析和计量分析,可梳理和描述该领域的基本内容、研究特点、研究重点以及结构特征,给后续研究者提供理论认知、结构认知、前沿认知的基础,为后续研究的深入提供相应的理论参考。通过对我国改革开放以来文化行业标准化研究状况的文献内容计量分析,一方面可为文化行业标准化实践者提供相应的实践参照,从文化行业标准化过程、管理方法和管理经验上为实践者提供帮助;另一方面也可为文化行业标准化研究者提供科研立项、学科规划、论文选题、人才培养等实践方面的指导。本项研究以文化行业标准化研究成果的关键词为切入点,借助词频统计及可视化方法,对我国改革开放以来的文化行业标准化研究现状及研究重点进行研究,是我国文化行业标准化研究文献综述这一领域中未见使用的方法,可说是一种方法应用方面的尝试,本项研究成果可起到方法应用的示范作用。

2.2.1 数据来源与方法选择

研究的总体思路是基于相关研究文献的关键词和内容,通过文献内容计量分析的方法,深入研究我国改革开放以来文化行业标准化研究文献中内容单元的数量关系,并结合定性分析方法,以相关文献的研究内容为基础,对我国改革开放以来在该领域的研究重点、发展动态等进行综合分析和评价。最终目的是为我国今后在文化行业标准化领域的研究提供理论结构和内容结构的认知,为理论和实践发展提供帮助,为科研立项、学科规划以及深化研究提供参考。

1. 数据来源

分析我国改革开放以来文化行业标准化研究的状况,需要考察改革开放以来该领域在期刊中发表的所有论文,因而检索文献所选择的工具首先要求能全面涵盖该领域的主要文献。鉴于此,本项研究以中国学术期刊网络出版总库(CNKI)为检索工具进行文献检索,获取文献内容计量分析的数据源。本项研究拟选取自1979—2013年间被CNKI学术期刊全文数据库收录的全部期刊上发表的有关文化行业标准化的学术论文作为分析数据源。

为了实现检索的全面性和准确性,反映出改革开放以来我国文化行业标准化研究文献的主题内容,本项研究拟以篇名作为主要的检索路径,并结合相应的主题词进行检索。以"TI = ('标准化' + '标准申报' + '标准立项' + '标准制修订' + '标准审查' + '标准宣贯' + '标准实施' + '标准复审' + '标准评价')and SU = ('文化' + '文化行业' + '艺术' + '文学' + '创作' + '文艺表演' + '戏曲' + '歌舞' + '话剧' + '音乐' + '杂技' + '马戏' + '木偶' + '舞台' + '舞台灯光' + '戏剧' + '乐团' + '剧院' + '文化保护' + '文物' + '文化遗产' + '博物馆' + '美术馆' + '展览馆' + '天文馆' + '烈士陵园' + '纪念馆' + '文化遗址' + '故居' + '考古' + '图书馆' + '档案馆' + '文化馆' + '群艺馆' + '群众文化'+'文化社团'+'公益文化'+'少年宫'+'娱乐休闲'+'娱乐服务'+'网络休闲'+'网吧'+'数字休闲'+'棋牌室'+'娱乐会所'+'酒吧'+'民众乐园'+'动漫娱乐中心'+'游戏中心'+'休闲中心'+'游乐园'+'文化经营'+'文化公司'+'文化产品'+'艺术开发中心'+'演出公司'+'文化娱乐中心'+'电影公司'+'文物公司'+'动漫公司'+'演艺公司'+'文化市场'+'文化管理'+'文化监督'+'文化指导'+'文化审查'+'文化审核'+'文化市场管理'+'文化信息管理'+'文化市场稽查'+'文化咨询'+'文物鉴定'+'文物审核'+'文物监察')",检索截止时间为 2013 年 8 月 30 日,在"中国学术期刊网络出版总库"中进行初次检索,得到文献 1046 篇,经合并剔除重复和非相关论文后,得到 1019 篇研究论文作为本文的分析数据源。

在本项研究的研究中,词频分析是基础,其基本步骤是:文献关键词词频统计和排序。首先对检索到的相关文献进行分析,利用 CNKI 中"保存检索结果"选项中的自定义功能提取所有相关文献的关键词;其次利用 ROSTCOM 软件,对提取出的关键词的出现频次进行排序。根据频次在前 50 位的关键词排序情况以及在各年度的变化情况,分析概括改革开放以来我国文化行业标准化研究文献的研究重点。

2. 方法选择

本研究拟通过以下步骤和方式实现。描绘知识图谱。以词频分析和共词分析的数据为数据源,选取频次在前 50 以及最小共现频次为 2 以上的关键词,运用 Net draw 软件来绘制 1978 年至 2013 年期间国内文化行业标准化研究领域相关论文关键词共现的知识图谱。分析知识图谱,根据共现图中两图标之间的关联情况和亲疏关系来进行推断性分析,其中图标之间的连线越粗,表示其中两个关键词的共现频次越高;图标面积越大,表示该图标与其他图标的连线越多,由此推断出我国文化行业标准化研究领域的研究趋势。

借助词频分析和可视化方法的结果,在此基础上对改革开放以来国内文化行业标准化研究论文的内容进行归纳整理,其中包括基础研究、行业指导、政策研究等。最后结合研究论文的主要内容,综合评价了国内文化行业标准化研究的特点、不足并提出国内研究今后应当重点关注的问题。

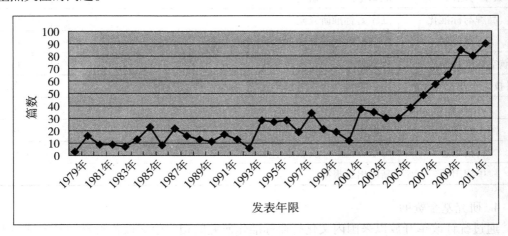

图 2-3　国内文化行业标准化研究论文的年度分布

结合图 2-3 来看,我们可以发现改革开放以来国内文化行业标准化研究的相关论文基本上呈现出递增的趋势,一些主要的增长点主要出现在 1995 年(27 篇)、2003 年(35 篇)以及 2011 年(80 篇)。其中 1979—2003 年间呈现出缓慢的增长,期间在 2003—2005 年出现略减的情况(35—30 篇),但在 2008(57 篇)年起开始迅速增加。

3. 来源期刊

通过统计改革开放以来文化行业标准化研究的相关论文发表在各种期刊的数量能够在一定程度上反映出这一研究群体的总体分布和期刊的载文情况。对先前数据的期刊载文量进行统计后发现各期刊的分布情况存在差异,其中《中国标准化》《标准生活》《质量与标准化》《大众标准化》《品牌与标准化》《标准科学》载文相对较多,与此同时,由于图书馆行业标准化研究起步较早,使得图书馆学研究的期刊的载文量也相对较多。通过上述统计也可以明显看到各期刊对于文化行业标准化研究的接受程度和用稿偏好,同时也表明文化行业标准化的相关研究总体上并未形成一个关联和协同的研究系统,需要研究者和相关出版发行单位进一步的深入和扩展,如下表 2-6 所示。

表 2-6　文化行业标准化研究论文的来源期刊分布

期刊名称	期刊主办单位	发文数量
中国标准化	中国标准化研究院;中国标准化协会	33
标准生活	中国标准化研究院;中国标准化协会	20
图书情报工作	中国科学院文献情报中心(中国科学院图书馆)	18
质量与标准化	上海市标准化研究院;上海市标准化协会;上海市质量检验协会	17
图书馆学研究	吉林省图书馆	16
大众标准化	山西质量技术监督信息所	15
图书馆学刊	辽宁省图书馆;辽宁省图书馆学会	14
河南图书馆学刊	河南省图书馆学会;河南省图书馆	14
中国图书馆学报	中国图书馆学会;国家图书馆	12
数字与缩微影像	北京电影机械研究所	11
品牌与标准化	辽宁省标准研究院	10
标准科学	中国标准化研究院;中国标准化协会	10
航空标准化与质量	中国航空综合技术研究所	10
科技情报开发与经济	山西省科学技术情报研究所;山西省科学技术情报学会	10
图书馆建设	黑龙江省图书馆;黑龙江省图书馆学会	10
图书情报知识	武汉大学传播与信息学院	9
科技信息	山东省技术开发服务中心	9
中国出版	新闻出版报社	8

4. 研究基金资助

通过统计改革开放以来国内文化行业标准化研究的相关论文被各类资助基金项目的统计与分析,可以从整体上对该领域的项目资助情况有一个大致的了解,结合表 2-7 来看,过去一段时间内,文化行业标准化研究中的研究分别受到不同层面和不同级别的科学基金的资助,从这一点可以看出,目前国内文化行业标准化的专业研究项目被不同层面基金资助的力度相对还不够,也未形成相对完整的研究体系。

表 2-7　文化行业标准化研究论文基金资助分布

基金名称	篇数
国家社会科学基金	11
国家自然科学基金	9
农业部"948"项目	2
国家留学基金	1
上海科技发展基金	1
上海市重点学科建设基金	1
山东省软科学研究项目	1
湖北省自然科学基金	1
陕西省科技攻关项目	1
湖南省教委科研基金	1

(注:该统计不包含横向资助课题)

5. 研究作者

通过统计改革开放以来国内文化行业标准化研究论文的研究作者(仅统计第一作者),可以对这一领域所涉及的主要研究者有一个较为直观的理解,也能够发现当前国内文化行业标准化研究中,哪些作者所涉及的研究较多。结合表 2-8 来看,目前国内文化行业标准化研究论文作者主要有:潘薇、陈海鹏、全如瑊、韩永进等,但总体看来,目前对于文化行业标准化的研究相对分散,并未形成一个较为集中的学术共同体和具有相对核心地位的研究作者。

表 2-8　文化行业标准化研究论文作者的分布

作者	作者单位	篇数
潘薇	中国标准化研究院	8
李景	中国标准化研究院	7
张晓林	中科院文献情报中心数字图书馆管理中心	4
陈海鹏	广东省标准化研究院	4
刘炜	上海图书馆	4
林德海	北京图书馆	4
郭玉成	华北科技学院	4
何平	湖南大学图书馆	3
韩永进	文化部文化科技司	3
全如瑊	中国大百科全书出版社	3
张利群	广西师范大学文学院	3

6. 研究单位

通过统计改革开放以来国内文化行业标准化研究论文的研究单位(发表论文篇数大于两篇),可以对这一领域所涉及的主要研究单位有一个较为直观的理解,也能够发现当前国内文化行业标准化研究中,哪些研究单位较为关注该项研究。结合表2-9来看,目前国内文化行业标准化研究的单位主要有:中国标准化研究院、上海市标准化研究院、广东省标准化研究院、北京大学、中国文化部文化科技司、北京师范大学等,但总体看来,目前这些研究单位对于文化行业标准化的研究相对分散,未能形成一个较为集中的研究集群和具有相对核心地位的研究团体。

表2-9 文化行业标准化研究论文的研究单位分布

机构	篇数
中国标准化研究院	8
上海市标准化研究院	7
中国科学院文献情报中心	4
广东省标准化研究院	4
上海图书馆	4
北京图书馆	4
北京航空航天大学	4
北京师范大学	4
浙江大学	4
湖南大学	3
中国科学技术信息研究所	3
北京大学	3
洛阳工学院	3
广西师范大学	3
中国文化部文化科技司	2
山东省标准化研究院	2

2.2.2 关键词可视化

1. 词频分析

提取相关文献中的关键词,是进入词频分析的第一步。本项研究利用CNKI中"保存检索结果"选项中的自定义功能,对所有相关文献的关键词进行了提取,并以进行保存。获得的1019篇文化行业标准化研究文献中的关键词,经过词义辨析、合并相同的和同义的、剔除与文化行业标准化主题关系不密切的关键词,共得到有用关键词2177个。利用ROSTCOM软件对其中877个关键词的相对频次进行了排序,并提取了频次在前50位的高频词作为词频分析的数据单元,见表2-10。

表 2 – 10 文化行业标准化研究论文关键词频次统计

关键词	频次	关键词	频次	关键词	频次	关键词	频次	关键词	频次
标准化	333	标准化问题	31	技术标准	19	国家标准局	14	著录规则	12
标准化工作	147	档案馆	30	科学管理	18	档案工作	14	资源共享	12
图书馆	83	图书馆工作	23	国际标准化组织	18	图书馆事业	14	公共图书馆	12
标准化建设	72	工作标准化	23	数字图书馆	17	管理标准化	13	书目数据库	12
标准化管理	59	文献著录	22	管理工作	16	安全生产	13	行业标准	11
国家标准	55	编目工作	22	著录格式	15	产业标准化	13	图书馆标准	11
文献工作标准化	52	标准体系	21	书次号	15	书目数据	13	标准化研究	11
技术委员会	48	标准化战略	20	服务标准化	15	技术标准化	13	网络化	11
规范化	40	标准化体系	20	档案管理	14	文化部	12	标准化发展	11

综合上述分析可以看出,我国改革开放以来文化行业标准化研究的主题主要集中在以下方面:第一,标准化工作研究的各方面,其中包括、技术标准、国家标准局、标准化工作、管理标准化、标准化管理、标准体系、技术委员会、文化部、国家标准、国际标准化组织、标准化建设、标准化体系、国际标准化、标准化战略、服务标准化、技术标准化;第二,图书馆标准化工作的研究,其中包括:图书馆、图书馆工作、图书馆事业、编目工作、著录格式、文献工作标准化、书次号、书目数据、著录规则、数字图书馆、文献著录、著录标准化;第三,档案工作的标准化研究,其中包括:档案馆、科学管理、档案工作、工作标准化、管理工作、规范化、档案管理、档案工作标准化。

2. 可视化分析

结合之前的词频分析,本项研究的可视化分析选取了前 50 位的高频关键词来构建知识图谱;同时为了可视化分析更为直观,本项研究选取的关键词最小共现频次为 2 次。图 2 – 4 绘制了 1979—2013 年期间国内文化行业标准化研究领域相关论文关键词共现的知识图谱。

图 2 – 4 中每个图标表示一个关键词,两图标之间的连线越粗,表示这两个关键词的共现频次越高;图标面积越大,表示该关键词与其他图标的连线越多,并与其他关键词存在众多的共现关系。共现频次越高,表明二者之间的关系越密切;图标的面积越大,表示其中心地位越明显。通过关键词之间的连线,也可以推断关键词之间的内在联系。例如,标准化体系与标准化工作存在较为紧密的联系,标准化工作与标准化建设存在一定的联系,那么我们就可以推断标准化体系与标准化建设之间存在一定的联系,并可以在这两个主题上开展新的研究。

结合图 2 – 3 来看,改革开放以来国内文化行业标准化研究已经形成了以标准化建设、标准化工作、标准化研究为中心群的重点研究,并以国家标准和相应的标委会为依托逐渐向周边扩散。其中图书馆、档案馆的标准化研究与中心群的联系较为紧密。从外围发展来看,文化产业、文化管理、博物馆行业等成为该领域相对独立的研究点,而与中心领域的联系较少,但并不代表其研究可以忽略,反而应该予以重视,使其更好地向中心群靠拢并与之形成新的学科生长点。另外,由于文化保存与保护、文艺服务以及休闲娱乐的相关研究主题的频次过低,并未出现在该图谱中,但也有可能是今后研究的重点。

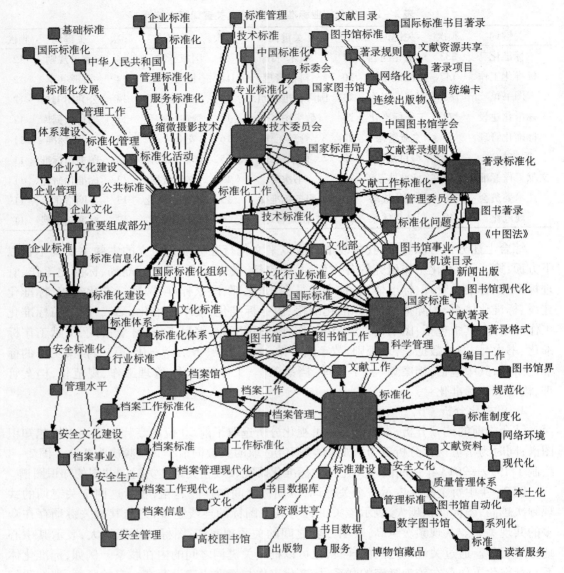

图 2-4 文化行业标准化研究论文关键词共现的知识图谱

2.2.3 内容分析

以国内相关学术期刊论文为数据源,借助词频分析与可视化方法对该领域的研究状况进行描述,在此基础上对改革开放以来国内文化行业标准化研究论文的内容进行归纳整理,结合本项目的研究框架来看,其中包括以下几个方面:

1. 文化行业标准化

文化行业标准化的相关研究主要是从学理上对文化的标准化进行阐释和论证,其中裴涵认为技术标准化是现代社会鲜明的特征之一,在既有的经济学和社会学的研究视野中,技术标准呈现出"普遍""客观"或"公平"的面相,它似乎已经成为一种图腾,一种科学理性的象征,并针对既有研究的理论缺陷,基于文化研究的理论特质,提出了文化研究的全新研究路径,尝试性地提出了基于文化研究视角的技术标准化研究的具体策略①。刘芳对标准化的产生和发展进行了划分,认为大体经历了四个阶段:第一,远古时代人类标准化思想的萌芽;第二,建立在手工业生产基础上的古代标准化;第三,以机器大工业为基础的近代标准化;第四,以系统理论为指导的现代标准化,提出标准化是人类实践的产物,受生产力水平的制约,又为生产力的发展创造条件,社会经济和科学文化的发展是标准化发展的动力②。姜树森发现到目前为止,还没有人研究过一个国家的人民文化水平和该国的标准化水平之间有什么关系,认为其原因是还没有把标准化看作是一门独立的技术学科,只是把它看作为生产技术的附属品③。陈平认为文化标准化的政策研究,是文化标准化实践过程中的一项重要的保障机制,其研究的深度和广度直接决定了标准化工作开展的水平,其中陈平认为随着国际贸易和科技文化交流的不断扩大,全球对于 ISO 制定的国际标准和发达国家制定的先进标准的需求日益增大,并阐述了标准国际趋同的趋势④。全如诚认为英文既是把国际标准传播到中国来的主要媒介,更是构成有关术语和撰写这些术语定义的主要 ISO 官方语言⑤。郑光辉从世界经济一体化的趋势与标准化的关系及其具有的正负两面效应入手,指出标准化本来是作为社会的生产、流通、消费的技术纽带,为消除国际贸易技术壁垒而存在的,同时提出要认识和利用标准化的技术壁垒作用,看到发达国家利用标准化的这一作用保护自身利益,正视发达国家与发展中国家在标准化领域的不平等性,对不同的国际标准要采取不同的应对策略⑥。

2. 文艺服务

文艺服务的标准化研究要从创作和培训两个方面辩证地展开论述,其中刘向阳提出我国的民族拉弦乐器,历史悠久,源远流长,然而,其发展的速度却比仅有四百余年历史的小提琴艺术缓慢多了,其原因之一就是民族拉弦乐器的造型、规格、曲谱、教材、教学等方面没有实现标准化,这不仅阻碍了这些乐器艺术的传播和发展,也使得它们不可能成为广泛通用的乐器,所以民族拉弦乐器实现规范化、标准化,是乐器发展的大势所趋,也是我们需要做的事情⑦。西沐指出中国艺术品市场标准化是指以艺术品生产创作和销售为基础,运用统一、简化、协调、选优的原理,对艺术品生产创作及销售中的有关方面和有关环节制定标准,实施标准,以及对标准的实施进行有效监督的过程,中国艺术品市场标准体系的建立是促进艺术与现代文化紧密相连⑧。闫贤良提出剧场是传播舞台艺术的专业场所,也是观众通过现场听觉、视觉、感觉综合享受舞台艺术的唯一场所,其构造、功能、元素都具有酝酿情绪、陶冶情操、提升素养的文化作用。因此,剧场不同于一般的公共建筑,是一个完整的文化产品,对公共文化具有不可替代的功能和作用。剧场作为一种特殊的文化设施,不仅是城市功能和城

① 裘涵,陈侃. 文化研究:技术标准化研究的新视角[J]. 浙江社会科学,2011(4):19-24,10.
② 刘芳. 浅谈标准化在档案工作中的意义[J]. 黑龙江史志,2005(5):14-15.
③ 姜树森. 文献工作标准化刍议[J]. 广东图书馆学刊,1984(3):14-19.
④ 陈平,刘丹红,徐勇勇. 国外卫生信息标准化现状及发展趋势[J]. 中国医院统计,2002,9(2):67-70.
⑤ 全如诚. 地域文化与术语标准化(上)[J]. 术语标准化与信息技术,2007(3):4-9.
⑥ 郑光辉. 世界经济一体化趋势与我国标准化发展的策略问题[J]. 上海标准化,2002(2):35-40.
⑦ 刘向阳. 中国民族拉弦乐器标准化之我见[J]. 佳木斯大学社会科学学报,2009(5):145-146.
⑧ 西沐. 中国艺术品市场标准化体系如何建成[J]. 艺术市场,2009(11):92-94.

市文化的重要元素,更是国家文化的重要组成部分,其建筑文化和舞台艺术是以国家意志构建我国社会主义公共文化体系的重要因素。所以,从公共文化和舞台艺术的角度对剧场及其设施、设备进行规范,对剧场建设、剧场经营、剧场服务进行标准化建设具有十分重要的意义和特殊的要求①。张刚提出中华民族各族人民在长期的生产生活实践中创造了光辉灿烂的文化艺术,又素有对文化艺术资源进行普查、记录、整理的传统而使民族文化得以不断延续,其标准化工作的开展保持了中华文明的生生不息、绵延不绝,使得积累的文化艺术资源极为丰富,种类之繁多、内容之丰富,为世界罕见②。刘肖岩分析了戏剧翻译的特点,提出戏剧翻译应以功能对等为原则,以原语和译语观众能获得大体相同的反应为标准,并探讨了为达到功能对等需对译文进行调整③。罗可曼指出随着国家音乐课程标准的颁布,新一轮基础音乐教育改革势在必行,要对现行的基础音乐教育给予反思,结合教育观念的更新和教育制度的改革,从根本上提高在岗师资的业务水平,真正落实新的课程标准,使我们的基础教育真正做到与国际接轨④。毕武胜认为我国艺术教育是走单科艺术教育(音乐、美术)之路,还是走综合艺术教育(艺术课程)之路,在美国《艺术教育国家标准》的启示下发现课程改革以来艺术教育的个别现象,提出成立综合性艺术教育国家标准制定委员会,制定统一的艺术教育国家标准,并加大落实力度,改进落实方法⑤。田建民发现当前文学批评的混乱、"失语"或"缺席"状态,是由于文学批评的独立品格的失落。文学批评的独立品格包括两个方面,即批评家的独立品格和文艺批评自身的独立品格。批评家的独立品格一是指批评家的高尚的独立的人格;二是指批评家要遵循文艺自身的特点和标准进行批评⑥。胡家祥指出艺术批评是介于艺术欣赏与艺术理论之间一个领域。它应该以审美标准为根本,因此派生四个基本标准:外观完善标准、评价—价值标准、认识—规则标准、哲学意味标准。对应于四个基本标准,存在四种基本模式:印象—欣赏式批评、社会—道德批评、文本—规则批评、冥思—顿悟式批评⑦。易中天认为艺术在本质上是人类情感的普遍传达,据此可以逻辑地推定艺术的绝对标准:每个个体的任何独特情感(确证感),都通过不可重复的对象形象(形式感),而为每个其他个体所同感(同情感),在现实的艺术判断中,它可以表述为这样一个相对标准:个体罕见的情感(个别),通过尽量不重复的对象形象(特殊),而为尽可能多的人所同感(普遍)⑧。宋蓓指出从1950年教育部颁布的第一个《音乐教学大纲》起,到2001年基础教育课程改革产生的《音乐课程标准》止,新中国成立后我国在不同时期先后颁布了13部中小学音乐教学大纲和课程标准。这些文件不仅在各时期音乐学科教学中具有重要指导意义,而且

① 闫贤良,阎平.推进剧场标准化建设实现艺术为人民服务[J].中国标准化,2008(9):7-8.

② 张刚,邱邑洪.全国文化艺术资源保护标准化技术委员会及其工作[J].中国标准化,2008(9):20-22.

③ 刘肖岩,关子安.试论戏剧翻译的标准[J].齐齐哈尔大学学报(哲学社会科学版),2002(2):5-7.

④ 罗可曼.音乐课程标准与基础音乐教育的改革[J].星海音乐学院学报,2003(2):84-85.

⑤ 毕武胜.美国《艺术教育国家标准》及启示[J].艺术教育,2006(2):38-39.

⑥ 田建民.谈当前文学批评的规范与标准[J].河北大学学报(哲学社会科学版),2003(1):28-34.

⑦ 胡家祥,刘赞爱.艺术批评的性质、标准和基本模式——艺术批评学论纲[J].湖北民族学院学报(社会科学版),1998,16(5):1-8.

⑧ 易中天.论艺术标准[J].厦门大学学报(哲学社会科学版),2001(4):55-60.

从一个侧面反映了我国中小学音乐教育的发展脉络①。任慧发现舞台机械作为实现演出效果的载体之一,是现代剧场的重要组成部分,由于本身的机械性能,舞台机械又是剧场内的主要噪声源之一,而目前国内外并没有统一的舞台机械噪声控制标准出现,这使得演艺场所舞台机械噪声的评价和限制存在问题,并针对国内外舞台机械噪声现状,分析了现行规范文件的局限性,提出了关于舞台机械噪声控制标准的制定建议②。

3. 娱乐休闲

宋长海指出伴随我国休闲街区的快速发展和规范管理的需求,休闲街区标准化工作应运而生,并对国家层面所提出的休闲街区标准化发展指导以及以上海、广州、山东为代表的地方层面所进行的休闲街区标准化实践进行了梳理,在此基础上,从纵向和横向系统地比较了国内休闲街区标准化发展的现状,并针对存在的主要问题提出了进一步提升我国休闲街区标准化发展的对策和建议③。李春田认为,在国家标准中休闲应该被定义为个人时间的多样化安排,可以自己处理的时间段,这个定义揭示了三个基本特征的休闲如下:首先,休闲不是工作,是指下班后的时间,可以由自己处理;其次,休闲是指可以自由的安排时间;第三,这样的安排是多样化的④。郝桢提出休闲产业标准体系目前在国内外均处于空白状态,这与休闲产业的快速发展极不相称,随着我国国民经济的持续发展、人均可支配收入与闲暇时间的不断增加,人们的休闲生活日渐丰富,休闲消费日益增长,休闲产业迅速发展,特别是进入新世纪以来,以旅游业、文化休闲业、体育休闲业等为主的休闲产业将占据更多的市场,如果没有相应的标准作保障,休闲产业发展的可持续性将备受质疑⑤。赵菁华介绍了国内外游戏软件技术、产业发展的现状,分析国际主流标准化组织在此领域所做的工作及取得的成果,并进一步分析与我国标准化工作的差异及其体系⑥。肖潇指出文化娱乐场所作为文化娱乐业的载体,始终处于为广大人民群众提供丰富多样文化产品和娱乐的前沿阵地。近年来,随着经济高速发展、社会全面进步以及社会主义市场经济体制的逐步完善,KTV、歌舞厅、音乐酒吧茶座等新兴文化娱乐场所蓬勃发展,丰富了我国文化娱乐市场,推动了文化娱乐业的发展,但应该看到,我国文化娱乐场所总体上存在着供给相对不足,相关标准缺失,同时还存在质量和效益不佳,科技含量不高、竞争力水平低等问题,违法违规现象也屡见不鲜,消费者权益得不到很好的保障,整个行业迫切需要一个引领、规范和服务于文化娱乐产业的标准体系,促进行业健康、有序、可持续发展⑦。沈河涛认为我国网络文化的发展与信息产业、文化产业、网络产业、内容产业的标准化工作息息相关,同时指出信息产业的迅猛发展和繁荣对网络文化的标准化提出了新的要求和挑战⑧。

---

① 宋蓓,郁正民.新中国六十年音乐课程标准发展的回顾与反思[J].教学研究,2010,33(2):79-82.

② 任慧,蒋伟,白石磊,等.舞台机械噪声标准的探讨[J].环境工程,2009,27(1):563-565,580.

③ 宋长海.我国休闲街区标准化的内涵及实践[J].城市问题,2013(4):67-71.

④ 李春田.休闲要走综合标准化之路[J].中国标准化(英文版),2011(3):53-55.

⑤ 郝桢.休闲产业标准化刍议[J].大众标准化,2010(11):42-44.

⑥ 赵菁华.游戏软件标准体系研究[J].信息技术与标准化,2010(6):53-56.

⑦ 肖潇.建立文化娱乐场所标准体系推动文化娱乐业健康有序发展[J].中国标准化,2008(9):17-19.

⑧ 沈河涛.我国网络文化标准化的现状分析与展望[J].中国标准化,2008(9):14-16.

4. 文化经营

文化经营的标准化工作是整个文化行业标准化工作中最为灵活，也是最难把握的领域，其研究总体上围绕着以文化为主体的商业化研究，其中曾毅指出文化、艺术品、收藏等一直以来都被视为精神审美范畴的东西，好像只可意会不可言传，但随着文化产业市场化进程的不断加快，在市场这只"无形之手"的推动下，文化领域标准化工作也开始起步，标准化中长期规划出台，一大批文化行业标准相继制定，文化产业大步向被传统视为工业产品属性的"标准化"靠拢[①]。张苑指出多年来，艺术品的鉴定评估几乎都是一言堂，在艺术品市场迅猛发展的今天，这已经成为艺术品市场的硬伤，对艺术品的鉴定、评估、收藏、交易产生了极大的影响，从根本上制约着艺术品市场的进一步发展壮大[②]。廖奔认为文化市场是为文化产品流通而开辟的商业性渠道，它在人类社会进入分工阶段就出现了，我国文化市场曾长期挛缩于计划经济体制里，在社会主义市场经济体制建立过程中面临着理论和实践上的新课题，因此必须研究市场文化的范围、内涵、层次、级差等问题，并采取相应的政策和法规进行科学管理[③]。徐海龙通过对世界一些发达国家进行描述和考量，总结出文化旅游、节假日打造国家文化品牌、生态博物馆模式、合作管理和开发等几种形态，力图挖掘出一些先进经验模型，为我国文化遗产产业开发提供一些借鉴和设想[④]。潘一禾发现当代中国的文化市场已呈现出全民参与、开放而流动的新特点，其主要生成原因是文化需求的大众化和文化工作者队伍的分化趋势，文化市场的新时代特征将强化当代文化产品的共享特性、价值评估和随机应用，并引发一些新的矛盾和冲突，形成新的文化市场管理思路，需更细致地研究当代文化产品的消费者和供给者状况，认真探索文化市场管理的特殊规律[⑤]。林建认为近十多年来，伴随着我国文化创意产业的快速发展，其产业特征逐渐完善，文化创意产业的标准化作为一种超越产品、品牌竞争的高层次竞争手段，在其发展中的作用越来越大，当前，我国文化创意产业标准化工作中仍存在着诸多问题，远远满足不了产业的健康可持续发展需求，使标准化工作在文化创意产业的发展中发挥新的更大作用[⑥]。阎平提到标准化对于文化产业的发展具有重要意义，它是文化设施设备质量与安全的保障，是文化服务质量的保障，是规范文化市场重要手段，也是促进文化产业升级的必要条件，我国文化产业标准化基础十分薄弱，标准数量少，门类缺，内容陈旧，技术水平低，而且宣传贯彻较差，其主要原因在于经费缺乏，组织不健全，产业不发达，同时认为未来十年，文化产业标准化工作的重点，应是加强文化产业标准化基础建设，制定文化产业急需标准，编制文化服务标准化建设和涉及公共文化安全标准并加强文化标准的宣传贯彻、实施力度，与此同时指出文化产业领域标准化工作应坚持政府主导原则、重点保障原则、制定与实施并重原则和国际化原则，在此基础上，指出政府部门应采取切实可行的措施，为标准化工作创造良好环境，应加大经费支持力度，应健全文化行业标准化管理组织，完善文化行业标准化管理制度，文化产业领域标准化工作应处理好几个关系，

① 曾毅.文化产业标准化:市场助推 民生为本[J].标准生活,2009(11):33-34.
② 张苑,李红娟.艺术品评估将有国家标准——评文化部文化市场发展中心艺术品评估委员会的成立[J].艺术市场,2006(7):18-21.
③ 廖奔.文化市场的理论定性与文化的市场定位及其管理[J].科学社会主义,2001(3):51-55.
④ 徐海龙.文化遗产管理开发的几种模型[J].生产力研究,2009(21):118-120.
⑤ 潘一禾.论当代文化市场的生成、影响和管理思路[J].浙江社会科学,1997(3):107-112.
⑥ 林建.我国文化创意产业标准化工作的思考[J].贵阳学院学报(社会科学版),2011(3):120-125.

即政府主导和共同参与的关系,普遍性和特殊性的关系,标准化与个性化的关系①。西沐认为中国艺术品市场标准化是指以艺术品生产创作和销售为基础,运用统一、简化、协调、选优的原理,对艺术品生产创作及销售中的有关方面和有关环节制定标准,实施标准,以及对标准的实施进行有效监督的过程同时指出中国艺术品市场标准体系的建立是促进艺术与现代文化传播与发展的必经之路②。郑雯提出音像业标准化版权价值评估的必要性其中包括:打造强势产业链条、应对国外媒体集团冲击、满足经济全球化的扩大和人类文化交流的需要、音像业与国际化接轨③。姚吉成发现我国民间名小吃资源丰富,但标准化、产业化生产程度较低,挖掘民间名小吃资源,制定相应的生产标准,走产业化发展之路是开发民间名小吃食文化资源,促进民间名小吃良性发展,做大做强饮食文化产业的重要内容,并提出了民间名小吃标准化、产业化生产构想,探讨了其标准化产业化发展的策略④。陈荣中认为制笔行业标准化工作能够有效指导制笔企业生产、实施产业政策、行业规划、规范市场秩序、进行宏观调控和市场准入的重要技术基础⑤。

5. 文化保护与保存

文化保护与保存标准化工作的主体是博物馆与文化遗产的保存,其中佘莹指出文博领域内的标准化工作是一项长期、复杂的系统工程,需要广大文博工作者积极参与、认真研究、扎实工作、自主创新,在广泛采用国际和国家文博领域标准的同时,通过开展文博行业关键技术标准研究,尽快建立科学合理、先进适用、适应文物事业发展的标准体系⑥。陈沐认为文物、博物馆领域的标准化起步较早,但与其他行业相比、与文物保护事业的发展需要相比还存在着不小的差距,总结并分析了当前文博行业标准化工作中存在的误区和问题,提出在今后的行业标准化工作中解决这些问题的措施与办法⑦。祝敬国论述了博物馆藏品分类的理论和实践问题并认为科学的博物馆藏品标准分类法应该是一个多层次的组面分类法⑧。张金凤就我国文物保护领域的中的什么是标准? 为什么要制定标准? 标准是如何制定的? 遵守标准有什么好处? 怎样才能更好地利用标准? 等一系列问题展开了讨论⑨。祝君发现我国的民族博物馆经过长期的管理实践,逐步摸索和积累了很多经验,但由于民族博物馆文物管理工作所接触对象的不同,工作途径和方法的不同,馆际间的要求与重点不同,理论上的薄弱性,等等,决定了实行标准化管理的艰难,尽管如此,尽快建立统一的科学管理体系,将文物管理的各项工作纳入规范化、标准化的轨道,已是势在必行,并提出实现民族文物的规范化、标准化管理是一项较为复杂的系统工程,但应该考虑从现在开始,把这一工作列入议

---

① 阎平.文化产业标准化问题研究[J].湖北大学学报(哲学社会科学版),2010,37(6):104 – 109.

② 西沐.中国艺术品市场标准化体系如何建成[J].艺术市场,2009(11):92 – 94.

③ 郑雯.中国音像业标准化版权价值评估的构建[J].中国出版,2009(10):26 – 29.

④ 姚吉成,程伟.民间名小吃标准化产业化发展思考[J].四川烹饪高等专科学校学报,2013(1):25 – 27.

⑤ 陈荣中."十一五"制笔行业标准化发展规划[J].中国制笔,2005(3):35 – 42.

⑥ 佘莹.浅析文博行业标准化工作[J].黑龙江科技信息,2009(26):108.

⑦ 陈沐,章磊.对文博行业标准化工作的思考与体会[J].世界标准化与质量管理,2006(7):51 – 53.

⑧ 祝敬国.博物馆藏品分类标准化研究[J].中国博物馆,1991(1):30 – 35,29.

⑨ 张金凤.文物保护标准化建设[J].中国文物科学研究,2008(1):20 – 22.

事日程,尽早实现民族文物的规范化、标准化管理①。詹长法认为随着我国文化遗产保护事业的不断推进,开展文化遗产保护标准化工作,构架我国自己的文化遗产保护标准化体系势在必行,同时概要地介绍了欧洲文物保护标准化进程及欧洲标准委员会文物保护标准化技术委员会(CEN/TC 346)行动计划,以期对我国文化遗产保护标准化建设起到促进作用②。邵雅文指出民族服饰是各族文化传统中最具特色的标志性符号,中华大地56个民族,其少数民族服饰文化及产业在推动我国各地经济、旅游、文化及各族人民生活生产中发挥着无与伦比的重要作用,与此同时,针对一些具有传承和标志性特色的民族服饰,将其进行有效规范和深入、细致的标准定位与梳理,对加强其作为非物质文化遗产的保护工作意义重大,更是从科研和技术层面,对民族文化的一种高质、高端的保留、继承与传播③。向元芬介绍了国家文物局在上海召开的《藏品编目图象管理系统》技术鉴定暨现场交流会上做出的决定,即组建专家小组,逐步在全国开展博物馆的规范化、标准化工作,并指出这一决策将加快我国博物馆工作标准化的进程,大大提高博物馆事业的科学管理水平④。胡丹探讨字画藏品定名标准化的必要性和可能性,界定字画藏品定名原则和字画藏品名称的基本构成⑤。孙晓天认为美国人类学家詹姆斯·沃森(James L. Watson)在20世纪80年代基于中国南方沿海地区妈祖信仰的研究,曾经提出一个受到广泛关注的概念——神的标准化,经过在中国最北海疆的妈祖信仰调查中,证实该地近代历史上曾出现过同样的"神的标准化"过程,且在当代史中,由于被不断赋予新的时代意涵,妈祖信仰在沉寂数十年后,仍然继续"标准化"着当地的信仰空间,在当代中国方兴未艾的文化遗产保护工作中,存在着"民间文化的标准化和再标准化"的现象,为应对"民间文化标准化"带来的"双刃剑"效应,必须不断探索民间文化的整体性保护之路⑥。温洪清指出在地名标准化和语言文字规范化进程中,强调对地名文化资源的保护⑦。黄滨认为开展博物馆藏品保管标准化研究,能够推动我国博物馆事业的发展,并通过运用标准化理论的基本原理与方法,结合博物馆保管工作的实际,拟就藏品保管标准化问题进行探讨⑧。

6. 公共文化

公共文化领域中标准化的相关研究主要是围绕图书馆行业和档案工作来开展的,其中刘锦山提出标准问题是影响数字图书馆发展的关键性问题。中国数字图书馆标准化建设应该包括系统硬件平台标准、系统软件平台标准、开发工具平台标准、应用软件平台标准、生产工具平台标准、生产工艺标准、元数据标准、数据质量标准、资源建设标准、与图书馆自动化管理系统兼容标准、文档标准等一系列内容,是一个庞大的系统工程,并指出标准化建设要遵循实践性原则、全面性原则、概括性原则、创新性原则、渐进性原则,希望通过3—5年的努

① 祝君.民族文物管理与标准化建设[J].中国博物馆,2006(2):9-13.
② 詹长法,何流.欧洲文物保护标准化行动概览[J].中国文物科学研究,2008(2):87-90.
③ 邵雅文.民族服饰标准化助推文化遗产保护[J].标准生活,2012(8):56-58.
④ 向元芬.藏品管理标准化刍议[J].中国博物馆,1989(2):65-68.
⑤ 胡丹.字画藏品定名标准化问题初探[J].中国博物馆,1991(1):47-48.
⑥ 孙晓天,李晓非.民间文化的标准化与再标准化[J].云南民族大学学报(哲学社会科学版),2011,28(2):42-48.
⑦ 温洪清,吕静.在地名标准化进程中切实保护地名文化资源[J].黑龙江史志,2007(6):63-64.
⑧ 黄滨.试论博物管藏品保管标准化[J].兰州学刊,1994(4):69-72,46.

力,逐步形成一套能够促进我国数字图书馆建设事业不断前进的中国数字图书馆标准体系[1]。李晟光介绍了数字图书馆标准化的涉及方面和成本—收益分析的数学表达,提出了数字图书馆自主选择和数字图书馆实行标准化的矩阵分析模型,并给出了各自的成本与收益,从经济学角度定性地分析了实行标准化前后成本与收益的比较关系,指出标准化是数字图书馆发展的最优选择,呼吁各馆尽快实行标准化[2]。王善平发现理想的数字信息资源整合是把各种信息资源透明地无缝地联在一起,让使用者感觉如同只在一个资源系统中操作,经过整合的资源可以充分发挥计算机和网络的强大能力,使信息检索效率大大提高,并提出实现理想整合的关键在于标准化,这一过程可以参照开放系统互联(OSI)的七层标准,并采用信息资源整合的三层标准[3]。肖希明认为书目信息标准化是实现文献资源共享的前提并对涉及书目信息标准化这一系统工程的各个环节进行了分析,指出其进展及存在的问题,并对推进我国书目信息标准化进程提出了若干建议[4]。李丹提出标准化工作对于图书馆事业的迅速普及和提高以及不同国家和地区图书馆之间广泛深入的交流与合作具有重要意义,同时发现对于数量最大、规模最小、最贴近民众的广大基层图书馆而言,标准化的需求更为迫切,并指出我国基层图书馆的标准化发展水平还比较有限,有必要在继承国际图书馆领域标准化工作历史经验的基础上,结合我国当前公共文化服务体系建设和发展的现实需求,进一步深入推进[5]。陈平指出标准化是现代化图书馆科学管理的一个重要手段,是提高图书馆工作水平的重要因素之一,是图书馆实现现代化的必要前提,提出从理论上,特别是从实践的方法上探索图书馆工作的标准化、规范化的问题,具有十分重要意义[6]。白伟介绍了图书编目工作的内容和作用,分析了图书馆中文图书书目数据库的现状和存在的主要问题,探讨了网络环境下中文图书书目数据库规范化的重要意义,指出了编目工作的标准化、规范化是资源共享的重要保障和前提条件;同时文章结合北京林业大学图书馆编目工作实际,阐明了编目工作标准化、规范化的重要性,并根据实际工作体会提出提高编目数据质量的一些设想及几点措施,扼要论述了编目工作的信息化发展方向[7]。姚刚阐述了开展档案工作标准化的意义,分析了我国档案工作标准体系的现状,明确了档案工作标准化中存在的一些认识上的问题,并对如何加强档案工作标准化提出了几点建议[8]。蒋华针对我国档案工作标准化过程中存在的诸如概念性的基础研究不足、标准制定不够系统和规范以及实施过程不尽人意等问题,提出要从加强档案工作标准化原理性研究、提高档案工作标准的制定和实施管理水平、加强对专门人才的培养等方面加以改进,以使我国档案工作标准化事业逐渐走向成熟[9]。丁梅介绍了现行的档案工作标准以及档案工作标准化的意义,从官僚体制对档案工作标准化、

①　刘锦山.中国数字图书馆标准化工程建设探析[J].现代图书情报技术,2001(6):7-9.
②　李晟光.数字图书馆标准化的成本—收益分析[J].情报杂志,2006(11):142-143.
③　王善平.论数字信息资源的整合与标准化[J].情报资料工作,2002(6):19-21.
④　肖希明.我国书目信息标准化的现状与发展对策[J].图书馆论坛,2000,20(6):3-6.
⑤　李丹,刘雅琼.论标准化工作与基层图书馆的可持续发展[J].图书情报工作,2012,56(21):11-15,9.
⑥　陈平.从藏书整顿看县区图书馆工作标准化的重要意义[J].图书馆学刊,1984(4):50-54.
⑦　白伟.编目工作的标准化与规范化[J].北京林业大学学报(社会科学版),2004,3(1):62-64.
⑧　姚刚.档案工作标准化的现状与前瞻[J].航天标准化,2004(2):38-40.
⑨　蒋华.档案工作标准化现状分析及对策[J].淮海工学院学报(社会科学版),2005,3(4):98-100.

程序化的影响进行了理性审视①。张华指出城建档案工作标准化,是城建档案工作现代化建设的一个重要的领域,在信息社会中,由于公共文化和经济建设的高度发展,人们对标准化的要求越来越迫切。推进馆务工作标准化,就是在我们内部的管理工作中要全面推进标准化管理,使我们每项业务和管理工作、每个工作的各个环节中都要有标准,办事讲标准,考核按标准,一切都要按照标准来办。这即是高标准的要求。标准就像一名"老师",它可以帮我们解决各项工作中遇到的问题和疑惑,克服那种"不知所措"和"不知所云"的状态②。姜云娜针对档案管理工作的规范化和标准化问题进行探讨,以期提高档案管理基础工作水平③。杨凤英提出规范化、标准化的档案管理是实现档案管理现代化的重要中间环节,在搞好硬件建设的同时,做好文书处理工作则是实现档案工作规范化、标准化的重要基础工作④。李霞认为强化系统思维意识,树立文书处理工作规范化、标准化与档案工作规范化、标准化同行的工作指导思想,在实际工作中,把住文书处理工作规范化、标准化的入口关,做好实现档案工作规范化、标准化的基础工作⑤。韩新萍认为档案事业需要制订各种标准,作为开展工作的依据和准绳,实行标准化是档案工作现代化的重要内容,标准化的水平是衡量档案工作现代化的一个重要尺度,也是提高档案工作水平的必由之路⑥。江清和提出推进文化馆标准化建设,就是努力使文化馆的基础建设、工作内容与工作方式、内部管理等符合一定的标准。这不仅是一个理论问题,更是当前文化馆系统所面临的一个重大而紧迫的实践问题。文化馆标准化建设核心有三个问题:一是在当前形势下文化馆该干什么、怎么干;二是文化馆需要什么样的人才队伍,文化馆干部需要什么样的知识、素质与能力结构;三是文化馆该怎样管理⑦。

7. 文化管理

文化管理是文化行业标准化工作开展过程中全局性最强的一个环节,该领域的研究主要涉及文化的监管、控制以及有效的管理等内容,其中张宏伟认为公共文化产品的质量是指产品或服务满足人民群众特定公共文化需求所达到的程度,它包括政治标准、艺术标准和商业标准,与一般物质产品的质量标准有着显著的区别,为了更好地控制和评价公共文化产品的质量,需要为信息型、知识型和娱乐型三种公共文化产品设定相对具体的质量标准指标体系,并以此为基础建立一套规范公共文化产品供给和生产的管理、监督、考核机制,对供给和生产公共文化产品的各级各类机构进行有效的品质管理控制⑧。刘志华提出文化产业的学科建设包括学科定位、课程设置、师资配备、教学设备设施与实习基地的建设、教学质量考评、人才价值评估等方面,我国文化产业管理的学科建设还刚刚起步,面临着很多问题,如缺

① 丁梅. 档案工作标准化、程序化的理性审视[J]. 东北农业大学学报(社会科学版),2008,6(2): 35 – 37.
② 张华. 加强城建档案标准化建设[J]. 山西档案,2011(1):7 – 8.
③ 姜云娜. 浅谈档案工作的规范化、标准化管理[J]. 科技创新导报,2011(5):246.
④ 杨凤英,马临芳. 如何做好档案管理工作规范化、标准化[J]. 科技信息,2008(33):755.
⑤ 李霞. 浅谈档案管理工作规范化标准化[J]. 科技创新导报,2011(17):224.
⑥ 韩新萍. 浅谈档案工作标准化[J]. 机电兵船档案,1996(2):46 – 48.
⑦ 江清和. 大力推进文化馆的标准化建设[J]. 中国标准化,2008(9):12 – 13.
⑧ 张宏伟,宋建武. 公共文化产品的质量标准和控制机制研究[J]. 四川大学学报(哲学社会科学版),2012(1):139 – 144.

乏准确的专业定位、所属专业门类混杂、课程设置缺乏统一的标准和明确的方向、教学机制和模式相对陈旧、人才培养难以适应社会需求等,因此,加强文化产业管理专业学科定位的研究,探索出一条适合文化产业特色的人才培养模式具有重要的理论意义和现实意义①。刘光清提出文化稽查队的工作内容要以核心价值观和工作目标、标准、制度建设为文化建设的着力点,以业务本领培养为文化建设的抓手,以执法为民为文化建设的落脚点,打造起与稽查职能、使命相统一的稽查文化,形成了科学、管用的稽查文化机制,为全面提升稽查工作奠定了坚实基础②。周耀林指出我国非遗档案管理工作存在着主体众多而协同机制缺乏、文化机构主管而专业档案机构介入不足、重视微观建设而轻视宏观规划等问题,因此,从体制上改革非遗档案管理显得非常必要,通过分析非遗档案管理体制创新的必要性,对 Malone 群体智慧概念和实施模型的分析,提出了非遗档案管理体制创新的目标与要求,设计了基于群体智慧的非遗档案管理体制,并进一步从政策、管理、基础设施和标准规范四个方面论证了利用群体智慧推进非遗管理体制的实现路径③。苟自钧认为对于自然文化遗产既要加以保护又要进行合理适当的开发利用,提出有效管理的办法是政企分开,即把自然文化遗产的所有权与经营权分离,把经营权交予专业化的景区企业经营,做到政府监管、企业经营,各司其职,双方受益④。李姗姗认为档案式管理已成为信息时代开发利用非物质文化遗产信息资源的方法之一,并指出非物质文化遗产信息资源档案式管理的瓶颈,进一步从建立建档协调工作组、实行备份归档与容灾制度、设置分类层级、制定非物质文化遗产建档标准与实施细则、重视档案部门的参与等方面着手,提出了突破非物质文化遗产信息资源档案式管理瓶颈的方法⑤。陆建松提出我国文化遗产保护不力的原因,与我国缺乏行之有效的文化遗产管理体制有密切关系,从西方先进国家的文化遗产保护经验看,文化遗产的有效保护和合理利用主要依赖管理体制和制度的力量,应该在文化遗产行政管理体制改革、运行机制和规范标准制订三个方面着手,建立起一套适合我国国情的行之有效的文化遗产管理体制⑥。苏彤指出"中国文化创意产业管理体系"是以科学发展观为指导、以创建中国自主品牌为目标,将"文化管理""创意管理"和"产业管理"相结合,通过与政府、企业、学界、团体、媒体和个体开展多种模式的合作活动,促进文化产业、信息产业和传统产业之间的创意融合,通过重构资本、资源和资产关系,升级产业格局,释放产业活力的创新型管理体系,以品牌作为评价文化创意产业的基本标准,推动文化创意产业的发展。叶国标提出信息安全标准化问题仅关系到国家的经济安全、金融安全,也涉及国防安全、政治安全和文化安全⑦。

①　刘志华,陈亚民.文化产业管理学科建设及人才培养模式初探[J].中国成人教育,2011(10):23 – 25.

②　刘光清.稽查文化作推手　工作提升见成效[J].福建质量技术监督,2011(8):32 – 33.

③　周耀林,程齐凯.论基于群体智慧的非物质文化遗产档案管理体制的创新[J].信息资源管理学报,2011(2):59 – 66.

④　苟自钧.中国自然文化遗产要走专业化经营管理之路[J].经济经纬,2002(1):64 – 66.

⑤　李姗姗,周耀林,戴旸.非物质文化遗产信息资源档案式管理的瓶颈与突破[J].信息资源管理学报,2011(3):73 – 77.

⑥　陆建松.中国文化遗产保护管理的政策思考[J].东南文化,2010(4):22 – 29.

⑦　叶国标.标准化、知识产权、人才发展信息安全产业的三大关键[J].中国科技月报,2001(9):4 – 5.

2.2.4 综合评价

1. 研究的主要特点

研究内容广泛。改革开放以来我国文化行业标准化研究中包含了文化行业标准化的原理、方法、职能、制度、应用等各个方面,既包括宏观研究,也包括中观研究、微观研究;也包括文化行业标准化战略管理研究、行政管理研究、业务研究、资源研究、人才研究等。涉及的内容主要有:(1)文化行业标准化的基本概念。包括:文化行业标准化的内涵、范畴及职能;(2)文化行业标准化的主要原理。包括:文化行业标准化的系统原理、标准化原理、文化原理等;(3)文化行业标准化的主要职能。包括:文化行业标准化制订、文化行业标准化组织、文化行业标准化实施、文化行业标准化发布、文化行业标准化评价等;(4)文化行业标准化的制度与方法。包括:文化行业标准化伦理、文化行业标准化政策、文化行业标准化法制等。

研究重点突出。改革开放以来我国文化行业标准化研究虽然涉及的内容较为广泛,但也凸显出一些较为明显的重点,如:(1)文化行业标准化的理论研究;(2)文化行业标准建设研究;(3)文化行业标准化工作研究;(4)图书馆和档案工作的标准化研究等。与此同时,上述研究重点并非孤立的存在,总体上来看它们之间也存在较为紧密的联系和交叉,共同构成文化行业标准化研究的综合体系。可以看出,随着文化行业标准化的外部环境和内部环境的急剧变换,上述研究重点也随之而不断深化,凸显出这一时期的文化行业标准化融入了更多的现代元素和先进理念。

研究结构复杂并形成新的体系。研究内容的广泛以及相互融合、相互交叉的研究态式,使我国改革开放以来的文化行业标准化研究首先呈现出前所未有的复杂性,尤其数字环境下文化行业标准化研究、文化行业标准化信息管理研究及现代文化行业标准化研究等,在研究中呈现出复杂的多学科交叉、全方位融合研究的趋势。随着研究不断深化,以国家文化行业标准化和地方文化行业标准化两大系统为研究主体,从文化行业一直延伸到与之相关的其他行业,从理论到方法再到制度最后到应用,层层扩散、逐一深化,形成了初步成型的文化行业标准化结构体系。与此同时,理论观点推陈出新,随着整个社会大环境的不断变迁,各种新观点、多元化的理念不断被提出,以完善先前的研究,甚至在某些程度上重新建立相关的理论体系和研究范式。如文化行业标准化的自主创新、文化行业标准化的可持续发展等较新的理念逐渐充实到文化行业标准化的研究体系结构之中,较之以往的文化行业标准化研究结构和体系是一个新的突破和发展。形成上述特点的主要原因:(1)研究视角发生了变化。改革开放以来的文化行业标准化研究在视角上关注文化行业标准化发展环境的变化、知识经济时代与文化行业标准化发展的关系以及行业需求的变化。这是现代文化行业标准化赋予研究者的新要求,只有在研究的视角上呈现出变化,才能在这一领域发现新的切入点,从而找到解决问题的新办法。(2)研究思路发生了变化。改革开放以来的文化行业标准化研究在思路上注重与文化行业标准化的现代化与行业发展紧密联系,认真审视了文化行业标准化由传统形态向信息或数字形态转变过程中的新情况、新问题等。如数字图书馆标准化的结构重组研究、相关行业的倾向性需求研究、文化遗产保护的研究等。只有在思路上保持与社会发展同步,研究才不至于被社会的进步所淘汰。(3)引入了新的理论方法改革开放以来的文化行业标准化研究引入了各个相关学科先进的理论和科学的方法。我们不难看出,这一时段的文化行业标准化应用了众多的新理论,其中最多的是文化、标准化以及文化管理的相关理论,这些理论的引入和应用,使得当前文化行业标准化研究的理论更加丰富,也使得文化行业标准化研究更加关注与其他相关领域的一些共性问题,使研究突破了文化行业标准化这一单一领域,更多地考虑到了当前国内文化行业标准化的生存和发展的外部环境,如知识经济环境、网络环境等,使得国内的文化行业标准化紧扣当前社会和经济发展的节奏。

2. 研究存在的不足

通过对国内改革开放以来文化行业标准化研究文献的分析和归纳,结合当前文化行业标准化研究的相关内容和过程,我们可以发现,近期的研究中仍然存在一些问题,主要表现在以下几个方面:(1)各类型文化行业标准化研究不平衡。国内改革开放以来文化行业标准化研究多倾向于企业文化标准化、公共文化标准化以及文化娱乐标准化的研究,使得其他文化行业标准化的研究相对不多。但是作为国内文化行业标准化研究的重要组成部分,各个文化行业标准化事业的发展应该相对平衡。当前的研究现状,似乎打破了这种平衡,长久下去将不利于其他文化行业标准化研究的共同发展。(2)实践研究相对不足,理论借鉴较为生硬。当前我国文化行业标准化研究在一定程度上存在理论研究脱离实践,忽视实践活动研究,为研究而研究的倾向。过多的理论研究占据改革开放以来文化行业标准化研究的半壁江山,而实践研究相对不足,这将导致今后文化行业标准化事业畸形的发展。因为相对滞后的实践活动无法跟上先进的理论研究的步伐,也会失去理论研究的意义。近期的文化行业标准化研究借鉴了许多其他学科较为成熟的理论和视角,但是在与文化行业标准化研究自身所具备的主体和基础相结合时缺乏足够的适用性研究,在应用层面上出现了一定程度的偏移;同时,在处理两者的关系时,缺少实践研究的支撑和反馈,使得这种借鉴显得有些"生硬"。(3)研究内容相对滞后。近期的文化行业标准化研究对当前的外部环境和内部环境能够做出较快的反应,但这种反应在很多时候是一种被动的反应,缺乏应对环境变化的积极主动性,没有显示出作为标准化研究应该所具备的前瞻性和预见性。相对来说,文化行业标准化研究在面对瞬息万变的社会大环境时,所做出的反应在某些时候存在一定的滞后性。目前有少量的研究已意识到这些问题的存在,如文化行业标准化可持续发展研究、文化行业标准化战略发展研究等。

存在不足的主要原因:(1)文化行业标准化实践相对传统。文化行业标准化研究在一定程度上受到文化行业标准化实践的影响。在我国的文化行业标准化研究文献中尽管在理论方面提出了许多新观点、新方法,但在实际的文化行业标准化实践方面却受到传统思想方法的影响,以经验管理为主,使得管理相对滞后。因而提高现代文化行业标准化的实践能力,并积极研究实践中出现的新问题、新情况,提出提高文化行业标准化能力的新要求、新思想,是弥补以上研究不足的主要举措。随着实践需求的不断增长,文化行业标准化研究的内容也将更加丰富,研究也会更加深入。(2)文化行业标准化理论与实践的结合不够。文化行业标准化研究虽然呈现出多元化、深入化的态势,但真正与文化行业标准化实践相结合的并不多,呈现出"研究热、应用冷"的情形。总体看来,文化行业标准化理论研究与实践的结合仍然不够。

在以上各种原因中,有的是文化行业标准化内因作用比较明显,有的外因作用较为突出。但无论是哪种情况,都应该弄清楚一点,即文化行业标准化是一个不断变化、不断深化的系统,它不是哪一个方面的研究,而是各个方面的系统化的研究。既要重视外部环境对文化行业标准化研究的制约和促进作用,也要加强对内部环境的思考和反馈。只有意识到这一点,文化行业标准化研究才能做到理论与实践、内部环境与外部环境、自身学科与相关学科、短期与长期、动态与静态的系统结合。

3. 今后研究需要关注的问题

通过对国内文化行业标准化研究的回顾,总结出以下几个值得国内文化行业标准化研究者关注的问题:

(1)关注研究方法的规范性。国内研究在这一方面相对还不足,例如研究方法信效度检验、变量相关性论证、问卷的预调查、提纲测试、量表使用的可靠性分析等方面都做到了相对规范的程度。

(2)关注理论引入的合理性。理论的引入不仅仅是起到工具性的作用,还要保证理论引入过程中如何与文化行业标准化实践的需求紧密地结合起来。

(3)关注文化行业标准化实践的发展趋势。文化行业标准化将依托现代科学技术和现代标准理念得到全面提升,确保其制订、实施、发布、监督、评价、运用等都达到经济、高效、及时、准确。

(4)关注文化行业标准化实践的新背景。在当今全球经济持续低增长、颠覆性技术不断更新的社会大背景下,文化行业标准化研究面临着需要不断革新的契机和危机,围绕这些背景所产生的新课题应该引起国内研究者的重视。

(5)关注以往研究存在的不足。在研究内容上应注重与文化行业标准化学研究相关领域的交叉性与互补性,加强文化行业标准化研究与国内外现实背景的适应性研究,加强理论指导与实践活动的交互性,在研究方法上,应加强定性研究与定量研究的系统结合,在人文与技术、社会与个体、主观与客观的并行指引下合理地构建文化行业标准化研究体系。

2.3　总结

通过对国内外研究文献的统计分析、关键词分析和知识图谱分析,可以发现国外关于文化行业标准化的研究整体处于初步水平,很多研究也在初步探索阶段,研究文献总体呈现出增长的趋势,尤其是最近5年增长显著,相比之下,改革开放以来国内文化行业标准化研究的相关论文基本上呈现出递增的趋势,与此同时,国外研究文献的国别分布、期刊分布、作者与机构分布、主题分布均呈现出离散分布的状态,尚未形成核心期刊、作者与机构,研究主题也较为分散,并有向多学科领域延展的趋势。另一方面,改革开放以来国内文化行业标准化研究已经形成了以标准化建设、标准化管理、标准化研究为中心群的重点研究,并逐渐向周边扩散。综上所述,国内外文化行业标准研究仍处于发展的初期,尚存在一些问题。从国外来看,首先,研究主题分散,尚未形成研究热点。其次,相关研究缺乏战略视角,缺少对未来重点领域和优先事项的考量。从国内来看,我国文化行业标准化工作处于起步阶段,尚有许多亟待解决的问题,并且我国尚缺少体系化的文化行业标准化方面的研究成果,国外研究的大量成果是值得我们借鉴的。国外文化行业标准化研究与行业标准的实践工作密切相关,相关学者认识到了标准化的必要性。总体而言,国外文化行业标准研究的专门文献比较少,研究呈现出既集中又分散的特点。首先,研究集中于两个方面,一是标准的分类、管理和设计;二是标准体系的模型、有效性和必要性。其次,相关研究分散于多个学科领域,是多学科的综合研究。我国的国情不同,因此,要借鉴国外的经验,同时又要注意国外文化行业标准化实施的历史背景,形成过程等多种因素,结合我国实际开展中国特色的文化行业标准化的工作和研究。

从国内来看,国内则需要关注研究方法的规范性、理论引入的合理性、文化行业标准化实践的发展趋势、文化行业标准化实践的新背景、以往研究存在的不足等。同时也存在一些值得我们关注的研究视角和研究议题:就文化行业标准化的研究来看,技术标准的引入会呈现出"普遍""客观"或"公平"的面相,但由于艺术与技术存在某种程度上的差异性,使得哪些方面需要政府主体机构的"硬性"介入,哪些方面需要行业协会的"自主"引入,这一议题必须要尽早地纳入文化行业标准化的规划与战略的研究中去;另外,目前文化行业中有很多的标准是直接引入 ISO 等一些国际标准,从文化行业的长远发展来看,我们应该要看到发达国家利用标准化保护自身利益的这一目的,尤其是在文化经营和休闲娱乐这两个方面,因此在标准引入的研究中,我们要正视发达国家与发展中国家在标准化领域的不平等性,对不同的国际标准要采取不同的应对策略,既要兼顾发展,也要考虑可持续性。就文艺服务领域来看,目前乐器的造型、规格、曲谱、教材、教学等方面还没有全部实现标准化,这将阻碍乐器传播和发展并缺乏一定程度的通用性,因此,实现规范化、标准化,是乐器发展的大势所趋,也是文艺服务领域标准化研究中的一项重要工作;目前艺术教育的发展比较迅速,但其门类纷繁复杂,各个领域分头行事,因此,从标委会的建设角度来看,需要研究成立综合性艺术教育国家标准委员会,制定统一的艺术教育国家标准,并加大落实力度,改进落实方法;再者,舞台机械、运转设备等是剧场内的主要噪声源之一,但目前国内外并没有统一完善的舞台机械噪声控制标准,这使得演艺场所舞台噪声的评价和限制存在问题,因此需要加快其标准化研究的进程。就文化保存与保护领域来看,目前博物馆藏品分类的理论和实践问题值得我们进一步地去关注,必须要从全面、科学、长远的角度去思考博物馆藏品的分类标准;再者,目前对文化保护领域中一些元问题的研究也需要我们进一步地深化和拓展,例如文物保护领域的中的什么是标准? 为什么要制定标准? 标准是如何制定的? 遵守标准有什么好处? 怎样才能更好地利用标准? 这些问题是文化保护领域所涉及的基础性问题,只有充分论证好这些问题,文化保护领域的标准化工作才能有据可循,有理可依;少数民族文物和遗产的保护和保存有其自身的特点和环境,如何保障其保护和保存工作规范化、标准化的同时又能不损害各少数民族的切身利益和风俗习惯,这需要更多的研究者通过实地考察和参与观察去发现。就公共文化领域来看,目前数字图书馆的标准化问题研究已经有一段时间了,与其相对应的数字图书馆标准化建设中系统硬件平台、系统软件平台、开发工具平台、应用软件平台、生产工具平台、生产工艺、元数据、数据质量、资源建设、兼容性、文档等一系列标准的研究需要在此基础上进一步完善;另一方面,图书馆资源整合的标准化研究也需要引起我们的重视,这一过程是否可以参照开放系统互联(OSI)的七层标准或者信息资源整合的三层标准? 如果可以的话需要如何兼顾资源整合过程中各方面的现状和今后的发展? 在目前大数据背景下,资源整合的关键取决于标准化;在以往的标准化研究中,文化馆的标准化建设很少被提及,就现状来看,如何使文化馆的基础建设、工作内容与工作方式、内部管理等符合一定的标准,这不仅是一个理论问题,更是当前文化馆系统所面临的一个重大而紧迫的实践问题。就休闲娱乐领域的标准化研究来看,目前国家标准中对于"休闲"的定义仍然存在争议,但无论如何,这是该领域标准化工作的开端和关键,其核心在于时间和方式的定义,因此,只要定义能够服务于现行的国家标准,就可以采纳;另外,目前以旅游业、文化休闲业、体育休闲业等为主的休闲产业将占据更多的市场,在这期间,出现了类似休闲街区、休闲社区等新的概念,因此,必须要有相应的标准研究作为其长远发展的保障,否则休闲产业发展的可持续性和健康性将备受质疑;当前文化娱乐场所的相关标准缺失情况相对较多,同时现有的标准还存在质量和效益不佳、科技含量不高、竞争力水平低等问题,因此违法违规现象也屡见不鲜,消费者权益得不到很好的保障,因此,需要从整个行业的角度去研究文化娱乐产业的标准体系,确保其健康、有序、可持续地发展。就文化经营领域的标准化研究来看,随着文化行业市场化进程的不断加快,在市场这只"无形之手"的推动下,对文化、文化产品和文化服务的鉴定、评估、收藏、交易等环节都产生了极大的影响,是否能够建立起完善的标准体系从根本上制约着文化市场的有序性和公平性;另一方面,从我国整个社会主义市场经济体制建立的过程来看,其中面临着很多理论和实践上的新课题,因此,研究者们必须要深入研究市场文化的特征、范围、内涵、层次、级差等问题以及当代文化产品的消费者和供给者状况,把握好文化市场全民参与、开放而流动以及文化产品的共享特性、价值评估和随机应用等新特点,从而科学、合理地构建起文化市场标准的体系,积极有效地开展文化市场标准化的相关工作;与此同时,我国文化产业标准化的基础十分薄弱,标准数量少,门类不全,内容陈旧,技术水平低,而且宣传、贯彻较差,研究者们应加强文化产业标准化基础建设、紧缺标准、文化服务标准化建设、涉及公共文化的安全标准,标准修制订过程中政府主导和共同参与、标准的普遍性和特殊性、标准化与个性化的关系以及文化行业标准的宣传、贯彻、实施等上述领域的研究。就文化管理领域的标准化研究来看,如何有机地将"文化管理""创意管理"和"产业管理"相结合是目前该领域研究过程中的新课题,通过与政府、企业、学界、团体、媒体和个体开展多种模式的合作将是今后文化管理领域标准化工作发展的重要趋势;另外,对于自然文化遗产的管理,既要重视保护又要加以合理适当的开发利用,在这一过程中,如何尽快开展标准化工作确保政企双方的责任界定和所有权、经营权的归属将是自然文化遗产管理的关键议题;与此同时,文化产品的门类众多,功能不一,因此,要按具体的分类来设定文化产品的质量标准指标体系,并以此为基础建立一套规范文化产品供给和生产的管理、监督以及考核的标准。

3　国内外文化行业标准化现状

3.1　国外文化行业标准化现状

　　自 18 世纪 70 年代英国工业革命以来,蒸汽机发明标志着大机器时代的开始。标准开始引入到工业生产当中,主要实现一些公差配合,零部件统一,产品互换。近代标准化发展的标志有:出现了职业化的标准化队伍;建立了各种标准化机构;进行了标准化理论研究以指导实践;按照一定的程序和方法开展标准化活动,即对标准化活动进行规范化管理;形成具有统一固定格式的标准文本。标准化作为一种科学的方法,在促进全球经济一体化、产业发展、技术进步和企业高效管理方面均体现卓越价值。标准化的目的在于一定范围内获得最佳秩序和社会效益,其在统一、规范和互换通用等方面的作用为社会各界所认同。

　　近年来,在国际社会中形成了一个共识:文化领域的发展逐渐成为一国软实力的重要标志。世界各国已经认识到,要更好地保障文化行业整体的良好运行、文化服务质量的稳步提升、公共文化服务的健康完善以及文化产业的有序升级,领域实践活动中的文化行业标准化问题必须提上重要议程。本节概述了国外文化行业标准化的现状,总结了其发展的特点。

3.1.1　国际标准化组织的文化行业标准化现状

　　1947 年 2 月,国际标准化组织(International Organization for Standardization,简称 ISO)成立,到 2012 年已经发展了 3368 个专业技术机构,由 224 个技术委员会(Technical Committees,TC)、513 个分技术委员会、2544 个工作小组和 82 个特设学习小组组成。截至 2012 年年底 ISO 已经拥有 19 573 份国际标准以及其他类型的规范性文件,几乎涵盖了从制造、交通、设备、信息、通信等传统的技术标准到管理、服务业等标准。标准分类如表 3 - 1 所示:

表 3 - 1　ISO 标准分类

标准类别名称	工程技术类	材料技术类	电子、信息技术和电信类	概论、基础设施和技术类	运输和分销商品类	健康、安全与环境类	农业和食品技术类	建筑类	特殊技术类	合计
标准份数	5355	4543	3289	1792	2053	802	1119	461	159	19 573
百分比	27.40%	23.20%	16.80%	9.20%	10.50%	4.10%	5.70%	2.40%	0.80%	100%

　　另外,ISO 也十分重视标准的修订和更新工作,自 2009 年开始,每年发布的标准数稳中有升,维持在 1000 项以上,且每年开展的标准研究项目在 4000 项左右,具体见表 3 - 2 所示:

表 3 - 2　ISO 标准更新情况（2009—2012 年）

年份(年)	2009	2010	2011	2012
发布的标准(份)	1038	1313	1208	1280
在研项目(项)	3769	3880	4007	4056

具体来说,ISO 文化行业标准主要覆盖的领域有:编码字符集处理;记录管理,如档案与记录管理的原则、指南、元数据、术语、记录迁移、数字化、评价方法、系统需求、系统管理等;技术产品及互操作性问题,如信息交换格式、字符集、开放系统互联馆际互借、RFID 在图书馆中的应用、目录数据元指南等;缩微与电子成像技术,如设备规格、尺寸大小、缩微胶片技术、可读光盘系统寿命、传统缩微胶片规格、操作技术规范、电子成像技术等;图书馆相关的信息与文献工作,以及信息识别与描述,如术语、字符处理、参考书目、标准书刊号、词表编制、视听数据处理、数字对象标识、编目规则、索引及摘要、书名页、期刊工作、文献保护;质量统计与绩效评价,如图书馆统计、绩效指标、电子服务绩效指标、网页统计、价格指数测定、国家图书馆绩效指标等;文化行业展览会;视听演出场所;文化行业视听技术。

自 2010 年以来,ISO 共发布标准约 2000 项,有关文化行业标准 282 项,其中关于文化保护与保存(主题四)的标准最多,有 226 项,占新发布总标准的 80%;其次是关于文化管理(主题六)的标准,有 31 项,与公共文化(社会文化)(主题五)相关的 11 项,与其他主题相关的标准则相对较少,分别是主题一有 8 项、主题二有 3 项、主题三有 3 项。具体情况如表 3 - 3 所示:

表 3 - 3　ISO 文化行业标准按主题分布情况

文艺服务	娱乐休闲	文化经营	文化保护与保存	公共文化	文化管理	合计
8	3	3	226	11	31	282

具体分布比例如图 3 - 1 所示:

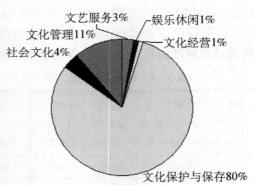

图 3 - 1　ISO 文化行业标准按主题分布

所有已经发布的标准中,文化行业标准大致占 2%。从标准数量来说,ISO 约有文化行业标准 400 余项,其中现行标准 200 项左右,修订中的标准和制定中的标准共有 50 多项(参见附录二)。从标准的分布年代来说,ISO 规定新标准发布后至少 3 年内要修订一次,此后每五年修订一次。从标准的涉及领域来说,ISO 历年发布的标准主题比较分散,已发布的文化行业标准类型主要包括电子文献处理类技术标准、电子成像技术标准、技术产品及互操作标准、文献记录管理标准等。

3.1.2　美国文化行业标准化现状

美国是一个以私有部门制定的自愿性标准为主的国家,同时美国政府部门也制定大量的政府采购标准和法规性标准。美国的标准化始于 100 多年前,最初由民间组织根据市场发展的需要主导发展起来,先是由美国试验与材料协会(ASTM)等民间标准化组织开展活动,后来几家民间标准化组织共同发起成立美国工程标准委员会(AESI),后更名为美国国家标准协会(ANSI)。美国的标准化机构有四类:一是美国自愿性标准体系管理和协调机构,即 ANSI;二是美国联邦政府、州及地方标准协调机构,即国家标准技术研究院(NIST);三是美国政府机构;四是由 ANSI 认可的标准制定组织(SDO)。这四类标准化机构又可以分为两部分,ANSI 及其认可的 SDO 属于民间组织,而授权制定政府专用标准的联邦机构和 NIST 则是属于政府。

美国的标准体系由民间组织为主导,以产业为基础,市场驱动形成的。自愿协调一致标准(Voluntary Consensus Standards,简称 VCS)原则是美国标准体系的基石。其主要含义包括两方面:标准制定过程是开放的和标准执行是非强制的。是否采用标准是非强制性的,政府部门或市场方面不会强制使用,但这并不是说没有国家强制标准。在关系到重大公众利益和公共资源的领域,涉及公共健康与安全问题,政府则执行强制性的技术标准。与多数国家只有一到两个权威的标准机构不同,除了公共安全与健康方面,美国标准制定机构较多,而美国政府一般不直接插手制定标准。美国国家标准制定遵循市场化原则,基本上形成了由 ANSI 负责、专业机构起草、全社会征求意见的标准运行机制。这种机制可以保证最大限度地满足政府、制造商和用户等有关各方的利益和要求,从而提高了标准制定的效率,保障了标准制定的公正性和透明度。

在 SDO 中,与文化行业技术标准制定相关的协会有信息与图像管理协会(AIIM)、美国国家信息标准组织(NISO)、娱乐服务与技术协会(ESTA)、国际信息技术标准委员会(INCITS)。除此之外,美国的文化行业标准制定机构还有美国图书馆协会(ALA)、美国博物馆协会(AAM)、全国音乐教育协会(MENC)等。

美国的文化行业技术标准主要集中在信息技术和娱乐技术两个领域,现有文化行业信息技术类标准 200 余项,采用 ISO 国际标准的采标率约为 25%;另,文化娱乐类技术标准约为 30 项,这类的标准制定者多为娱乐服务与技术协会。1933 年,ALA 发布了国家范围内的《公共图书馆服务标准》,后于 1943 年修订为《公共图书馆标准》,1956 年和 1966 年分别又进行了修订,主要为涉及馆藏资源建设、编目、信息检索、图书馆服务、图书馆基础设施、人力资源、职业能力等方面的标准。

2010 年以来,ANSI 共发布了 92 项文化行业标准,其主题分布如图 3-2 所示。

美国国家信息标准组织 NISO 发布了 28 项文化行业标准,其中有 20 项公共文化类标准是与 ANSI 共同发布的,与此同时,美国信息与图像管理协会(AIIM)近年来文化标准尚未更新。具体情况如表 3-4 所示。

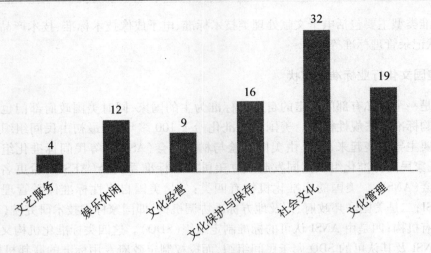

图 3 - 2　ANSI 发布的文化行业标准主题分布(2010—2013 年)

表 3 - 4　NISO 新发布的文化行业标准(2010—2013 年)

标准编号	年代	标准英文名称	主题
NISO RP-17 - 2013	2013	Institutional Identification：Identifying Organizations in the Information Supply Chain	3
NISO RP-21 - 2013	2013	Improving OpenURLs Through Analytics (IOTA)：Recommendations for Link Resolver Providers	3
NISO RP-16 - 2013	2013	PIE - J：The Presentation & Identification of E-Journals	3
NISO RP-15 - 2013	2013	Recommended Practices for Online Supplemental Journal Article Materials	3
ANSI/NISO Z39. 93 - 2013	2013	The Standardized Usage Statistics Harvesting Initiative (SUSHI) Protocol	3
ANSI/NISO Z39. 7 - 2013	2013	Information Services and Use：Metrics & Statistics for Libraries and Information Providers Data Dictionary	3
NISO RP-6 - 2012	2012	RFID in U. S. Libraries	3
NISO RP-12 - 2012	2012	Physical Delivery of Library Resources	3
NISO RP-14 - 2012	2012	Authoring and Interchange Framework for Adaptive XML Publishing Specification	3
ANSI/NISO Z39. 98 - 2012	2012	JATS：Journal Article Tag Suite	3
ANSI/NISO Z39. 96 - 2012	2012	The Dublin Core Metadata Element Set	3
ANSI/NISO Z39. 85 - 2012	2012	NISO SUSHI Protocol：COUNTER-SUSHI Implementation Profile	3
ANSI/NISO Z39. 74 - 1996(R2012)	2012R	Guides to Accompany Microform Sets	3

续表

标准编号	年代	标准英文名称	主题
ANSI/NISO Z39.73 – 1994(R2012)	2012R	Single-Tier Steel Bracket Library Shelving	3
ANSI/NISO Z39.32 – 1996(R2012)	2012R	Information on Microfiche Headers	3
ANSI/NISO Z39.86 – 2005(R2012)	2012R	Specifications for the Digital Talking Book	3
NISO RP-11 – 2011	2011	ESPReSSO：Establishing Suggested Practices Regarding Single Sign-On	5
ANSI/NISO Z39.87 – 2006(R2011)	2011R	Data Dictionary—Technical Metadata for Digital Still Images	3
ANSI/NISO Z39.71 – 2006(R2011)	2011R	Holdings Statements for Bibliographic Items	3
ANSI/NISO Z39.43 – 1993(R2011)	2011R	Standard Address Number(SAN)for the Publishing Industry	3
ANSI/NISO Z39.88 – 2004(R2010)	2010R	The OpenURL Framework for Context-Sensitive Services	3
ANSI/NISO Z39.29 – 2005(R2010)	2010R	Bibliographic References	3
ANSI/NISO Z39.19 – 2005(R2010)	2010R	Guidelines for the Construction, Format, and Management of Monolingual Controlled Vocabularies	3
ANSI/NISO Z39.18 – 2005(R2010)	2010R	Scientific and Technical Reports—Preparation, Presentation, and Preservation	3
ANSI/NISO Z39.84 – 2005(R2010)	2010R	Syntax for the Digital Object Identifier	3
ANSI/NISO Z39.78 – 2000(R2010)	2010R	Library Binding	3
NISO RP-17 – 2013	2013	Institutional Identification：Identifying Organizations in the Information Supply Chain	3
NISO RP-21 – 2013	2013	Improving OpenURLs Through Analytics(IOTA)：Recommendations for Link Resolver Providers	3

注：主题1＝文艺服务,2＝娱乐休闲,3＝文化经营,4＝文化保护与保存,5公共文化,6＝文化管理

3.1.3 英国文化行业标准化现状

英国是世界上最早开展标准化活动的国家之一,1901年成立的英国工程标准委员会(ESC)是世界上第一个全国性标准化机构。1903年,英国制定了世界上第一个国家标准——英国标准规格(BSS)《轧钢断面》,开始使用世界上第一个认证标志——风筝标志。1918年,英国工程标准协会(BESA)成立,1931年其更名为英国标准协会(BSI)。英国标准化活动的体制是政府机构与民间组织共同合作,政府授权BSI管理国家标准化,依靠市场的力量推动标准化的发展。

目前为止,英国文化行业的相关标准已达近百个,涉及的领域包括图书馆业务、展览会、文化基础设施、演出设备和场所、设施规范、信息记录、文献管理等,半数以上已经成为国际标准,许多内容被ISO直接采用。

2010年以来,EN共发布文化行业标准20项,其年度和主题分布见表3－5：

表3-5　英国新发布文化行业标准(2010—2013年)

标准编号	年代	标准名称	主题
CEN EN ISO 8253-3 - 2012	2012	Acoustics – Audiometric test methods – Part 3:Speech audiometry	2
CEN EN ISO 3382-3 - 2012	2012	Acoustics – Measurement of room acoustic parameters – Part 3:Open plan offices	2
CEN EN 12182 - 2012	2012	Assistive products for persons with disability – General requirements and test methods	5
CEN EN 812 - 2012	2012	Information technology – Automatic identification and data capture (AIDC) techniques – Harmonized vocabulary – Part 1:General terms relating to AIDC	5
CEN EN 397 - 2012	2012	Information technology – Automatic identification and data capture (AIDC)techniques – Harmonized vocabulary – Part 3:Radio frequency identification(RFID)	5
CEN EN ISO 5912 - 2011	2011	Camping tents	2
CEN EN 13050 - 2011	2011	Curtain Walling – Watertightness – Laboratory test under dynamic condition of air pressure and water spray	2
CEN EN 15973 - 2011	2011	Safety of toys – Part 1:Mechanical and physical properties	2
CEN EN 15700 - 2011	2011	Safety of toys – Part 2:Flammability	2
CEN EN 13861 - 2011	2011	Safety of toys – Part 8:Activity toys for domestic use	2
CEN EN 12829 - 2011	2011	Swimming pool equipment – Part 1:General safety requirements and test methods	2
CEN EN 13795 - 2011	2011	Swimming pool equipment – Part 3:Additional specific safety requirements and test methods for inlets and outlets and water/air based water leisure features	2
CEN EN ISO 6158 - 2011	2011	Mountaineering equipment – Ice – tools – Safety requirements and test methods	3
CEN EN ISO 8624 - 2011	2011	Paddles and oars for recreational boats – Safety requirements and test methods	3
CEN EN ISO 1518-2 - 2011	2011	Paper – Determination of tearing resistance – Elmendorf method	3
CEN EN ISO 9999 - 2011	2011	Assistive products for persons with disability – Classification and terminology	5
CEN EN 15943 - 2011	2011	Curriculum Exchange Format(CEF) – Data model	5
CEN EN 13710 - 2011	2011	European Ordering Rules – Ordering of characters from Latin,Greek,Cyrillic,Georgian and Armenian scripts	5
CEN EN ISO 21254-2 - 2011	2011	Metadata for Learning Opportunities(MLO) – Advertising	5
CEN EN 15982 - 2011	2011	Mountaineering equipment – Helmets for mountaineers – Safety requirements and test methods	5

注:主题1 = 文艺服务,2 = 娱乐休闲,3 = 文化经营,4 = 文化保护与保存,5 公共文化,6 = 文化管理

由表 3 - 5 可见,英国近两年新出台的文化行业标准主要集中在文化娱乐、公共文化(社会文化)和文化经营三块,而文艺服务、文化管理和文化保护与保存的相关标准并没有新标准出台。具体主题分布情况如图 3 - 3 所示:

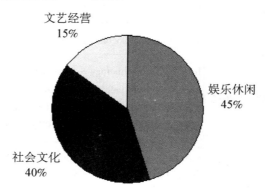

图 3 - 3 英国新发布的文化行业标准主题分布情况(2010—2013 年)

3.1.4 德国文化行业标准化现状

德国实行的是政府授权民间管理的标准化管理体制,其主要法律及政策依据是德国联邦政府与德国标准化协会签订的合作关系协议,其标准化工作指南是德国工业标准化协会(DIN)820《标准化工作》系列标准,2005 年《德国标准化战略》则对德国标准化未来的发展提出了发展方向。德国将各种标准、技术法规、技术条例、技术规则、技术规程、技术规格统称为技术规范性文件,划分为 DIN 标准、技术规则、技术法规三类,是由 150 个专业团体、协会、民间组织和政府机构制定的。

据统计,德国共发布文化行业标准 100 多项,其中现行标准约为 70 项,内容包括舞台设备、观众设施、演出规范、展览会及博览会、图书馆信息技术、文献管理等。2012 年,德国工业标准化协会集中颁布了 1400 余项新标准,其中文化行业标准有 24 项,大约占年度发布标准总数的 2%,这 24 项文化行业标准包含文化保护与保存和文化管理类标准各 12 项,没有其他类型的文化行业标准。德国发布的文化行业标准情况见表 3 - 6 和图 3 - 4:

表 3 - 6 德国新发布文化行业标准情况(2010—2013 年)

标准编号	年代	标准名称	主题
DIN SPEC 27009 - 2012	2012	Guidance for information security management of power supply control systems based on ISO/IEC 27002	4
DIN SPEC 16567 - 2012	2012	Electronic Business - Model agreement on invoicing with structured electronic data interchange(EDI), with CD - ROM	4
DIN SPEC 15707 - 2012	2012	Guide for reliable testing of digital cameras	4
DIN ISO 18901 - 2012	2012	Imaging materials - Processed silver - gelatin - type black - and - white films - Specifications for stability(ISO 18901: 2010)	4

续表

标准编号	年代	标准名称	主题
DIN ISO 16245 – 2012	2012	Information and documentation – Boxes, file covers and other enclosures, made from cellulosic materials, for storage of paper and parchment documents(ISO 16245:2009)	4
DIN EN ISO/IEC 19762-1 –2012	2012	Information technology – Automatic identification and data capture(AIDC)techniques – Harmonized vocabulary – Part 1: General terms relating to AIDC(ISO/IEC 19762 – 1:2008); German version EN ISO/IEC 19762 – 1:2012	4
DIN EN ISO 19148 – 2012	2012	Geographic information – Linear referencing (ISO 19148: 2012); English version EN ISO 19148:2012	4
DIN EN ISO 19144-1 – 2012	2012	Geographic information – Classification systems – Part 1:Classification system structure(ISO 19144 – 1:2009); English version EN ISO 19144 – 1:2012	4
DIN EN ISO 19143 – 2012	2012	Geographic information – Filter encoding(ISO 19143:2010); English version EN ISO 19143:2012	4
DIN EN ISO 19131 – 2012	2012	Geographic information – Data product specifications(ISO 19131:2007 + Amd 1:2011); English version EN ISO 19131: 2008 + A1:2011	4
DIN EN ISO 19118 – 2012	2012	Geographic information – Encoding(ISO 19118:2011); English version EN ISO 19118:2011	4
DIN EN 1143-1 – 2012	2012	Secure storage units – Requirements, classification and methods of test for resistance to burglary – Part 1: Safes, ATM safes, strongroom doors and strongrooms; German version EN 1143 – 1:2012	4
DIN SPEC 91287 – 2012	2012	Data interchange between information systems in civil hazard prevention	6
DIN ISO 3864-1 – 2012	2012	Graphical symbols – Safety colours and safety signs – Part 1: Design principles for safety signs and safety markings(ISO 3864 – 1:2011)	6
DIN ISO 10844 – 2012	2012	Acoustics – Specification of test tracks for measuring noise emitted by road vehicles and their tyres(ISO 10844:2011)	6
DIN EN ISO 3745 – 2012	2012	Acoustics – Determination of sound power levels and sound energy levels of noise sources using sound pressure – Precision methods for anechoic rooms and hemi – anechoic rooms(ISO 3745:2012); German version EN ISO 3745:2012	6

标准编号	年代	标准名称	主题
DIN EN ISO 3382-3 – 2012	2012	Acoustics – Measurement of room acoustic parameters – Part 3：Open plan offices(ISO 3382 – 3：2012)	6
DIN EN ISO 10140-1 – 2012	2012	Acoustics – Laboratory measurement of sound insulation of building elements – Part 1：Application rules for specific products(ISO 10140 – 1：2010 + Amd. 1：2012)(includes Amendment A1：2012)	6
DIN EN 302583 – 2012	2012	Digital Video Broadcasting(DVB) – Framing Structure,channel coding and modulation for Satellite Services to Handheld devices(SH)below 3 GHz(Endorsement of the English version EN 302583 V1. 2. 1(2011 – 12)as German standard)	6
DIN EN 300743 – 2012	2012	Digital Video Broadcasting (DVB) – Subtitling systems (Endorsement of the English version EN 300743 V1. 4. 1(2011 – 10)as German standard)	6
DIN EN 300468 – 2012	2012	Digital Video Broadcasting (DVB) – Specification for Service Information(SI)in DVB systems(Endorsement of the English version EN 300468 V1. 12. 1(2011—10)as German standard)	6
DIN CEN/TS 15480-4 – 2012	2012	Identification card systems – European Citizen Card – Part 4：Recommendations for European Citizen Card issuance,operation and use；English version CEN/TS 15480 – 4：2012	6
DIN 66274-2 – 2012	2012	Information technology – Internet accesses – Part 2：Classification	6
DIN 33871-1 – 2012	2012	Information technology – Office machines, inkjet print heads and inkjet tanks for inkjet printers – Part 1：Preparation of refilled inkjet print heads and inkjet tanks for inkjet printers；with CD – ROM	6

注：主题 1 = 文艺服务,2 = 娱乐休闲,3 = 文化经营,4 = 文化保护与保存,5 公共文化,6 = 文化管理

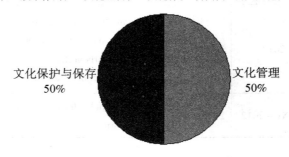

图 3 – 4　德国新发布的文化行业标准主题分布情况(2010—2013 年)

从图 3 - 4 可以看出,2010 年以来德国颁布的有关文化行业标准的主题和时间比较集中,文化保护与保存和文化管理各占 50%,均为 2012 年颁布。德国一向注重标准的制定,其制定的工业标准很多成为国际标准或为其他国家修订后采纳,在文化行业标准方面所呈现的欠缺和集中的现状可能表明德国倾向于工业标准的制定,而对文化行业标准的制定关注较少。

3.1.5 法国文化行业标准化现状

根据调查,法国标准化学会(AFNOR)从成立至今起草和发布文化行业标准总数近 60 项。总体上看,法国文化行业标准采标情况与英国一样,图书馆类的法国现行标准等同采用 ISO 标准较多,而其他文化行业现行法国标准等同采用欧洲标准学会 EN 标准较多。标准的内容主要包括观众设施、展览会及博览会、电影技术、文化遗产保护、图书馆馆藏、信息记录、情报技术等。

2012 年法国标准化学会发布了 12 项文化行业标准,主要有关文化管理类 10 项,文化保护与保存类 2 项,详见表 3 - 7:

表 3 - 7 法国新发布的文化行业标准(2010—2013 年)

标准编号	年代	标准英文名称	主题
AFNOR NF ISO 10844 - 2012	2012	Acoustics - Specification of test tracks for measuring noise emitted by road vehicles and their tyres	6
AFNOR NF EN 55022/A2 - 2012	2012	Information technology equipment - Radio disturbance characteristics - Limits and methods of measurement	6
AFNOR NF EN ISO 3741 - 2012	2012	Acoustics - Determination of sound power levels and sound energy levels of noise sources using sound pressure - Precision methods for reverberation test rooms	6
AFNOR NF EN 302583 - 2012	2012	Digital Video Broadcasting (DVB) - Framing structure, channel coding and modulation for Satellite Services to Handheld devices(SH)below 3 GHz(V1.2.1)	6
AFNOR NF EN ISO 10052/A1 - 2012	2012	Acoustics - Field measurements of airborne and impact sound insulation and of service equipment sound - Survey method - Amendment 1	6
AFNOR NF ISO 16000-6 - 2012	2012	Indoor air - Part 6:determination of volatile organic compounds in indoor and test chamber air by active sampling on Tenax TA(R)sorbent,thermal desorption and gas chromatography using MS or MS/FID	6
AFNOR NF EN 15649-2/IN1 - 2012	2012	Floating leisure articles for use on and in the water - Part 2:consumer information	6

标准编号	年代	标准英文名称	主题
AFNOR NF EN 15649-3 + A1 – 2012	2012	Floating leisure articles for use on and in the water – Part 3：additional specific safety requirements and test methods for Class A devices	6
AFNOR NF EN 15649-1/IN1 – 2012	2012	Floating leisure articles for use on and in the water – Part 1：classification，materials，general requirements and test methods	6
AFNOR NF EN 300468 – 2012	2012	Digital Video Broadcasting（DVB）– Specification for Service Information（SI）in DVB systems（V1. 12. 1）	6
AFNOR NF EN 15759-1 – 2012	2012	Conservation of cultural property – Indoor climate – Part 1：guidelines for heating churches，chapels and other places of worship	4
AFNOR NF EN 62605 – 2012	2012	Multimedia systems and equipment – Multimedia e-publishing and e-books – Interchange format for e-dictionaries	4

注：主题 1 = 文艺服务,2 = 娱乐休闲,3 = 文化经营,4 = 文化保护与保存,5 公共文化,6 = 文化管理

法国颁布的文化行业标准的情况与德国相类似,文化行业标准的主题和颁布时间比较集中,也呈现"二分"的现状,其中文化保护与保存占 17%,文化管理占 83%。对于法国这样的文化大国来说,2010 年以来颁布的文化行业标准较少,可能的原因是前期已颁布很多类似的标准并且其制定的标准已相对成熟和完善,因此后期只做少量的修订与增补。法国文化行业标准的百分比构成见图 3 – 5。

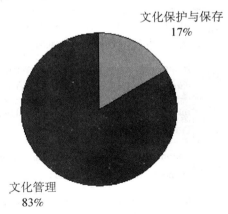

图 3 – 5　法国新发布的文化行业标准主题分布情况(2010—2013 年)

3.1.6　日本文化行业标准化现状

日本的标准化法律较为健全,早在 1949 年,就制定了《工业标准化法》(昭和二十四年 6 月 1 日法律第 185 号)(通称 JIS 法),并多年来根据国内外形势变化以及标准化活动的发展

而不断对其具体内容条款进行修订。

　　日本工业标准化制度是由主务大臣(经济产业大臣、国土交通大臣、厚生劳动大臣、农林水产大臣、文部科学大臣、总务大臣、环境大臣)根据工业标准化法及此法律的施行规则、调查会规则所规定的程序、经过日本工业标准调查会的审议而制定。日本工业标准事务由日本经济产业省的产业技术环境局负责,产业技术环境局内设标准认证政策科。日本工业标准委员会(JISC)是产业经济省设置的审议会,基于工业标准化法对工业标准化进行调查和审议。

　　文化行业标准要成为国家标准,必须提交给JISC展开调查和研究,收集必要的资料,对标准化的需求进行评定。基于研究结果,JIS草案起草委员会将提出一个JIS草案,然后交由JISC对其进行审议,最后由主管大臣正式发布批准实施。迄今为止,日本文化行业标准总数为500余项,其中现行标准为480项左右,将ISO国际标准直接引用为日本国家标准的数量约占48%,标准的内容涉及信息技术、文字符号、图书馆评价、出版、信息交换、图像文字处理、缩微技术、电子文件长期保存、游戏设施、舞台照明、演出用具安全性、乐器、电子乐器数字接口等。2010年至2013年8月止,日本新发布的文化行业标准见表3-8:

表3-8　日本新发布的文化行业标准(2010—2013年)

标准编号	年代	标准英文名称	主题
JSA JIS X 6281 AMD 1 - 2012	2012	Data interchange on read - only 120 mm optical data disks (CD-ROM)(Amendment 1)	4
JSA JIS X 6283 AMD 1 - 2012	2012	Data interchange on Rewritable 120 mm optical data disc(CD-RW)(Amendment 1)	4
JSA JIS X 0814 - 2011	2011	Information and documentation - International library statistics	6
JSA JIS C 9914 - 2010	2011	Audio/video, information and communication technology equipment - Environmentally conscious design	6
JSA JIS X 6280 - 2011	2011	Information technology - Data interchange on 130 mm magneto - optical disk cartridges - Capacity:9. 1 Gbytes per cartridge	6
JSA JIS X 6270 - 2011	2011	Information technology - Data interchange on 90 mm optical disk cartridges - Capacity:2. 3 Gbytes per cartridge	6
JSA JIS X 3005-1 - 2010	2011	Information technology - Database languages - SQL - Part 1: Framework(SQL/Framework)	5
JSA JIS X 3005-2 - 2010	2011	Information technology - Database languages - SQL - Part 2: Foundation(SQL/Foundation)	4
JSA JIS X 4177-7 - 2011	2011	Information technology - Document Schema Definition Languages (DSDL) - Part 7: Character Repertoire Description Language (CREPDL)	4
JSA JIS X 6936 - 2011	2011	Information technology - Office equipment - Measurement of ozone, volatile organic compounds and dust emission rates from copiers, printers and multi - function devices	6

标准编号	年代	标准英文名称	主题
JSA JIS X 4401 – 2010	2011	Information technology – Open Document Format for Office Applications(Open Document)v1.0	4
JSA JIS X 3002 – 2011	2011	Information technology – Programming languages – COBOL	4
JSA JIS X 6252 – 2011	2011	Information technology – 120 mm(8.54 Gbytes per side)and 80 mm(2.66 Gbytes per side)DVD recordable disk for dual layer (DVD-R for DL)	4
JSA JIS X 6279 – 2011	2011	Information technology – Data interchange on 90 mm optical disk cartridges – Capacity:1.3 Gbytes per cartridge	4
JSA JIS X 6255 – 2011	2011	Information technology – Digitally recorded media for information storage – Data migration method for DVD-R, DVD-RW, DVD-RAM, + R,and + RW disks	4
JSA JIS B 9631-1 – 2010	2010	Graphic technology – Safety requirements for graphic technology equipment and systems – Part 1:General requirements	6
JSA JIS B 9631-2 – 2010	2010	Graphic technology – Safety requirements for graphic technology equipment and systems – Part 2:Press equipment and systems	6
JSA JIS Z 8210 AMD 3 – 2010	2010	Public Information Symbols(Amendment 3)	6
JSA JIS Q 31000 – 2010	2010	Risk management – Principles and guidelines	6
JSA JIS Q 0073 – 2010	2010	Risk management – Vocabulary	6
JSA JIS X 6939 – 2011	2010	Information technology – Office equipment – Method for measuring digital copying productivity	3
JSA JIS X 6940 – 2011	2010	Information technology – Office equipment – Method for measuring digital printing productivity	3
JSA JIS X 0145-3 – 2011	2010	Information technology – Process assessment – Part 3:Guidance on performing an assessment	3
JSA JIS X 5070-1 – 2011	2010	Information technology – Security techniques – Evaluation criteria for IT security – Part 1:Introduction and general model	3
JSA JIS S 1032 ERTA – 2010	2010	Office furniture—Chairs	3
JSA JIS S 1031 ERTA – 2010	2010	Office furniture—Desks and tables	3
JSA JIS S 1033 ERTA – 2010	2010	Office furniture—Storage cabinets	4
JSA JIS C 5005-2 – 2010	2010	Quality assessment systems – Part 2:Selection and use of sampling plans for inspection of electronic components and packages	4
JSA JIS Q 10001 – 2010	2010	Quality management – Customer satisfaction – Guidelines for codes of conduct for organizations	4
JSA JIS Q 10003 – 2010	2010	Quality management – Customer satisfaction – Guidelines for dispute resolution external to organizations	4

注:主题 1 = 文艺服务,2 = 娱乐休闲,3 = 文化经营,4 = 文化保护与保存,5 公共文化,6 = 文化管理

JISC 新发布文化行业标准 30 项,主题领域有:文化经营、文物和文化保护、公共文化和文化管理,主题分布较为广泛。日本以融汇中西文化著称,其所制定的文化行业标准兼具中西方特色,我国与日本都属于东亚国家,日本的文化行业标准对我国的文化行业标准制定有较大的参考借鉴价值。日本文化行业标准的主题领域具体分布见图 3-6 所示:

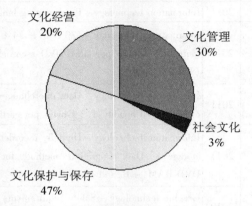

图 3-6　日本新发布文化行业标准主题分布(2010—2013 年)

3.1.7　韩国文化行业标准化现状

韩国产业标准(KS)是根据 1961 年颁布的《韩国产业标准化法》,经产业标准审议委员会的审议,由技术标准院院长颁布,规定了韩国国内产业领域的产品、制作等方法的国家标准。

KS 的实行,提高了产品的安全性,节约了产品的成本,提高了生产效率。KS 产品之间相互转换、开发新产品和新技术的重要指南,它为规范企业之间的相互竞争起了非常大的作用。韩国文化行业包括图书出版、印刷、音乐、视觉艺术、电影、照片、广播、体育、游戏等。1990 年开始,韩国从连续出版物标准号码开始对文化行业制订了标准。在韩国已经实施了关于文化艺术、文化设施、文化产业、文化遗产的法律,部分文化行业标准是以法律形式规定的。

韩国已经发布的文化行业标准约为 150 项,直接采用国际标准的占 60% 左右,内容涉及图像技术、文献信息、档案保存、舞台涉及、娱乐场所、乐器及音乐、传统艺术、影院及表演等。2010 年以来,韩国先后颁布了 97 项文化行业标准,主题涉及 4 大领域,文艺服务和文化管理类的标准很少,各有 2 项和 3 项,娱乐休闲类标准有 68 项,文化保护与保存是 24 项。从百分比构成来看,娱乐休闲占 70%,文化保护与保存占 25%,文艺服务占 2%,文化管理占 3%,这一分布一定程度上印证了韩国娱乐休闲业的发达。韩国文化行业标准的分布如图3-7所示:

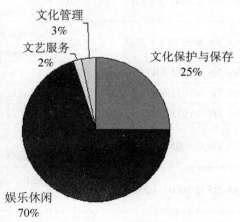

图 3-7　韩国新发布文化行业标准的主题分布(2010—2013 年)

3.1.8　俄罗斯文化行业标准化现状

俄罗斯国家标准采用 19 个俄文字母作为分类号,各字母代号及其标准分类内容如下:A 矿山业、矿产;Б 石油产品;В 金属及其制品;Г 机械、设备与工具;Д 运输工具及包装材料;E 动力与电工设备;Ж 建筑及建筑材料;И 陶土硅酸盐、碳素材料及其制品;K 木材、木制品、纸浆、纸张、纸板;Л 化工产品及石棉橡胶制品;M 纺织和皮革材料及其制品、化学纤维;H 食品及调味品;П 测量仪表、自动化设施和计算技术;P 卫生保健、卫生和保健用品;C 农业和林业;T 通用技术和组织方法标准;У 文化生活用途制品;Φ 原子技术;Э 电子技术、无线电电子学和通讯。

2010 年至 2013 年 8 月俄罗斯共颁布文化行业标准 28 项,标准的数量相对丰富,主题领域的分布也较为广泛,其中文化保护与保存 3 项,娱乐休闲 2 项,文化经营 3 项,公共文化 20 项。具体的文化行业标准见表 3 - 9:

表 3 - 9　GOST 新发布的文化行业标准(2010—2013 年)

标准编号	年代	标准英文名称	主题
GOST R 55515 - 2013	2013	Inflatable play equipment. Safety requirements under operation	2
GOST R 55567 - 2013	2013	The order of the organization and conducting technical engineering studies on researches on objects of cultural heritage. Monuments of history and culture. General requirements	4
GOST R 55528 - 2013	2013	Composition and content of scientific and project documentation for the conservation of cultural heritage. Monuments of history and culture. General requirements	4
GOST R ISO/IEC 11179-2 - 2012	2012	Information technology. Metadata registries (MDR). Part 2. Classification	4
GOST R ISO/IEC 11179-4 - 2012	2012	Information technology. Metadata registries (MDR). Part 4. Formulation of data definitions	4
GOST R ISO/IEC 11179-3 - 2012	2012	Information technology. Metadata registries (MDR). Part 3. Registry metamodel and basic attributes	4
GOST R ISO/IEC 11179-5 - 2012	2012	Information technology. Metadata registries (MDR). Part 5. Naming and identification principles	4
GOST R 54989 - 2012	2012	Long - term preservation of electronic document - based information	4
GOST IEC 60491 - 2011	2011	Safety requirements for electronic flash apparatus for photographic purposes	3

续表

标准编号	年代	标准英文名称	主题
GOST ISO 10330 – 2011	2011	Photography. Synchronizers, ignition circuits and connectors for cameras and photoflash units. Electrical characteristics and test methods	3
GOST IEC 60598-2-17 – 2011	2011	Luminaries. Part 2. Particular requirements. Section 17. Luminaries for indoor and outdoor lighting of stages, television, film and photographic studios	3
GOST R 54471 – 2011	2011	Document management. Information stored electronically. Recommendations for trustworthiness and reliability	4
GOST R ISO 15836 – 2011	2011	Information and documentation. The Dublin Core metadata element set	4
GOST R 54719 – 2011	2011	Archiving of the teleradio programmes. Audio and video materials description. Metadata structure	4
GOST R 7. 0. 14 – 2011	2011	System of standards on information, librarianship and publishing. Reference editions. Basic types, structure, publishing and printing presentation	3
GOST R 7. 0. 11 – 2011	2011	System of standards on information, librarianship and publishing. Dissertation and dissertation abstract. Structure and rules of presentation	3
GOST R 7. 0. 13 – 2011	2011	System of standards on information, librarianship and publishing. Cards for catalogs and files, model annotated card in editon. General requirements and publishing presentation	3
GOST R 7. 0. 12 – 2011	2011	System of standards on information, librarianship and publishing bibliographic record. Abbreviation of words and word combinations in russian. General requirements and rules	3
GOST R 7. 0. 61 – 2011	2011	System of standards on information, librarianship and publishing. Current national bibliographical indices. General requirements and publishing presentation	3
GOST R 50897 – 2010	2010	Automatic play machines. Safety requirements and test methods	2
GOST R ISO/IEC 26300 – 2010	2010	Information technology. Open Document Format for Office Applications(OpenDocument) v1. 0	6

标准编号	年代	标准英文名称	主题
GOST R 7.0.10 – 2010	2010	System of standards for information, librarianship and publishing. The Dublin Core metadata element set	3
GOST R 7.0.30 – 2010	2010	System of standards on information, librarianship and publishing. Electronic publishing. Representation of Greek alphabet for information interchange	3
GOST R 7.0.52 – 2010	2010	System of standards on information, librarianship and publishing. Format for bibliographic data exchange. Search pattern of a document	3
GOST R 7.0.0 – 2010	2010	System of standards on information, librarianship and publishing. National system of standards on information, librarianship and publishing. Main principles	3
GOST R ISO/IEC 11179-1 – 2010	2010	Information technology. Metadata registries (MDR). Part 1. Framework	4
GOST R 7.0.29 – 2010	2010	System of standards on information, librarianship and publishing. Electronic publishing. Representation of extended Cyrillic alphabet for information interchange	3
GOST R 7.0.66 – 2010	2010	System of standards on information, librarianship and publishing. Indexing of documents. General requirements for coordinate indexing	3

注:主题1 = 文艺服务,2 = 娱乐休闲,3 = 文化经营,4 = 文化保护与保存,5 公共文化,6 = 文化管理

从文化行业标准的百分比构成来看,公共文化占了绝大部分,达71%,其余为文化保存与保护占11%,娱乐休闲占7%,文化经营占11%。俄罗斯有优良的文化传统,公共文化较为发达,其制定的文化行业标准也集中在公共文化领域。俄罗斯文化行业标准的分布见图3 – 8:

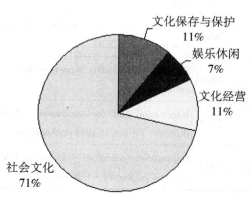

图3 – 8　俄罗斯新发布文化行业标准的主题分布(2010—2013 年)

3.1.9 澳大利亚文化行业标准化现状

澳大利亚于 1922 年成立了澳大利亚国际标准公司（Standards Australia International Limited,简称 AS),初期名为澳大利亚联邦工程标准协会,1929 年更名为澳大利亚标准协会。1990 年增加了质量认证服务有限公司(Quality Assurance Services Pty Ltd),1999 年该机构彻底脱离协会性质,以公司形式注册,总部设在悉尼。AS 是独立于政府和其他用户机构的,1988 年其与联邦政府签署了谅解备忘录,明确了其在澳大利亚的独立性和权威性,同时明确了其标准制订的一致性原则,即在已有国际标准存在的情况下不重复制订。

2010 年至 2013 年 8 月澳大利亚共制定了 50 项文化行业标准,覆盖了 5 大领域,在发达国家中其数量和涵盖领域均排在前列,这也从一个侧面反映出澳大利亚对制定文化行业标准的重视程度。文化行业标准的领域分布为:文艺服务 9 项,娱乐休闲 6 项,文化经营 19 项,公共文化 13 项,文化管理 3 项。澳大利亚发布的文化行业标准见表 3 – 10:

表 3 – 10　AS 新发布的文化行业标准(2010—2013 年)

标准编号	年代	标准名	主题
AS 3533.4.2 – 2013	2013	Amusement rides and devices – Specific requirements – Contained play facilities	2
AS 5488 – 2013	2013	Classification of Subsurface Utility Information(SUI)	5
AS ISO 12646 – 2013	2013	Graphic technology – Displays for colour proofing – Characteristics and viewing conditions	3
AS ISO 12647.3 – 2013	2013	Graphic technology – Process control for the production of half – tone colour separations,proofs and production prints	3
AS/NZS 2632.2:2013	2013	Codes for the representation of names of countries and their subdivisions – Country subdivision code	5
AS/NZS ISO 26324:2013	2013	Information and documentation – Digital object identifier system	5
AS/NZS ISO 2709:2013	2013	Information and documentation – Format for information exchange	5
AS/NZS ISO 27730:2013	2013	Information and documentation – International standard collection identifier(ISCI)	5
AS/NZS ISO 8124.1:2013	2013	Safety of toys – Safety aspects related to mechanical and physical properties	3
AS/NZS ISO 8459:2013	2013	Information and documentation – Bibliographic data element directory for use in data exchange and enquiry	5
AS/NZS ISO/IEC 12785.1:2013	2013	Information technology – Learning, education, and training – Content packaging – Information model	1

标准编号	年代	标准名	主题
AS/NZS ISO/IEC 12785. 2:2013	2013	Information technology – Learning, education, and training – Content packaging – XML binding	1
AS/NZS ISO/IEC 19788. 1:2013	2013	Information technology – Learning, education and training – Metadata for learning resources – Framework	1
AS/NZS ISO/IEC 19788. 2:2013	2013	Information technology – Learning, education and training – Metadata for learning resources – Dublin Core elements	1
AS/NZS ISO/IEC 19788. 3:2013	2013	Information technology – Learning, education and training – Metadata for learning resources – Basic application profile	1
AS/NZS ISO/IEC 19788. 5:2013	2013	Information technology – Learning, education and training – Metadata for learning resources – Educational elements	1
AS/NZS ISO/IEC 19796. 1:2013	2013	Information technology – Learning, education and training – Quality management, assurance and metrics – General approach	1
AS/NZS ISO/IEC 19796. 3:2013	2013	Information technology – Learning, education and training – Quality management, assurance and metrics – Reference methods and metrics	1
AS 4685. 11 – 2012	2012	Playground equipment – Additional specific safety requirements and test methods for spatial network	2
AS 3533. 4. 5(Int) – 2012	2012	Amusement rides and devices – Specific requirements – Waterborne inflatables	2
AS 1926 Set – 2012	2012	Swimming pool safety Standards Set	6
AS 1926. 1 – 2012	2012	Swimming pool safety – Safety barriers for swimming pools	6
AS ISO 12647. 1:2012	2012	Graphic technology – Process control for the production of half – tone colour separations, proof and production prints – Parameters and measurement methods	3
AS ISO 12647. 7:2012	2012	Graphic technology – Process control for the production of half – tone colour separations, proof and production prints – Proofing processes working directly from digital data	3
AS ISO 12647. 8 – 2012	2012	Graphic technology – Process control for the production of half – tone colour separations, proof and production prints – Validation print processes working directly from digital data	3
AS ISO 3664 – 2012	2012	Graphic technology and photography – Viewing conditions	3

续表

标准编号	年代	标准名	主题
AS/NZS 60065:2012	2012	Audio, video and similar electronic apparatus – Safety requirements (IEC 60065, Ed. 7. 2 (2011) MOD)	3
AS/NZS ISO 13028:2012	2012	Information and documentation – Implementation guidelines for digitization of records	5
AS/NZS ISO 16175. 1:2012	2012	Information and documentation – Principles and functional requirements for records in electronic office environments – Overview and statement of principles	5
AS/NZS ISO 23081. 3:2012	2012	Information and documentation – Managing metadata for records – Self – assessment method	5
AS/NZS ISO 8124. 1:2010/Amdt 2:2012	2012	Safety of toys – Safety aspects related to mechanical and physical properties (ISO 8124 – 1:2009, MOD)	3
AS/NZS ISO 8124. 3:2012	2012	Safety of toys – Migration of certain elements (ISO 8124 – 3:2010, MOD)	3
AS/NZS ISO 8124. 6:2011/Amdt 1:2012	2012	Safety of toys – Swings, slides and similar activity toys for indoor and outdoor family domestic use	3
AS/NZS ISO/IEC 27005:2012	2012	Information technology – Security techniques – Information security risk management (ISO/IEC 27005:2011, MOD)	5
AS 3533. 4. 4 – 2011	2011	Amusement rides and devices – Specific requirements – Concession go – karts	2
AS 3533. 2 – 2009/Amdt 1 – 2011	2011	Amusement rides and devices – Operation and maintenance	2
AS 3533. 1 – 2009/Amdt 1 – 2011	2011	Amusement rides and devices – Design and construction	2
AS 1417. 1 (Int) – 2011	2011	Receiving antennas for radio and television in the VHF and UHF broadcast bands – Design, manufacture and performance of outdoor terrestrial TV antennas	3
AS 2700 – 2011	2011	Colour standards for general purposes	1
AS 4599. 1 – 2011	2011	Digital television – Terrestrial broadcasting – Characteristics of digital terrestrial television transmissions	3
AS/NZS 62115:2011	2011	Electric Toys – Safety	3
AS/NZS ISO 8124. 1:2010/Amdt 1:2011	2011	Safety of toys – Safety aspects related to mechanical and physical properties (ISO 8124 – 1:2009, MOD)	3
AS/NZS ISO 8124. 6:2011	2011	Safety of toys – Swings, slides and similar activity toys for indoor and outdoor family domestic use	3

标准编号	年代	标准名	主题
AS/NZS ISO 9999:2011	2011	Assistive products for persons with disability – Classification and terminology	5
AS 1428(Set) – 2010	2010	Design for access and mobility Set	5
AS 1428. 5 – 2010	2010	Design for access and mobility – Communication for people who are deaf or hearing impaired	5
AS 1926. 3 – 2010	2010	Swimming pool safety – Water recirculation systems	6
AS/NZS 4768. 1:2010	2010	Digital radio equipment operating in land mobile and fixed services bands in the frequency range 29. 7 MHz to 1 GHz – Radiofrequency requirements	3
AS/NZS ISO 8124. 1:2010	2010	Safety of toys – Safety aspects related to mechanical and physical properties(ISO 8124 – 1:2009,MOD)	3
AS/NZS ISO 8124. 3:2003/Amdt 1:2010	2010	Safety of toys – Migration of certain elements	3

注:主题1＝文艺服务,2＝娱乐休闲,3＝文化经营,4＝文化保护与保存,5公共文化,6＝文化管理

　　从标准构成的百分比来看,文化经营和公共文化(社会文化)占的部分超过半数,分别为38%和26%,此外,娱乐休闲占12%,文艺服务占18%,文化管理占6%。相对于欧洲传统的文化大国,澳大利亚的文化历史、文化底蕴相对薄弱,在文化行业标准的制定方面也处在追赶欧洲国家的步伐之中,但其制定的标准的数量和类型反而较多。澳大利亚发布的文化行业标准的构成见图3－9:

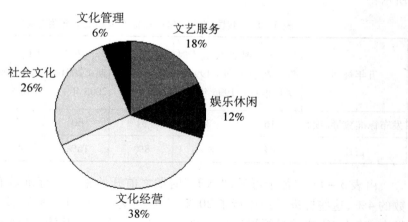

图3－9　澳大利亚新发布文化行业标准的主题分布(2010—2013年)

3.1.10　国外文化行业标准化的特点

　　通过梳理国际标准化组织和国外主要国家的文化行业标准化现状,可以总结出国外文化行业标准现状呈现的特点。

第一,文化行业标准化在各国的标准化活动中不断发展,逐渐从较为边缘化的位置转为标准化的重要活动议程中,所占比例也在逐渐提高。

第二,强调标准化法律法规以及政策的制定。尽管各国对标准化法律重点的理解不一,但是都致力于形成健全的标准化法律体系,其中包括文化行业标准化基本法律和配套法规、文化行业标准化活动技术文件、文化行业标准化战略、政府政策文件等。

第三,重视标准的与时俱进。ISO 和各发达国家在标准化的长期发展中,形成了标准的更新周期,根据形势所需完成相关标准的修订和废止工作,确保标准的时效性。

第四,从世界各国的文化行业标准化发展来看,发达国家对文化行业涉及的很多技术指标种类和数量都规定了严格的合格评定和认证,包括文化服务、文化设施,以及观众设施和各种认证标志的获取,其程序复杂烦琐,费用昂贵,发展中国家难以承受和适应。

第五,加大在文化行业国际标准制定中的话语权。发达国家尽量采用了国际标准,并尽力将自己制定的标准发展为国际标准,因此,大多国际标准被发达国家所控制和垄断,其中确立的各项指标也是对发达国家有利的。

3.2　我国文化行业标准化现状

3.2.1　我国文化行业标准数量分析

截至 2013 年 8 月底,我国文化行业相关标准总数是 477 项,其中包括国家标准 364 项;行业标准 113 项,行业标准中有台湾地区文化行业标准 14 项。按标准状态来分,国内现行的标准有 378 项,明确作废的标准 85 项;台湾地区的 14 项标准都在施行中。对国内现行标准的实施时间按国民经济和社会发展"五年规划"的时间段进行汇总,具体分布如表 3 – 11 所示:

表 3 – 11　我国现行文化行业标准发布每 5 年发布数量汇总表

五年规划	"八五"时期以前(—1990 年)	"八五"时期(1991—1995 年)	"九五"时期(1996—2000 年)	"十五"时期(2001—2005 年)	"十一五"时期(2006—2010 年)	"十二五"时期(2011 年—)	合计
发布标准数量(项)	16	31	31	60	177	63	378
占比	4%	8%	8%	16%	47%	17%	100%

由表 3 – 11 中数字可见,"八五"时期之前开始施行的标准数有 16 项,占现行标准总数的 4%,这些标准已经施行了 20 多年,亟待更新,须引起相关部门的重视。现行标准的发布在"十五"之前呈缓慢增长趋势,从"十一五"时期开始,呈现较快增长势头,仅"十一五"时期内新增或更新标准多达 177 项,占现行标准总数的 47%,具体如图 3 – 10 所示。378 项现行文化行业标准的年度实施数量总体呈上升趋势,具体情况如图 3 – 11 和图 3 – 12 所示。

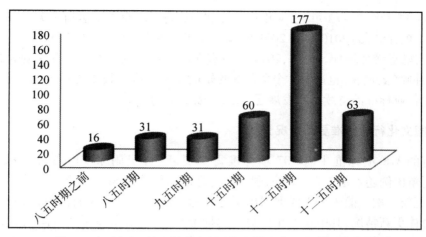

图 3-10 国民经济和社会发展五年规划时期文化行业标准数

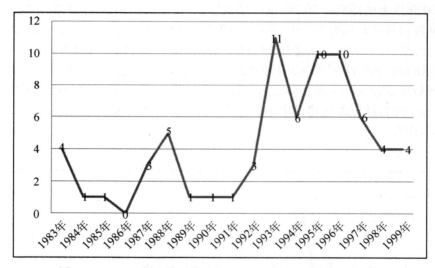

图 3-11 2000 年之前开始施行的文化行业标准年度分布数量

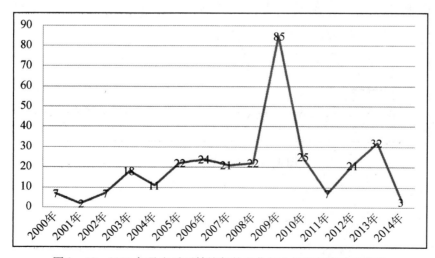

图 3-12 2000 年及之后开始施行的文化行业标准年度分布数量

由图 3 - 11 和图 3 - 12 可见,文化行业标准的施行,在 2009 年达到一次高峰,当年正式施行标准 85 项,随后的 2010 年和 2011 年呈下降调整趋势,分别有 25 项和 7 项文化行业标准正式施行,随后缓慢增加。另外,2014 年将有 3 项标准正式实行。文化行业标准在 2009 年发生了"井喷"式增长,也许与 8 个文化部管辖的全国标准化技术委员会的成立存在某种联系。文化行业标准的持续更新发展还要继续巩固和加强。

3.2.2 我国文化行业标准更新情况分析

在现行的 378 项标准中有 107 项标准得到更新(详见附录 1),占现行标准总数的 28.30%,更新比例还不足 1/3。另外,国内现行标准总体更新间隔过长,每条标准平均要等待 13 年才更新一次。图 3 - 13 详细列出了这些标准的具体更新间隔。图 3 - 14 直观展现了标准的总体更新情况,其中在 5 年内更新的标准只有 2 项,最短更新时间间隔为 4 年,更新间隔在 6—10 年的有 40 项,11—15 年的有 30 项,16—20 年才得到更新的标准有 24 项,更新间隔在 20 年以上的标准有 10 项,也就是说这 10 项标准在施行了 20 多年之后才得到更新。更新间隔最长的是标准编号为 GB/T 3792.1—2009(文献著录 第 1 部分:总则)的标准,其更新时已经施行了 27 年。在这 107 项已更新过的标准中,标号为"GB 3259—1992(中文书刊名称汉语拼音拼写法)"的标准自 1992 年更新之后,已经施行了 21 年没有再进行更新过。国内现行标准普遍存在更新时间间隔过长的问题,标准的更新问题是标准化建设中的薄弱环节,在文化行业标准化建设中不容忽视,需要引起相关部门的高度重视,投入更多力量完善、修订现有标准。

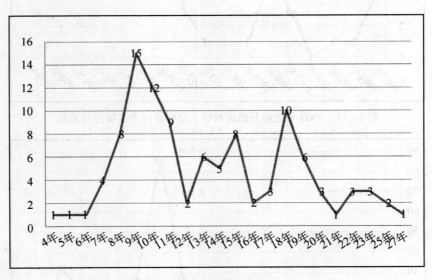

图 3 - 13　标准更新间隔细分

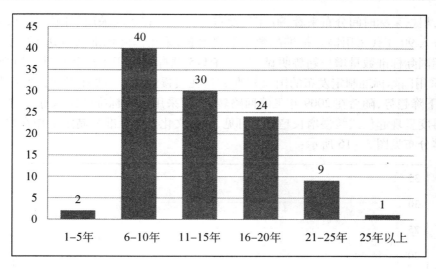

图 3 - 14　标准更新总体情况

3.2.3　我国文化行业标准采用国际标准情况

国际标准是在全球范围内统一的技术要求,是全球公认的技术标准和规范,是各国之间进行技术交流的共通语言,因此,在文化行业标准化建设过程中采用国际标准情况也代表着我国文化行业标准发展成熟度的一个方面。我国文化行业标准共采用国际标准 142 项(详见附录3),占现行文化行业标准总数(378 项)的 37.30%。

国家标准分为强制性国标(GB)、推荐性国标(GB/T)和国家标准化指导性技术文件(GB/Z)等。强制性国标是保障人体健康、人身、财产安全的标准和法律及行政法规规定强制执行的国家标准。推荐性国标是指生产、交换、使用等方面,通过经济手段或市场调节而自愿采用的国家标准,但推荐性国标一经接受并采用,或各方商定同意纳入经济合同中,就成为各方必须共同遵守的技术依据,具有法律上的约束性。国家标准化指导性技术文件是为了给仍处于技术发展过程中的标准化工作提供指南或信息,供科研、设计、生产、使用和管理等有关人员参考使用而制定标准文件。符合下述情况之一的项目,可制定国家标准化指导性技术文件:(1)技术尚在发展中,需要有相应的标准文件引导其发展或具有标准化价值,尚不能制定为标准的项目;(2)采用国际标准化组织、国际电工委员会及其他国际组织(包括区域性国际组织)的技术报告的项目。国家标准化指导性技术文件发布后三年内必须复审,以决定是否继续有效、转化为国家标准或撤销。在这 142 项采用国际标准的文化行业国家标准中,有 12 项属于国家强制性标准(GB类),8 项是标准化指导性技术文件(GB/Z 类),121 项是推荐性国家标准(GB/T 类),推荐性国家标准更注重采用国际标准,具体分布如图 3 - 15 所示。

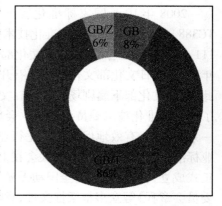

图 3 - 15　采用国际标准的
国家标准性质构成

另外,根据采标时间分布来看,80 年代发布的标准只有 8 项采用了国际标准,采标率相对很低,进入 90 年代采用国际标准的数量缓慢增长,采用国际标准项目达 19 项。进入 21 世纪,采用国际标准数量增长趋势明显,总共有 115 项标准采用了国际标准。自 2000 年到 2005 年,采用国际标准制定发布的国家标准数量在缓慢递增,一共有 37 项;2005 年之后又呈现缓慢下降趋势,随后在 2009 年又峰回路转,当年采用国际标准的国家标准数量多达 30 项,之后再度呈现起伏式缓慢增长趋势。可见,我国文化行业标准的制定工作在快速与国际接轨,具体分布见图 3 - 16 所示:

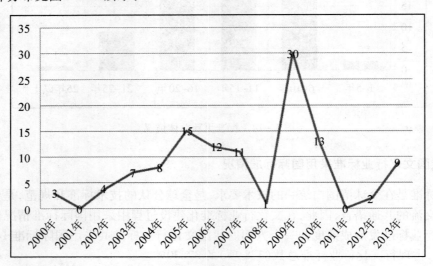

图 3 - 16 采用国际标准数

对采用国际标准的文化行业标准的主题领域进行分析,发现主要分布在缩微摄影技术;演出场馆的灯光照明、灯具;质量统计与绩效评价;电子成像技术;图书馆相关的信息与文献技术;以及编码字符集处理标准等主题领域。

3.2.4 我国文化行业标准化工作的机构现状概述

2008 年 10 月国家标准化管理委员会《关于成立全国剧场标准化技术委员会(SAC/TC388)等八个全国专业标准化技术委员会和分技术委员会的复函》(国标委综合函〔2008〕111 号)文件正式批准成立了文化部下属的 7 个标准化技术委员会和 1 个分技术委员会。同年 12 月 9 日文化部文化科技司召开了 8 个标准化技术委员会(分技术委员会)成立大会,自此,我国文化部下属剧场、图书馆、文化馆、网络文化、文化娱乐场所、社会艺术考级领域都有了专业标准化技术委员会组织。会后各标委会在文化部文化科技司的领导下,积极开展了一系列工作,有效地促进了文化行业标准化工作稳步推进。2013 年 1 月"全国动漫游戏产业标准化技术委员会"成立大会在上海召开,标志着全国第 9 个文化行业标准化技术委员会正式成立,会议通过了《全国动漫游戏产业标准体系框架》《全国动漫游戏产业标准化技术委员会章程》等众多框架性文件,意味着中国动漫游戏产业的管理、制作、服务、产业推广等工作将逐步有"标准"可依。

9 个标准化技术委员会(分技术委员会)聚集了来自全国文化行业的专家学者和标准化实践的骨干力量,是我国文化行业标准化工作得以顺利开展的组织基础,肩负着艰巨的使命和任务,在文化行业标准化建设中发挥着重要作用。以下,将对 9 大文化行业标准化技术委员会一一介绍。

1. 全国剧场标准化技术委员会(SAC/TC 388)

全国剧场标准化技术委员会,英文名称为 National Technical Committee 388 on Theater of Standardization Administration of China。第一届全国剧场标准化技术委员会由 1 名顾问和 56 名委员组成,俞健任顾问,白国庆任主任委员,闫常青、孙雅度、苏培义任副主任委员,闫贤良任委员兼秘书长,朱克宁、劳伟杰、乌日乐任委员兼副秘书长,秘书处承担单位为中国艺术科技研究所。全国剧场标准化技术委员会主要负责舞台音响、灯光及专业设备的应用,剧场基础及服务等领域的标准化工作。目前,该标委会编制的文化行业标准《演出场所安全技术要求 第 2 部分:临时搭建演出场所舞台、看台安全技术要求》《舞台灯具通用技术条件》和《舞台灯光系统工艺设计导则》,且这三项标准都已于 2011 年 6 月 1 日开始施行。另有一项文化行业标准《演出场所电脑灯具性能参数与测试方法》由该标委会归口管理,由中国演艺设备技术协会演出场馆设备专业委员会负责起草,于 2012 年 10 月 14 日和 17 日在上海和杭州召开征求意见会,2013 年 6 月 11 日,又在北京召开了征求意见会。标准制定组成员、审议专家及企业代表等 15 人参加了此次征求意见会。

2. 全国剧场标准化技术委员会(SAC/TC 388)舞台机械分技术委员会(SAC/TC 388/SC1)

全国剧场标准化技术委员会舞台机械分技术委员会,英文名称为 Subcommittee 1 on Stage Mechanism of National Technical Committee 388 on Theater of Standardization Administration of China。全国剧场标准化技术委员会第一届舞台机械分技术委员会由 20 名委员组成,林树青任主任委员,李秋立、詹有根、温庆林任副主任委员,闫贤良任委员兼秘书长,沈勇、徐奇、周建辉任委员兼副秘书长,秘书处承担单位为中国艺术科技研究所和中国特种设备检测研究院。全国剧场标准化技术委员会舞台机械分技术委员会主要负责舞台机械等领域的国家标准制修订工作。

2013 年,该标委会立项了 7 项文化行业标准制定项目:《艺术表演场所安全技术通则》《舞台幕布规范》《舞台灯光安全技术要求》《舞台音响安全技术要求》《舞美装置安全技术要求》《剧场工艺安全技术要求》和《舞台管理导则》。

3. 全国图书馆标准化技术委员会(SAC/TC 389)

全国图书馆标准化技术委员会,英文名称为 National Technical Committee 389 on Library of Standardization Administration of China。第一届全国图书馆标准化技术委员会由 37 名委员组成,詹福瑞任主任委员,陈传夫、陈力、倪晓建、王世伟、袁海波、张晓林、汪东波任副主任委员,原秘书长索传军,代根兴、王明亮任委员兼副秘书长,现任秘书长是申晓娟,秘书处承担单位为国家图书馆。全国图书馆标准化技术委员会主要负责图书馆管理、服务,图书馆古籍善本的收藏、定级、维修、保护,图书馆环境等领域的标准化工作。与国际标准化组织信息及文献工作技术委员会(ISO/TC 46)相关联,2012 年全国图书馆标准化技术委员会门户网站开通。截至 2013 年 9 月底全国图书馆标准化技术委员会归口多项文化行业标准及国家标准陆续立项,部分已正式实施(见表 3 – 12)①。

---

① 标准制修订. 全国图书馆标准化技术委员会. [EB/OL]. [2013 – 08 – 31]. http://www.nlc.gov.cn/tbw/bzwyh_bzhxd.htm.

表 3 – 12　全国图书馆标准化技术委员会归口标准制修订项目一览
（截至 2013 年 9 月）

标准类别	标准名称	立项时间	状态
国家标准	《公共图书馆服务规范》	2007 年	2012 年 5 月 1 日起实施
	图书馆古籍定级规范	2009 年	制订,未结项
	图书馆古籍特藏书库基本要求	2009 年	制订,已进入审查阶段
	图书馆机读目录格式	2009 年	制订,未结项
	图书馆机读规范格式	2009 年	制订,未结项
	图书馆馆藏文本资源数据加工	2010 年	制订,已进入审查阶段
	图书馆馆藏音频资源数据加工	2010 年	制订,已进入审查阶段
	图书馆馆藏视频资源数据加工	2010 年	制订,未结项
	图书馆馆藏图像资源数据加工	2010 年	制订,已进入审查阶段
	《图书馆——射频识别——数据模型》系列标准	2012 年	制订,未结项
	公共图书馆少年儿童服务规范	2013 年	制订,未结项
	乡镇图书馆服务规范	2013 年	制订,未结项
	乡镇图书馆管理规范	2013 年	制订,未结项
文化行业标准	《图书馆——射频识别——数据模型》	2009 年	2012 年 6 月 1 日起实施
	图书馆数字资源唯一标识符规范	2011 年	制订,未结项
	文本数据加工标准与工作规范	2011 年	制订,未结项
	图像数据加工标准与工作规范	2011 年	2012 年 12 月 1 日起实施
	音频数据加工标准与工作规范	2011 年	制订,未结项
	视频数据加工标准与工作规范	2011 年	制订,未结项
	专门元数据元素集及著录规则——古籍	2011 年	制订,未结项
	专门元数据元素集及著录规则——电子图书	2011 年	制订,未结项
	专门元数据元素集及著录规则——电子连续性资源	2011 年	制订,未结项
	专门元数据元素集及著录规则——学位论文	2011 年	制订,未结项
	专门元数据元素集及著录规则——期刊论文	2011 年	制订,未结项
	专门元数据元素集及著录规则——网络资源	2011 年	制订,未结项
	专门元数据元素集及著录规则——音频	2011 年	制订,未结项
	专门元数据元素集及著录规则——视频	2011 年	制订,未结项
	专门元数据元素集及著录规则——图像	2011 年	制订,未结项
	数字资源统计规范	2011 年	2012 年 12 月 1 日起实施
	图书馆数字资源长期保存元数据规范	2011 年	制订,未结项
	图书馆管理元数据规范	2011 年	2012 年 12 月 1 日起实施
	乡镇(街道)图书馆统计指南	2012 年	制订,未结项

续表

标准类别	标准名称	立项时间	状态
文化行业标准	社区图书馆建设指南	2012 年	制订,未结项
	社区图书馆服务规范	2012 年	制订,未结项
	图书馆参考咨询服务规范	2012 年	制订,未结项
	公共图书馆评估系列标准	2012 年	制订,未结项
	图书馆 数字资源长期保存信息包封装规范	2013 年	制订
	图书馆行业条码	2013 年	制订

在日常工作中,为了与各位委员及时沟通信息,全国图书馆标准化技术委员会秘书处不定期编写全国图书馆标准化技术委员会工作简报,下发到各位委员手中。委员可以通过简报,及时了解全国图书馆标准化技术委员会工作进展,全国图书馆标准化技术委员会网站的开通更是为委员和业界参与标准化工作建立了一个交流平台。根据实际工作需要,秘书处拟定了全国图书馆标准化技术委员会《关于国家标准项目编制工作相关说明》,以此来规范标委会标准计划项目制修订工作。

为了做好标准制定前期预研工作,全国图书馆标准化技术委员会秘书处成立以来立项了多个标准化研究项目,其中 2010 年立项的文化行业标准化研究项目《文化行业标准化工作现状与趋势研究》已通过文化部文化科技司验收,相关成果已正式出版,及时梳理总结文化行业标准化现状、问题并提出应对策略。2010 年立项的质检公益性行业科研专项项目《乡镇社区图书馆管理标准研究》已完成了课题研究任务,等待国家质检总局科研机构验收,在该项目研究基础上,全国图书馆标准化技术委员会立项了多项文化行业标准及国家标准制定计划项目。另有《乡镇图书馆业务统计与评估指南》《图书馆移动服务标准研究》《图书馆总分馆服务和流动服务标准研究》《ISO、IFLA 图书馆标准规范体系研究》及《公共图书馆卓越绩效管理标准化研究》项目也都在进行中。

4. 全国文化馆标准化技术委员会(SAC/TC 390)

全国文化馆标准化技术委员会,英文名称为 National Technical Committee 390 on The Culture Buildings of Standardization Administration of China,主要负责文化馆技术、服务、管理等领域的标准化工作。国家标准项目《文化馆建筑设计规范》的编制、征求意见的工作已经完成,准备送审。参与《博物馆建筑设计规划》修订工作,并协同编制组对国家博物馆、故宫博物院等开展调研;参加《剧场建筑设计规范》修订的南方区域调查。

5. 全国网络文化行业标准化技术委员会(SAC/TC 391)

全国网络文化行业标准化技术委员会,英文名称为 National Technical Committee 391 on Network Culture of Standardization Administration of China。第一届全国网络文化标准化技术委员会由 51 名委员组成,柳士发任主任委员,宋奇慧、里航、凌海、田昊、郭阳任副主任委员,李伟任副主任委员兼秘书长,沈河涛任委员兼副秘书长,秘书处承担单位为文化部文化市场发展中心。全国网络文化标准化技术委员会主要负责网络文化产品、服务及互联网上网服务营业场所的管理等领域的标准化工作。目前,该委员会开展了多项标准申报立项的前期调研工作,如《网络游戏安全规范》《网络动漫安全规范》《网络游戏测试规范》《网络动漫测试规范》《网络游戏监管规范》《网络动漫监管规范》《网络游戏设计与开发规范》《网络动漫设计与开发规范》《网络游戏、动漫设计人员岗位规范》等。2012年申报立项了文化行业标准制定项目《网络音乐行业规范》。

6. 全国文化娱乐场所标准化技术委员会(SAC/TC 392)

文化娱乐场所标准化技术委员会,英文名称为 National Technical Committee 392 on Cultural Entertainment Places of Standardization Administration of China National。第一届全国文化娱乐场所标准化技术委员会由44名委员组成,柳士发任主任委员,李建伟、刘碧松、沙狄任副主任委员,李伟任副主任委员兼秘书长,李敬东、谢灿英、杨鹏任委员兼副秘书长,秘书处承担单位为文化部文化市场发展中心和中国艺术科技研究所。全国文化娱乐场所标准化技术委员会主要负责歌厅、迪厅、游戏厅等文化娱乐场所技术、服务、管理等领域的标准化工作,该标委会秘书处根据行业急需规范的领域,组织相关委员起草了《卡拉OK节目制作规范》《全国卡拉OK内容管理服务系统技术标准》《网络DVD播放机设备技术规范》《文化娱乐场所视频点播系统软件技术标准》《歌舞娱乐场所服务规范》5个草案。其中,《卡拉OK节目制作规范》《全国卡拉OK内容管理服务系统技术标准》《网络DVD播放机设备技术规范》已通过评审,作为文化行业标准正式施行;《文化娱乐场所视频点播系统软件技术标准》《歌舞娱乐场所服务规范》已形成征求意见稿。另外,对现行的行业标准进行审查修订,目前,已形成《卡拉OK内容管理服务系统技术标准》修订稿,拟报请文化部组织专家评审。

标准成果的贯彻落实工作。标委会根据《卡拉OK内容管理服务系统技术标准》相关技术要求,开展娱乐场所视频点播(VOD)技术水平评价工作,对业界使用的VOD系统接口进行检测。该标委会秘书处通过编写工作简报、通过业界网络平台(《中国卡拉OK网》)设立信息交流专栏等渠道,积极向社会宣传本行业的标准化信息。

7. 全国社会艺术水平考级服务标准化技术委员会(SAC/TC 393)

全国社会艺术水平考级服务标准化技术委员会,英文名称为 National Technical Committee 393 on Level Test for Art of Standardization Administration of China。第一届全国社会艺术水平考级服务标准化技术委员会由34名委员组成,金一伟任主任委员,赵塔里木、明文军、逄焕磊任副主任委员,王涛任委员兼秘书长,秘书处承担单位为中国艺术职业教育学会。全国社会艺术水平考级服务标准化技术委员会主要负责社会艺术水平考级工作技术、服务、管理等领域的标准化工作。2010年,考级服务标委会国家标准计划项目通过审查公示项目有3项,分别是《社会艺术水平考级管理》《社会艺术水平考级 考场设置与环境要求》和《社会艺术水平考级 术语和分类》。由于在实际批复项目的文件中,公示项目名称与申请立项的名称存在差异,这给该标委会工作带来一定困扰。

8. 全国文化艺术资源标准化技术委员会(SAC/ TC 394)

全国文化艺术资源标准化技术委员会,英文名称为 National Technical Committee 394 on Culture and Art Resources of Standardization Administration of China。第一届全国文化艺术资源标准化技术委员会由44名委员组成,李松任主任委员,田青、张刚、刘碧松、丁辉任副主任委员,邱邑洪任委员兼秘书长,秘书处承担单位为文化部民族民间文艺发展中心。全国文化艺术资源标准化技术委员会主要负责文化艺术资源收集、整理、保护、开发、数字化等领域的标准化工作。该标委会秘书处承担单位——文化部民族民间文艺发展中心,联合甘肃省艺术研究所、山西省音乐舞蹈曲艺研究所、贵州省荔波县档案局三家单位联合开展文化艺术资源领域工作项目标准的制订工作。目前制订完成7项元数据标准、3项数字化加工标准和管理规程,涵盖戏曲、曲艺、民歌、器乐、民间文献多种艺术资源,覆盖文本、音频、视频3类资源介质。

9. 全国动漫游戏产业标准化技术委员会(SAC/TC536)

全国动漫游戏产业标准化技术委员会是由文化部、国家标准委、工信部等部门联合发起的,于2013年1月25日在上海成立。该委员会主要负责动漫游戏产业创作、生产、制造、服务及市场监管等领域的标准化工作。成立会议上审议并通过了《本届动漫游戏产业标准化技术委员会工作计划》和《全国动漫游戏产业标准体系框架》等文件,具体涉及动漫游戏产业的——基础标准、服务标准、工作标准(内容标准)、管理标准、技术标准共5大块30余条标准。早在筹建阶段,动漫游戏标委会就开展了多项标准化工作,其中,2011年立项文化行业标准制定项目3项:《手机动漫数据格式标准》《手机动漫内容标准》《手机动漫终端标准》。2012年申报立项了文化行业标准化研究项目《网络游戏术语标准研究》,该研究项目的立项开启了该标委会标准化工作的序幕,为该标委会顺畅地开展标准制修订工作打下基础。2013年,该标委会立项2项文化行业标准制定项目:《网络游戏术语和定义 第1部分:运营》及《网络游戏行业服务规范》。目前,该标委会归口的文化行业标准《手机(移动终端)动漫内容要求》《手机(移动终端)动漫运营服务要求》和《手机(移动终端)动漫用户服务规范》均已于2013年5月1日起正式实施。

动漫游戏产业标准化技术委员会的成立是动漫游戏产业标准化体系建设的首创之举,标志着中国动漫游戏产业的各项工作步入了标准化、规范化、专业化的轨道,不仅将在动漫游戏产品制作和服务提供技术水平得到改进,还将为动漫游戏企业科学管理提供指标、准则和依据,进而全面提高中国动漫游戏产业的综合效益和产品质量。

3.2.5 我国文化行业标准化现状小结

文化行业标准化工作,覆盖范围十分广泛,涉及文化领域的产品、管理、方法、安全、环保、基础和卫生等多个环节,覆盖图书馆、档案馆、博物馆、文化馆、美术馆、演出剧场、社会艺术教育学校、文化娱乐场所等文化服务机构。2000年10月,十五届五中全会通过的《中共中央关于制定国民经济和社会发展第十个五年计划的建议》,第一次正式提出"文化产业"的概念,之后文化领域中的各种标准化尝试一直没有间断,文化行业标准化工作在"十五"期间取得初步发展,先后编制了《剧场建筑设计规范》等10项文化行业标准和《历史文化名城保护规划规范》等51项国家标准。"十一五"期间,文化行业标准化工作取得了较快发展,现行标准中共有126项国家标准和50项行业标准是在"十一五"期间开始施行的,进一步推动了文化事业的大发展和大繁荣,为发展文化产业发挥了积极作用。"十二五"时期,是全面建设小康社会的关键时期,也是促进文化又好又快发展的关键阶段,2011年至今,文化部已经发布了63项文化行业标准,其中国家标准46项,行业标准17项。"十一五"时期以来,我国文化行业标准化工作进入成熟发展期,发布施行的标准共有239项,其年度发布标准数量虽有起伏,但是呈现出明显增长趋势,如表3-13所示:

表 3 - 13 "十五"时期以来文化行业标准实施情况

	"十五"时期	"十一五"时期	2011 年—2013 年 8 月
国家标准数	51	126	46
行业标准数	10	50	17

随着文化事业的稳步推进,我国文化行业标准化工作取得了较快的发展。现行标准中,从主题分布来看,有关公共文化和文化保护与保存的标准占了较大比重,分别有 147 和 148 项,总和约占全部文化行业标准的 62% ,其次是文艺服务方面的标准,共有 121 项。文化管理、娱乐休闲和文化经营方面的标准相对较少,具体情况如表 3 - 14 所示。

表 3 - 14 文化行业国家标准的标准类别统计

主题	文艺服务	娱乐休闲	文化经营	文化保护与保存	公共文化	文化管理	合计
国家标准	93	15	29	114	108	5	364
行业标准	28	6	6	34	39	0	113
合计	121	21	35	148	147	5	477

我国文化行业标准主题分布的直观对比,如图 3 - 17 所示:

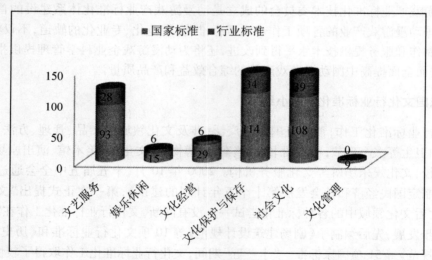

图 3 - 17 我国文化行业标准主题分布对比

目前为止,文化部牵头管理的现行行业标准有 46 项。从 1994 年到 2003 年批准的行业标准 15 项,占现行标准的 1/3,从 2004 年至今,颁布行业技术标准 31 项,其中一项《公共图书馆建设用地指标》没有标准编号。还有很多标准文件缺少英文名称、归口管理单位等要素信息。

由以上内容可见,从标准项目(包括国家标准项目和行业标准项目)的立项、批准情况来看,文化部在近年的文化行业标准化建设工作中,发挥了积极的作用,也取得了一定的成绩,对规范文化行业行为、标准化发展起到了一定指导作用。但是现有标准体系建设仍不完善,行业间标准化工作发展不平衡,标准类别数量差异较大,这些方面的问题将是"十二五"时期以及今后一段时期内文化行业标准化工作的考虑重点,需要加强重视。

3.2.6　我国文化行业标准化发展中存在的问题

1. 文化行业标准发展格局仍不均衡

我国文化产业发展迅猛,文化行业标准化工作不断完善,但是目前来说,我国文化行业标准化的整体格局还不平衡,公共文化、文化艺术和娱乐休闲等传统文化服务业的标准化建设情况较好,而关于网络文化、动漫游戏和文化创意等新兴文化产业的标准化工作还处于初级发展阶段,急需专门的标准化技术委员会发挥作用,加快制定相关标准,以丰富和进一步完善文化行业标准体系。

2. 文化行业标准更新较慢

文化行业标准的更新速度普遍较慢,据调查多数标准的更新周期都在 10 年以上,有些标准更是发布了 20 多年未曾更新过。这与文化产业的快速发展是不相适应的,也为文化产业的健康发展埋下了隐患。

3. 采用国际标准数量少

我国文化行业标准采用国际标准的数量虽然在逐年递增,但是整体数量还相对较少,这意味着我国的文化行业标准与国际标准的衔接工作还有待加强。采用国际标准,一方面可以规范我国文化行业标准的制定,另一方面,也有利于我国文化行业标准的国际交流和沟通。

4. 文化行业标准管理机构有待加强

已经成立的 9 个文化行业标准化技术委员会,在数量上还远远不能满足我国文化产业的快速发展需要,比如博物馆和文化馆的标准化技术委员会还没有成立,文化遗产的保护和保存工作也急需专门的标准化技术委员会予以指导。而且,现有的 9 个标准化技术委员会也需要进一步完善职能,发挥出应有的作用,加快出台相应的标准以指引文化产业的健康发展。

4 实证调查与分析

　　课题组结合研究目标和研究设计,主要通过文献调查法、专家访谈法、问卷调查法、内容分析法等方法进行实证研究,以全面、深入地了解我国文化行业标准化的重点发展领域和优先事项。

4.1 专家深度访谈

　　对专家的深度访谈是对问卷调查的补充,可以对文化行业标准的重点发展领域和优先发展事项进行深入、详细地考察和反馈。

4.1.1 访谈设计

　　1. 访谈方法

　　该访谈为半结构式访谈,即事先拟定访谈的提纲和要点,待被访者回答之后还允许其提出其他方面的看法和见解,就有关问题进行自由交流。访谈的时间控制在40到60分钟,在征求被访专家同意的情况下进行录音,在访谈结束后对有关录音资料进行整理与分析,提炼出有关文化行业标准重点发展领域和需要优先制定的标准等方面问题的专家意见。

　　课题组在多次研讨的基础上形成访谈提纲,通过调查研究确定访谈专家名单(见表4-1),并将访谈人员分成三组,分别联系这些专家,同时同步开展访谈。

表4-1　访谈专家信息

专家	工作单位	研究领域	访谈时间
专家 A	天津市美术馆	文艺服务	2013 年 5 月 13 日
专家 B	天津市博物馆	文化保存	2013 年 5 月 12 日
专家 C	天津市图书馆	公共文化	2013 年 5 月 9 日
专家 D	天津市社科院	公共文化	2013 年 4 月 26 日
专家 E	武汉大学信息管理学院	信息资源管理	2013 年 5 月 3 日
专家 F	国家图书馆	公共文化	2013 年 8 月 6 日
专家 G	天津师范大学新闻传播学院	影视戏剧	2013 年 10 月 9 日
专家 H	天津市和平区文化局	文化管理	2013 年 10 月 12 日
专家 I	北京市大唐通信有限公司	通信技术标准	2013 年 10 月 11 日

　　2. 访谈过程

　　课题组对我国文化行业标准的相关研究专家、标准化委员会的主要成员和标准的制修订实践者应用深度访谈法,调查搜集他们对文化行业标准的重点发展领域和优先发展事项的意见。本项目采取判断抽样的方法选择专家进行深度访谈,于2013年4月至10月期间对文化行业标准化领域的研究者和专家共计9位进行访谈(参见表4-1)。专家们结合自身的研究和实践经验,对文化行业标准的重点发展领域和优先制定标准提出了各自的看法,为课题组提供了重要的建议和参考。

3. 访谈内容

本次访谈采用的是半结构式访谈,访谈的主要内容如下(详细的访谈提纲见附录4):

第一,您是否了解文化行业的标准化工作? 在这一过程中您认为文化行业标准化的发展过程中存在哪些问题?

第二,课题组经过研究,提出构建文化行业标准化工作的框架体系。您认为这个框架是否合理,需要如何修改?

第三,从目前的情况来看,您认为文化行业标准化工作的重点领域是? 理由是什么?

第四,除了已有的行业标准外,您认为哪些标准是需要优先制订的? 理由是什么?

第五,您认为是否需要制订文化行业标准编制指南? 如果需要的话在制订该指南时要注意到那些方面的问题?

4.1.2 访谈数据与结果分析

根据被访专家的书面资料、访谈记录和部分允许的录音,提炼出有关文化行业标准重点发展领域和优先发展领域的专家意见。如表4-2所示:

表4-2 专家意见汇总表

专家意见	专家A	专家B	专家C	专家D	专家E	专家F	专家G	专家H	专家I
标准化框架体系				赞同并提出建议	赞同并提出建议	可行并提出建议	提出建议		
文化行业标准建设的意义	肯定	肯定	肯定并提出希望	肯定	肯定		肯定		
标准化建设中需要注意的问题		重复建设问题;领导的过多干预;管理无法量化等	管理混乱问题		标准空白点;权威性和执行监督	数量少;质量不高;在管理力度、基础研究、与科研项目联系和国际参与方面还有欠缺	不能满足文件政策条文及框架制定,要把标准细化并建立不同行业标准评价体系	标准制订和管理主体的合理与有效	标准评价需要考虑标准的不可或缺性和必要性
标准化框架体系的改进建议				注重人文关怀;价值引导;完善体制	文化行业界定和前沿视角	建议第一子体系改为文艺创作	忽略了艺术批评和人文环境的重要性		

续表

专家意见	专家A	专家B	专家C	专家D	专家E	专家F	专家G	专家H	专家I
文化行业标准化的重要领域	建筑标准；文化管理标准	博物馆建筑设计标准；博物馆展览制作标准	文化保护、保存；古籍保存；图书馆建设标准	与百姓息息相关的；文化的保存和保护；文化的多样性发展；文化经营和管理	网络文化标准化标准化技术委员会	文化资源建设；公共文化服务；文化管理；网络文化安全；艺术创作和舞美设计；文化遗产保护；文化科技融合	文化保护；文化管理	文化管理；公共文化	文化管理；技术标准
文化行业标准优先领域	同步发展	文化保护和保存		网络文化标准化；网络安全；动漫、少年儿童文化	网络文化	比较成熟、共识度比较高、使用面较广、有相关国际标准可转化的	网络文化	文化市场；网络文化	网络文化；服务标准；应用标准
文化行业标准编制指南	由粗到细逐渐细化的方式	"大框架+补充条款"的方式		非常赞同并提出建议	怀疑态度，需分领域编制	很有必要	很有必要	有必要	有必要
其他需注意问题	标准细化，分领域、分部门制定执行；文化发展的区域差别和标准的全国统一	博物馆急需标准委员会；标准要细化；标准化评估				要有奖励机制；加强对标委会的评估管理	既要划定一个大体，又要细化各行业标准化工作		在技术标准的制订和实施过程中加强政府的主导作用

1. 文化行业标准建立的重要性

首先，对于文化行业标准建立的重要性方面，各专家发表了不同的见解。大部分被访者都充分肯定了文化行业标准建立的重要意义，如专家E、专家F均对本项目构建的框架体系表示认同，并提出了宝贵意见以进一步完善。同时，被访者普遍认为，文化行业标准的建立十分重要,它能够指导规范文化行业工作的合理开展和运行。

专家 E 以图书馆为例,指出了文化行业标准的重要意义:"就图书馆相关的标准工作而言,从 20 世纪 80 年代以来陆续制定了一些标准,从图书馆建设到业务工作逐渐成为一个体系,对图书馆工作起到了很大的指导作用:从宏观方面讲,图书馆标准化工作,如公共图书馆建设标准、用地指标等都很重要;在微观方面,关于图书馆业务指导的标准很多,如著录标准等。具体来讲,在图书馆建设方面,国内图书馆最近几年也发生了很大的变化,做了许多的促进工作,积极地与国际标准靠拢,与国际接轨。"专家 D 也认为:"对文化行业的标准化应该是可以的,现在的文化行业发展缺少一些标准,标准化可以使行业发展向着制度化、规范化发展,是一个序化的过程。"

专家 C 肯定了图书馆文化行业标准建立的重要性,同时也指出了具体文化单位在标准制定中的被动性,希望有规划、有步骤地开展文化行业标准化。"图书馆的规范,按道理应该有,但天津市没有。按省市搞,每个省搞服务条例,搞公共图书馆的条例也不是不可以,但天津市现在没搞。行业规范,因为上升到文化行业,各个单位自己决定的条款不够档次,文化局定的才够档次。"

专家 G 认为:"文化行业自然也就涉及社会生活的方方面面,相应地会产生各种各样不同程度的问题,这就迫切需要一个相对完善、系统的标准予以指导"。

2. 文化行业标准化过程中存在的主要问题

文化行业标准的制定和实施在不同的文化行业部门有不同程度的开展和运行,在运行过程中也发现了一些不合理之处,我们将这些问题进行汇总梳理,希望能在今后的标准化工作中进一步改善和完善。

专家 E 从整体角度出发,阐释了对于当前文化行业标准化过程中存在的主要问题。他认为,现在的文化行业标准建设工作应该把握好每一个环节,任何环节的疏漏都会影响整体的实施效果。"文化行业标准建设工作中存在的问题,主要是标准化体系还不是特别的完善,还有一些空白的地方,另外标准的权威性和执行也应该加强。制定标准很关键,对标准的执行更关键,应该加强对标准实施的监督,标准应该是规范性的,实施应该具有一定的强制性。"

专家 I 认为,文化管理混乱是当前应该引起关注和重视的问题。"现在的文化管理比较混乱,不规范,需要有效的管理,促进文化行业向着制度化、标准化发展。如网络文化和娱乐文化都需要进行规范和管理。在标准化的过程中,应该先是制定程序的规范化,要有正确的价值取向,要积极地应对文化的'三俗'问题,要保障社会的安全问题。"

专家 F 认为文化行业目前对标准化工作的认识还是比较到位的,但也存在一些问题,如标准数量少质量不高,管理力度不够、基础研究不足,标准制修订工作与科研项目结合不够,国际上参与度不够等。

专家 G 认为文化行业的标准化工作并不能满足于文件政策的条文及框架的制定,还要根据不同行业的职能特点,充分考虑标准化的实用性,即把标准细化为各行各业必须遵守的行规,并建立起不同行业的标准评价体系,使标准化的细则真正落实到每个文化企业的实处。

3. 文化行业标准化框架体系的改进和建议

在本项目的半结构访谈中,课题组成员把前期调研成果的文化行业标准化工作框架体系(见附录4)分发给各位专家和学者参阅,并请被访者谈谈对这个框架体系的看法和建议。以期能够广泛地吸收不同的专家学者的思考和感悟,帮助我们不断进行修正工作。

专家E从文化行业界定和前沿角度出发,提出了一些建议:(1)对文化行业的界定,应把新闻出版归入文化中;从产业发展的角度,文化中也应该包括新闻出版这部分。(2)文化的生成和销售也应该给予关注。(3)数字出版、影像出版的归类问题,如软件产业应该放在文化体系中。

专家D从人文关怀出发,提出"(1)在制定标准的时候,应该注意标准的科学化、规范化和人性化,要具有可操作性,标准是一种武器,要注意人的作用,不能忽视人的方面,要为人民服务。(2)文化安全很重要,要注意一些基础性安全问题,要有方向性和价值性,现在的文化有些过度娱乐化,这可能背离文化的原则。(3)要注意文化创新和文化创造,现在有些盲目的模仿、跟风,同类重复严重,百姓反感,应该进行批判。要注意文化的创新和创造的价值导向,文艺创作要有正确的价值引导。(4)创造和创新的机制和体制要改变,要采用多种形式进行弥补和完善体制,要注意创新的程序和制度,注意效率最大化。这些人文理念的输入将使文化行业标准化工作的开展更深、更广、更深入人心"。

专家F曾参与了文化行业标准化中长期规划的制定,还参与了全国图书馆标准化技术委员会和其他一些相关标委会标准制修订项目,对文化行业标准化工作比较熟悉。他对本研究拟定的文化行业标准化体系框架予以肯定,并建议重点参考一下国家标准的体系框架,在大类划分上,总体把握标准的几个类别:管理标准、技术标准和服务标准。他还建议第一个子体系改为文艺创作,避免与其他类之间过多的交叉。

专家G提出目前的框架体系还缺少整一性和系统性。尤其所列举的几个主要依据,不是一个层面所讨论的范畴,不具可比性,特别是把文化分类理论作为依据根本不具说服力;而文化管理体制理论中的职能划分和文化部门的行政划分本来就是一个问题,也不必要单独地各自独立出来。此外,文化行业体系的划分也不够全面。该体系在关注艺术产品的同时,却忽略了作为创作主体的艺术家以及艺术产品的消费者(受众),特别是忽略了艺术批评这个不可或缺的环节,更没有提及人文环境的重要性。

4. 文化行业标准化建立的重要领域

对于文化行业标准化建立的重要领域,不同领域的专家给出了不同的答案,但仔细推敲这些话语,我们还是可以从中寻找到一些共性,那就是与人民群众的利益息息相关的领域都是我们应该重点建设的方向,包括人民的信息权益,文化权益,人身安全等方面。

专家E将重点领域总结为两点,(1)网络文化标准化的问题。因为"网络中乱象很多,人人都可以发表言论,有些谣言危害较大……对于网络文化的发展方面,除了法律法规的指导外,就应该是标准化的指导了,应该从技术等方面加以重视。"(2)标准化委员会之间的协调管理。2008年后新成立了一些标准化委员会,专家E认为对标准委员会进行协调管理,避免"各个委员会之间存在着交叉,造成资源的浪费"是需要重点考虑的问题。

专家D在丰富的文化行业标准框架体系中指出了四点,认为应当作为重点领域建设和发展,包括(1)公共文化、文艺服务等与百姓息息相关的应该重点发展;(2)文化、文物的保存,文化是一种传统性的存在,没有现在就没有未来,保护不当就会造成文化的永久的损失,以后想弥补都比较难,所以要注意文化的保存和保护;(3)文化的多样性发展,现在的文化发展趋同性比较严重,要注意文化基因、文化传统和文化资源,要注意文化的特色和个性;

（4）文化经营和管理，"三馆两院"①免费开放，要避免走形式，要有实质性的东西，体制和机制也要保证正常的运转，这样才能达到一定的成效。

专家 A 认为美术馆建筑标准和管理标准是应该重点建设的领域。建筑标准规定省会城市需要建立多大的美术馆，与省级城市，县级城市相适应。文化管理标准规定多大的馆舍需要配备多少员工，负责文化管理、行政管理各需多少人，需要测算，需要科学的依据。（负责）对外服务的、搞研究的、库房管理的有多少人，这些都需要标准。

此外，专家 B 以博物馆为例，提出了重点发展的领域。"（1）博物馆建筑设计标准，这是非常紧迫地需要对外公布了。一方面是博物馆建设高速发展期间，一方面是建筑设计的滞后方面，这两个是非常大的反差，所以继续建筑设计标准。（2）博物馆展览制作标准，到目前展览制作，我们国家还没有出台一个完整的标准。所以，你看在招投标，评估这方面，没有依据。没有依据就导致制作的泛滥化，非标准化，然后它的造价不可考评，没法说清楚是贵还是便宜，甚至浪费了很多国家资金。"

专家 C 认为文化保护、保存以及古籍保存是应该重点建设的领域，图书馆建设标准等也是需要重点把握的领域。

关于重点发展领域，专家 F 认为"首先要确定一些原则，比如是否急需，是否有国际标准可以转化，是否有科研基础支撑，等等。"他提出了 7 个重点领域：（1）文化资源建设（2）公共文化服务（3）文化管理（4）网络文化安全（5）艺术创作和舞美设计（6）文化遗产保护（7）文化科技融合。

专家 G 认为文化行业标准化工作的重点领域是文化保护和文化管理。该体系注重古籍及拾遗等工作是非常必要的，是人类的一件功不可没的大事。人类不能忘记历史，更不能流失曾经的各种文化形态。当下对于非物质文化遗产的保护，不只是整理，往往采用"抢救"这样的字眼，中华民族几千年的文化辉煌必须一代代地传承下去。与此同时，当下文化行业错综复杂，各种乱象险象环生，加强文化管理必须提到日程上来。除了相关部门恪尽职守、各司其职，其中加强公民的素养教育、塑造良好的集体人格，也是文化管理部门的一项重要工作。余秋雨在《网上发言不等于民意》一文中指出，"我们要振兴文化，就是要振兴中国民族的集体灵魂；我们要优化文化，就是要优化中华民族的集体人格。没有人格就没有文化。"毕竟人类创造文化的最终目的还是为了"化人"，即任何文化形态重构的首要意义都是人文精神的重建，并最终实现人的主体价值。

专家 H 认为"文化经营更重要，因为文化服务主要面向的是老百姓，首先得考虑公众的利益，文化这个事，在制定标准化的时候，文化也是民生，是关系到我们党、我们国家、我们民族利益的非常非常重要的思想和民生问题，如果我们把这件事忽略了，不但会对中华民族不负责任，对我们党也不负责任，所以这个事非常重要，政府在这方面提倡文化大繁荣、大发展就是对文化产业，要抓文化产业经营，全国各地都抓产值，所以搞标准化，文化经营是重中之重。"

5. 文化行业标准建立的优先领域

所谓文化行业标准建立的优先领域，是指那些迫切需要行业标准来规划，并且能够产生巨大影响的领域。对于这个问题的回答，具体如下。

---

① "三馆"是图书馆、科技馆、博物馆，"两院"是音乐厅、大剧院。

专家 E 以受众最广的网络文化为出发点，认为网络法律法规和技术标准是有效推动和促进网络行业标准化的手段和工具；此外，标准化要兼顾不同行业部门的特征和属性，制定适用性广泛合理的文化行业标准。"（1）要制定一个统一的标准应该是比较难的。具体的网络文化目前比较混乱，应该从法律法规和技术标准等方面加以保障和监督实施。因为对网络背后的技术和标准不是特别的了解和清楚，所以，制定起来比较困难的。（2）项目的访谈的范围面要广，不要仅局限于图书馆领域外，应该多向其他领域进行调查和了解。"

专家 D 的回答再一次证实了网络文化标准的重要性，侧重从安全性和影响性出发，提出了重点领域。"（1）网络文化标准化应该优先，因为网络在现在生活中真是太重要了，不仅是一种获取信息和交流的工具，更是许多人的一种生活方式。（2）网络文化的安全，要保障网络文化的安全发展，文化在一定程度上是一种意识形态的发展，网络安全关系到信息安全和政府、国家安全。（3）动漫、少年儿童文化方面也应该优先考虑。"

谈到优先事项，专家 B 认为应该优先发展文化的保护与保存，他提出"对于一个地区和对于一个社会来讲，可能博物馆的涉及面都能涵盖了，它是最应该优先的，因为它是多功能的，其他方面都代替不了博物馆。"

专家 F 建议把目前比较成熟、大家共识度比较高、使用面比较广、有相关国际标准可以转化的，先做起来，使体系尽快完备，首先解决量的问题。

专家 A 认为"各个行业制定自己的标准，图书馆制定图书馆，美术馆制定美术馆，不一定谁先发展，谁后发展可以相互借鉴。可以在宽泛的基础上，结合美术馆的特点加以修改，并行发展。"

专家 G 提出网络文化标准是当下需要优先制定的。伴随着网民话语权的充分满足，且缺乏必要的"把关人"，一些网络词语铺天盖地，如人肉搜索、网络恶搞、网络暴力、网络水军、网络推手、网络谣言等，致使很多突发事件的真实性得不到保障。有时网络上"沸沸扬扬"的跟帖、转帖却不是事实的真相。很多网民站在道德的制高点上，打着"逞恶扬善"的旗号，不对事实进行调查和求证便口诛笔伐，不只践踏了每个公民应有的正当权益，甚至造成一系列的"冤假错案"，部分网络舆情并不能代表真正的网络民意。瑞士心理学家荣格说得好，文化是有故乡的集体灵魂。于是，究竟什么是网络文化？网络文化的定位和标准是什么？如何对网络舆情进行预测、筛选和把关？如何加强网络道德与网络秩序的建设？这一系列问题都是迫在眉睫的，需要相对规范的网络文化标准的及时制订与出台。

专家 H 认为文化馆的活动，应该有一个标准化的问题。因为文化馆的类别也比较多，管理起来难度也比较大，在它那里头，整个事务性的事又特别多，各个行业的管理方式也不一样。拿文化馆本身来讲，文化馆本身它是靠方方面面的事组成的，不是你说的由某一个点形成的。某一点、某一件事，对整体的文化馆的工作来讲，它项目不一样，类别也不一样，没有形成一个标准化的东西。

6. 文化行业标准编制指南的建议和意见

文化行业标准指南即标准的标准，在文化行业标准化过程中具有统领的地位和作用。在文化行业标准编制指南的必要性调查中，参与访谈的专家学者大部分认为很有必要，也有专家对于指南编制的可行性提出了质疑。

专家 E 对此提出了一些疑问，他从编制人员要求、编制过程要求和编制适用性等方面分析了指南编制存在的问题和障碍，这是值得我们思考和面对的挑战。"（1）编制统一的、包括所有领域的指南是否可行？是统一编制还是分不同的领域进行不同的制定？我个人感觉，编制统一的指南恐怕不行，还是得分领域进行。在编制过程中，首先编制人员应该熟悉各个文化行业的情况，再对不同的行业进行调查和研究。在调查的过程中，确定哪些标准需要优先发展和制定应该是可以的，不过对所有行业编制统一的标准还是有难度的。（2）总体上讲，那些制定宏观政策方面的专家可能对各个行业的整体情况比较了解，但是对具体的标准的了解恐怕不深，编制粗的指南意义不大，标准详细的又比较困难，适用性可能也有问题。这个还是得权衡和思考。"

专家 D 则非常赞同指南的编制，认为标准也需要标准化，形成一个总纲性的东西来指导其他文化行业，如动漫产业等的发展。此外他还对指南编制提出了一下建议："在编制的过程中，应该注意要成立专门的委员会；要请专家进行讨论和决策；指南应该分为几个大的方面：指导思想，技术要求，安全要求，制度层面要求来引导；要有利于人们大众的、提升文化素质、健康身心的文化的发展。"专家 B（博物馆）也提出了自己的看法"我觉得标准化的标准可以考虑一个共享的标准，因为它是一个大的框架，具有指导性的，指导如何写标准，只是需要针对每一个行业有一个补充条款。比方说大家都按大的条款做，但到图书馆时可以根据图书馆的特性做一个图书馆的分项要求。其他方面都是在这个标准化的标准，总的标准下的一个分章、分项，我觉得这样好些。"

专家 A（美术馆）认为"这个指南怎么来。对于没建的是一个空白，但建过的可以做个基础，比如中央美术馆，他们应该有自己的东西，可以拿他的东西做一个指南性的基础，上海、浙江、江苏都有比较先进的馆，广东那边发展也比较快，把他们的经验结合到一块，总结出来，做一个指南性的东西，再根据下面的情况，省级的市级的区分出档次来，做一个指南，做一个比较粗的标准，再一点点细化，这样就可以操作了。"

专家 B 认为指南"是一个大的框架，大的、指导性的，指导你怎么写标准，只是需要针对每一个行业有一个补充条款。"

专家 F 认为编制指南很有必要，"可以根据国家标准化指南的总体要求，制定文化行业标准化的专门指南，包括明确标准化工作的程序、归口分类等，这是推动标准化工作的具体形式。程序清楚了，申报会多一些，参与也会多一些。"

专家 G 提出文化行业标准编制指南的制订还是有必要的。毕竟每个不同行业有各自的独特性，标准的制订与出台必须符合行业的特点。同时，参与制订决策的人文化背景不同、资历不同，需要一个相对统一的大致规范作为参照。这样，就能够避免各说各话，过于松散，使得关键的问题不集中，该突出该强调的难点被忽略。即指南的制订只需要划定一个大体的范畴，一个粗略的大纲框架即可，使不同的行业在各自的特色中寻找共同点，并达成共识。

7. 其他相关意见

虽然本项目采用的是事先拟定提纲的半结构访谈，但我们往往在访谈过程中穿插这样一些问题："请问在这个方面，贵馆是怎样做的呢？""您觉得如果您是馆长，应该如何解决这类问题？"等，总结这些回答可以帮助我们改进文化行业标准化的研究思路和进程。

第一，文化行业标准化需要标准委员会来负责和实施。专家 B 认为，"我们是一个文化大国，非常需要相关的文化行政部门，比如国家文物局，它在文化部体系下应有一个标准委员会，到目前还没有。但是反观，一方面是官方的冷淡和滞后，一方面是民间博物馆蓬勃发展,现实需求和国家在行使职能时的落后,存在较大的差距,特别需要有一个标准委员会。这个委员会目前还没有听说,应该没有成立。"专家 F 强调对标准化技术委员会的管理沟通,"发挥各标委会的作用,加强沟通交流机制等,要定期进行总结表彰,对没有作为的标委会要追究责任"。

第二,尊重标准委员会的决议,奠定标准委员会的权威,不允许任何领导或个人引导标准走向。专家 B 认为,"我们国家往往是领导大于专家,专家有时不是专家,专家超越了专家的身份或职业道德在指手画脚,甚至参与一些具体的经营;领导不是领导,领导认为自己是专家,要发表意见,专家的功能被领导剥夺了,专家本身的脊梁又没有挺起来,阿谀奉承,比比皆是,这是我们社会很不好的社会风气。"管理是没办法量化的。

第三,文化行业标准化起步阶段就应该从细处入手。专家 B 认为,"应该尽可能地把标准往细处做,使它具有完善的体系、丰富的内容、可操作的标准,细化标准,我觉得应该到这阶段了。你要还在务虚,更耽误了。这个方面是应该做的,完全具备了条件,只不过是有没有哪一个政府的部门和社会阶层共同去合理地促进它进行。再不具体化,第一个是浪费国家资产;第二是对很多博物馆是不负责任的,我们很多地方近年刚建完一个,过三五年又建一个,这是对资源、对人力的一个最大的浪费,也不符合我们新一届中央政府的工作指导思想"。专家 A 认为"不大面铺,每一个具体单位具体展开,就美术馆范围内,建筑标准,服务标准,设施标准,人员配备标准等都应具体设置"。

第四,建立文化行业标准化评价体系。专家 B 认为,"评价是非常重要的,我们在很多事情上,已经完全形成了一种理念,在做完一件事后再评估。其实这和孔子说的吾日三省吾身是一样的,一定要回顾,要评估,才知道以往的是对是错,才能给后续更多的引导。评估是非常重要的,整个进程当中,最宝贵的是教训。教训怎么体现,就是通过评估中体现出来。你看上海博物馆出了问题,北京博物馆也出,北京博物馆出了,天津博物馆也要出,那么多共性问题,没有哪一个评估机制提炼出来,这就是在重蹈覆辙,评估非常重要"。专家 F 强调建立文化行业标准化评价体系非常重要,"一定要有奖励机制,对于组织得好、宣传做得好、推广应用做得好的标准,要有奖励"。

第五,标准化评估应该在科学的评估体系下由有能力的单位承担,可以是标准委员会也可以是第三方机构来执行。专家 B 认为,"如果这个标准化委员会具备能力,他们做也可以。这要看他起草的或创建的评估体系是否科学。首先立规矩,立标准,第二要有评估,还要执行。这个东西是个系统工程,是一个系统力作用的方式"。

第六,在经济欠发达地区要实行强制性标准和推荐性标准,实现区域通用标准。专家 B 认为,"除了大城市以外,包括一些比较发达的地区如山东,都是长官意识,特别需要标准化制约住。建筑标准是强制标准,有些管理方面的标准是推荐性标准。恰如其分的表达,对于不发达地区,每个阶段侧重什么"。专家 A 认为,"发展平衡不平衡主要是经济发展问题,美术馆的标准应该是一样的,但适用不适用看各地的经济发展。比如我们制定标准以中国美术馆为标准,比较先进的沿海城市制定的,到西部地区是不是适用,能不能达到这样的标准,比方说我在收藏上需要多少库房面积,要求怎样,恒温恒湿。标准应该是全国统一的,只要你做美术馆,就应该是这样的。标准就是全国统一。以收藏经费为例,如果标准化,我们就应该每年有定额的收藏经费,这是硬性指标,这样美术馆才能达到一定层次。其他搞展览,做策划,是意识形态方面。硬性指标要实行强制性"。

第七，就文化行业中的技术标准，专家 I 提出："从文化行业的角度出发构建技术标准时，就无须关注技术实现细节，而应该从管道的两端的技术需求进行约束，包括文化的传播方和文化的接收方，一方面应包含文化行业对技术的要求，包括功能、性能等技术层面的要求，如采用的通信体制的约束、对文化传递的时效性、对文化传递的准确性、文化传递的安全、不同文化传递形式对技术标准的速率等要求；另一方面标准应从文化管理、文化监管的角度，如对于传递信息的健康程度、用户隐私安全、权益保护等方面进行约束。同时，从以人为本的角度出发重新审视文化行业需求，如对用户隐私的保护，如对个人版权的保护，如对社会和谐的维护需求，如对文化精华的弘扬与糟粕的抵制需求，也逐渐产生了对文化监管的需求，而文化监管的需求需要从管理层面加强管理，规范相关法规制度，技术层面的智能化实现也将起到重要的作用。评价一项技术标准的好坏，重点要看标准是否必要，且在标准体系中是否不可缺失，要看标准是否具有创新性，是否能够充分体现自主知识产权，要看标准是否具有开放性能够占据一定的国际地位，实现国内标准和国际标准的良性互动。服务标准和应用标准对于网络文化的良性发展具有至关重要作用，个人认为是应该优先考虑制定的，而且这类要求是文化行业特有的，建议从文化领域的角度来进行规范。"

4.2　问卷调查

问卷调查法（Questionnaire Survey）也称问卷法，是调查者运用统一设计的问卷向被选取的调查对象了解情况或征询意见的调查方法。按照问卷填答者的不同，问卷调查可分为自填式问卷调查和代填式问卷调查。其中，自填式问卷调查，按照问卷传递方式的不同，可分为报刊问卷调查、邮政问卷调查和送发问卷调查；代填式问卷调查，按照与被调查者交谈方式的不同，可分为访问问卷调查和电话问卷调查。问卷法的运用，关键在于编制问卷，选择被试和结果分析。本项研究设计自填式问卷，通过分层抽样，以调查文化行业标准制定的现状、工作人员对文化行业标准化的认识和文化行业标准制定的相关问题。

4.2.1　问卷设计与调查经过

1. 调查问卷的设计

调查问卷的设计是实施调查活动的重要环节。问卷是调查研究中用来收集资料的主要工具，它在形式上是一份精心设计的问题表格，其用途则是用来衡量人们的行为、态度和社会特征。一般而言，问卷调查的设计要遵循客观科学、结构合理、概念清晰、长度合适、主题明确、重点突出以及非诱导性与非暗示性等原则。本研究的问卷采用半结构式问卷，通过设计填空题、单项选择式、多项选择式等问题开展调查，被调查者只需逐项给出答案即可。通常问卷的编制方法有四种：经验法、逻辑法、因素分析法和综合法。经验法来源于实践活动的总结；理论法根据某种理论依据判断推理选择测试题目；因素分析法是选对标准化样本进行大量的题目测试，对测试结果进行因子分析或其他相关分析，将具有较高相关性程度题目集中在一起，删除相关性差的题目，以此分析；综合法是综合利用上述三种方法，以逻辑法与经验法进行推理获得大量假设题目，在采用因素分析法进行归类，最后用经验法删除那些没有区分度的题目。

由前面的相关研究综述可知,目前关于文化行业标准的实证研究较少,国内外学者的相关研究中理论推导等质性研究占据主导,部分学者以个案的方式进行研究,本研究力图通过综合采用访谈与调查问卷的方式进行研究,尽可能客观地实现调查目标,本研究参考上述问卷编制方法,并在问卷编制过程中采取多种手段控制问卷质量,通过预测试与访谈,针对问卷的问题进行调整,最终形成正式调查问卷。

本次问卷分为三部分(具体调查问卷见附录5),第一部分是卷首语。交代调查的目的、意义和主要内容,填写问卷的说明,回复问卷的方式和时间,以及调查的匿名和保密原则等。第二部分是基本信息,包括被调查者的性别、工作年限、年龄、学历、职称、职务和所在单位等自然信息。第三部分是文化行业标准化发展相关问题的调查,涉及标准化发展现状调查、重点发展领域与优先制定标准调查和编制指南的态度调查等。重点考察被调查者工作单位当前的标准制修订和执行效果等情况,文化行业从业人员对标准制修订以及编制一部文化行业标准的编制指南的认识与态度等。

2. 调查经过

本次问卷调查的目的在于了解文化行业标准的制定情况以及需要考虑的因素等,并为文化行业标准制定实践活动的有效开展提供参考意见,以更好地促进文化行业标准事业的发展。文化行业标准制定与文化事业和文化产业的发展息息相关,文化行业标准制定工作是聘请外部机构制定,还是由行业相关部门制定,或者由上级主管部门制定,以及由上述多方联合制定,还需要通过广泛调查集思广益,明确责任主体。基于此,本问卷主要面向文化行业的广大从业者展开调查,中层以上领导是本次调查的重点群体,向图书馆、档案馆、文化馆,以及其他文化行业相关组织和部门发放,力图均衡问卷被调查者的身份比例,综合考察文化行业工作人员对文化行业标准制修订工作的认识情况。调查问卷的发放主要有两种方式,一种是当面发放纸质版问卷,当面发放当面取回;另一种方式采取电子邮件发放的方式,然后查收电子邮件。纸质问卷的发放能够保证有较高的问卷回收率,而电子邮件形式问卷的发放能够有效地扩大问卷发放范围,降低调研成本。课题组采用以上两种方式的同时,还设计了网络版问卷,通过网络问卷发放平台发放问卷。问卷发放过程中,课题组分区设立负责人,在分工范围内发放问卷。

本项目问卷调查工作小组于2013年4月1日开始问卷发放工作,2013年6月4日完成问卷的最后回收,历时2个多月,发出问卷742份,共回收问卷716份,回收率为96.50%,排除4份废卷外,有效问卷共712份,有效回收率95.96%。

3. 问卷的效度分析

调查研究中,对调查问卷的结果进行统计之前必须先对其进行效度分析。只有效度在研究范围可接受时,问卷统计分析结果才是可靠和准确的。因而在设计问卷时一定要注重问卷的科学性与有效性,需要有效地考察问卷中所涉及的各个因素。效度分析是指考察问卷测量工具或手段是否能够准确测出所需测量的事物的程度的分析方法。本研究调查问卷多属于事实性问题,问卷结构不利于进行结构效度的测量。本研究问卷设计过程中多次召开讨论会,广泛征询同行专家意见,对问卷题项能否代表所要测量的内容或主题进行反复讨论、沟通、修改,对问卷结构进行调整,经过专家评判,问卷具有较高的表面效度。

4.2.2 调查样本的总体情况

1. 调研的地理分布情况

本次调研涉及多个区域,由表4-3可知,本次问卷的分布情况基本满足预先设定,直辖市、省会城市或首府、地级市所占比例均超过10%。县级市及其他地区略微偏低,分别为4.21%和0.14%。

表4-3 问卷的来源地区

地区	频数	百分比	有效百分比	累计百分比
直辖市	402	56.46	60.18	60.18
省会城市或首府	135	18.96	20.21	80.39
地级市	100	14.04	14.97	95.36
县级市(区县)	30	4.21	4.49	99.85
其他	1	0.14	0.15	100.00
合计	712	100.00		

注:表中数据单位为比例(%)。累计百分比以四舍五入的原始数据计算而来。

由表4-4所示,北京、天津、重庆、云南、河南、广东、黑龙江、河北、湖南、宁夏、辽宁、江苏、山东、贵州、山西、浙江等省、市、自治区发放问卷均超过10份;10份以下的省、市、自治区有吉林、陕西、上海、江西、福建、湖北、四川、内蒙古、安徽、广西、青海和新疆。

表4-4 问卷的来源省份

来源省份	频数	百分比	有效百分比	累计百分比
北京市	242	33.99	35.59	35.59
天津市	120	16.85	17.65	53.24
河北省	24	3.37	3.53	56.76
山西省	10	1.40	1.47	58.24
内蒙古自治区	1	0.14	0.15	58.38
辽宁省	15	2.11	2.21	60.59
吉林省	7	0.98	1.03	61.62
黑龙江省	25	3.51	3.68	65.29
上海市	4	0.56	0.59	65.88
江苏省	14	1.97	2.06	67.94
浙江省	10	1.40	1.47	69.41
安徽省	1	0.14	0.15	69.56
福建省	3	0.42	0.44	70.00
江西省	4	0.56	0.59	70.59
山东省	13	1.83	1.91	72.50

续表

来源省份	频数	百分比	有效百分比	累计百分比
河南省	28	3.93	4.12	76.62
湖北省	3	0.42	0.44	77.06
湖南省	22	3.09	3.24	80.29
广东省	27	3.79	3.97	84.26
广西壮族自治区	1	0.14	0.15	84.41
重庆市	33	4.63	4.85	89.26
四川省	2	0.28	0.29	89.56
贵州省	13	1.83	1.91	91.47
云南省	30	4.21	4.41	95.88
陕西省	7	0.98	1.03	96.91
青海省	1	0.14	0.15	97.06
宁夏回族自治区	19	2.67	2.79	99.85
新疆维吾尔自治区	1	0.14	0.15	100.00
缺失	32	4.49		
合计	712	100.00		

注:表中数据单位为比例(%)。累计百分比以四舍五入的原始数据计算而来。

2. 被调查者的人口学特征

本研究的调研对象是全国文化行业的工作人员和管理人员,因此被调查者的个人情况对于揭示问题有直接关系。

表4-5 被调查者的年龄分布

年龄	频数	百分比	有效百分比	累计百分比
20岁以下	2	0.28	0.28	0.28
20—29	249	34.97	34.97	35.25
30—39	228	32.02	32.02	67.28
40—49	140	19.66	19.66	86.94
50—59	87	12.22	12.22	99.16
60岁以上	4	0.56	0.56	99.72
缺省	2	0.28	0.28	100.00
合计	712	100.00	100.00	

注:表中数据单位为比例(%)。累计百分比以四舍五入的原始数据计算而来。

在年龄上的分布如表4-5所示,被调查者年龄区间依次为20岁以下、20—29、30—39、40—49、50—59和60岁以上。被调查者年龄集中于20—39这一区间,占总体的67.28%,其中20—29区间被调查者最多,占34.97%,其次是30—39年龄区间(占32.02%),这两个年龄段的工作人员正好年富力强,已经积累了多年的工作经验,他们大多为单位的业务骨干,对本单位的文化标准化情况比较了解,管理层人员年龄多集中于这一区间。

表4-6 被调查者的学历分布

学历	频数	百分比	有效百分比	累计百分比
初中及以下	4	0.56	0.56	0.56
高中/职业技术学校	23	3.23	3.23	3.79
大学/大专	442	62.08	62.08	65.87
硕士	204	28.65	28.65	94.52
博士	29	4.07	4.07	98.60
其他	2	0.28	0.28	98.88
缺省	8	1.12	1.12	100.00
合计	712	100.00	100.00	

注:表中数据单位为比例(%)。累计百分比以四舍五入的原始数据计算而来。

在学历上,由表4-6的统计结果显示,文化行业工作人员主要以大学/大专、硕士及以上学历的人构成,合计达到94.52%,人员素质较高。具体而言,被调查问卷的比例依次为本科/大专(62.08%)、硕士及以上(28.65%)、博士(4.07%)、高中/职业技术学校(3.23%)。这一学历结构能够体现出当前文化行业工作人员的整体受教育状况。一般来说,学历越高,越易于接受新事物,对文化行业的标准化建设相对更了解,也更易于接受,有利于为本研究提供更多有价值的信息。

表4-7 被调查者的职称分布

职称	频数	百分比	有效百分比	累计百分比
初级	141	19.80	19.80	19.80
中级	219	30.76	30.76	50.56
副高	124	17.42	17.42	67.98
正高级	36	5.06	5.06	73.03
其他	146	20.51	20.51	93.54
缺省	46	6.46	6.46	100.00
合计	712	100.00	100.00	

注:表中数据单位为比例(%)。累计百分比以四舍五入的原始数据计算而来。

在职称上,表4-7显示了被调查者的职称分布。其中,中级职称的人数最多,占到30.76%,其次是初级,占到19.80%,然后是副高级,占到17.42%,较少的是正高级职称。调查样本职称的分布比较平均,有利于搜集各职称层面的信息。

从样本职务分布看,如表4-8所示,本次调查职务涉及普通工作人员、中层干部、高层领导等群体。调研结果显示,职务分布呈现金字塔式,普通工作人员占59.55%,中层干部占22.19%,部门领导占9.69%。超过30%以上的中层领导参与了问卷调查,他们对文化行业标准化问题的全局把握能力较强,其中的一部分人对文化行业标准化有一定了解或参与了标准的制定。另外,普通工作人员对标准问题的理解,为项目调查提供了基层角度的理解。

表4-8 被调查者的职务分布

职务	频数	百分比	有效百分比	累计百分比
普通工作人员	424	59.55	59.55	59.55
中层干部	158	22.19	22.19	81.74
部门领导	69	9.69	9.69	91.43
其他	51	7.16	7.16	98.60
缺省	10	1.40	1.40	100.00
合计	712	100.00	100.00	

注:表中数据单位为比例(%)。累计百分比以四舍五入的原始数据计算而来。

4.2.3 文化行业标准化认识情况分析

本部分将对调研数据进行统计分析,阐释有关从业人员对当前文化行业标准化的认识情况。

1. 文化行业从业人员对文化行业标准的熟悉程度

本部分调查的目的在于了解不同文化行业人员对文化行业标准的熟悉程度,同时考察不同职务、不同学历和不同职称的从业人员对文化行业标准熟悉程度的差异。

(1)对文化行业标准熟悉程度的总体认识

对于文化行业标准的熟悉程度,会对调查结果的解释力和说服力产生较大影响。由表4-9可知,对于相关文化行业标准,绝大多数人是熟悉或十分熟悉的,这部分人占了71.63%,而不熟悉或十分不熟悉的只有66人,占9.27%,因此,对文化行业标准的普遍熟悉在一定程度上保证了本调查研究的解释力。

表4-9 文化行业标准熟悉程度的总体认识

	频数	百分比	有效百分比	累积百分比
十分熟悉	84	11.80	11.80	11.80
熟悉	426	59.83	59.83	71.63
不清楚	134	18.82	18.82	90.45
不熟悉	60	8.43	8.43	98.88
十分不熟悉	6	0.84	0.84	99.72
缺省	2	0.28	0.28	100.00
合计	712	100.00	100.00	

注:表中数据单位为:比例(%)。累计百分比以四舍五入的原始数据计算而来。

(2)不同职务对文化行业标准的熟悉程度

职务是指人们在某一职位上所应完成的工作任务和所应具备的任职资格。如果把"职位"说成是组织的"物化"表现,那么职务则是组织的"人格化"表现。在法律意义上,职务意味着获得一定的法定身份,代表国家、集体或者社会团体执行一定的事务。处于不同职务的工作人员,看问题的角度不同,由于职务的不同而导致的认识差异应该也有所区别。本部分将职务作为主要区分条件,考察不同职务的样本对文化行业标准熟悉程度的认识差异。

表4-10所示,不同职务的工作人员对行业标准熟悉程度的认识比较熟悉(熟悉和十分熟悉)的比例均高于比较不熟悉(不熟悉和十分不熟悉)的态度倾向。在比较熟悉的态度样本中,普通工作人员69.98%、中层干部75.95%、部门领导81.16%,这说明管理者对行业标准的熟悉程度水平要高于普通工作人员。但也应看到在总样本中,有18.87%的被调查者对这一问题认识持不清楚态度,体现到实践中则可能表现为所在企业或行业未使用相关标准或不是所有的从业人员都熟悉所在行业标准的情况。

表4-10 职务与行业标准熟悉程度情况

		相关行业标准熟悉程度					合计
		十分熟悉	熟悉	不清楚	不熟悉	十分不熟悉	
普通工作人员	频数	37	259	85	38	4	423
	行百分比	8.75	61.23	20.09	8.98	0.95	100.00
	总数百分比	5.21	36.48	11.97	5.35	0.56	59.58
中层干部	频数	22	98	29	9	0	158
	行百分比	13.92	62.03	18.35	5.70	0.00	100.00
	总数百分比	3.10	13.80	4.08	1.27	0.00	22.25
部门领导	频数	15	41	6	6	1	69
	行百分比	21.74	59.42	8.70	8.70	1.45	100.00
	总数百分比	2.11	5.77	0.85	0.85	0.14	9.72
其他	频数	8	23	13	5	1	50
	行百分比	16.00	46.00	26.00	10.00	2.00	100.00
	总数百分比	1.13	3.24	1.83	0.70	0.14	7.04
缺省	频数	2	5	1	2	0	10
	行百分比	20.00	50.00	10.00	20.00	0.00	100.00
	总数百分比	0.28	0.70	0.14	0.28	0.00	1.41
合计	频数	84	426	134	60	6	710
	行百分比	11.83	60.00	18.87	8.45	0.85	100.00
	总数百分比	11.83	60.00	18.87	8.45	0.85	100.00

注:表中数据单位为比例(%)。

(3)不同学历对文化行业标准的熟悉程度

受教育程度的多少在一定程度上会影响人们对新事物的敏感程度、接收程度与认识程度。为考察学历因素对行业标准熟悉程度是否有影响。

如表4-11所示,对文化行业标准熟悉程度的认识,初中及以下学历的熟悉程度虽然达到100%熟悉,但由于样本数只有4个,占总数百分比仅为0.56%,因此不具有显著统计意义;具有高中/职业技术学校学历的样本数有23个,占总数百分比为3.24%,对标准自认为十分熟悉和熟悉的比例达到 78.26%;具有大学/大专学历和硕士学历的样本数共有 645 个,占总体样本的 91%,因此本部分的统计数据具有重要统计意义,其中具有大学/大专学历的样本对标准的熟悉程度较高,认为十分熟悉和熟悉的比例达 74.83%,具有硕士学历的样本认为十分熟悉和熟悉的比例为 65.19%;博士学历的样本数占总数百分比为 4.08%,认为十分熟悉和熟悉的比例为 58.62%。可以看出,每个学历层次中对标准持十分熟悉和熟悉的比例都远远高于不清楚和不熟悉的比例,这说明标准化工作已经取得了较大进展,为多数人所熟悉,但是十分熟悉的比例依然很低,占总数百分比 11.83%,说明标准化工作需要继续深化,扩大影响。

表 4-11 学历与行业标准熟悉程度情况

		相关行业标准熟悉程度					合计
		十分熟悉	熟悉	不清楚	不熟悉	十分不熟悉	
初中及以下	频数	0	4	0	0	0	4
	行百分比	0.00	100.00	0.00	0.00	0.00	100.00
	总数百分比	0.00	0.56	0.00	0.00	0.00	0.56
高中/职业技术学校	频数	1	17	4	1	0	23
	行百分比	4.35	73.91	17.39	4.35	0.00	100.00
	总数百分比	0.14	2.39	0.56	0.14	0.00	3.24
大学/大专	频数	63	267	71	34	6	441
	行百分比	14.29	60.54	16.10	7.71	1.36	100.00
	总数百分比	8.87	37.61	10.00	4.79	0.85	62.11
硕士	频数	15	118	50	21	0	204
	行百分比	7.35	57.84	24.51	10.29	0.00	100.00
	总数百分比	2.11	16.62	7.04	2.96	0.00	28.73
博士	频数	4	13	8	4	0	29
	行百分比	13.79	44.83	27.59	13.79	0.00	100.00
	总数百分比	0.56	1.83	1.13	0.56	0.00	4.08
其他	频数	0	1	1	0	0	2
	行百分比	0.00	50.00	50.00	0.00	0.00	100.00
	总数百分比	0.00	0.14	0.14	0.00	0.00	0.28
缺省	频数	1	6	0	0	0	7
	行百分比	14.29	85.71	0.00	0.00	0.00	100.00
	总数百分比	0.14	0.85	0.00	0.00	0.00	0.99
合计	频数	84	426	134	60	6	710
	行百分比	11.83	60.00	18.87	8.45	0.85	100.00
	总数百分比	11.83	60.00	18.87	8.45	0.85	100.00

注:表中数据单位为比例(%)。

（4）不同职称对文化行业标准的熟悉程度

表 4－12 所示,不同职称的工作人员对行业标准熟悉程度的认识比较熟悉(熟悉和十分熟悉)的比例均高于比较不熟悉(不熟悉和十分不熟悉)的态度倾向。在比较熟悉的态度样本中,初级职称占 73.57%、中级职称 67.58%、副高级职称 78.23%、正高级职称 86.11%,这说明高级职称人员(副高级和正高级)对行业标准的熟悉程度水平要高于其他人员(初级职称和中级职称)。

表 4－12　职称与行业标准熟悉程度情况

		相关行业标准熟悉程度					合计
		十分熟悉	熟悉	不清楚	不熟悉	十分不熟悉	
初级	频数	10	93	27	8	2	140
	行百分比	7.14	66.43	19.29	5.71	1.43	100.00
	总数百分比	1.41	13.10	3.80	1.13	0.28	19.72
中级	频数	21	127	46	24	1	219
	行百分比	9.59	57.99	21.00	10.96	0.46	100.00
	总数百分比	2.96	17.89	6.48	3.38	0.14	30.85
副高	频数	18	79	17	10	0	124
	行百分比	14.52	63.71	13.71	8.06	0.00	100.00
	总数百分比	2.54	11.13	2.39	1.41	0.00	17.47
正高级	频数	10	21	3	2	0	36
	行百分比	27.78	58.33	8.33	5.56	0.00	100.00
	总数百分比	1.41	2.96	0.42	0.28	0.00	5.07
其他	频数	18	76	33	15	3	145
	行百分比	12.41	52.41	22.76	10.34	2.08	100.00
	总数百分比	2.54	10.70	4.65	2.11	0.42	20.42
缺省	频数	7	30	8	1	0	46
	行百分比	15.22	65.22	17.39	2.17	0.00	100.00
	总数百分比	0.99	4.23	1.13	0.14	0.00	6.49
合计	频数	84	426	134	60	6	710
	行百分比	11.83	60.00	18.87	8.45	0.85	100.00
	总数百分比	11.83	60.00	18.87	8.45	0.85	100.00

注:表中数据单位为比例(%)。

不同职称的人,对文化行业标准十分熟悉或熟悉的人数,占总数的 70% 以上,不清楚的占 18.87%,而不熟悉或十分不熟悉的仅占 9.30%。由图 4－1 可见,各职称分布比重与整体分布相类似,熟悉和十分熟悉的人群占了绝大比重。

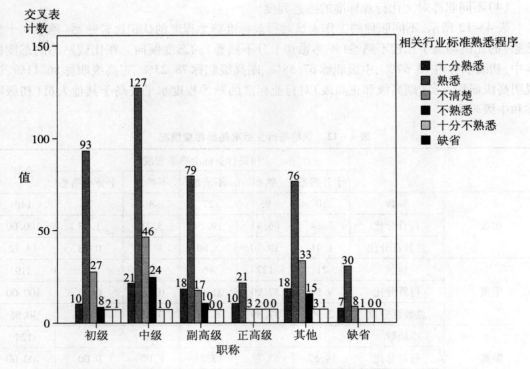

图 4 – 1　职称与相关行业标准熟悉程度交叉分析

2. 文化行业标准化建设的必要性分析

（1）文化行业标准化建设必要性的总体认识

不同文化行业的状况不同,因此调查制定文化行业标准的必要性可以了解不同行业从业人员的态度。由表 4 – 13 可知,对于制定文化行业标准的必要性,绝大多数人认为是十分有必要的(有必要和非常有必要),这部分人占了 91.99%,而认为没有必要(没必要和非常没不要)的在只有 10 人,占 1.40%,因此,绝大多数的被调查者均持赞成的态度。

表 4 – 13　制定文化行业标准的必要性

	频率	百分比	有效百分比	累积百分比
非常有必要	260	36.52	36.52	36.52
有必要	395	55.48	55.48	91.99
不清楚	45	6.32	6.32	98.31
没必要	7	0.98	0.98	99.30
非常没必要	3	0.42	0.42	99.72
缺省	2	0.28	0.28	100.00
合计	712	100.00	100.00	

注:表中数据单位为:比例(%)。累计百分比以四舍五入的原始数据计算而来。

（2）不同职务对制定文化行业标准必要性认识的差异

表 4－14 所示,不同职务的人所持赞同态度,认为必要的（有必要和非常有必要）的总体趋势保持一致。具体而言,普通工作人员占 90.09%、中层干部 95.57%、部门领导 97.10%,可见管理层的更重视文化行业标准的制定。

表 4－14　职务与制定文化行业标准必要性

		制定文化行业标准必要性						总计
		非常有必要	有必要	不清楚	没必要	非常没必要	缺省值	
普通工作人员	频数	141	241	35	5	1	1	424
	行百分比	33.25	56.84	8.25	1.18	0.24	0.24	100.00
	总数百分比	19.80	33.85	4.92	0.70	0.14	0.14	59.55
中层干部	频数	65	86	6	1	0	0	158
	行百分比	41.14	54.43	3.80	0.63	0.00	0.00	100.00
	总数百分比	9.13	12.08	0.84	0.14	0.00	0.00	22.19
部门领导	频数	36	31	1	0	0	1	69
	行百分比	52.17	44.93	1.45	0.00	0.00	1.45	100.00
	总数百分比	5.06	4.35	0.14	0.00	0.00	0.14	9.69
其他	频数	14	33	1	1	2	0	51
	行百分比	27.45	64.71	1.96	1.96	3.92	0.00	100.00
	总数百分比	1.97	4.63	0.14	0.14	0.28	0.00	7.16
缺省值	频数	4	4	2	0	0	0	10
	行百分比	40.00	40.00	20.00	0.00	0.00	0.00	100.00
	总数百分比	0.56	0.56	0.28	0.00	0.00	0.00	1.40
总计	频数	260	395	45	7	3	2	712
	行百分比	36.52	55.48	6.32	0.98	0.42	0.28	100.00
	总数百分比	36.52	55.48	6.32	0.98	0.42	0.28	100.00

注:表中数据单位为比例（%）。

（3）不同学历对制定文化行业标准必要性认识的差异

表 4－15 所示,关于制定文化行业标准必要性中,初中及以下学历认为必要的（有必要和非常有必要）,为 75.00%;高中/职业技术学校学历的样本比例达到 95.65%,大学/大专学历比例达 90.37%,硕士学历的比例为 95.10%,博士学历的比例为 93.10%。可以看出,对制定标准的必要性方面,高中以上学历的人群中多数的态度均保持一致。通过上述数据分析,可以看出学历对制定行业标准必要性的影响不大。

表 4 - 15　学历与制定文化行业标准必要性

		制定文化行业标准必要性						总计
		非常有必要	有必要	不清楚	没必要	非常没必要	缺省值	
初中及以下	频数	1	2	1	0	0	0	4
	行百分比	25.00	50.00	25.00	0.00	0.00	0.00	100.00
	总数百分比	0.14	0.28	0.14	0.00	0.00	0.00	0.56
高中/职业技术学校	频数	5	17	1	0	0	0	23
	行百分比	21.74	73.91	4.35	0.00	0.00	0.00	100.00
	总数百分比	0.70	2.39	0.14	0.00	0.00	0.00	3.23
大学/大专	频数	149	250	32	7	3	1	442
	行百分比	33.71	56.56	7.24	1.58	0.68	0.23	100.00
	总数百分比	20.93	35.11	4.49	0.98	0.42	0.14	62.08
硕士	频数	89	105	9	0	0	1	204
	行百分比	43.63	51.47	4.41	0.00	0.00	0.49	100.00
	总数百分比	12.50	14.75	1.26	0.00	0.00	0.14	28.65
博士	频数	12	15	2	0	0	0	29
	行百分比	41.38	51.72	6.90	0.00	0.00	0.00	100.00
	总数百分比	1.69	2.11	0.28	0.00	0.00	0.00	4.07
其他	频数	0	2	0	0	0	0	2
	行百分比	0.00	100.00	0.00	0.00	0.00	0.00	100.00
	总数百分比	0.00	0.28	0.00	0.00	0.00	0.00	0.28
缺省	频数	4	4	0	0	0	0	8
	行百分比	50.00	50.00	0.00	0.00	0.00	0.00	100.00
	总数百分比	0.56	0.56	0.00	0.00	0.00	0.00	1.12
总计	频数	260	395	45	7	3	2	712
	行百分比	36.52	55.48	6.32	0.98	0.42	0.28	100.00
	总数百分比	36.52	55.48	6.32	0.98	0.42	0.28	100.00

注:表中数据单位为比例(%)。

(4)不同职称对制定文化行业标准必要性认识的差异

表 4 - 16 所示,不同职称的工作人员赞成有必要制定行业标准(有必要非常有必要)的比例均高于否定倾向(没必要和非常没必要)的比例。在持赞成态度的样本中,初级职称占 88.65%、中级职称 91.32%、副高级职称 94.35%、正高级职称 100.00%,这说明高级职称人员(副高级和正高级)较其他人员(初级职称和中级职称)更加重视文化行业标准的制定。

表 4 - 16　职称与制定文化行业标准必要性

		制定文化行业标准必要性						总计
		非常有必要	有必要	不清楚	没必要	非常没必要	缺省值	
初级	频数	45	80	14	0	1	1	141
	行百分比	31.91	56.74	9.93	0.00	0.71	0.71	100.00
	总数百分比	6.32	11.24	1.97	0.00	0.14	0.14	19.80
中级	频数	79	121	16	2	0	1	219
	行百分比	36.07	55.25	7.31	0.91	0.00	0.46	100.00
	总数百分比	11.10	16.99	2.25	0.28	0.00	0.14	30.76
副高	频数	61	56	6	1	0	0	124
	行百分比	49.19	45.16	4.84	0.81	0.00	0.00	100.00
	总数百分比	8.57	7.87	0.84	0.14	0.00	0.00	17.42
正高级	频数	18	18	0	0	0	0	36
	行百分比	50.00	50.00	0.00	0.00	0.00	0.00	100.00
	总数百分比	2.53	2.53	0.00	0.00	0.00	0.00	5.06
其他	频数	44	89	8	3	2	0	146
	行百分比	30.14	60.96	5.48	2.05	1.37	0.00	100.00
	总数百分比	6.18	12.50	1.12	0.42	0.28	0.00	20.51
缺省	频数	13	31	1	1	0	0	46
	行百分比	28.26	67.39	2.17	2.17	0.00	0.00	100.00
	总数百分比	1.83	4.35	0.14	0.14	0.00	0.00	6.46
合计	频数	260	395	45	7	3	2	712
	行百分比	36.52	55.48	6.32	0.98	0.42	0.28	100.00
	总数百分比	36.52	55.48	6.32	0.98	0.42	0.28	100.00

注:表中数据单位为比例(%)。

3. 所在单位执行或使用行业标准的现状

(1)总体情况

本次调研了文化行业从业人员所在单位执行或使用相关行业标准的现状,调查结果显示,78.23%的从业人员所在单位至今执行或已经使用过相关行业标准,然而仍有19.94%的单位至今没有执行或使用过行业标准,见表 4 - 17。因此,相关行业标准的制定是十分必要的任务。

表4-17 所在单位执行或使用行业标准的现状

	频数	百分比	有效百分比	累计百分比
至今执行或使用过行业标准	557	78.23	79.69	78.23
至今没有执行或使用过行业标准	142	19.94	20.31	98.17
缺省	13	1.83	1.86	100.00
合计	712	100.00	100.00	

注:表中数据单位为比例(%)。累计百分比以四舍五入的原始数据计算而来。

(2)未执行或使用过行业标准对单位或部门工作的影响

在未执行或使用过行业标准的142个单位或部门中,认为对单位或部门工作没有影响的占35.21%,认为对单位或部门有影响的占64.79%,其中认为有很大影响的占9.86%,见表4-18。可见,相关文化行业标准的制定迫在眉睫。

表4-18 未执行或使用过行业标准对单位或部门工作的影响

题项	频率	百分比	有效百分比	累积百分比
对单位或部门工作没有影响	50	35.21	35.21	35.21
对单位或部门有一定影响	78	54.93	54.93	90.14
对单位或部门有很大影响	14	9.86	9.86	100.00
合计	142	100.00	100.00	

注:表中数据单位为比例(%)。累计百分比以四舍五入的原始数据计算而来。

(3)使用过行业标准的效果

在使用过行业标准的557份样本中,严格实施的占62.30%,其中效果很好超过一半以上,占54.76%;因种种原因未彻底执行的占37.70%,见表4-19。可见,有关行业标准的实施也急需相关政策加以监管。

表4-19 使用过行业标准的效果

题项	频率	百分比	有效百分比	累积百分比
但因种种原因未彻底执行	210	37.70	37.70	36.97
严格实施,效果很好	305	54.76	54.76	92.46
严格实施,但无明显效果	42	7.54	7.54	100.00
合计	557	100.00	100.00	

注:表中数据单位为比例(%)。累计百分比以四舍五入的原始数据计算而来。

4.2.4 文化行业标准化重点领域与优先事项调查分析

对于文化行业标准化的重点领域的调查,除去7份缺省问卷之外,共获得705份有效问卷,具体情况如表4-20所示:

表 4 – 20　文化行业标准化的重点领域

		响应		个案百分比
		频率	百分比	
重点领域	文艺服务	161	8.84	22.61
	文化保护与保存	484	26.58	67.98
	公共文化	429	23.59	60.25
	娱乐休闲	133	7.30	18.68
	文化经营	277	15.21	38.90
	文化管理	337	18.51	47.33
总计		1821	100.00	255.76

由表 4 – 20 可知,在所列出的 6 个领域中,文化保护与保存、公共文化服务和文化管理三个领域,分别占有较大比重,是文化行业工作人员认为需要重点考虑的领域。

对于需要优先制定的标准,课题组根据文化行业标准体系的六个子体系的相关内容,列举了 27 个细分领域,问卷调查结果如表 4 – 21 所示:

表 4 – 21　需要优先制定的文化行业标准

		响应		个案百分比
		频率	百分比	
需优先制定标准	文艺创作	223	4.11	31.32
	文艺表演	160	2.95	22.47
	文艺培训	262	4.82	36.80
	文物及文化遗产保护	573	10.55	80.48
	博物馆	184	3.39	25.84
	烈士陵园与纪念馆	74	1.36	10.39
	图书馆	443	8.16	62.22
	档案馆	237	4.36	33.29
	文化馆	180	3.31	25.28
	群艺馆	94	1.73	13.20
	文化研究与文化社团	129	2.37	18.12
	群众文化活动	132	2.43	18.54
	娱乐服务与活动	233	4.29	32.72
	娱乐场所	229	4.22	32.16
	休闲娱乐	79	1.45	11.10
	网络娱乐	221	4.07	31.04
	文化公司	208	3.83	29.21
	文化产品经纪代理	129	2.37	18.12
	文化产品出租与拍卖	170	3.13	23.88

续表

		响应		个案百分比
		频率	百分比	
需优先制定标准	文化产品生产与销售	192	3.53	26.97
	文化活动组织与策划	131	2.41	18.40
	文化活动开发与交流	117	2.15	16.43
	文化市场管理	329	6.06	46.21
	文化活动咨询与管理	134	2.47	18.82
	文物产品与文化活动审核	210	3.87	29.49
	文化设施与产品管理	146	2.69	20.51
	文化信息管理	213	3.92	29.92
总计		5432	100.00	762.92

由表4－21可见,在27个选项中,位列前五位的分别为:文物及文化遗产保护(10.55%);图书馆(8.16%);文化市场管理(6.06%);文艺培训(4.82%);档案馆(4.36%)。此项调查结果与文化行业标准重点领域的调查结果也相吻合,以上5个选项除文艺培训之外,全部来自文化保护与保存、公共文化服务和文化管理三个需要重点考虑的领域。其中,文物及文化遗产保护的相关标准,成为最为迫切需要优先制定的标准。

4.2.5 文化行业标准化相关意见调查分析

本次问卷就文化行业标准化的相关意见进行了调查,涉及文化行业标准指南、标准的适用年限、制定行业标准时须考虑的因素和文化行业标准制定的主体。

1. 文化行业标准指南

关于制定文化行业标准编制指南的需求,见表4－22,认为需要制定指南的占85.81%,不清楚和认为不需要的分别占9.55%和4.49%。多数人认为需要制定文化行业标准编制指南来辅助标准的制定。

表4－22 制定文化行业标准编制指南的需求

题项	频率	百分比	有效百分比	累积百分比
需要	611	85.81	85.81	85.81
不清楚	68	9.55	9.55	95.37
不需要	32	4.49	4.49	99.86
缺省	1	0.14	0.14	100.00
合计	712	100.00	100.00	

此外,本研究就编制指南成立委员会的必要性进行了调查,结果如表4－23所示,持赞成态度(有必要和非常有必要)的占81.46%,不清楚和否定态度(没必要和非常没必要)的分别占10.25%和7.58%。多数别调查者持赞成态度,认为有必要或非常有必要成立专门性的工作委员会来编制标准指南。

表 4 – 23   成立专门性工作委员会编制标准指南的必要性

题项	频率	百分比	有效百分比	累积百分比
非常有必要	216	30.34	30.34	30.34
有必要	364	51.12	51.12	81.46
不清楚	73	10.25	10.25	91.71
没必要	46	6.46	6.46	98.17
非常没必要	8	1.12	1.12	99.30
缺省	5	0.70	0.70	100.00
合计	712	100.00	100.00	

2. 标准的适用年限

对于标准的使用年限,有将近一半的意见认为 4—5 年为宜,还有 25.84% 的意见认为 2—3 年为宜,只有 6.46% 的意见认为行业标准的适用年限可以 10 年以上。具体情况如表 4 – 24 所示。

表 4 – 24   行业标准的适用年限

题项	频率	百分比	有效百分比	累积百分比
2 年以下	36	5.06	5.06	5.06
2—3 年	184	25.84	25.84	30.90
4—5 年	347	48.74	48.74	79.63
6—10 年	93	13.06	13.06	92.70
10 年以上	46	6.46	6.46	99.16
缺省	6	0.84	0.84	100.00
合计	712	100.00	100.00	

3. 制定行业标准时须考虑的因素

对于各行业制定行业标准时需要考虑的因素,标准的可实施性成为突出因素,占比达到 41.02%,而其他三项因素所占比重较为平均,标准的强制性、标准的解释性和标准的可扩展性的占比分别是 20.13%、19.62% 和 19.24%。具体如表 4 – 25 所示。

表 4 – 25   制定行业标准时须考虑的因素

		响应		个案百分比
		频率	百分比	
考虑因素	标准的解释性	308	19.62	43.26
	标准的强制性	316	20.13	44.38
	标准的可实施性	644	41.02	90.45
	标准的可扩展性	302	19.24	42.42
总计		1570	100.0%	220.51

4. 文化行业标准制定的主体

对于制定标准的主体机构,选择外部机构和文化行业相关部门联合制定的占45.79%,其次是选择行业相关部门来制定,占34.41%,选择"聘请外部机构"和"由上级主管部门制定"的都只有5.90%。另外,选择由其他机构来制定的有12人,占样本总体的1.69%,这些意见主要包括:"由上级主管部门和行业相关部门联合制定;或参考国外成熟经验多部门联合制定;还有人提出走基层最重要,听取行业内专家、从业人员的意见等",为文化行业相关标准的制定提供了有价值的意见参考。详细情况如表4-26所示。

表4-26 我国制定行业标准的机构

题项	频率	百分比	有效百分比	累积百分比
聘请外部机构	42	5.90	5.90	5.90
行业相关部门制定	245	34.41	34.41	40.31
上级主管部门制定	42	5.90	5.90	46.21
外部机构和文化行业相关部门联合制定	326	45.79	45.79	91.99
其他(请注明)	12	1.69	1.69	93.68
缺省	45	6.32	6.32	100.00
合计	712	100.00	100.00	

4.3 文本分析

4.3.1 文化行业标准化重点领域的相关文本分析

与文化行业标准化工作息息相关的政策文本,是重点领域分析的重要方面之一,文本中的相关内容,体现了国家在这一领域的总体指向和发展方针,这应该是文化行业标准化重点领域分析的背景和前提,只有建立在上述文本分析的基础上,所确立出来的重点领域才不会过多地偏离国家政策的宏观方向,同时也能够得到相关政策的有效支持。

《中国共产党第十八次全国代表大会报告》中提到:"社会主义核心价值体系建设深入开展,文化体制改革全面推进,公共文化服务体系建设取得重大进展,文化产业快速发展,文化创作生产更加繁荣,人民精神文化生活更加丰富多彩。文化产品更加丰富,公共文化服务体系基本建成,文化产业成为国民经济支柱性产业,中华文化走出去迈出更大步伐,社会主义文化强国建设基础更加坚实;增强文化整体实力和竞争力。文化实力和竞争力是国家富强、民族振兴的重要标志。要坚持把社会效益放在首位、社会效益和经济效益相统一,推动文化事业全面繁荣、文化产业快速发展。发展哲学社会科学、新闻出版、广播影视、文学艺术事业。加强重大公共文化工程和文化项目建设,完善公共文化服务体系,提高服务效能。促进文化和科技融合,发展新型文化业态,提高文化产业规模化、集约化、专业化水平。构建和发展现代传播体系,提高传播能力。增强国有公益性文化单位活力,完善经营性文化单位法人治理结构,繁荣文化市场。扩大文化领域对外开放,积极吸收借鉴国外优秀文化成果。营造有利于高素质文化人才大量涌现、健康成长的良好环境,造就一批名家大师和民族文化代表人物,表彰有杰出贡献的文化工作者。"通过对上述文本的分析我们可以判断该文本中文化领域的重点主要集中在文化产业、文化创作、文化市场、公共文化以及民族文化这几个方面。

《中共中央关于深化文化体制改革推动社会主义文化大发展大繁荣若干重大问题的决定》中指出:"坚持为人民服务、为社会主义服务的方向和百花齐放、百家争鸣的方针,发扬广大人民群众和文化工作者的创造精神,推动优秀文化产品大量涌现,丰富了人民精神文化生活;坚持推进文化体制改革,创新文化发展理念,解放和发展文化生产力,推动文化事业全面繁荣、文化产业健康发展,大幅度提高了人民基本文化权益保障水平,大幅度提高了文化在经济社会发展中的地位和作用;坚持发展多层次、宽领域对外文化交流格局,借鉴吸收人类优秀文明成果,实施文化走出去战略,不断增强中华文化国际影响力,向世界展示了我国改革开放的崭新形象和我国人民昂扬向上的精神风貌。舆论引导能力需要提高,网络建设和管理亟待加强和改进;有影响的精品力作还不够多,文化产品创作生产引导力度需要加大;公共文化服务体系不健全,城乡、区域文化发展不平衡;文化产业规模不大、结构不合理,束缚文化生产力发展的体制机制问题尚未根本解决;文化走出去较为薄弱,中华文化国际影响力需要进一步增强;文化人才队伍建设急需加强。推进文化改革发展,必须抓紧解决这些矛盾和问题。"通过对上述文本的分析我们可以判断该文本中文化领域的重点主要集中在文化产业、文化创作、公共文化以及民族文化这几个方面。

《标准化事业发展"十二五"规划》中提到:"紧贴经济社会发展战略任务和重大需求,突出优先主题和重点领域,着力推进战略性新兴产业、现代农业、社会管理与公共服务标准化。加强强制性标准管理,着力提高强制性标准权威性和严肃性。实质参与国际标准化活动,着力推动我国特色优势领域技术和标准的国际化进程,争取国际标准化工作新突破和竞争新优势。满足经济社会发展需求的标准体系基本健全,在重点领域形成一批重要标准。标准体系结构进一步优化,第二产业标准适应制造业改造提升和战略性新兴产业发展要求,第一、三产业及社会管理、公共服务、资源节约、环境保护标准所占比例明显提高,强制性标准与推荐性标准、国家标准与行业及地方标准之间的协调性进一步增强,联盟标准化有序发展。扩大生活性服务标准的覆盖范围,加快商贸、旅游、居民、文化产业、体育产业等领域服务标准的制修订。选择一批重点服务行业开展标准化试点,增强生活性服务标准的实施效果,不断满足人民群众提高生活水平的新期待与丰富服务供给多样化的新需求。按照创新社会管理,推进基本公共服务均等化的要求,大力开展公共教育、就业服务、社会保险、基本社会服务、公共医疗卫生、人口计生、公共基础设施管理与服务、公共文化、公共交通、公共安全以及社会公益科技服务等领域的标准研究,制修订 800 项与人民生活密切相关的服务安全和质量标准,建立社会管理和公共服务标准体系。"通过对上述文本的分析我们可以判断该文本中文化领域的重点主要集中在文化产业、公共文化以及新兴产业这几个方面。

《文化标准化中长期发展规划(2007—2020)》指出:"在 2020 年之前,基本完成文化标准化基础研究,推出一批文化标准化基础理论研究成果;全面推进文化标准体系研究,形成涉及文化领域安全、环保、质量、工艺、功能、技术、检验检测、资质、等级评定、保护消费者权益的标准体系;建立较为完善的图书馆、博物馆、文化馆、美术馆、演出场所、社会艺术教育、社区文化设施、文化娱乐场所、网络文化、动漫游戏、乐器、工艺美术等文化行业分类标准;出版发行《文化行业标准编制导则》、《文化艺术分类标准》、《文化标准体系》等系列的行业基础标准。加强公共文化服务体系的标准化建设。加强公共文化体系服务标准的制定实施，努力改善公共文化服务体系的社会服务功能和社会效益。制定实施以服务为核心，以群众满意度为基本准则的公共文化服务标准，推动全国公共文化服务体系的规范化服务。制（修）订公共文化体系的建设标准、建筑设计规范、文化设施价值评价体系等一系列的文化行业标准。鼓励和扶持区域性公共文化服务体系的规范化、标准化建设，促进基层文化事业发展。编制文化领域急需标准。制定《文化服务术语》、《公共文化服务体系分类标准》、《文化设施分类标准》、《文化设施通用术语》、《文化信息系统标准》、《文化内容数据库核心元数据》等标准。研究和制定文化资源数字化等涉及文化资源安全的技术标准和管理标准；研究和制定关于抢救和保护物质的、非物质的文化遗产管理技术规范。"通过对上述文本的分析我们可以判断该文本中文化领域的重点主要集中在文化艺术、文化安全、文化产业、公共文化以及文化保护这几个方面。

《文化部政府信息公开工作2012年度报告》提出："中国政府公开信息整合服务平台作为数字图书馆推广工程第一个向全国推广使用的软件平台，在2011年中国图书馆年会上正式发布上线，2012年9月文化部发布了《关于加快实施数字图书馆推广工程的意见》，将服务平台确定为省级公共图书馆必备软件平台。在2011年建设的10个分站的基础上，新建了12个省级分站。2012年，共接到涉及文化政策法规、历史文化遗产保护、文化市场管理、社会团体管理、文化设施建设经费、部领导工资收入以及部人均办公经费、编制、干部任免情况、行政应诉情况、召开听证会、集中采购等内容的信息公开申请20件，皆为有效申请。深入贯彻落实《关于加快实施数字图书馆推广工程的意见》要求，在已有的22个分站的基础上，争取完成其他省（市、区）分站建设。"通过对上述文本的分析我们可以判断该文本中文化领域的重点主要集中在公共文化和文化保护这两个方面。

《文化科技创新重点工作解读》提出："实施国家文化创新工程，全面推动包括文化科技创新在内的文化创新，推动创新成果在公共文化服务、文化产业、文化资源保护、舞台演艺等领域的运用和推广。实施国家文化科技提升计划，推动传统艺术与现代技术相互融合。认真做好标准化工作。加强标准化人才建设，举办文化行业标准化工作培训班；制定《文化部标准化管理办法》，理清国家标准、文化行业标准申报程序及相关管理工作；以《全国剧场服务质量评估体系标准》、《临时搭建舞台标准》制定工作为重点，加强标准制修订工作。拟以项目为依托，借助高校、科研院所的力量，分别开展新技术的创新、开发以及新技术成果的集成、应用和推广工作，积极扶持、推广涉及文化民生、公共文化服务等领域的科技创新项目，从而实现科技创新对文化的全面支撑作用。"通过对上述文本的分析我们可以判断该文本中文化领域的重点主要集中在文化艺术、文化产业、公共文化以及文化保护这几个方面。

《近几年我国文化投入情况及对策建议》中指出："乡镇综合文化站设施建设资金39.48亿元，重点支持2.67万个乡镇综合文化站建设；乡镇文化站内容建设专项资金11.62亿元，为中西部22个省（区、市）已建成且达标的17 227个乡镇文化站购置了基本业务设备和共享工程设备；全国文化信息资源共享工程26.84亿元，在全国基本建成了以数字资源建设为核心，多种传播方式为手段，资源丰富、覆盖城乡的数字文化服务体系；国家非物质文化遗产保护补助地方专项资金7.18亿元，主要用于加强非物质遗产普查、推动国家级非遗名录项目保护、开展传承人资助和文化生态保护区建设等。文化投入结构有所改善。一是文化事业费进一步向西部地区倾斜。2010年，西部地区文化事业费85.78亿元，占全国的26.6%，对比 2005 年提高了 5.6 个百分点。二是文化事业费进一步向基层倾斜。2010 年,县及县以下文化机构文化事业费 116.41 亿元,占 36%,对比 2005 年提高了 9.3 个百分点。三是文化事业费进一步向群众文化倾斜。2010 年,群众文化机构文化事业费 80.39 亿元,占 24.9%,对比 2005 年提高了 4.1 个百分点。四是对文化产业的投入从无到有。为支持文化产业发展,国家自 2009 年设立了文化产业发展专项资金,两年间共安排资金 40 亿元。按照健全中央和地方财力与事权相匹配的财政体制的要求,合理界定中央与地方的事权和支出责任,确定了建立中央地方财政共担的文化经费保障机制的思路。这种思路在今年初实施的公共图书馆、文化馆(站)、美术馆免费开放工作中率先进行了尝试。2010 年年底,全国共有公共图书馆 2884 个,文化馆(含群众艺术馆)3264 个,乡镇(街道)文化站 40 118 个,基本实现了公共文化服务体系全覆盖;文化信息资源数字资源量达到 108TB,基本实现'村村通'。'十一五'期间,全国文化产业年均增长速度在 15% 以上,比同期 GDP 增速高 6 个百分点,保持了高速增长的势头。动漫、网络游戏、网络音乐等新兴文化产业迅速崛起,文化产业整体实力和核心竞争力不断增强。文物保护基础工作进一步加强,博物馆建设成效卓著,文物保护机构逐步健全。2010 年年底,全国文物机构 5207 个,比 2005 年增加了 1177 个,文物藏品 2864 万件,比 2005 年增长了 24.3%;初步建立了符合我国国情的非物质文化遗产保护制度,国家、省、市、县四级名录体系初步建立。截至 2011 年上半年,全国共有国家级非物质遗产名录 1028 个,国家级代表性传承人 1488 人。2010 年全国 6864 家艺术表演团体原创节目 1443 个,演出 137 万场,国内观众 88 456 万人次,实现演出收入 342 696 万元。对外文化贸易不断增多,海外文化阵地建设稳步推进(在德国柏林、日本东京、蒙古乌兰巴托、俄罗斯莫斯科等地建成 4 个文化中心),中华文化在港澳台地区的影响不断增强。"通过对上述文本的分析我们可以判断该文本中文化领域的重点主要集中在文化产业、公共文化以及文化保护这几个方面。

《如何增强文化整体实力和竞争力》一文中提到:"必须坚持公益性、基本性、均等性、便利性的原则,以公共财政为支撑,以公益性文化事业单位为骨干,以全体人民为服务对象,鼓励全社会积极参与,健全公共文化服务网络,大力发展公益性文化事业,切实保障人民群众看电视、听广播、读书看报、进行公共文化鉴赏、参与公共文化活动等基本文化权益。推动文化产业快速发展。经营性文化产业是满足人民多层次、多方面、多样化精神文化需求的重要途径,是充分发挥市场在文化资源配置中的积极作用,激发全社会文化创造活力的必然要求。扩大文化领域对外开放。每一个国家和民族的文化都有自己的优势和长处,不同文化之间的相互学习和借鉴是文化发展的必要条件。"通过对上述文本的分析我们可以判断该文本中文化领域的重点主要集中在文化产业、公共文化这两个方面。

文化部办公厅关于印发《文化部"十二五"文化科技发展规划》的通知中指出:"集中力量,优选主题,突破一批具有全局性、战略性关键共性技术,研发一批具有自主知识产权和市场竞争力的战略产品,提高公共文化服务能力,支撑文化产业发展。'十二五'文化科技发展的总体目标是:文化科技创新体系基本完备,自主创新能力大幅提升,科技竞争力显著增强,文化重点领域核心关键技术取得突破性进展,文化行业标准化体系相对完善,文化科技基础环境条件得到改善,科技资源与文化资源的共享明显增强,文化与科技融合在深度和广度上取得实质性推进,有力支撑和引领文化事业和文化产业的发展。加快文化资源特别是文化信息资源的标准化研发与实施进程,促进文化资源整合和共享。重点研究制定文化艺术、动漫游戏、网络文化等重点行业技术和服务标准规范,引导行业健康发展。推动文化资源数字化、信息化和网络化进程;创新面向全社会的文化资源公益服务与商业应用的并行互惠经营模式;针对各类文化遗产保护传承和各类艺术表现形式资源积累的需求,利用高新技术建立起文化基础资源的信息采集、转换、记录、保存的应用技术体系;利用高新技术提升对传统介质资源保护的技术手段;建立各类文化基础资源信息数据库;开展针对各类文化基础资源数字化应用的关键技术研究;利用现代信息处理技术形成标准化、可共享的数字文化资源体系;为中华文明在数字化条件下的传承与创新发展奠定坚实的资源基础。综合利用高新技术,创新各类文化内容和艺术的表现形式和表现手段;丰富文化艺术创作的体裁与手段;增强文化艺术产品的表现力、感染力与时代感;增强动漫与游戏等电子娱乐体验的设计与制作技术;催生新的文化产品科技化形态;开展针对提升文艺作品创作、创意协同、内容编排、活动策划、艺术表现、受众互动和展演展映展播展览等效能的关键技术研究;开展针对版权保护及协同化服务的集成技术研究。综合利用现代高新技术扩大公共文化服务的有效覆盖与服务效率;统筹推进公共数字文化建设与服务,推进数字文化信息资源共享;支持重点文化产业围绕传播与服务形成系统性、集成性技术解决方案;推进针对互联网传播秩序、新兴媒体传播、文艺演出院线、网络内容生产和服务的新技术新业务的集成应用与集成创新;开展现代文化市场体系构建与技术监管所需的新技术开发与集成应用;利用信息技术构建与扩展文化遗产、对外文化交流、知识产权保护、文化贸易等领域传承传播服务的新途径与新渠道,增强国际竞争力。加快发展文化装备制造业,以先进技术支撑文化装备、软件、系统研制和自主发展。提高演艺业、娱乐业、动漫业、游戏业、文化旅游业、艺术品业、工艺美术业、文化会展业、创意设计业、网络文化业、数字文化服务业等重点产业的技术装备水平与系统软件国产化水平;发展面向公共文化服务与传播渠道建设的文化资源处理装备、展演展映展播展览装备和流动服务装备与系统平台;研发面向网络文化的内容制作、传输、消费和监管的模块化单元产品等重大关键技术,提升数字文化技术装备水平;攻克演艺装备数控系统、功能设备的核心关键技术,实现演艺灯光、音响、舞台机械与数控系统的协同发展与统筹部署,打造完整演艺装备产业链,大幅提高我国演艺装备产业的国际竞争力;开发工艺品与工艺美术辅助设计、舞台虚拟创作与演出彩排、数字内容生产等重大系统平台;推进各类技术创新服务平台建设,推动平台运行服务。"通过对上述文本的分析我们可以判断该文本中文化领域的重点主要集中在文化艺术、文化产业、公共文化以及文化保护这几个方面。

文化部关于印发《文化部"十二五"时期文化改革发展规划》的通知中明确指出:"要在'十二五'期间推出 100 部以上深受人民群众喜爱、久演不衰的优秀保留剧目和精品剧目,保护和扶持 60 个左右全国重点地方戏曲院团,扶持创作 60 台左右优秀地方戏剧目,30 台左右优秀京剧剧目,挖掘整理改编 20 台左右优秀昆曲剧目,重点扶持 20 台左右交响乐、15 台左右歌剧(音乐剧)、10 台左右舞剧(芭蕾舞剧),扶持 10 个左右全国重点美术馆。到'十二五'期末,全国 60% 以上图书馆达到部颁三级以上评估标准,全国 60% 以上省市群艺馆、文化馆达到部颁三级以上评估标准。基本实现全国所有地市级城市均有设施达标、布局合理、功能完善的公共图书馆、文化馆。到'十二五'期末,全国人均拥有公共图书馆藏书达到 0.7 册左右。各级公共图书馆,文化共享工程乡镇、街道、社区基层服务点基本建有公共电子阅览室。文化信息资源共享工程资源量争取达到 530 百万兆字节以上,入户率达到 50% 左右。国家数字图书馆资源总量争取达到 1000 百万兆字节以上,并提供全媒体服务。中西部地区争取每县配备 1 台流动文化车,中西部地区已完成转制的县级剧团每团配备 1 辆流动舞台车。'十二五'期间,文化部门管理的文化产业增加值年平均现价增长速度高于 20%,2015 年比 2010 年至少翻一番,实现倍增。建成 10 家左右具有重大影响的国家级文化产业示范园区,培育 100 个左右特色鲜明、主导产业突出的特色文化产业集群,培育 30 家左右上市文化企业,形成 10 家左右全国性或跨区域的文艺演出院线,打造 3—5 个具有国际影响的文化产业展会。到'十二五'期末,第一至六批全国重点文物保护单位的重大文物险情排除率达到 100%,全国博物馆总数达到 3500 个,免费开放博物馆总数达到 2500 个,文化遗存较丰富的地市级以上中心城市拥有 1 个功能健全的博物馆。国有博物馆一级文物的建账建档率达到 100%。文物博物馆一级风险单位中文物收藏单位的防火、防盗设施达标率达到 100%。'十二五'期间,新设立 20 个国家级文化生态保护区,在非物质文化遗产资源丰富的地区建设 100 个非物质文化遗产保护利用设施。'十二五'期间,安排 150 个左右重点科技攻关项目、300 个左右基础科研项目、75 个科技转化推广项目。国家社科基金艺术学项目立项 600 个、文化部文化艺术科学研究项目立项 300 个。在国际、多边、双边等场合举办国家级重大涉外文化活动 30 项以上,邀请 500 名国际文化名人与 1000 名青少年文化使者来华访问,对外文化援助的受援国家达 20 个以上。海外中国文化中心形成合理布局,到'十二五'期末,总数达到 25—30 所。"通过对上述文本的分析我们可以判断该文本中文化领域的重点主要集中在文化创作、艺术服务、文化产业、公共文化以及文化保护这几个方面。

4.3.2 文化行业标准化优先事项的相关文本分析

《标准化事业发展"十二五"规划》中提到:"要加强制订文化产业服务、研制文化创意产业、动漫业、游戏业、网络文化、演出业服务标准,以及数字出版、网络出版、数字印刷和出版物物流标准。深入研制图书馆、博物馆、文化馆、美术馆、公共演出场所、社会艺术教育、社区文化设施、农村文化设施等领域的标准;制修订文物调查、考古发掘、文物保护等文化遗产保护与利用标准;开展文物风险预控关键技术标准研究。"通过对上述文本的分析我们可以判断该文本中各文化领域中的优先事项主要集中在要加强制订文化产业服务、研制文化创意产业、动漫业、游戏业、网络文化、演出业服务标准,以及数字出版、网络出版、数字印刷、出版物物流、图书馆、博物馆、文化馆、美术馆、公共演出场所、社会艺术教育、社区文化设施、农村文化设施、文物调查、考古发掘、文物保护等文化遗产保护与利用等方面。

文化部办公厅关于印发《文化部"十二五"时期文化改革发展规划》的通知中明确提到了各个领域中的重点工程:

专栏 1. 艺术创作重点工程

国家艺术创作引导扶持工程:实施精品剧目扶持计划、地方戏剧种保护和扶持计划、部分艺术品种阶段性引导扶持计划、西部和少数民族地区艺术创作重点扶持计划、优秀艺术院团引导扶持计划、优秀艺术作品推广计划、国家美术发展计划、文艺理论与批评扶持计划。

国家艺术基金:由国家设立旨在繁荣艺术创作、推出精品力作、培养艺术创作人才的专项艺术基金,面向社会文化机构和个人进行资助和奖励。完善基金运作方式。通过项目补贴、优秀奖励、匹配资助等多种方式对艺术创作、宣传推广、征集收藏和人才培养四个方面进行资助。

专栏 2. 公共文化服务体系建设重点工程

重大文化设施建设：推进国家美术馆、中国工艺美术馆、中国非物质文化遗产展示馆、中央歌剧院剧场、国家图书馆一期维修改造、国家文献战略储备库、中国国家画院扩建、中国交响乐团改扩建、中国歌剧舞剧院剧场、中国东方大剧院、中央文化管理干部学院改扩建、中国艺术研究院研究生院等重点文化设施建设。

全国地市级公共文化设施建设规划：完成 532 个地市级公共图书馆、文化馆、博物馆建设项目，其中，地市级公共图书馆 189 个，地市级文化馆 221 个，地市级博物馆 122 个。规划实施完成后，基本实现全国地市都建有设施达标、功能完善、布局合理的公共图书馆和文化馆，文物资源特别丰富的地市文物馆藏及展示条件得到明显改善。

全国文化信息资源共享工程：实现从城市到农村服务网络全面覆盖。大力推进服务网络建设，积极推进进村入户，建立"公共文化数字资源基础库群"和"红色历史文化多媒体资源库"，加强少数民族语言数字资源译制等。

公共电子阅览室建设计划：利用全国文化信息资源共享工程工作网络，依托公益性文化单位，建立公共电子阅览室，为基层群众，特别是广大青少年提供绿色上网空间。

数字图书馆推广工程：建立海量分布式数字资源库群，构建以国家数字图书馆为核心，以省级数字图书馆为主要节点的全国性数字图书馆虚拟网，形成覆盖全国的数字图书馆服务网络，搭建全媒体服务平台，使数字图书馆建设成果实现全民共享。

文化馆（站）、公共图书馆、美术馆免费开放计划：深入推进文化馆（站）、公共图书馆、全国美术馆设施免费向群众开放，与其职能相适应的基本服务项目健全并免费向群众提供。

国家公共文化服务体系示范区（项目）创建工程：创建国家公共文化服务体系建设示范区 90 个左右，示范项目 180 个左右，涵盖全国 1/3 市县。

公共文化单位服务能力建设项目：用于图书馆、文化馆（站）等基层公共文化机构制度创新、丰富服务内容、强化管理、提高队伍素质等软件建设。

文化建设"春雨工程"：以新疆为试点，在边疆和少数民族地区加快推进以基层为重点的公共文化基础设施建设，着力构建公共文化服务体系运行经费保障机制，加强文化活动和文化内容建设，加大文化艺术人才培养和文化干部队伍建设。

专栏 3. 文化遗产保护重点工程

不可移动文物保护工程：实施新疆和西藏重点文物、涉台文物、山西南部早期建筑、明清古建筑群、工业遗产（中东铁路）等一批重大文物保护工程，推进四川和青海灾区、第六至七批全国重点文物保护单位与历史文化名城、名镇、名村等重点文物抢修工程，基本排除重大文物险情。开展大型基本建设文物考古和文物抢救工程、近现代重要史迹保护工程、民族地区重点文物保护工程、古村落古民居保护工程、世界文化遗产保护工程和水下文化遗产保护工程，提高不可移动文物的保护、利用和管理水平。加强国家考古遗址公园建设，探索文物保护与区域经济社会协调发展的互赢新路。

可移动文物保护工程：开展国有可移动文物普查工程。加强馆藏珍贵文物和出土文物的健康评测、文物本体修复保护和预防性保护工作，建立馆藏文物保存环境监测平台，加强可移动文物保护修复机构、装备和人才建设，开展可移动文物保护科技成果的推广应用，提高文物保护修复行业能力建设水平。

文物保护能力建设工程：加强文物行业人才建设，优化文物保护队伍。研发世界文化遗产地监测、水下文物保护、遗址博物馆生物病害防治、博物馆公共文化服务平台建设、馆藏有机材质珍贵文物保护、文物保护传统工艺科学化和文物建筑健康评价等方面的共性技术和关键技术。建设国家文物资源基础数据库和国家文物监测预警平台。加强不可移动文物和文物收藏单位的安防、消防设施建设。实施文物平安工程,提高文物安全监管能力。

文物保护基础设施建设和装备保障工程:加强博物馆的基础设施、接待设施、服务环境建设。实施基层博物馆建设工程,新建和改扩建一批地市级综合性博物馆和文物大县博物馆。新建和改扩建一批国家文物标本库房。开展文物保护修复实验室标准化建设。建立馆藏文物保存环境监测平台,建立国家水下文化遗产保护南海基地和西沙工作站。装备水下文物考古专用船只、考古研究船及配套文物保护专用设备。配备一批考古现场文物保护移动实验室和县级文物保护巡查专用设备。

非物质文化遗产保护传承工程:加强"人类非物质文化遗产代表作名录""急需保护的非物质文化遗产名录"和"国家级非物质文化遗产名录"项目和代表性传承人保护。完成300名项目濒危、年老体弱的国家级非物质文化遗产项目代表性传承人的抢救性记录。

文化生态保护区建设工程:编制并实施已设立的国家级文化生态保护实验区总体规划,统筹国家级文化生态保护区建设,新设立20个国家级文化生态保护区,探索完善非物质文化遗产整体性保护方式。

非物质文化遗产数字化保护和传播工程:制定非物质文化遗产数字化保护工程统一标准,做好普查资料的整理录入,建设非物质文化遗产普查资源库、项目库、专题数据库、研究资料库、公众数据库。建设覆盖全国的数字化保护系统平台。组织开展非物质文化遗产重大展示展演活动及对外交流活动。推进非物质文化遗产进校园、进课堂、进教材。组织出版非物质文化遗产普查成果、保护成果及普及读物。

全国非物质文化遗产保护利用设施试点建设工程:以国家级非物质文化遗产名录为依托,试点建设一批非物质文化遗产保护利用设施,推进非物质文化遗产生产性保护,命名一批非物质文化遗产生产性保护示范基地,探索非物质文化遗产保护利用设施建设运营管理的新模式。

中华古籍保护计划:开展古籍普查、《中华古籍总目》分省卷的编纂、《中华医藏》的编纂、古籍数字化、古籍修复、西藏古籍保护、新疆古籍保护等工作。

专栏4. 文化产业重点工程

特色文化产业发展工程:推动特色文化城市和特色文化产业示范区建设,引导各地加大扶持力度,因地制宜,突出特色,形成一批具有地方特色的基地、园区和文化产业群,提升文化产业的规模化、集约化、专业化发展水平。

文艺演出院线建设工程:打破地域界限、市场分割,降低演出流通成本,推动主要城市演出场所连锁经营,实现演艺产业规模化、集约化和高科技化。

文化产业公共平台建设工程:整合集成各类资源,提供可共享共用的基础设施、技术设备、信息资源和中介服务,降低文化企业的创业和运营成本,形成集聚和规模效应。

国家数字文化产业创新工程:选择数字文化产业中核心技术、关键技术和共性技术进行重点攻关,形成具有自主知识产权的核心数字文化技术支撑体系,建设数字文化产业重大技术应用示范和推广项目,加快文化企业数字化网络化信息化进程。

国产动漫振兴工程:开展中国文化艺术政府奖动漫奖评选,实施国家动漫精品工程,加大对原创动漫游戏产品的扶持力度,支持重点动漫企业和动漫产业园区发展,大力发展网络动漫、手机动漫等新媒体动漫。从技术研发、人才培养、文化内涵、行业标准制定等方面引导动漫游戏产业的发展方向。实施中国原创动漫游戏海外推广计划。推动中国动漫游戏城(北京)和国家动漫产业综合示范园(天津)等国家级动漫产业基地园区建设。

国家动漫产业公共技术服务平台:建设一批国家级动漫产业公共技术服务平台,在动漫产业集聚区建立动漫技术设备、公共技术服务支撑体系和共享机制,为动漫企业提供高品质动漫产品制作支持,推动动漫领域自主创新的关键技术研发。

文化产业投融资体系建设推进工程:培育服务于文化产业的金融市场主体,加快适应文化产业需求的金融产品和服务开发推广,建立便捷的文化产业投融资渠道,实施文化产业金融人才培养工程,推进文化产业投融资理论研究,建设文化产业投融资公共服务平台。

文化产业项目服务工程:继续丰富国家文化产业项目资源库,扩大我国文化产品和服务及投融资项目的交易量,使其成为文化产业信息交流、项目合作、产品交易的综合平台,促进投资便利化。

藏羌彝文化产业走廊:在藏羌彝地区实施一批具有带动示范作用的文化产业项目,把民族文化资源优势转化为经济优势,扩大民族地区就业,促进文化资源的保护和合理利用。

专栏5. 文化市场重点工程

文化市场监管能力提升工程:制订全国文化市场综合执法队伍建设规划,编写培训教材,分级分类开展执法人员培训,五年内进行一次全面轮训,提升执法人员素质,发布执法装备标准,加大执法装备投入,改善执法手段。

文化市场技术监管平台建设工程:编制文化市场技术监管标准体系,统一文化市场基础数据,建成中央、省级监管数据中心和专用传输网络,逐步建成覆盖全国、上下联动、统一高效的文化市场技术监管平台。

全国文化市场诚信建设工程:建立文化市场各行业经营主体信用档案,制定文化市场各行业服务标准以及文化产品生产标准,建立全国统一、信息公开共享的文化市场信用管理平台。规范文化市场从业人员资质认定、职业培训和管理、行业监督、评级评优等工作流程。开展文化市场诚信建设的推广和宣传工作。

专栏6. 对外文化交流与贸易重点工程

"文化中国"工程:实施"文化中国"形象塑造计划、中外文化交流与对话、研究与合作计划、文化睦邻与援助计划、文化访问者计划。

海外中国文化中心建设工程:加强统筹规划,重点推进泰国、新加坡、西班牙、俄罗斯、加拿大、墨西哥、塞尔维亚、尼日利亚等文化中心建设进度,建设布局合理、功能完备的海外中国文化中心设施网络。实施文化中心文化精品推广计划、文化中心国图分馆计划、文化中心现代传媒应用计划、短期课程开发计划、文化体验研习基地计划等项目。

对外文化产业和贸易促进工程:实施中华文化精品推广计划、对外文化贸易信息服务计划、外向型文化企业扶持和产品孵化推广计划、对外文化贸易平台建设计划。

港澳台中华文化传承工程:实施中华文化薪火相传计划、文化精品和品牌交流推广计划、对港澳台文化艺术、产业合作和人才培训计划。

专栏7. 文化体制机制改革创新重点工程

培育骨干文化企业:将深化改革与调整结构、整合资源相结合,做强做大一批文化企业和企业集团,培育文化产业的骨干企业和战略投资者。

文化与科技融合促进工程:组织一系列文化重点领域关键技术攻关和技术重点推广。推动文化领域工程技术研究中心、重点实验室、企业技术中心建设,开展文化与科技融合示范企业认定,依托国家高新技术园区、国家级文化产业示范园区、国家可持续发展试验区等建立国家级文化与科技融合示范基地。实施文化资源数字化关键技术与应用示范、文化演出网络化协同服务平台与应用示范等重点计划和项目。

文化部电子政务建设工程:建设电子政务中心、数据交换中心和政务信息发布中心,加强政府部门之间、政府与企业、政府与公众之间的信息交流与服务,建立履行政府文化行政管理职能、提供公共文化服务的管理信息系统。

全国文化系统统计能力建设工程:建设文化单位名录库系统、文化统计信息化系统、文化统计分析监测评价系统、文化统计人才保障系统,全面提高文化统计能力,为文化发展提供强有力的统计保障。

通过对上述文本的分析我们可以判断该文本中各文化领域中的优先事项主要集中在:(1)戏剧、艺术品种、艺术创作、艺术作品推广、文艺理论;(2)美术馆、歌剧院、图书馆、画院、歌剧舞剧院、文化馆、数字图书馆、艺术研究院;(3)文物保护、文化遗产保护、民族地区重点文物保护、博物馆、文物安全监管、非物质文化遗产保护传承、非物质文化遗产抢救、文化生态保护区建设、非物质文化遗产数字化保护和传播、非物质文化、遗产利用、古籍保护;(4)特色文化产业、文艺演出、文化产业公共平台建设、数字文化产业创新、动漫产业、文化产业投融资、文化产业项目服务、民族文化资源利用;(5)文化市场监管、文化市场诚信建设、对外文化交流与贸易、对外文化产业和贸易、港澳台中华文化传承;(6)文化企业培养、文化与科技融合促进、文化部电子政务建设、文化系统统计能力建设。

5 基于调研结果的文化行业标准体系构建及重点领域分析

5.1 文化行业标准体系构建

5.1.1 设计原则

1. 科学性原则

科学性原则是文化行业标准体系构建中坚持的首要原则。科学性主要体现在应用科学的方法和手段制定文化行业标准体系,使得体系既具有前瞻性的科学指导作用,又能符合我国文化行业标准化工作的实际,体现文化行业标准化工作中现有的特征。文化行业标准体系是文化行业标准制定、组织及其各种保障的高度浓缩与概括,因此体系的构建只有坚持在科学性原则的基础上才能保证最后制定的文化行业标准体系的科学性。

2. 整体性原则

文化行业标准体系是对文化行业标准制定各方面的抽象与概括。文化行业标准的制定是在分析现状与未来发展趋势的基础上,提出未来一定时期的标准化工作如何发展的过程。其涉及文化行业标准化工作发展的方方面面,因此,构建的一个较为合理的文化行业标准体系在内容上应具有完整性,其次还要做到整体与部分的有机统一。

3. 协调性原则

文化行业标准体系是由多个组成部分构成,体系构建中既要考虑到文化行业标准的总体架构,又要考虑文化行业标准的制订、发布、实施、监督、评价等过程。同时,文化行业标准体系构建过程中既要借鉴现有的文化行业标准体系,又要考察文化行业标准化工作自身的特殊性,最后实现文化行业标准体系与文化行业标准化工作自身特征的协调。

4. 可行性原则

可行性原则是指文化行业标准体系不是凭空架构或一味地将现有的文化行业标准体系嫁接过来,而是要结合我国文化行业标准化的工作实际,并能进而指导我国的文化行业标准化工作的实践。同时,文化行业标准体系必须考虑到文化行业标准化工作的物力、人力及财力、资源、服务等因素自身所具有的独特性,并且体系应由固定要素和灵活要素构成,以保证具体文化行业标准化工作可以结合本行业的实际进行灵活操作。

5.1.2 构建依据

1. 理论依据

目前文化行业标准化工作的文化行业标准体系通过自身实践,已概括总结出很多经验性的认识和论述,正逐步形成独具特色的理论体系。文化行业标准体系的构建需要借鉴其他相关理论的指导。就目前的情况看,文化行业标准体系的构建需要加大理论引入和借鉴的力度,对文化分类和文化管理职能划分的研究成果加以吸收和整合。

构建文化行业标准体系是本项目的主要研究内容,体系的确立和论证除重点考虑文化行业标准实践外,还必须借鉴以上相关理论的研究成果。文化分类的相关研究对文化内涵和分类进行了系统的、深入的探讨,在深入研究康德、黑格尔、叔本华关于美学分类的论述和总结现实经验的基础上,提出了把文化分为四大类:造型文化、表现文化、再现文化、规范行为文化、探索文化、传承文化①。文化管理职能划分的相关研究对文化的职能进行了深入的研究,提出把文化管理职能分为三大类:文化政治职能,包括意识形态宣传与思想政治教育、社会舆论引导与控制;文化社会职能,包括公共文化产品规划与发展、文化产业规划与发展;文化经济职能,包括公共文化产品生产与服务、文化产业市场执法与监管②。本项目在体系构建过程中,在借鉴上述研究最新成果的基础上,对各文化行业的标准化工作进行整合,为文化行业标准体系的构建提供理论依据。

2. 文本依据

通过对现有文化行业划分的相关文本进行分析是探寻文化行业标准化工作活动特征与规律的较好途径,国内外学者通过客观地辨析文本不同层面的属性,对各自关注的现实问题形成具备实证价值的研究推论。本项目通过网络、期刊、专著等渠道获取大量国内文化行业划分的相关文本,其中包括:国民经济行业分类(GB/T 4754—2011)、文化及相关产业分类(国家统计局设管司 2012)③、文化部门行政划分情况(文化部主要职责)④。文本分析主要揭示了文化行业标准体系中各要素间的相互关系和主要的职能,这为文化行业标准体系的构建提供重要的现实依据。

3. 实践依据

通过对国外文化行业标准实践工作开展的过程进行了解和分析可以得到本项研究实践依据的参考。

美国的文化行业标准主题领域。文化行业标准制定的主要机构与制定程序、在 ANSI 授权的标准制定机构 SDO 中,与文化相关技术标准制定者有:信息与图像管理协会(AIIM)、美国国家信息标准组织(NISO)、娱乐服务与技术协会(ESTA)、国际信息技术标准委员会(IN-CITS);其他的非技术标准制定机构还有:美国图书馆协会(ALA)、美国博物馆协会(AAM)、全国音乐教育协会(MENC)等。

英国文化行业标准的主题领域。英国文化行业标准主要分布及数量在以下几个方面:显微摄影(词汇、索引、材料和包装 2 个);图书馆统计(绩效、价格指数、图书馆统计 3 个);博览会、展览会等词汇、统计和安全性(3 个);观众设施(5 个);电影、演出等音频和视频设备和系统的规范、安全性、噪声等级等(8 个);演出、广播等舞台、设施规范(6 个);图书馆信息、记录品和文献管理(28 个)。

法国文化行业标准主题领域。法国文化行业标准主要分布在以下几个方面:光源(1);博览会、展览会等词汇、统计和安全性(4);观众设施(5);电影术、电影摄影等(5);文化遗产

---

① 刘景泉. 关于文化分类的反思[J]. 广东社会科学,2006(3):71 - 78.

② 陈世香. 大部制视角下地方政府文化管理体制改革进程及其挑战[J]. 上海行政学院学报,2010,11(5):38 - 48.

③ 国家统计局设管司. 文化及相关产业分类(2012)[EB/OL]. [2012 - 07 - 31]. http://www.stats.gov.cn/tjbz/t20120731_402823100.htm.

④ 文化部主要职责[EB/OL]. [2012 - 07 - 31]. http://www.ccnt.gov.cn/xxfbnew2011/jgsz/zyzz/201111/t20111121_136705.html.

的保护(1);图书馆信息、记录品和情报、文献管理(25)。

德国文化行业标准主题领域。德国文化行业标准主要分布在以下几个方面:舞台照明设备等(23);观众设施(4);演出、广播等舞台、设施规范(12);博览会、展览会等词汇(1);绘画工艺类(1);图书馆信息、记录品和文献管理(27)。

韩国文化行业标准主题领域及数量:公共服务(7);音乐(6);电影院(1);舞台设计(8);传统艺术(2);图像技术(29);文献信息、图书馆、档案(65);展览、表演、博览会(5);乐器(12);网络音乐(6);电子游戏(2)。

4. 实证依据

本项目构建文化行业标准体系主要目的是要对现实中文化行业标准化工作的开展起指导作用,因此所构建的文化行业标准体系不仅要符合标准化的基本原理,还要体现文化行业标准化工作的特点,同时更要与我国文化行业标准化工作发展现状相吻合。本课题组对当前文化行业标准化工作理论与实践领域的人员关于文化行业标准体系的认识进行深入的调研分析,从而在一定程度上了解了文化行业标准化工作实际需求,发现当前文化行业标准化工作的开展缺乏一个相对有效整体格局,多数标准化工作的开展主要以本部门或者本单位为依托,缺乏一定的系统性。

本项目同时根据采用大规模问卷调查和专家访谈的方式,了解和掌握了我国各类型文化行业标准化工作人员对文化行业标准的理解和认识程度,最终确定我国文化行业标准体系中的相关要素主要还是以现行的实践依据和行业划分依据为主,从而使得构建的体系框架能够更好地为各级各类文化行业标准化制定符合我国国情的文化行业标准指明方向。问卷中所设计题目主要涉及当前文化行业标准化的现状、文化行业标准的制定主体、文化行业标准的影响因素、文化行业标准的内容选择等方面,这为文化行业标准体系的构建提供了相关的实证依据。

5.1.3 构建过程

1. 体系假设阶段

子体系假设阶段,课题组在上述的文化行业标准体系总体架构的基础上,初步拟定文化行业标准体系子体系的假设。在体系假设之前,我们先后对文化行业标准化工作的相关工作人员和文化行业标准化研究的相关学者等进行访谈,通过访谈了解文化行业标准化工作中的实践问题,为后面体系的构建提供依据。

2. 体系进一步细化阶段

最初假设的文化行业标准体系,由于过多地依据文化分类和文化职能划分的相关研究,同时缺乏实证数据支撑,使得体系过于宏观,缺乏具体操作,同时具有明显的理论特点,不能很好地发挥其对文化行业标准体系实践的指导作用。在体系进一步细化阶段,除了综合参考现有的实践依据,还结合了课题组开展的问卷调查结果和文化行业划分的文本分析结论。并且,构建的文化行业标准体系必须要突出文化行业标准化工作开展和实施的特点。据此,课题组多次讨论,对体系进行了细化和修改。

3. 体系确定

课题组多次召开项目研讨会,以头脑风暴的方式对上一阶段细化、修改之后的体系进行了进一步修改和审定。参加研讨会的部分文化行业从业人员和文化行业研究人员对体系整体给予肯定,并针对体系中的一些具体环节提出修改意见。在此基础上,课题组完成了体系构建。

4. 专家访谈阶段

课题组针对构建的体系开展访谈调研,征求专家、学者意见。课题组在专家意见的基础上,进一步完善体系。

5.1.4　体系构建

文化行业标准体系构建是一项涉及从宏观到微观等诸多方面的复杂工作。文化行业标准体系构建中不仅要考虑各个要素的相对独立性,同时也要考虑到各要素之间的关联性。

本研究以国民经济行业分类(GB/T 4754—2011)、文化及相关产业分类(国家统计局行业分类2012)、文化部门的行政划分情况(文化部、文化厅以及文化局的主要职责)为主体框架,借鉴了新公共服务理论、标准化理论、文化分类、文化管理职能划分的相关研究及国外文化行业标准领域与联合国制定的《国际标准行业分类》的主题划分情况,最后形成一个完整的文化行业标准体系总体架构,为我国文化行业文化行业标准化工作的开展提供指导性参考。

其中,新公共服务理论强调服务于公民、追求公共利益、重视公民权和人的价值,注重以公民为中心;对于人的重视胜于对生产效率的重视,对于公平和平等方面的考虑超过满足部分顾客愿望的考虑;符合公共需要的政策和计划,通过集体努力和协作的过程,能够最有效地得到贯彻执行。根据新公共服务理论,政府的主要角色从政策制订的掌舵者和管理控制者转向服务,注重社会管理和公共服务职能,强调建立社区和各种社会组织,倡导发展公域与私域的沟通与平衡。因此,本课题组在构建公共文化子体系时,除了将原有的公共文化体系纳入其中,还将公共文化体系之外的公益文化和社群文化等内容纳入到该体系之下。同时,文化体制在内容上包括公共文化产品与服务的生产管理与资源配置体制。就我国而言,文化体制中起主导作用的是党委系统、政府系统、文化企事业单位、文化市场等文化主体机构的结构关系及其相关制度规定的集合,也就是所谓文化管理体制。政府文化职能定位可以分为三种类型:文化政治职能,涉及意识形态宣传与思想政治教育、社会舆论引导与控制两项职能;文化社会职能,涉及公共文化产品规划与发展、公共文化产品生产与服务两项职能;文化经济职能,涉及文化产业规划与发展、文化产业市场执法与监管两项职能。在此基础上,考虑到文化经济职能所涉及的两项职能,本课题组将文化经营和文化管理设置为两个相对独立的子体系,从而能够更好地考察各自职能基础之上的标准化工作建设。

最后,结合标准化的相关理论来看,标准系统之间的效应,不是直接地从每个标准本身而是从组成该系统的互相协同的标准集合中得到的,并且这个效应超过了标准个体效应的综合。因此,在对标准体系进行设计时,应该把它当作由若干个子体系结合成的有机体来看待,对于每个子体系的功能要求,都应首先从实现整个体系的总体目标出发加以考虑,对于子体系之间以及子体系和整个体系之间的关系也都需要从整体协调的需要出发加以考虑。另一方面,每个子体系中的标准实际上对于整个标准体系的填补,其功能受到整个体系的严格制约。

总体看来,标准体系是基于目标的结构设计或调整,其子体系的构建是对于总目标的分解从而构造出子体系的组成要素以及他们的相互关系,最后形成整体协调的系统结构,因此,标准体系结构形式总体上要遵循一定的阶层秩序、时间序列、数量比例以及各子体系之间的适应关系。

　　在此基础上,本课题组根据文化行业中各子行业的层级结构和职能定位,在充分考察大文化分类的基础上,兼顾当前文化部所辖部门及其职能的设计,对文化行业的结构和功能进行了总体层次的划分,同时结合相关实践工作的开展经验和今后标准化工作发展的趋势,最终将文化行业标准体系划分以下六个子体系,每个子体系中的标准都涉及以下十个内容,具体如图 5-1 所示。

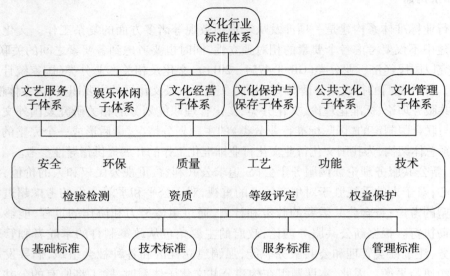

图 5-1　文化行业标准体系总体架构

　　文化行业标准体系总体架构包含了文艺服务、文化保护与保存、公共文化、娱乐休闲、文化经营、文化管理六个主要的子体系,每个子体系中标准的具体内容包括该领域中的安全、环保、质量、工艺、功能、技术、检验检测、资质、等级评定、权益保护,各子体系中上述内容的标准又可以根据标准应用的类型和性质划分为基础标准、技术标准、服务标准以及管理标准。其中文艺服务、文化保护与保存、公共文化是该体系中的保障基础,娱乐休闲和文化经营是该体系中的发展基础,文化管理则是整个标准体系的制约基础。与此同时,由于文化行业本身所存在的复杂性和多元性,各个子体系间并不是绝对独立的,会在一定程度上呈现出内容、功能以及结构上的交叉,这在体系设计过程中是难以避免的,但这并不影响该体系用于理论分析和实践架构,只要以各子体系最为核心的要素和功能来解释和分析其中的内容,这些交叉是可以再次进行划分的。文化行业的标准化不是一个孤立的事物,而是一个活动过程,主要是制定标准、实施标准进而修订标准的过程。这个过程不是一次就完结了,而是一个往复循环、螺旋式上升的活动过程,因此,文化行业的标准体系处于标准化的内容之中,是其核心内容之一,文化行业标准体系的重点领域将会是标准化工作中必须要涉及和考虑到的重要环节和核心内容,因此,研究和确立标准化的工作重点,首先要确立标准体系的重点领域以及优先事项。

5.1.5　文化行业标准子体系

1. 文艺服务

文艺服务标准体系主要涵盖文艺创作、文艺表演和文艺培训三个领域,涉及文艺类的创作、表演以及培训等标准的制定、实施及修订。主要包括:文艺创作的标准化工作(指文学、美术和艺术,如戏曲、歌舞、话剧、音乐、杂技、马戏、木偶等表演艺术等创作活动);文艺表演的标准化工作(指有观众席、舞台、灯光设备等演出场所的文学、美术和艺术表演活动);文艺培训的标准化工作(指文学、美术和艺术,如戏曲、歌舞、话剧、音乐、杂技、马戏、木偶等表演艺术等培训和教育活动)。其标准运用过程中的主体机构主要涉及艺术表演团体、艺术单位:京剧院、话剧院、歌舞剧院、艺术剧院、书画院、杂技团、乐团、说唱团,艺术创作研究中心、艺术学校等。

2. 娱乐休闲

娱乐休闲涵盖娱乐服务与活动、休闲服务与活动和数字文化服务与活动三个领域,涉及文化活动中,主要以休闲和娱乐为主体的文化活动中相关标准的制定、实施以及修订。主要包括:娱乐服务与活动、休闲服务与活动、网络休闲娱乐(指通过计算机等装置向公众提供互联网上网服务的网吧、电脑休闲室等营业性场所的服务)、数字休闲娱乐等文化活动过程中涉及的标准化工作。其标准运用过程中的主体机构包括:棋牌室、网吧、娱乐会所、酒吧、民众乐园、动漫娱乐中心、游戏中心、健身房、游乐场、游乐园、休闲中心等。

3. 文化经营

文化经营涵盖文化产品经营、文化服务经营以及相关组织与机构,涉及文化活动中以盈利为主体的文化活动中相关标准的制定、实施以及修订。主要包括:文化公司、文化产品经纪代理、文化产品出租与拍卖、文化产品生产与销售、文化活动组织与策划、文化活动开发与交流等文化经营活动过程中的标准化工作。其标准运用过程中的主体机构包括:艺术开发中心、文化娱乐中心、文化发展有限公司、演出公司(演艺公司)、电影公司、文物公司、文化艺术音像出版社、对外文化交流公司、动漫公司、数字文化公司等。

4. 文化保护与保存

文化保护与保存主要涵盖文物保护与保存、文化遗产保护与保存和相关机构及其活动三个领域,涉及不同类型的文化的传承过程中相关标准的制定、实施及修订。主要包括:文物及文化遗产保护的标准化工作(指对具有历史、文化、艺术、科学价值,并经有关部门鉴定,列入文物保护范围的不可移动文物的保护和管理活动;对我国口头传统和表现形式,传统表演艺术,社会实践、仪式、节庆活动,有关的自然界和宇宙的知识和实践,传统手工艺等非物质文化遗产的保护和管理活动);博物馆的标准化工作(指收藏、研究、展示文物和标本的博物馆的活动,以及展示人类文化、艺术、科技、文明的美术馆、艺术馆、展览馆、科技馆、天文馆等管理活动);烈士陵园与纪念馆等其他文化保存与保护机构的标准化工作。其标准运用过程中的主体机构主要涉及博物馆、纪念馆、文化遗址管理处、故居管理所、文物考古研究所等。

5. 公共文化

主要指公共文化、群众艺术和社会文艺团体活动三个领域,涉及社会范围内,不同层面和不同类型的文化活动中相关标准的制定、实施以及修订。主要包括:图书馆、档案馆、文化馆、群艺馆、群众文化活动所涉及的标准化工作(指对各种主要由城乡群众参与的文艺类演出、比赛、展览等公益性文化活动);文化研究与文化社团、公益文化等相关文化活动过程中所涉及的标准化工作。其标准运用过程中的主体机构包括:图书馆、档案馆、群众艺术馆、文化馆、美术馆、少年宫、艺术科技研究所、文化社团等。

6. 文化管理

文化管理涵盖文化市场管理、文化活动管理和文化信息管理,涉及政府相关部门对相关文化活动进行监督、指导和审查活动中所涉及的相关标准的制定、实施及修订。主要包括:文化市场管理、文化活动咨询与管理、文物产品与文化活动审核、文化设施与产品管理、文化信息管理等文化管理活动过程中所涉及的相关标准化工作。其标准运用过程中的主体机构包括:文化市场稽查队、表演艺术咨询管理办公室、文物鉴定审核办公室、文物监察总队、文化管理办公室、文化信息资源管理建设中心等。

5.2 文化行业标准体系的重点领域分析及确定

5.2.1 重点领域的分析

1. 文化事业建设的现状分析

"十一五"时期是我国文化建设的创新发展期,文化建设取得令人瞩目的新成就。文艺创作生产进一步繁荣,推出一大批优秀的作品,覆盖城乡的公共文化服务体系初步建立,人民群众的基本文化权益得到有效保障,一大批文化设施相继建成投入使用,有效改善了文化发展的基本物质条件,文化产业蓬勃发展,日益成为经济发展新的增长点,文化遗产保护制度初步建立,保护状况得到明显改善,文化与科技的融合日益加深,文化创新能力不断增强,文化市场体系更加完善,监管水平不断提高。过去一段时间,我国文化事业的发展取得了一定的成绩,我们可以发现从中央到地方,各级党委政府对文化建设给予了前所未有的重视,全社会对文化建设给予了前所未有的关注,老百姓期盼着文化发展进一步繁荣多彩。与此同时,也存在一些不容回避的问题,一般性文化产品、文艺作品数量众多,但精品力作还显不足,一些精品力作的演出场次不够多,传播、影响不够广泛;艺术作品评价激励推广体系需要进一步完善;公共文化服务城乡、区域不平衡状态尚无根本改观,实现均等化任重道远;公共文化服务投入保障机制需进一步完善,公共文化设施使用效率和公共文化服务质量水平亟待提高;文化遗产保护的长效机制需要进一步健全;文化企业小散弱的局面还没有得到完全改观,文化市场管理和执法工作中还存在薄弱环节;文化与科技融合刚刚开始,还有待于进一步深化;文化人才青黄不接,队伍建设急需加强。这些问题都需要在今后的工作中进行深入探索、研究,认真加以解决。

另一方面,我国文化建设方面也面临诸多挑战,存在一些制约文化科学发展的观念和认识。例如,一些地方和部门还没有把文化放到应有的位置,还存在着对文化忽视、轻视、偏视的观念,把文化建设视为是软任务,认为可抓可不抓。再如,在对待民营文化企业发展问题上,虽然民营文化企业与国营文化企业在法律上的平等地位已经确立,但不少地方还存在以所有制身份论贵贱的倾向,存在"恐私""拒私"的思想,认为民营文化企业是麻烦的制造者,只有国营单位才更可靠、更便于管理等。文化发展还不能满足人民群众日益增长的精神文化需求。据测算,我国文化消费支出总量应该达到 4 万亿元以上,而目前尚不足 1 万亿元。这从一个侧面说明,无论是公益性文化事业,还是文化产业所能提供的文化产品和服务都还缺乏,还不能满足人民群众多层次、多方面、多样化的精神文化需求。应用高新科技的意识薄弱,应用能力不强。与发达国家和地区相比,我国的新型媒体建设、动漫、网络游戏、高新舞台技术、网络音乐等新的文化业态发展刚刚起步,传统产业中的文化产品科技含量偏低,缺少文化素质与科技素质兼备的复合型创意人才,还没有完全建立起有利于文化科技创新的体制机制。在文化管理理念上,还是存在依靠行政命令的思维定式,缺乏科学、有效的管理手段。文化发展缺乏有力的智力支持和完备的制度保障。文化艺术人才培养与社会需求严重脱节。一方面大量艺术人才找不到工作,另一方面,社会需要的人才又供应不足。由于思想的解放、体制的改革、经济的成长、传播手段的突飞猛进,在形成一片繁荣的文化生活的同时,转型期社会的特征也十分明显,对于市场力量的片面接受,传媒的炒作,社会生活中的浮躁,急功近利的行为,缺少经典力作,缺少学术创新与文化发现。

2. 文化行业标准化工作的现状分析

"十一五"期间,在文化行业标准化工作开展过程中,已经初步建立起文化领域标准体系,目前我国文化行业标准化工作的主题领域包括:编码字符集处理、技术产品及互操作性问题(信息交换格式、字符集、开放系统互联馆际互借)、缩微与电子成像技术(传统缩微胶片规格、操作技术规范、电子成像技术)、图书馆相关的信息与文献工作,以及信息识别与描述(术语、字符处理、古籍修复、编目规则、元数据、书名页、索引编制)、质量统计与绩效评价(图书馆统计)、广电、新闻、游艺机等娱乐设施技术条件、演出场所声音与灯光技术、美术用纸张、音乐音率及电子琴性能评价、图书馆、文化馆建筑、安全、用地、古籍工作。与此同时,文化行业标准化理论研究也逐渐增多,部分安全标准、基础标准和行业急需标准的制修订相继完成,今后工作的重点是要建立起较为完善、科学的标准体系,无论是行业层面的标准还是应用层面的标准,都要取得重大的突破,尤其是完成一些主要标准的制修订工作。要使文化行业标准化建设走向规范有序健康发展的道路,以下几个方面的问题需要引起重视:

就目前来看,文化行业标准化基础建设还需要投入更多的人力和物力,文化行业标准管理体制也还需要不断地完善和创新,文化行业标准化工作的开展目前仍然较为分散,各自为政的现象还是比较常见,对整体性的发展缺乏行业层面的统筹规划,例如,数字图书馆发展的需要,成为推动这一领域标准规范发展的根本动力,这种推动,一方面反映了业界对标准化工作效用的认同,另一方面也反映出业界对于标准化工作没有系统的规划梳理,缺乏统一管理、规划、协调、组织、监督的权威机构的现状,因此,各种标准研制项目有重复立项之嫌,科研做了不少,但是作为国家或行业标准的成果还有待发展。文化行业标准化组织的建设还需要进一步深化,文化部对于各专业标准化技术委员会的指导作用并未完全发挥出来,文化行业标准监督检验和认证机构的构建速度相对较慢,全国性的,具有一定规模和业务水平的文化行业标准化建设队伍并不多见。

文化行业标准化理论的协调研究机制尚未形成,文化行业标准化基础性的科学研究不够,目前主要集中在文化行业标准化基础理论研究、文化行业技术标准体系研究、公共文化服务标准体系研究、文化行业基础分类标准的研究及文化行业标准课题指南等,系统性的文化行业标准化基础研究和理论研究成果仍然缺乏,从近几年国家标准项目的立项内容来看,2007年立项项目中服务类标准有4项,安全与安全技术类标准有2项,专业技术类标准1项,基础类标准1项;2008年立项项目则全为服务标准。文化行业标准体系研究还没有形成涉及文化领域安全、环保、质量、工艺、功能、技术、检验检测、资质、等级评定、保护消费者权益的标准体系,尤其是技术性标准和强制性标准不多,图书馆、博物馆、文化馆、美术馆、演出场所、社会艺术教育、社区文化设施、文化娱乐场所、网络文化、动漫游戏、乐器、工艺美术等文化行业分类标准还未完善。

文化行业标准化建设人才的培养工作目前尚未全面启动，没有专门针对文化行业标准化专业人才培养的数量、计划和政策等方面的保障，且培养方式较为单一，仍然以集中培训为主，缺乏应有的交流和合作，尤其是积极地与国家标准化管理委员会的合作，同时也缺乏全方位的网上查询、申报、公示、交流和宣传文化行业标准的信息平台。目前公共文化服务体系的标准化建设已经得到加强，但是公共文化体系服务标准的制定实施工作仍然需要不断地深化和拓展，其社会服务功能、社会效益、群众的整体满意度以及规范化服务程度等都相对不高，同时，公共文化体系的建设标准、建筑设计规范、文化设施价值评价体系等一系列的文化行业标准的制修订工作开展相对较慢，区域性公共文化服务体系和基层文化事业的规范化、标准化建设水平有待提高。目前多数涉及文化安全、文化环境保护、公共文化活动场所安全等的强制性标准，抢救和保护物质的、非物质的文化遗产管理标准，文化资源数字化等涉及文化资源安全的技术标准和管理标准，多媒体、互联网等文化载体中文化内容的管理标准以及剧场、互联网上网服务营业场所、歌厅、露天演出、文化集会等公共文化活动场所的安全管理等都需要继续补充和完善，截至 2013 年 8 月 30 日，查找百度新闻网"舞台倒塌"相关的国内外新闻报道有 500 余篇，其中既有商演临时舞台倒塌的报道，同时也有央视节目录制演播室舞台搭建出现问题的相关报道，造成这种后果的原因之一是：搭建舞台、舞美工程相关标准规范不健全，舞台、舞美工程企业多数处在小作坊状态，技术比较落后，从业人员素质偏低，工程质量良莠不齐，草台班子与正规公司抢活儿，恶性竞争导致施工质量日趋低劣，偷工减料现象频出等，这些都为舞台安全埋下了隐患，为了从根本上解决舞台搭建质量安全问题，制修订合理的标准规范成为保证舞台搭建安全的重要依据，成为确保人民群众参与文化演艺活动安全的重要依据。在一些急需的领域，例如文化服务中的术语、公共文化服务体系以及文化设施的分类、文化内容数据库中的核心元数据等，标准化工作的启动相对滞后，尤其是美术馆、文化馆等文化设施建筑设计规范、质量合格检验的评定标准，社区文化设施的建设标准，数字图书馆的技术标准，图书馆、美术馆、博物馆、文化馆、剧院等公共文化设施的服务标准等都尚未完善，例如，文化资源的数字化建设是实现文化资源在图书馆系统中共建共享主要技术手段，由于缺乏图书馆资源数字化技术及管理统一的国家标准规范，图书馆系统的资源共建共享目前还是无法顺利实现。自 20 世纪 90 年代起，我国文化部、教育部、科技部等多个部委为了解决这个问题多次立项、拨款发展数字图书馆，通过近年来数字图书馆研究的发展，我国已形成了有规模的几个项目成果：中国高等教育数字图书馆、中美百万册数字图书馆合作计划、国家科学数字图书馆、中央党校数字图书馆、国防大学数字图书馆、上海图书馆数字图书馆等。在资质认定方面，音响师、灯光师、舞台机械师、调律师、舞美师、录音师等执业岗位认证和等级评定的标准极度缺失。总体来看，文化行业标准制修订速度相对较慢，某些领域的标准制修订周期过长，文化行业标准的质量和适用性普遍不高。

从文艺领域的技术标准化建设过程来看，文化艺术领域的科技进步和新产品研发的创新性、应用性和集成性相对不足，新兴科学技术和前沿科学技术在文化领域产、学、研各方面的消化与融合还不够。目前文化产业各个领域标准化的发展秩序不一，文化市场管理规范性较差，使得我国文化产业的规模化、品牌化以及集约化的势头尚不明显，民族文化产品也相对缺乏竞争力。就文化法制与标准化的联系程度来看，文化行业标准化工作的开展与文化法制建设的联系还有待加强，至少在文化行业标准对文化法制化建设的技术支撑和保障作用以及文化行业标准化研究和贯彻实施成为文化法律法规前期研究和实践性检验的过程这两方面的关联性来看,还需要加强,例如,文化部部长蔡武 2010 年 10 月接受媒体采访时指出,"十二五"规划的文化发展目标之一就是"在公共文化服务体系建设基本完善的基础上,县级图书馆、文化馆建设全部达标"。这里,"达标"首要的基础就是建立科学、完备的标准规范体系,使之成为支撑各项政策法规顺利实施的技术保障。另外,我国自主知识产权的文化技术标准,全面、统一、公开的文化产品准入和评审标准,文化经营场所的合格检验、验收、质量检测、检验规程等标准等尚未完善,在某种程度上阻碍了文化市场发展的规范化和有序化,就文化行业标准的宣传贯彻实施来看,文化行业标准行政主管部门出台的行政法规不够,以推动文化行业标准贯彻实施为目的的认证、鉴定、检测机构不足,奖励机制不明确,标准化知识的普及程度不高等因素使得文化行业标准的宣传范围和执行力度相对弱化,由于标准的制修订是一项具有规范流程的科学工作,这不仅包括标准工作的制修订过程管理规范、科学,同时包括对已有标准成果的宣传、推广、实施、监督机制及信息沟通渠道的建设等多方面,一项标准,从其提出(预研究)、立项、制修订、审查与审批、宣传与推广、实施、复审、再修订,是一个完整的标准生命周期,标准化技术委员会只有严格按照标准全生命周期开展工作,才能保证标准化工作的科学运行,目前,这种机制还没有建立,也是导致这些新建标准化技术委员会不知如何开展工作的重要原因之一。

在标准化工作中,文化企事业单位和社会团体参与文化行业标准建设的积极性较低,并且过多地依赖政府部门。就经费支持来看,各级文化主管部门对于公共文化安全、基础、通用、公益等行业标准的研究和制修订经费的财政支持过少。就文化行业标准化管理组织来看,目前的文化行业标准化管理制度、专业标准化组织以及归口管理工作、文化行业标准监督检验和认证机构的建设以及公共文化安全的监督管理体制也还不够健全,2008 年文化部成立了 8 个专业标准化技术委员会和一个分技术委员会,通过近 5 年的工作开展,暴露出标准化工作体制中存在的一些问题。如《中华人民共和国标准化管理办法》是 20 世纪 80 年代制定并开始实施的,经过 30 与年的历程,标准化工作环境已经发生了巨大改变,需要对其进行部分修订,以便更能规范我国标准化工作的开展。同时,标准化工作中,监督反馈机制和激励协调机制的不完善,成为解决专业标准化组织在开展标准制修订工作中遇到的诸多问题的瓶颈,也缺乏调动专业标准化技术委员会秘书处承建单位和标准制修订参与单位的积极性。

总体来看,文化行业标准化工作缺乏一定的统筹和协调,行业标准体系尚未完善,标准的制修订、宣传、贯彻与实施反馈等还有待加强。各级文化部门的重视程度不够,参与标准化工作的积极性还有待提高。各行业及各领域标准之间的协调性和统一性不高。各文化行业全国专业标准化技术委员会对于收集、研究和采用国际标准和国外先进标准的反应不够迅速,与国际有关标准组织的交流与合作不够积极,通过与 ISO 对比,我国文化行业标准缺少技术的追近,在技术标准方面的细化工作有待加强。对于传统工作来说,缺乏系统性。从行业标准与国家标准的数量比较来看,行业标准作为更为专业、更为基础的行业管理依据,处于相对的弱势局面。科研机构、学术团体、行业协会、企业和院校对于文化行业标准化工作的参与积极性整体不高。文化行业标准化工作在某些行业和某些领域的管理不统一,责权不明晰。文化行业标准化体系框架还尚未成型,对标准的实施情况缺乏有效的监督和奖惩,对文化行业全国专业标准化技术委员会的管理和指导不够深入和具体,没有明确和有效的指导和协调机制来对文化行业各级标准化管理部门和企业、事业单位及行业协会、学术团体的标准化工作进行科学的指导和协调。各文化行业全国专业标准化技术委员会在标准化工作中只有少数的委员会编制与本标准化技术委员会业务相关标准体系框架,多数标委会在征集本领域内标准制修订和申报相关标准立项的意见和建议时,考虑不够全面,征集范围和数量不够理想,在相关标准的宣传咨询、贯彻实施和检查监督的过程中,没有形成快速的反馈机制和有效的整改措施,在相关标准实施后,复审工作的跟进不够及时。

5.2.2 重点领域的确定

结合访谈情况:首先,对于文化行业标准化的重点领域,各位专家发表了不同的见解。大部分被访者都提出了自己的看法,专家 D 在丰富的文化行业标准框架体系中指出了四点,认为应当作为重点领域建设和发展,包括:(1)公共文化、文艺服务等与百姓息息相关的应该重点发展;(2)文化、文物的保存和保护;(3)要保护文化的多样性发展,现在的文化发展趋同性比较严重,要注意文化基因、文化传统和文化资源,要注意文化的特色和个性;(4)文化经营和管理也很重要。专家 I 提出文化管理混乱是当前应该引起关注和重视的问题。"现在的文化管理比较混乱,不规范,需要有效的管理促进文化行业向着制度化、标准化发展。如网络文化和娱乐文化都需要进行规范和管理。对于网络文化的发展方面,除了法律法规的指导外,就应该是标准化的指导了,应该从技术等方面加以重视。"专家 F 认为文化行业目前对标准化工作的认识还是比较到位的,但也存在一些问题,如标准数量少质量不高、管理力度不够、基础研究不足,标准制修订工作与科研项目结合不够,国际上参与度不够等。

结合问卷情况来看:课题组根据问卷统计的结果,发现文化行业标准化的重点领域主要集中在以下几个方面:文化保护与保存(26.6%)、公共文化服务(23.6%)和文化管理(18.5%)三个领域,分别占有较大比重,是相关文化行业工作人员认为需要重点考虑的领域。

结合之前的文本分析,我们可以发现文化行业标准化工作的重点领域以及在相关文本中出现的频次(具体见表 5-1),再结合文本分析的结论来看,其中公共文化(11)、文化产业(10)、文化保护(7)可能是文化行业政策制订过程中需要重点考虑的领域。

表 5-1 标准化工作重点领域频次统计

重点领域	频次	重点领域	频次
公共文化	11	文化安全	1
文化产业	10	文化创作	3
文化保护	7	文化娱乐	1
文化艺术	4	艺术服务	1
文艺服务	1	新兴产业	1
文化市场	1	公共文化	1
民族文化	2	文化管理	1

　　综上所述，从大方向来看，上述六个子体系中的内容总体上都涉及了文化行业标准化工作的重要方面，但是从文化行业标准化工作的战略层面来进行分析的话，并结合课题组的实证调研结果来看，我们认为从行业领域来看，公共文化、文化保护与保存、文化管理三个子体系所涉及的文化行业标准化工作的内容最为迫切。

　　首先，公共文化体系的建设，是提高全民族文明素质的重要手段，承担着为社会提供公共文化服务的重要职能，是满足人民群众日益增长的精神文化需求的客观需要，也是提高公民素质和幸福指数的重要途径，是维护社会稳定、推动和谐社会建设的重要基础，是发挥政府主导作用，统筹公共文化服务体系全局发展的关键环节，是加强统筹、促进基本公共文化服务均等化的重要途径，是顺应城市化发展趋势，推进城市经济社会全面协调可持续发展的重要方面，就目前的情况来看，广大群众的文化需求不断增长与公益性文化单位供给能力不足的矛盾逐渐突出，公共文化经费保障的机制不健全，现有管理机制和人员素质跟不上免费开放工作要求，缺乏配套的政策规定和制度设计作为保障，区域差别和城乡差别很大，我国公共文化服务城乡、区域不平衡状态尚无根本改观，实现文化权利的均等化的任务较重，公共文化服务投入保障机制严重缺失，公共文化设施使用效率和公共文化服务质量水平整体都不高，这些问题的解决在很大程度上都取决于公共文化的标准化工作，与此同时，公共文化服务体系标准化工作中，其社会服务功能、社会效益、群众的整体满意度以及规范化服务程度等都相对不高，同时，公共文化的建设标准、建筑设计规范、文化设施价值评价体系等一系列的文化行业标准的制修订工作开展相对较慢，区域性公共文化服务体系和基层文化事业的发展极不平衡，因此，公共文化子体系的标准化工作相对来说较为迫切。

　　其次，文化保护和保存有利于增强中华民族的文化认同，有利于维护国家统一和民族团结，有利于促进社会和谐和可持续发展，不仅是国家和民族发展的需要，也是国际社会文明对话和人类社会可持续发展的必然要求，是功在当代，利在千秋的伟大事业，文化保护和保存是一种传统性的存在，没有现在就没有未来，保护不当就会造成文化的永久的损失，以后想弥补都比较难，随着文化保护和保存工作的逐步深入，不仅仅是文化界，包括社会各界都认识到，文化保护和保存是一项长期而艰巨的任务，需要一代一代做下去，需要法律、科技、行政和财政各项措施环环相扣，持续不断。与此同时，提高文物保护与利用水平、加强非物质文化遗产保护、推进古籍保护工作、拓展文化遗产展示传播途径等方面的发展都需要文化保护与保存的标准化工作作为保障，目前文化遗产保护与保存、文物鉴定、文物保护技术认定、非物质文化遗产的抢救与利用等方面都缺乏完善的标准作为其今后工作开展和管理的支撑，并且该领域的多数标准都有相关国际标准作为借鉴，因此，文化保护与保存子体系的标准化工作相对来说也较为迫切。

　　再次，在现行的文化管理理念中，多数情况下依然存在依靠行政命令的思维定式，缺乏科学、有效的管理手段，使得文化管理标准化工作中的各种问题逐渐暴露出来，就目前来看，文化行业标准管理体制也还需要不断地完善和创新，文化行业标准化工作的开展目前仍然较为分散，各自为政的现象还是比较常见，对整体性的发展缺乏行业层面的统筹规划，同时也缺乏发展的优先秩序，文化行业标准化组织的建设还需要进一步深化，文化部对于各专业标准化技术委员会的指导作用并未完全发挥出来，文化行业标准监督检验和认证机构的构建速度相对较慢，全国性的、具有一定规模和业务水平的文化行业标准化建设队伍并不多见，就文化法制与标准化的联系程度来看，文化行业标准化工作的开展与文化法制建设的联系还有待加强,至少在文化行业标准对文化法制化建设的技术支撑和保障作用以及文化行业标准化研究和贯彻实施成为文化法律法规前期研究和实践性检验的过程这两方面的关联性来看,还需要加强,就文化行业标准的宣传贯彻实施来看,文化行业标准行政主管部门出台的行政法规不够,以推动文化行业标准贯彻实施为目的的认证、鉴定、检测机构不足,奖励机制不明确,就文化行业标准化管理组织来看,目前的文化行业标准化管理制度、专业标准化组织以及归口管理工作、文化行业标准监督检验和认证机构的建设以及公共文化安全的监督管理体制也还不够健全,因此,文化管理子体系的标准化工作相对来说也较为迫切。

最后,结合上述分析,我们认为从各个子体系中标准的具体内容来看,安全、质量、技术、等级评定的标准制修订工作最为重要,从具体的标准类型来看,我们认为文化行业中的技术标准和管理标准的制修订是今后文化行业标准化工作的主要内容。

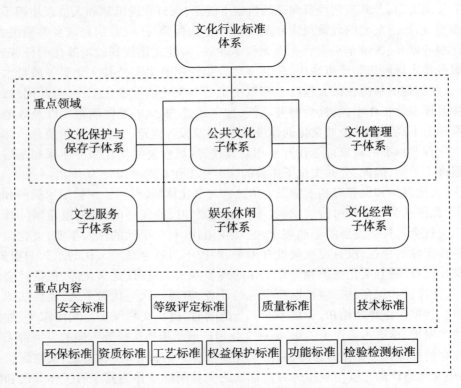

图 5-2　文化行业标准体系重点领域

5.2.3　优先事项的分析

1. 各子体系中文化事业建设的现状分析

就"十二五"文化建设的总体目标来看,文化产品创作生产体系将不断完善,覆盖城乡、结构合理、功能健全、实用高效的公共文化服务体系将基本建成,文化产业实现跨越式发展,逐步成为促进经济发展方式转变、优化经济结构、扩大就业创业的国民经济支柱性产业,科技进步成为文化发展的重要动力和引擎,文化与科技融合在深度与广度上得到实质性推进。统一开放竞争有序的现代文化市场体系基本构建,文化市场监管将进一步加强,文化市场经营秩序更加规范。文化遗产保护理念深入人心,保护体系基本形成,实现全面保护与有效传承。

结合上述目标来看,在文艺创作子体系中主要体现在:广大文化工作者自觉践行社会主义核心价值体系,坚持社会主义先进文化前进方向,反映人民主体地位和现实生活,积极发挥重大文化工程的示范作用,把精品意识贯穿于文艺创作生产全过程。切实加强对艺术事业的宏观管理,建立国家扶持艺术创作、生产、传播的长效机制。坚持把遵循社会主义先进文化前进方向、人民群众满意作为评价作品最高标准,把群众评价、专家评价和市场检验统一起来,形成科学的评价标准。充分发挥国家社科基金艺术学项目和文化部文化艺术科学研究项目的导向作用,进一步深化和拓展我国艺术学学科体系建设和当代文化发展问题研究。

在公共文化子体系中主要体现在:以国家公共文化服务体系示范区建设为抓手,进一步强化地方党委、政府主导责任,努力突破体制障碍,盘活文化资源,加大跨部门、跨领域、跨系统文化项目的交流与合作,实现基层公共文化资源综合利用,共建共享。适应推进城市化和建设社会主义新农村的要求,统筹规划,合理布局,以城乡基层文化设施建设为重点,以流动文化设施和数字文化阵地建设为补充,继续加强公共文化设施建设,努力形成比较完备的国家、省、市、县(区)、乡镇(街道)、村(社区)六级公共文化设施网络。充分发挥公共文化单位在公共文化产品创作和服务提供方面的重要作用,为群众提供优质高效、普遍均等的公共文化产品和服务。大力推进全国文化信息资源共享工程,充分发挥其在公共文化服务中的战略性、基础性作用,建立公共文化资源提供平台,推进数字服务进入家庭。推出一批优秀的、具有可持续发展价值的文化品牌,提高影响力,发挥导向性、示范性和带动性作用,实现群众文化活动的整体推进、全面提高。加强面向特定地域、特殊群体的文化关怀,提高公共文化供给能力。

在文化保护与保存子体系中主要体现在:构建科学完备、保障有力的文物法律体系以及责权明晰、效能统一的文物管理体系;构建联动响应、监管到位的文物安全体系以及特色鲜明、布局合理的博物馆体系;构建政府主导、惠及全民的文物博物馆公共文化服务体系以及结构优化、素质全面的文物人才队伍体系;构建重点突破、支撑发展的文物科技创新体系以及多方协力、共建共享的文物社会参与体系,传输便捷、覆盖广泛的文物传播体系。完成非物质文化遗产普查资料的整理、编目、存档,加强非物质文化遗产普查资料的研究和利用,编制全国非物质文化遗产普查报告,开展非物质文化遗产专项重点调查。继续开展《国家珍贵古籍名录》和全国古籍重点保护单位的申报、评审工作。深入挖掘文化遗产的历史、文化、科学价值,运用现代传播技术,实施中华文明展示工程和文化遗产陈列展示精品工程,全面提升文化遗产展示、展演水平和传播能力。

在休闲娱乐子体系中主要体现在:文化娱乐场所作为文化娱乐业的载体,要始终处于为广大人民群众提供丰富多样文化产品和娱乐的前沿阵地。KTV、歌舞厅、音乐酒吧茶座等新兴文化娱乐场等发展要不断完善,文化娱乐市场要逐步健全,文化娱乐业要健康发展,要从总体上保证我国文化娱乐场所的供给,加强对违法违规现象的管制,切实保证消费者的合法权益,加强行业规范管理,鼓励和扶持优秀企业、场所,提高文化娱乐业服务能力和水平,促进文化娱乐领域技术进步,满足人民群众不断增长服务需求的使命。

在文化经营子体系中主要体现在:推动文化产业重点领域发展。积极协调有关部门,逐步完善文化产业各门类政策,改造提升演艺、娱乐、文化旅游、工艺美术等传统文化产业,加快发展动漫、游戏、网络文化、数字文化服务等新兴文化产业;实施差异化的区域文化产业发展战略,加强分类指导,努力形成东中西部优势互补、相互拉动、共同发展的局面。鼓励东部地区优化产业结构,倡导文化创新,提升文化品质,实现跨越发展。支持中部地区完善产业政策,扩大文化消费,规范市场秩序,加快产业崛起;推动文化产业结构调整,促进文化产业转型升级,提高文化产业规模化、集约化、专业化水平。建立健全门类齐全的文化产品市场和文化要素市场,促进文化产品和生产要素的合理流动,充分发挥市场在文化资源配置中的积极作用。促进文化产业与金融业全面对接,引导和鼓励社会资本投入文化产业,建立健全多元化、多层次、多渠道的投融资体系。把扩大文化消费作为扩大内需的重要组成部分,建立扩大文化消费需求的长效机制,以优质、丰富的文化产品和服务吸引消费者,增加文化消费总量,提高文化消费水平。建立健全产业融合发展的体制机制,优化产业融合发展的政策环境,促进文化与旅游、体育、信息、物流、工业、建筑、会展、商贸、休闲等行业融合,提高国民经济的文化附加值。

在文化管理子体系中主要体现在:继续深化文化市场综合执法改革,推动落实机构编制、人员身份、经费保障等问题,建立完善综合执法机构各项工作制度。按照"统一领导、统一协调、统一执法"的要求,加强综合执法队伍素质建设、装备建设、形象建设和业务建设,不断推进综合执法工作的专业化、科学化、规范化,建设一支政治强、业务精、纪律严、作风正、形象好的文化市场综合执法队伍。逐步建成覆盖全国、上下联动、统一高效的文化市场技术监管平台,规范市场准入和综合执法工作,实现对主要门类文化市场的综合动态监管和应急指挥,全面提升文化市场监管能力。巩固文化市场综合执法改革成果,建立协调有序的综合执法运行机制,做到依法管理、科学管理、有效管理。依法查处违法文化经营活动,规范文化市场秩序,严厉打击侵权盗版行为,保护知识产权。加大城乡网吧、娱乐、演出市场整治力度,维护未成年人合法权益。强化农村、边境文化市场监管,确保文化市场平稳有序运行。全面实施政务公开,加强信息服务,建立全国及省、市级文化市场经营管理数据库,向社会公开政策信息、审批信息、文化市场发展及警示信息等政府基础数据。建立健全文化法律法规体系,加快文化立法进程,制定和完善公共文化服务保障、文化产业振兴、文化市场管理等方面法律法规,将文化建设的重大政策措施适时上升为法律法规,加强地方文化立法,提高文化建设法制化水平。

2. 各子体系中标准化工作的现状分析

文化行业的标准化工作,内容十分丰富。它涉及文化领域的安全、环保、质量、工艺、功能、资质、消费者权益保护等各个环节,覆盖图书馆、博物馆、文化馆、美术馆、演出场所、社会艺术教育、社区文化设施、文化娱乐场所、网络文化、动漫游戏、乐器、工艺美术等各个领域。

就文艺服务标准子体系来看:文艺服务标准子体系相关标准的制定和修订工作由全国剧场标准化技术委员会(SAC/TC 388)、全国剧场标准化技术委员会舞台机械分技术委员会(SAC/TC 388/SC1)和全国社会艺术水平考级服务标准化技术委员会(SAC/TC 393)负责归口管理。目前,还没有负责文艺创作方面标准化工作的专业技术委员会,有关文艺创作的标准还很少,现有行业标准包含《卡拉 OK 节目制作规范》《民歌音频资源元数据标准》《民间器乐音频资源元数据标准》《水书元数据标准》《戏曲唱段视频资源元数据标准》《戏曲剧目视频资源元数据标准》《曲艺唱段资源元数据标准》和《曲艺曲(书)目视频资源元数据标准》等,还有少数关于微缩影像技术的制作和质量检测的相关标准。对于文艺作品创作的审核标准还不够完善。所以,要加强文艺创作相关标准的制修订工作,重视文艺产品的创作和生产环节的标准化制度建设,保证文艺创作的产品质量,合理而充分的利用文艺资源为人们提供优质的文化服务。今后,应考虑设立文艺创作相关的标准化技术委员会,并做好文化行业标准管理权的交接工作,衔接好专门的标准化技术委员会与文化部等部委之间的关系,进一步加强文艺创作的标准化建设,加快制定与文学作品、电影剧本、美术作品、音乐制作等文艺创作环节相关的标准,保障文艺创作标准子体系的健康发展,要保证创作的文化产品内容健康,又要规范文化产品的表现形式;要做到既有创新,又合规范;既能保证文化产品和服务的产业化生产,又能推陈出新,不寓于形式。全国剧场标准化技术委员会及舞台机械分技术委员会主要负责归口管理文艺表演相关标准的制修订工作,已经制定的标准包括《灯具 第2—17部分:特殊要求 舞台灯光、电视、电影及摄影场所(室内外)用灯具》和《影视舞台灯具用单相三极插头插座和联接器技术条件》等国家标准,还有《演出场所安全技术要求 第2部分:临时搭建演出场所舞台、看台安全技术要求》《舞台灯具通用技术条件》和《舞台灯光系统工艺设计导则》等。总体来看,现有标准对演出场所及舞台设备等的标准有所侧重,且仍不足;而与文艺活动相关的标准明显没有被重视起来。另外,现有标准的制定和修订速度仍然不能满足文艺表演活动的增长需要,今后还应加强相关标准的制修订工作。对社会艺术水平考级活动的管理,是为了维护考生利益,促进社会艺术水平考级工作的规范化,保障社会艺术水平考级工作的质量,推动社会艺术教育事业的健康发展。全国社会艺术水平考级服务标准化技术委员会(SAC/TC 393),主要负责与社会艺术水平考级工作相关的技术、服务、管理等领域的标准化工作。目前归口管理的文化行业标准有《社会艺术水平考级 管理》《社会艺术水平考级 考场设置与环境要求》和《社会艺术水平考级 术语和分类》等。今后,全国社会艺术水平考级服务标准化技术委员会还需要充分发挥作用,加快制定相关标准,促进文艺培训市场标准子体系的形成和完善。

就娱乐休闲标准子体系来看,经国家标准化技术委员会和文化部批准的《文化娱乐场所标准2009—2013年五年发展规划》的正式出台,标志着包括《文化娱乐场所服务规范》《卡拉OK场所资质要求》《VOD系统规范》在内的共9个标准将逐步完成制定并颁布施行,中国文化娱乐业首套较为完整的标准框架体系宣布启动。全国文化娱乐场所标准化技术委员会主要负责歌厅、迪厅、游戏厅等文化娱乐场所技术、服务、管理等领域的标准化工作。该标委会秘书处根据行业急需规范的领域,组织相关委员起草了《卡拉OK节目制作规范》等5个草案。其中,部分草案已通过评审,作为文化行业标准正式施行;《文化娱乐场所视频点播系统软件技术标准》《歌舞娱乐场所服务规范》已形成征求意见稿。全国文化娱乐场所标准化技术委员会主要是负责歌厅、迪厅、游戏厅等室内文化娱乐场所的相关标准制修订,而民众乐园和游乐场属于室外场所,最好能成立单独的标委会负责相关标准制修订工作。目前,已发布的相关标准有《游乐园(场)服务质量》(GB/T 16767—2010)、《游乐设施检验验收》(GB/T 20050—2006)、《无动力类游乐设施技术条件》(GB/T 20051—2006)等项,民众乐园和游乐场在发展过程中还有很多需要完善和改进的地方,需要尽快制定游乐设施的安全标准、游乐场服务规范等标准。全国动漫游戏产业标准化技术委员会2013年1月成立,自2013年2月起,开始为着手编制《网络游戏术语和定义》《网络游戏服务规范》《网络游戏产品运营规程》《网络游戏分类与定义》等相关标准提供可靠依据,开始就网络游戏产品质量、服务质量和市场趋势三个方面对国内的网络游戏企业进行调研,范围覆盖北京、上海、广州、成都等。其中《网络游戏术语和定义》已完成标准草案的编制,将根据标准制修订相关规定和流程逐步完善。2011 年 2 月,全国网络文化标准化技术委员会第一次代表会议在京召开。会上委员们讨论了《全国网络文化标准化技术委员会章程(草案)》,秘书处《工作细则》及《标委会 2011 年工作计划及五年规划》,对完善标委会组织建设、加快推进标准研制、开展标准归口管理及宣传培训工作、积极组织 2011 年度网络文化行业国家标准计划项目征集工作以及标委会五年工作规划等达成共识。总体来说,动漫游戏类相关标准还太少,现有标准只有《手机动漫文件格式》(WH/T 53—2012)、《家用电子游戏机通用技术条件》(SJ/T 10360—1993)、《家用电子游戏机质量分等标准》(SJ/T 9526—93)、《游乐设施术语》(GB/T 20306—2006)。今后,还需要充分发挥两个标委会的作用,尽快出台有关网络文化和动漫游戏的相关标准,推进娱乐休闲标准子体系成熟发展。

就文化经营标准子体系来看,目前,只有动漫游戏标准化技术委员会和演出场馆设备专业委员会两个标委会负责文化经营领域的标准化工作。文化产品经营是新兴业务领域,且涉及范围广泛,针对已经成立的文化行业标委会来说,全国动漫游戏产业标准化技术委员会和全国网络文化标准化技术委员会可以发挥作用,对口管理关于动漫游戏类文化产品和网络文化产品的创作、生产和服务相关标准的制修订工作。另外,还需要考虑成立另外的专门标委会,负责规范管理影视作品、广告设计等文化产品的经营活动。有关文化产品经营的相关标准仅有两项:《家用电子游戏机质量分等标准》和《家用电子游戏机通用技术条件》,这两项标准都是 1993 年发布的,目前家用电子游戏机更新换代很快,无论是产品的规格还是性能都已经发生了彻底的改变,现有标准已不能发挥作用,急需更新或者制定新的标准。因为文化产品的生产要引领人民群众的文化需求。目前,与文化服务经营活动相关的标准有2011 年 12 月制定,2013 年 5 月才正式施行的《文化服务质量管理体系实施指南　第 1—7部分》系列标准,由全国服务标准化技术委员会归口管理的。建议今后成立专门的文化行业服务标准化技术委员会,充分认识文化服务的特殊重要意义,深入贯彻落实科学发展观,以增强服务意识、提高服务能力、提升服务质量,着力满足人民群众的精神文化需求、保障群众的基本文化权益,更好地发挥文化引导社会、教育人民、推动发展的功能。目前,与数量众多的文化经营机构相配套的建筑设计类标准、服务场馆安全类标准、服务质量监督以及运营管理类标准,绝大多数还是空白,需要尽快制定出台。标准化文本的分析结果显示,完善经营性文化单位法人治理结构,繁荣文化市场是今后文化行业标准化工作的重点之一。访谈专家 H 认为,动漫等与少年儿童文化相关的标准和网络安全标准是需要优先制定。对于文化行业标准化的重点领域的问卷调查结果显示,在 705 份有效问卷中,文化经营出现频率是277 次,占整体的 39.29%,充分说明文化行业从业者对文化经营标准化的重视程度。全国动漫游戏产业标准化技术委员会自 2013 年 1 月成立以来,已经召开了两次会议,第二次会议于 2013 年 7 月 11 日在上海世博展览馆顺利召开,会议的主题是"加快标准建设、促进产业发展"。会议介绍了标委会成立半年来的工作情况以及下半年工作的计划,并就网络游戏、游艺机产品、动漫游戏制作专业装备配置、新媒体动漫游戏数字产业四个方面的标准化工作展开了研讨。会上有代表介绍了《网络游戏服务规范》地方标准的实施情况和实施结果。今后,全国动漫游戏产业标准化技术委员会应尽快制定相应的标准,以提高动漫游戏产品与服务质量,优化产业结构,促进动漫游戏产业的健康有序发展。

就文化保护与保存标准子体系来看,目前由于缺乏相关的判定标准,缺乏有效的管理和保护措施,以及缺乏长远的规划等原因造成珍贵文化积淀、文化遗产损失灭迹的事例并不鲜见,令人痛惜。因此,尽快制定颁布有关文化保护和保存的标准,有利于更好的保护与保存文化艺术遗产,及时挽救那些处于危险之中、随时有灭损危险的珍贵文化和艺术产品。可以看出,文物保护及文化遗产保护在近几年取得了较快发展,但是关于这方面的标准化建设工作却未得到应有的发展。这个问题也是调研中的关注焦点。2011 年,全国文物保护标准化技术委员会正式成立,主要负责不可移动文物、可移动文物、文物调查与考古发掘、文物保护、博物馆及其信息化和信息建设领域国家标准制修订工作。由全国文物保护标准化技术委员会归口管理的国家标准有《中国文化遗产标志》(GB/T 25601—2010)、《文物保护单位开放服务规范》(GB/T 22528—2007)、《文物保护单位标志》(GB/T 22527—2008);行业标准有《文物建筑防雷技术规范》(QX 189—2013,于 2013 年 7 月 1 日正式施行)、《历史文化名城保护规划规范》(GB 50357—2005)和《地名文化遗产鉴定》(MZ/T 033—2012)等。在实际工作中,对相关的国家或行业标准的需求很大。关于文物和文化遗产的甄选、管理与保护工作都需要依赖相应的标准。今后要加大对文物保护和保存相关标准的研究立项,重点保证文物保护与文化遗产保护工作的顺利和可持续开展,有据可依。目前与博物馆相关的标准还是由国家文物局主管,全国文物保护标准化技术委员会归口管理。目前已发布的与博物馆相关的国家标准有《博物馆讲解员资质划分》(GB/T 25600—2010)、《博物馆和文物保护单位安全防范系统要求》(GB/T 16571—2012)、《图书馆、博物馆、美术馆、展览馆卫生标准》(GB 9669—1996)、《文化服务质量管理体系实施指南 第 3 部分:室外博物馆》(GB/T 28227.3—2011)、《文化服务质量管理体系实施指南 第 2 部分:室内博物馆》(GB/T 28227.2—2011)、《博物馆照明设计规范》(GB/T 23863—2009);行业标准有:《博物馆建筑设计规范》(JGJ 66—1991)、《艺术品及博物馆展(藏)品航空运输规范》(MH/T 1047—2012)和《文物系统博物馆风险等级和安全防护级别的规定》(GA 27—2002)等。来自博物馆界的访谈专家反复强调,今后应优先考虑成立博物馆专业标准化技术委员会,全面开展博物馆相关标准的制修订工作,这是“非常紧迫”的任务。现在还没有专门与烈士陵园和纪念馆对口的标准化技术委员会。相关的国家标准只有民政部主管发布的《烈士纪念设施保护单位服务规范》(GB/T 29356—2012),这一标准也是 2013 年 5 月 1 日才正式实施。可见,为了规范烈士陵园的建设和发展,应尽快开展标准化工作,成立相应的专业技术委员会统筹协调。除了要出台一系列的标准之外,还可以通过制订发展规划来引领烈士陵园与纪念馆的发展。例如,安徽省为了规范烈士陵园的建设,于 2012 年 11 月发布了《安徽省烈士纪念设施保护建设规划(2011—2015 年)》,指导安徽省内的烈士纪念设施的标准化建设,这一做法值得推广学习。无论从制度层面,还是从机构层面,我国非物质文化遗产保护工作都得到了较快发展。然而截至目前,与非物质文化遗产保护相关标准的制修订工作没有专门机构负责;关于非物质文化遗产保护工作的相关标准仍然是空白。今后,可以考虑在民政部或国家文物局加快确定或成立专门机构负责非物质文化遗产保存与保护工作,加快制定非物质文化遗产的相关标准,使得非物质文化遗产的申报工作有据可查,非物质文化遗产的保护工作能够符合规范,长效发展。

就公共文化标准子体系来看,2008 年 10 月成立的全国图书馆标准化技术委员会,主要负责图书馆管理、服务标准化,图书馆古籍善本的定级、维修、保护,图书馆环境等领域标准化工作。截至 2012 年年底,全国图书馆标准化技术委员成立以来参与制修订的国家标准有

《公共图书馆服务规范》(B/T 28220—2011)和《图书馆馆藏图像资源数据加工》(制定,已进入审查阶段)等 10 项标准,参与制修订包括《图书馆 射频识别 数据模型 第 1 部分 数据元素设置及应用规则》(WH/T 43—2012)、《图书馆 射频识别 数据模型 第 2 部分 基于 ISO/IEC 15962 的数据元素编码方案》(WH/T 44—2012)等 20 多项行业标准。另外,与图书馆密切相关的标准,还有很多是经全国信息与文献标准化技术委员会或中华人民共和国文化部等机构归口管理的。2012 年,全国图书馆标准化技术委员会在全国图书馆年会期间召开了"我国图书馆标准化工作"会议,邀请专家学者对我国图书馆标准化工作从宏观战略层面到微观业务层面作了翔实的报告,有效提升了我国图书馆界对标准化工作的关注与了解,对推动我国图书馆标准化工作发展产生积极作用。今后,全国图书馆标准化技术委员会应该发挥职能作用,承担起相关标准的修订工作。全国文化馆标准化技术委员会成立于 2008 年,主要负责文化馆技术、服务、管理等领域的标准化工作。该标委会虽已宣布成立多年,但是还没有由其发布的标准。与文化馆相关的标准仅有《文化馆建筑设计规范》(JGJ 41—87)、《文化馆建设用地指标》(建标 128—2008)和《文化馆建设标准》(建标 136—2010),这些标准跟建筑有关,都是由中华人民共和国住房和城乡建设部主管的。而对于文化馆的技术和服务等方面的标准和规范,目前还是空白,需要文化馆标准化技术委员会尽快进入角色,发挥作用。标准化建设一直是公共文化工作的一个重点。文化部、国家发改委与建设部一直高度重视公共文化建设的相关标准制修订工作,成立了全国文化馆标准化技术委员会、全国文化娱乐标准化技术委员会和全国图书馆标准化技术委员会等专门机构,组织有关专家编制并出台了乡镇综合文化站的建设标准和用地标准,为有效组织相关文化设施建设提供了重要依据。目前,与群众艺术馆、美术馆、少年宫和文化社团等机构对口的标准化技术委员会还没有成立,相关标准也只有《图书馆、博物馆、美术馆、展览馆卫生标准》(GB 9669—1996),至今已经施行了 17 年,相关的服务标准和建设标准等还没有出台。今后,应首先设立专门的标委会,尽快开展相关标准的制修订工作。

就文化管理标准子体系来看,文化管理在文化行业标准化的重点领域调查中,以 337 票的频次占据样本总体的 47.80%,成为第三重要的标准化建设领域。在需要优先制定的标准项调查中,文化市场管理(46.67%)又从 27 个备选项中脱颖而出,文化市场管理的相关标准又成为文化管理领域需要优先制定的标准。相应的需成立文化管理标准化技术委员会,统筹管理与文化市场和文化活动等相关的标准制修订工作。目前,与文化活动相关的标准还是空白,也没有对口的标准化技术委员会负责文化活动相关标准的制修订工作。特别是近几年发展很快的网络文化活动,因其快速传播性和广泛的影响力,对其进行标准化管理日渐成为专家学者和广大文化从业者所关心的问题。今后,成立专门的标准化技术委员会,制定和完善相应的文化行业标准、管理规范和运营标准,来引导和规范文化活动的健康有序开展。另一方面,要逐步提高文化信息管理资源建设的科学化、制度化、规范化水平,规范资源服务工作流程和管理,建立、完善文化信息资源建设标准规范体系。全国文化艺术资源标准化技术委员会负责文化艺术资源收集、整理、保护、开发、数字化等领域的标准化工作。目前制订了 7 项元数据标准、3 项数字化加工标准和管理规程,涵盖戏曲、曲艺、民歌、器乐、民间文献多种艺术资源,覆盖文本、音频、视频三类资源介质。为了促进文化信息资源的共建共享,必须先建立统一的标准,在统一的标准框架下才能实现资源的大规模快速传播和共享。

5.2.4 优先事项的确定

结合访谈情况来看:首先,对于文化行业标准化的重点领域,各专家发表了不同的见解。专家 E 认为:"从宏观方面讲,图书馆标准化工作,如公共图书馆建设标准、用地指标等都很重要;在微观方面,关于图书馆业务指导的标准很多,如著录标准等。具体来讲,在图书馆建设方面,国内图书馆最近几年也发生了很大的变化,做了许多的促进工作,积极地与国际标准靠拢,与国际接轨。文化管理混乱是当前应该引起关注和重视的问题。"专家 A 认为美术馆建筑标准和管理标准应该是目前标准化重点建设的领域,提出"(1)建筑标准。省会城市需要建立多大的美术馆,与省级城市,县级城市相适应。多大规模,完成多大的事情。(2)文化管理标准。多大的馆舍需要配备多少员工,在文化管理,行政管理需要多少人,需要测算,需要科学的依据。有多少人对外服务,多少人负责研究,负责库房管理,这些都需要标准。"专家 B 以博物馆为例,提出了重点发展的领域。"(1)博物馆建筑设计标准,这是非常紧迫地需要对外公布了。一方面是博物馆建设高速发展期间,一方面是建筑设计的滞后,这两个是非常大的反差,所以急需建筑设计标准。(2)博物馆展览制作标准,到目前展览制作,国家还没有出台一个完整的标准。所以在招投标、评估等方面,没有依据。没有依据就导致制作的泛滥化,非标准化,然后它的造价不可考评,没法说清楚是贵还是便宜,甚至浪费了很多国家资金。"专家 C 认为"文化保护、保存以及古籍保存应该是重点建设的领域,图书馆建设标准等也是需要重点把握的领域。"专家 F 提出了 7 个重点领域:(1)文化资源建设(2)公共文化服务(3)文化管理(4)网络文化安全(5)艺术创作和舞美设计(6)文化遗产保护(7)文化与科技融合。

结合问卷情况来看:在"您认为目前哪些文化行业标准是需要优先制定"的 27 个选项中,位列前五位的分别为:文物及文化遗产保护(10.5%);图书馆(8.2%);文化市场管理(6.1%);文艺培训(4.8%);档案馆(4.4%)。此项调查结果与文化行业标准重点领域的调查结果也相吻合,以上 5 个选项除文艺培训之外,全部来自文化保护与保存、公共文化服务和文化管理三个需要重点考虑的领域。其中,文物及文化遗产保护的相关标准,成为最为迫切需要优先制定的标准。

结合之前的文本分析,我们可以发现文化行业标准化工作的优先事项及其在相关文本中出现的频次(具体见表 5-2),再结合文本分析的结论来看,其中非物质文化遗产保护、传承、利用(7)、图书馆、数字图书馆(5)、博物馆(3)、文化馆(3)、数字出版、印刷(3)、文化监管、指导(3)可能是文化行业政策制定过程中需要优先考虑的事项。

表 5-2 文化行业标准化工作的优先事项及其出现频次

优先事项	频次	优先事项	频次	优先事项	频次	优先事项	频次
非物质文化遗产保护、传承、利用	7	动漫产业	2	研制文化创意产业	1	文物调查	1
图书馆、数字图书馆	5	文化产业服务	2	港澳台中华文化传承	1	文艺理论	1
博物馆	3	文化市场诚信建设	1	艺术研究院	1	文艺演出	1

续表

优先事项	频次	优先事项	频次	优先事项	频次	优先事项	频次
文化馆	3	文化与科技融合促进	1	出版物物流	1	画院	1
数字出版、印刷	3	文化部电子政务建设	1	社会艺术教育	1	休闲娱乐	1
文化监管、指导	3	数字文化产业创新	1	文物安全监管	1	古籍保护	1
艺术创作	2	公共演出场所	1	社区文化设施	1	游戏业	1
文物保护	2	艺术作品推广	1	文化企业培养	1	戏剧	1
美术馆	2	民族地区重点文物保护	1	农村文化设施	1	艺术培训	1
对外文化产业、交流、贸易	2	文化产业投融资	1	演出业服务标准	1	艺术品种	1
网络文化	2	文化生态保护区建设	1	文化产业公共平台建设	1	考古	1
歌剧舞剧院	2	民族文化资源利用	1	文化系统统计能力建设	1	特色文化产业	1

综上所述,结合前面的现状分析,上述六个子体系中的各个方面总体上都涉及文化行业标准化工作的重点层面,但是从文化行业标准化工作的战略层面来进行分析,并结合课题组的实证调研结果,我们认为从行业领域来看:

文艺服务子体系中的优先事项是文艺创作和文艺培训。文艺创作是文化产品的核心和主体,它的发展壮大无疑会对文化产品的有效供给和满足需求产生重大的作用和影响,就文艺创作领域的标准化工作而言,应结合当前我国文艺创作的活动发展实际,有序组织与文艺创作相关的标准化建设,以保障文艺创作的健康发展并规范文化产品的表现形式,使文艺创作既有创新、又合规范,提高文化产品和服务生产效率的同时,夯实文艺创作领域的基础,其中主要涉及演出场所、社会艺术教育、乐器、工艺美术等相关标准,文艺评奖和文艺评论的评定标准,文艺领域的技术标准,文化艺术信息资源核心元数据、文化艺术信息资源专用元数据、文化艺术资源数字化转换技术、文化艺术资源修复技术、文化艺术资源受众分级、文化艺术资源等级评定、文化艺术资源保护安全监测评估等标准。

娱乐休闲子体系中的优先事项是娱乐休闲活动与服务及网络休闲娱乐,其中主要涉及演出场所、文化娱乐场所、网络文化的分类标准,文化资源安全的技术标准和管理标准,多媒体、互联网等文化载体中文化内容的管理标准以及剧场、互联网上网服务营业场所、歌厅、露天演出、文化集会等公共文化活动场所的安全管理标准和等级评定标准,音响师、灯光师、舞台机械师、调律师、舞美师、录音师等执业岗位认证和等级评定的标准等。

文化经营子体系的优先事项是文化产品经营和文化服务经营,文化产品是一种特殊的商品,同时具有意识形态和商品的"双重属性",其中商品属性决定文化产品具有价值和使用价值,意识形态属性要求文化产品履行为一定经济基础服务的社会功能,文化产品在生产和经营过程中其"双重属性"具有十分重要的社会效益和经济效益。文化服务是人民群众享受或消费文化产品的重要方式,文化服务能够把美好的精神食粮提供给亿万人民,让人民群众共享文化发展成果,是全面建设小康社会新阶段赋予文化工作者的重要使命,是文化战线必须履行好的重要职责。总体来说,动漫游戏类相关标准还太少,现有标准只有《手机动漫文件格式》(WH/T 53—2012)、《家用电子游戏机通用技术条件》(SJ/T 10360—1993)、《家用电子游戏机质量分等标准》(SJ/T 9526—93)、《游乐设施术语》(GB/T 20306—2006),今后,还需要充分发挥两个标委会的作用,尽快出台有关网络文化和动漫游戏的相关标准,推进娱乐休闲标准子体系成熟发展,其中主要涉及演艺、娱乐、文化旅游、工艺美术、动漫、游戏、网络文化、数字文化服务文化产业中的安全标准、环保标准、质量标准、工艺标准、技术标准、分类标准、检验检测标准、保护消费者权益标准,文化产品准入和评审标准,文化经营场所的合格检验、验收、质量检测、检验规程等标准,文化中介(鉴定、经纪、评估、拍卖)的服务标准,艺术品的交易标准等。

文化保存与保护子体系中的优先事项是博物馆和文物及文化遗产保护,特色鲜明、布局合理的博物馆和文物及文化遗产保护的标准化体系,能够推进文化保护与保存的标准化工作进程,能够健全中国特色、世界接轨的文物及文化遗产保护的理论体系和科学完备、保障有力的文化保护与保存的法律体系,责权明晰、效能统一的文化保存与保护管理体系,联动响应、监管到位的文化保护安全体系,其中主要涉及博物馆和美术馆的藏品分类、建筑设计、用地、展览制作等标准,抢救和保护物质的、非物质的文化遗产管理标准,非物质文化遗产项目分类保护标准,古籍保护工作的标准,文化遗产监测文物保护传统工艺和文物建筑的评价标准,非物质文化遗产的传播标准等。

公共文化子体系中的优先事项是图书馆和文化馆,图书馆和文化馆标准化工作的顺利开展能够加大公共文化产品和服务的供给力度,充分发挥公共文化单位在公共文化产品创作和服务提供方面的重要作用,为群众提供优质高效、普遍均等的公共文化产品和服务,尤其是全国文化信息资源共享工程的推进,能够充分发挥图书馆在公共文化服务中的战略性、基础性作用,其中主要涉及公共文化体系的建设标准,建筑设计标准,质量合格检验的评定标准,文化设施价值评标准,区域性公共文化服务标准和基层文化事业标准,文化服务中的术语标准,公共文化服务体系以及文化设施的分类标准、文化内容数据库中的核心元数据标准,社区文化设施的建设标准,数字图书馆的技术标准,公共文化设施的服务标准,全国文化信息资源共享工程的相关标准。

文化管理子体系的优先事项文化市场管理和文化活动管理,文化市场是文化机构提供文化产品和文化服务的重要阵地和场所,也是一个地域文明程度的标志和象征,文化活动是公共文化的重要组成部分,能够满足群众的精神文化生活需要,在公共文化体系中居于核心地位,随着社会的不断发展,广大人民群众文化活动越来越成为人们不可缺少的精神生活内容,另一方面,在需要优先制定的标准项调查中,文化市场管理(46.67%)又从27个备选项中脱颖而出,其重要性仅次于文物及文化遗产保护(81.28%)和图书馆(62.84%),成为公认的需要优先制定的标准。文化市场管理的相关标准又成为文化管理领域需要优先制定的标准。相应的需成立文化管理标准化技术委员会,统筹管理与文化市场和文化活动等相关的标准制修订工作。其中主要涉及文化行业标准监督检验和认证机构的建设标准,文化行业标准的宣传贯彻实施和奖励标准,文化行业标准化技术委员会设立的组织标准,文化行业标准化科研项目的管理标准,文化市场综合执法机构的建设标准,文化市场监管的技术标准,文化管理信息公开和发布标准等。

结合上述分析,我们认为从各个子体系中标准的具体内容来看,安全、质量、技术、等级评定、消费者权益保护、检测和检验的标准制修订工作最需要优先考虑,从具体的标准类型来看,我们认为个子体系中的技术标准和管理标准的制修订是今后文化行业标准化工作的主要内容。

6 文化行业标准化的体系研究

近年来,随着我国对文化行业的重视程度和投入力度不断加大,整个行业呈现蓬勃发展的态势,特别是文化部管辖范围内的各文化单位为行业的全面发展注入了中坚力量。为了进一步繁荣文化事业、发展文化产业和推动文化创新,文化行业标准化的工作成为文化建设中的重要议题,为此文化部相继印发《文化标准化"十一五"及中长期发展规划》《"十二五"文化科技发展规划》《文化标准化中长期发展规划(2007—2020)》等文件,以加强文化行业的标准化建设。从前面章节中对我国文化行业标准化的现状梳理来看,相比于国外一些发达国家,我国的文化行业标准化工作仍处在起步阶段;相较于国内其他行业,文化行业的标准化建设发展较慢,存在着数量少、水平低、贯彻实施不力、与文化发展大环境不相适应等问题,已经成为制约某些文化领域发展的瓶颈。因此,把握我国文化行业发展的重要战略机遇期,加强文化行业标准化工作已经迫在眉睫,其中关于文化行业标准化的体系研究是工作进程中不可或缺的重要环节。

基于上述背景,本研究以前一章节构建的文化行业标准体系为核心,架构全面、系统、科学的文化行业领域标准化体系框架,内容上具体分为文艺服务标准化子体系、文化保护与保存标准化子体系、公共文化标准化子体系、娱乐休闲标准化子体系、文化经营和文化管理标准化子体系六个部分,过程涉及标准化工作中的各个环节,主要包括从标准制修订到标准的宣传贯彻,乃至标准的评价实施的全生命周期过程,各环节相辅相成,紧密联系形成一个整体,标准的类型涉及基础标准、技术标准、服务标准和管理标准,其主要的工作基础来自于文化行业标准化工作相关科研、经费、政策以及平台的支持,由文化部牵头组织领导,国家标准化管理委员会、各级文化主管行政部门、文化行业协会及社会团体等负责直接管理,其中国家标准化管理委员会下属的九个标委员会由文化部归口管理和指导各领域的标准化建设工作。该概念框架用以确定文化行业标准化工作的体系结构,阐明六个标准化子体系中内所涵盖的组织机构关系、责任分配、任务流程和优先事项关系等,来指导现阶段以及未来时期内文化领域标准化的建设和发展,具体如图6-1所示。

6.1 文艺服务标准化子体系

在文化行业标准化的体系框架中,文艺服务标准化子体系主要涉及文艺创作、文艺表演以及文艺培训三大领域的标准化工作。目前,已成立的全国剧场标准化技术委员会、全国剧场标准化技术委员会舞台机械分技术委员会、全国社会艺术水平考级服务标准化技术委员会和文化艺术资源标准化技术委员会等标委会负责归口管理相当一部分的文艺服务相关标准的引进、征召、制修订、评审及推广工作。尽管如此,仍然不能兼顾到文艺服务标准化工作的方方面面,甚至在一些重要层面上由于职责模糊、经费欠缺、机构协作不畅等原因而出现如文艺服务领域重要标准的数量少、已出标准的宣传不力、已执行标准的贯彻实施不够、标准的评价机制缺乏等问题,在一定程度上急需通过对文艺服务标准化子体系进行深入研究来得以解决。文艺服务标准化子体系框架见图6－2。

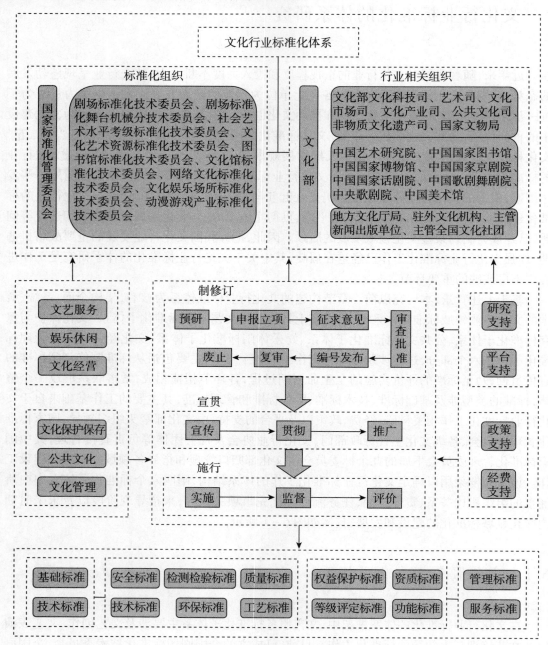

图6－1　文化行业标准化体系

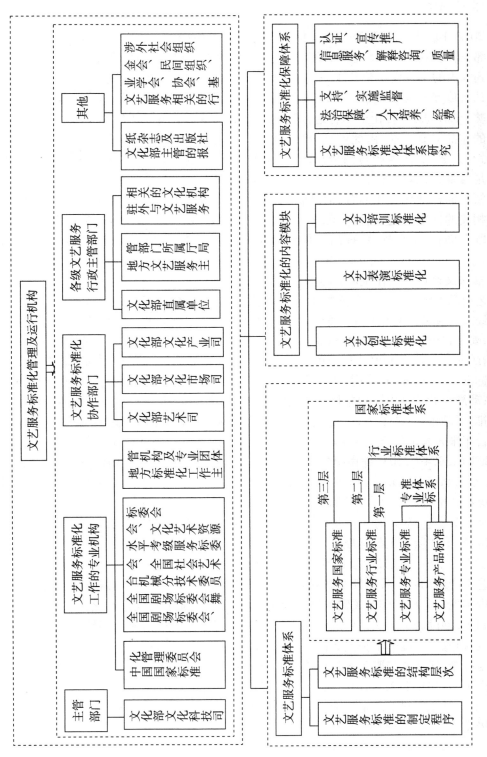

图 6-2　文艺服务标准化子体系框架

6.1.1 文艺创作

据 2012 年的不完全统计①,2011 年出版图书共计 369 523 种,770 518 册;出版和发行电影 558 部,实现票房 131. 15 亿元;7055 个艺术表演机构演出超过 154 万场次,从该年的数据可以看到国内的文艺创作达到了一定的繁荣。从文艺产品输出的效果来看,一方面,文艺创作与认可度是相互疏离的,以 2012 年第 20 届曹禺戏剧文学奖(第四届中国戏剧奖·曹禺剧本奖)的评选为例,在全国各地推荐的近百部参评作品中,只有 20 部作品获得提名,而获奖的作品只有 8 部,由此可见,高质量的、为人民群众所喜闻乐见的文艺产品仍十分匮乏;另一方面,文艺生产与消费出现失衡,2012 年的数据显示,进入院线与观众见面的影片不足百部,火爆的舞台演出不足一成,能够打动人心的文学作品更是屈指可数。就文艺创作领域的标准化工作而言,应结合当前我国文艺创作的活动发展实际,有序组织与文艺创作相关的标准化建设,以保障文艺创作的健康发展并规范文化产品的表现形式,使文艺创作既有创新、又合规范,提高文化产品和服务生产效率的同时,夯实文艺创作领域的基础。

1. 加快文艺产品创作生产领域的技术标准化工作进程

文艺产品的创作生产与科学技术结合得日益紧密,综合利用高新技术和新文化产品科技化已经成为文艺产品创作生产领域的重点任务,由此该领域的标准化建设作为一项基础性工作,要加快领域内相关技术标准化的建设和发展。对于整个文化产品创作生产领域而言,现行的文化行业标准中已有少数关于文艺产品生产中微缩影像技术的制作和质量检测的相关标准,还有许多急需的技术标准要出台,主要包括:文化内容和艺术表现形式及手段的标准;动漫与游戏等电子娱乐体验的设计与制作技术标准;提升文艺作品创作、创意协同、内容编排、活动策划、艺术表现、受众互动和展演展映展播展览等效能的关键技术标准等。部分出台年限较长的标准(如 GB/T 6159. 1—2003《缩微摄影技术词汇 第 1 部分:一般术语》、GB/T 6159. 4—2003《缩微摄影技术词汇 第 4 部分:材料和包装物》、GB/T 10335. 1—2005《涂布纸和纸板涂布美术印刷纸(铜版纸)》等)需要重新修订。该领域的所有技术标准需要在更广泛的范围得到宣传贯彻,并定期进行复审,可以成立新的文艺产品创作生产技术标委会来牵头,进行技术标准的推广宣传活动,已有的相关标委会应积极与国家标准化管理委员会沟通,促成所开发的标准早日成为国家标准。

2. 建设文艺生产活动以及产品传播渠道的标准化

文艺生产活动是一种感性客观的对象化的实践,其作为一种生产,需要在实际的艺术创作过程中实现部分可操作的关键领域标准化,并在产品传播上实现标准化。首先,在现有标委会基础上,创设若干个文艺生产标准化工作组,依托各标委会与文化部等主管机构进行沟通合作,承担急需标准的申报或制修订。还应遴选专业人才组建专家队伍,建立文艺生产宣贯实施委员会,保证文艺服务领域标准化的顺利开展。其次,以文艺产品的商品属性来看,涉及生产源的规格、形态、周边产品、衍生产品等还没有实现标准化,需要在如弹奏器材、剧本、美术纸版等原材料上制定标准,保证一定程度的通用性,推进文艺生产活动前和产品生成后的传播。

---

① 中华人民共和国统计年鉴 2012[M]. 北京:中国统计出版社,2013:177 – 179.

3. 完善文艺作品创作标准审核的各关键环节

文艺作品创作标准与创作资源、文化单位、审核机制这三个环节紧密相关。从资源环节来说,已制定有如《卡拉 OK 节目制作规范》《民歌音频资源元数据标准》《民间器乐音频资源元数据标准》《水书元数据标准》《戏曲唱段视频资源元数据标准》和《曲艺曲(书)目视频资源元数据标准》等数据标准,但对于文艺作品的体裁与手段等数据标准尚未出台,对于标准的审核也没有提上标委会的重要议程。从文化单位环节来说,民间艺术机构所创作的文艺作品没有针对性较强的标准申报立项,下一阶段在尽快出台标准的同时,明确民间艺术作品的标准审核与相对应的民间艺术机构协作范畴。从审核机制环节来说,除了规范文艺作品创作标准本身从预研到制修订的步骤之外,还得重视各文化机构宣传贯彻标准的程度,全面反映文艺作品创作标准的生命周期,以保持标准的新鲜活力和可用性。

6.1.2　文艺表演

文艺表演活动既包含舞台、灯光设备、观众席座椅等演出场所要素,又包含与文学、美术和艺术表演相关的文艺活动,截至 2011 年,全国艺术表演团体机构共有 7055 个,比 2010 年增长了 2.8%,全年共举办各类演出活动 113.8 万场。文化艺术演出的发展受文化发展机遇、文化政策、群众文化需求、艺术团体、演艺市场等诸多因素的影响,关于文艺表演行业领域的标准化应该注意以下方面:

1. 增加大型文艺演出活动以及旅游景区演出的设备标准立项

2012 年的统计数据显示,仅 2011 年,共举办大中小型演唱会 884 场,举办了音乐节 124 场,旅游演出场次达 72 391 场,专业剧场的演出和娱乐演出场次分别达 62 537 场和 40 250 场①,取得了较大的经济效益和社会影响。数据的背后是精良的演出设备以及文艺专业团队的支持,与之密切相关的是,当前可以推荐使用的现行标准主要为舞台灯具(如《灯具　第 2—17 部分:特殊要求　舞台灯光、电视、电影及摄影场所(室内外)用灯具》《影视舞台灯具用单相三极插头插座和联接器技术条件》等国家标准;《舞台灯具通用技术条件》《舞台灯光系统工艺设计导则》等行业标准)、场所安全(如行业标准《演出场所安全技术要求　第 2 部分:临时搭建演出场所舞台、看台安全技术要求》)和建筑设计(如《剧场建筑设计规范》《厅堂混响时间测量规范》)方面的。面对日益庞大的大型文艺活动和景区演出数量,已有的舞台灯具类标准需要切实地得到贯彻实施并进行复审更新,安全类的标准应加大申报和立项力度以保证人流庞大的时候得到安全保障,另外还要增加其他硬件或软件设备(如音箱、功放、调音台、投影仪、电视墙、特技控制台、各式特效器材等)以及环境类(如舞台机械噪声控制)的标准。

2. 填补对民营文艺团体演出进行评价的标准化空白

文化体制的改革给民营文艺表演团体的发展提供了很好的政策支持,极大地调动了民间文艺工作者参与文化建设的积极性。民间文艺表演团体来自于民间,成长于民间,服务于民间,对于繁荣基层文化和丰富城乡文化生活具有重要意义,据统计,2011 年农村演出场次达 116.2 万场。但是正因为民间院团扎根于民间,就不可避免会出现一些低俗化的现象,他们为了迎合部分群众的某些口味,把含有错误和腐朽思想的剧目搬上舞台,一味地追随市场

---

① 中华人民共和国统计年鉴 2012[M].北京:中国统计出版社,2013:137 - 139.

而忽略文艺自身的审美要求。为了遏制这样的现象,需要全面审视民营文艺团体的演出活动涉及的各项基础性工作,标准化便是其中之一,尤其是针对民营文艺团体演出的评价标准化,包括:基层特别是农村演出的剧目版权标准制修订;民营院团优秀剧本所属著作权人许可标准申报立项;民营院团表演门类标准审查;民营文艺团体特色演艺资源标准宣传贯彻实施等。

3. 完备文艺表演市场的标准化以使其规范化

目前,我国的文艺表演市场正处于良性增长的阶段,以票房收入这一指标为例,2011 年的数据显示,中国演出市场的票房总收入达到 120.9 亿元,比 2010 年增长了 11.9% 左右①。文艺表演市场的标准化工作中主要有三方面的内容亟待完善:一,文艺表演的市场准入标准化。成立文艺表演市场标委会,负责文艺演出市场标准的征召、引进、评审与推广,规划演出市场准入标准化体系,对于那些愿意参与标准开发、审查、推广、采用的单位,可以纳入其为成员单位,规范表演团体成立形式、团体筹资途径、演出许可等。二,文艺表演市场的演出审批标准化。由文化部归口管理,制定文艺演出活动的申报和审批标准,依据市场形势变化和群众文化诉求,更新已有标准,并监管标准的宣传、贯彻、实施。三,文艺表演市场的对外交流标准化。对接国际现行标准,实现我国文艺表演与国外市场的平等对话,可以直接借鉴相关的国际标准。

6.1.3 文艺培训

文艺培训业是近些年来蓬勃发展的文化产业行业之一,目前国内已经形成较为完善的文艺培训产业链条,由高等院校艺术专业、国家和社会合力筹建的专业艺术学校、社会力量兴办的各类文化艺术培训机构等互相补充、共同发展,培训的种类主要有美术类、音乐类、舞蹈类、广播电视类、影视类等。在前面章节中,本研究进行的问卷调查结果显示,共有 262 人选择优先发展文艺培训标准,占被调查者总数的 4.82%,在 27 个优先发展的项目中紧迫性排在第 4 位,可见广大文化从业者对文艺培训标准化的高度重视。

1. 健全文艺培训业的教育标准化

从广义上来说,文艺培训是文艺教育中重要的一部分,其作为一个产业来发展的话,需要融入相当多的教育元素。文艺培训业的标准化进程中,首先是建立一个文艺培训教育标委会,由国内具备一定文艺培训教育资质的专家组成,可聘请文艺界内享有盛誉的专家或学者担任标委会的顾问;其次建立标准制定工作小组,负责文艺培训教育标准的制修订具体工作;再次,借鉴其他标委会如全国信息技术标准化技术委员会教育技术分技术委员会的做法,为宣传和推广相应的文艺培训业教育标准应用提供服务,指导标准化产品认证工作,向主管部门提出标准化水平分析报告。

2. 加大文化艺术人才引进与输出类标准的制修订数量和宣传贯彻力度

文化的发展依赖于越来越多高质量的文艺人才,目前国内有关文化艺术人才引进与输出的标准主要是与艺术水平考级相关。2004 年文化部颁布了《社会艺术水平考级管理办法》(文化部令第 31 号),主要是对艺术考级机构进行评估,并将评估结果向社会公布。已成立的全国社会艺术水平考级服务标准化技术委员会负责与社会艺术水平考级工作相

---

① 中华人民共和国统计年鉴 2012[M]. 北京:中国统计出版社,2013:466 – 471.

关的技术、服务、管理等领域的标准化工作。目前归口管理的文化行业标准有《社会艺术水平考级　管理》《社会艺术水平考级　考场设置与环境要求》和《社会艺术水平考级术语和分类》等。基于权威机构进行的艺术水平考核评定结果，文艺人才的引进和输出有章可循，因此在很长一段时期内，关于艺术水平考级的标准化工作走在前列并处于持续发展中。人才考核是多方面因素所决定的，衡量人才的艺术能力除了群众参与度高且影响力大的水平考级这一艺术普及教育的社会活动之外，还有文化艺术类高等学校招生标准、文艺类部门机构准入资格标准等，应在不断完善现有标准化工作的同时，加大文艺人才引进输出的其他标准制修订数量，并将新的标准以宣讲、技术咨询、对外交流等方式向社会延伸。

3. 支持业余文艺培训市场经营的标准化

群众日益增长的文化需求逐渐催生了业余文艺培训市场的发展，目前这一市场的经营主体有业余文艺单位、专业文艺机构、个人等。国内已经颁布了一些有关文化市场管理的法规条例，但对于文艺培训经营市场未做出专门的细则规定，各地文化主管部门也没有出台专门的地方法规，因而当前的业余文艺培训市场弊端丛生，一方面是经济利益的驱使和群众急需满足的精神文化生活需求，另一方面则是监管部门的管理缺位，鉴于此，大力支持业余文艺培训市场经营的标准化是使文艺培训经营朝健康有序方向发展的途径之一。应尽快制定关于业余文艺培训经营的标准，包括管理标准、师资标准、审批标准、普查标准等，由文化艺术资源标准化技术委员会制修订有关业余文艺培训资源管理的标准并协作相关部门负责业余文艺培训市场的资源调配。成立专门的标委会与文化部相关工作主管部门合作，宣传推广业余文艺培训市场经营的各类标准，并承担标准化的审查工作。

6.2　娱乐休闲标准化子体系

受社会新价值观的影响，随着群众闲暇时间的增加，人们逐渐进入了休闲时代，与此同时，娱乐休闲所带来的各方面问题也成为重要议题，娱乐休闲的标准化便是其中之一。娱乐是带有感官强烈刺激性的活动，休闲是个人在闲暇时间里从事的非工作性质的活动，具有享受、愉悦、放松和社会性特征，大多数的娱乐休闲场所是以营利为目的，如演出放映场所、体育健身场所、歌舞娱乐场所、游艺场所和网络服务场所等，另一部分的场所是免费开放给社会公众的且具有娱乐休闲的功能，如某些文化馆、礼堂、公益性演出放映厅等。娱乐休闲标准化子体系框架如图6-3所示，文化部文化科技司负责组织和拟定娱乐休闲相关标准，文化部其他三个部机关可在标准化工作中予以一定的协作和支持，已成立的全国文化娱乐场所标准化技术委员会、全国网络文化行业标准化技术委员会、全国文化馆标准化技术委员会、全国剧场标准化技术委员会等标委会负责标准的各个具体事项。在娱乐休闲标准化子体系中，娱乐休闲标准体系和娱乐休闲标准化保障体系是整个子体系建设的主要内容，二者共同促进标准化的科学发展。

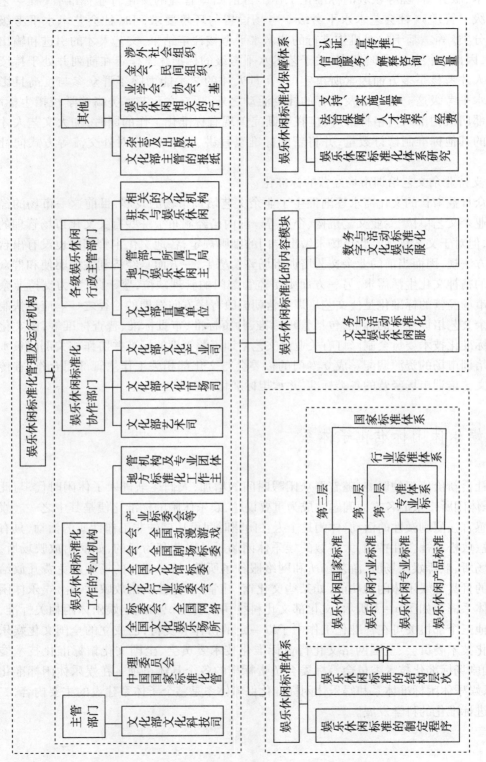

图6-3 娱乐休闲标准化体系框架

6.2.1 文化娱乐休闲服务与活动

联合国经济和社会事务统计局制定的《国际标准行业分类》中,将娱乐休闲活动归类到艺术、文化娱乐和娱乐这一大类中,其中包括创意、艺术及文化娱乐的活动;图书馆、档案馆、博物馆和其他文化活动;博彩业;运动设施设备的操作;运动俱乐部的活动;其他运动活动;游乐园和主题公园;其他娱乐活动①。依照我国文化娱乐休闲行业的实际发展情况,可以分为文化娱乐和休闲两个类别,包括文化娱乐表演、运动、游艺场所、博彩、玩具。据此,文化娱乐休闲服务与活动标准化体系建设要从文娱休闲行业分类入手,一方面要完善标准体系的建设,另一方面要完备相应的保障体系。

1. 大力推进文娱休闲类服务质量标准化的建设

文娱休闲类作为服务业的重要组成部分,其服务质量是实现服务业科学有序规范发展的支撑之一。就文娱休闲类基础性工作中的标准化来看,总体水平不高,需要大力推动服务质量标准化工作,加快文娱休闲类服务质量标准制修订和实施推广工作,尤其是要持续进行文娱休闲类服务标准的研制,以制定关键服务标准,建立全面的文娱休闲业服务质量标准化体系。具体来说,一是完善文娱信息服务、休闲产品服务、高新技术服务等生产性服务领域的服务质量标准化;二是提高演出、旅游、体育、娱乐咨询等生活性服务领域的标准覆盖率;三是强化文娱休闲类质量标准的贯彻执行,不断提高服务标准化水平,带动服务质量持续升级。

2. 加快文娱休闲类场所相关标准的出台

2008 年 11 月成立的全国文化娱乐场所标准化技术委员会,标志着我国文化娱乐场所标准化建设已进入一个快车道。2009 年,经国家标准化技术委员会和文化部批准的《文化娱乐场所标准 2009—2013 年五年发展规划》的正式出台,标志着包括《文化娱乐场所服务规范》《卡拉 OK 场所资质要求》等在内的共 9 个标准将逐步完成制定并颁布施行,中国文化娱乐业首套较为完整的标准框架体系宣布启动。与文娱休闲场所相关的标准除了服务标准之外,还有安全标准,如民众乐园和游乐园,设有一些大型惊险项目。目前,已发布的相关标准有《游乐园(场)服务质量》(GB/T 16767—2010)、《游乐设施检验验收》(GB/T 20050—2006)、《无动力类游乐设施技术条件》(GB/T 20051—2006)等,下一阶段应针对游乐项目的主题来制定标准,已有的标准要与国际标准形成对接。另外,文娱休闲类场所的管理标准和卫生标准也是目前标准体系中较为欠缺的,文娱休闲场所是公共场所,可以在已出台的公共场所管理标准和卫生标准的基础上,形成专门针对文娱休闲场所的标准实施细则。

3. 促进文娱休闲类技术标准化工作的常态化

2009 年 6 月全国文化娱乐场所标准化技术委员会第一次全体会议上,文化部文化科技司科技处副处长阎平表示,文化领域的标准化是促进文化艺术与现代科技紧密结合、推动文化创新的重要技术保障,是繁荣文化事业和发展文化产业的重要基础性工作。为了改善文化娱乐休闲领域的技术水准和服务质量,改变领域内系统技术参差不齐、格式五花八门、恶性竞争层出不穷、后期服务难以保障等问题,如卡拉 OK 视频点播系统(VOD)这一文化娱乐产业链的重要环节的技术标准化备受关注,文化娱乐场所标委会根据《卡拉 OK 内容管理服

---

① 中国标准化综合研究所. 国际标准行业分类(第 4 版)[M]. 北京:商务印书馆,2002:112 – 135.

务系统技术标准》(WH/T 30—2008),委托国家应用软件产品质量监督检验中心、中国软件评测中心两家国家级软件产品检验检测机构开展了卡拉 OK 内容管理服务系统技术标准VOD 系统接口标准的检测工作,给重庆礼光、广州奥锐、北京视翰、北京雷石、福州视易等首批 12 家 VOD 企业颁发了《娱乐场所视频点播软件合格证书》,并正式向各级文化行政管理部门及各类文化娱乐场所推荐这批获得证书的企业及其 VOD 软件版本,为行业管理与行业规范提供支持,以完成 VOD 的《卡拉 OK 行业 VOD 软件系统技术标准》这一首个行业标准。文娱休闲类技术标准化工作应该是一个常态化的过程,需要不断对国际上的相关技术标准保持敏感,由于技术标准所涉及的领域较为专门,常态化的关键一方面是建立标准反馈机制,形成标准制定、标准实施、标准更新的科学运行机制;另一方面是建立文娱休闲类技术标准化人才培养机制,使得能有一批熟悉专业技术、熟悉标准化方法、熟悉该领域国际标准制定规则的人才投入文娱休闲类的技术标准化工作中,提升我国文娱休闲领域的信息技术水平,为本领域向标准化、专业化方向发展奠定坚实基础。

6.2.2　数字文化娱乐服务与活动

从国际文化行业发展经验和趋势来看,文化行业与信息技术的结合代表着文化行业的主流方向。在文化娱乐行业领域中,数字文化娱乐是指利用数字技术进行文化娱乐内容编辑加工,并通过网络传播数字内容产品的一种新型出版方式,主要特征是内容生产数字化、管理过程数字化、产品形态数字化、传播渠道数字化。那么,数字文化娱乐服务与活动标准化的建设要在以下三个方面做出更多的努力。

1. 优化数字文化娱乐内容标准体系

技术与文化娱乐相融合的文娱信息业是以文化娱乐内容作为重要驱动力,以产业视角而言,数字化内容的发展具有非常大的经济价值。目前正在预研或制定的标准中,大部分是与动漫游戏相关的,现行的标准有《手机动漫文件格式》(WH/T 53—2012)、《家用电子游戏机通用技术条件》(SJ/T 10360—1993)、《家用电子游戏机质量分等标准》(SJ/T 9526—93)等,全国动漫游戏产业标准化技术委员会于 2013 年 2 月开始编制《网络游戏术语和定义》《网络游戏服务规范》《网络游戏分类与定义》等标准,全国网络文化行业标准化技术委员会已对《网络游戏安全规范》《网络动漫安全规范》《网络游戏测试规范》等标准进行了预研。除了游戏内容数字化之外,视频内容标准化也是急需关注的,要在文化娱乐视频内容领域上出台强制性的国家标准,规范现有的网络传播。

2. 完善数字文化娱乐标准化管理保障体系

数字文化娱乐的兴起,为人民群众提供了多样、便利文化娱乐产品的同时,也给数字文化娱乐行业的管理规范和建设发展带来前所未有的挑战,迫切需要有引领、规范和服务于行业发展的标准化管理保障体系。一是完善数字文化娱乐标准制修订管理规章制度,文化部文化科技司和国家标准化管理委员会要对标准的立项加强审查,避免数字文化娱乐标准的重复申报;二是充分发挥文化部文化科技司、数字文化娱乐行业协会、各级地方文化厅局在标准化工作中的指导和协调促进作用;三是已成立的技术委员会如全国网络文化标准化技术委员会应进一步完善工作领域并考虑设置移动设备标准化技术委员会分会。

3. 对与传播渠道相关的标准加大实施监督力度

目前数字文化娱乐服务与活动的传播渠道主要是广播电视、网络媒体和手机媒体。广播电视领域已经颁布了《MPEG—2 信号在 SDH 网络中的传输规范》(GB/T 19263—2003)、《数字编码彩色电视系统用测试信号》(GB/T 18472—2001)、《4∶2∶2 数字分量图像信号的接口》(GB/T 17953—2000)、《信息技术 运动图像及其伴音信号的通用编码》(GB/T 17975.2—2000)等国家标准以及《数字电视广播电子节目指南规范》(GY/Z 203—2004)、《HFC 网络数据传输系统技术规范》(GY/T 200.2—2004)、《数字电视系统中的数据广播规范》(GY/T 201—2004)等行业标准。网络媒体作为第四媒体,为文化娱乐业带来了新的生命力和经济增长点,以网吧为例,文化部发布的《2012 中国网吧市场年度报告》显示:截至 2012 年年底,全国网吧数量 13.6 万家,终端台数 1195 万台,用户 1.26 亿人。受移动互联网的冲击、经营成本上扬及用户下降等因素影响,网吧市场收入总规模为 537 亿,同比下降 13.2%,报告指出 2013 年网吧管理工作将以维护网吧市场整体平稳为基调,继续完善网吧管理长效机制;深化网吧连锁工作;试点改进网吧市场准入工作,适度开展单体网吧审批,探索茶馆、咖啡屋等公共场所兼营互联网上网业务的管理思路和管理方法;发挥行业协会作用,促进行业自律和发展。网络文化娱乐产品及服务的标准化工作由已成立的全国网络文化行业标委会全面开展。

当前,蓬勃发展的移动媒体即手机媒体的标准化建设是需要关注的重点,要尽快成立手机移动文化行业标准化技术委员会,以解决移动多媒体基础标准、管理标准、产品标准及方法标准的多处缺失。值得注意的是,要建立标准实施评估的管理制度,根据三大传播渠道的不同类型标准,有针对性地建立实施评估指标体系,提高标准化的有效性。

6.3 文化经营标准化子体系

文化经营是市场机制调控社会发展与文化资源之间矛盾的一种经济活动,运用市场手段对现有的文化资源、资产进行资本化运作与管理,文化经营可分为文化资源经营和文化服务与活动经营两个基本层次。近年我国文化市场经营单位的数量逐渐增长,许多基础性工作正日趋完善,围绕文化经营两个基本层次而展开的文化经营标准化工作亟待健全。文化部已经成立的标委会中,与文化经营标准化相关的有全国文化艺术资源标准化技术委员会、全国剧场标准化技术委员会、全国剧场标准化技术委员会舞台机械分技术委员会、全国文化娱乐场所标准化技术委员会、全国动漫游戏产业标准化技术委员会、全国网络文化标准化技术委员会。文化经营标准化子体系的框架见图 6 – 4。

6.3.1 文化资源经营

文化资源是文化经营的对象,形成的产物主要是文化产品。文化产品是一种特殊的商品,来自于可经营性的文化资源,兼有意识形态和商品的"双重属性"。商品属性决定文化产品具有价值和使用价值,可以通过市场交换获取经济利益、实现再生产;意识形态属性要求文化产品履行为一定经济基础服务的社会功能。文化产品在生产和经营过程中其"双重属性"表现出相应的社会效益和经济效益,最好的文化产品是两个效益统一的产品。

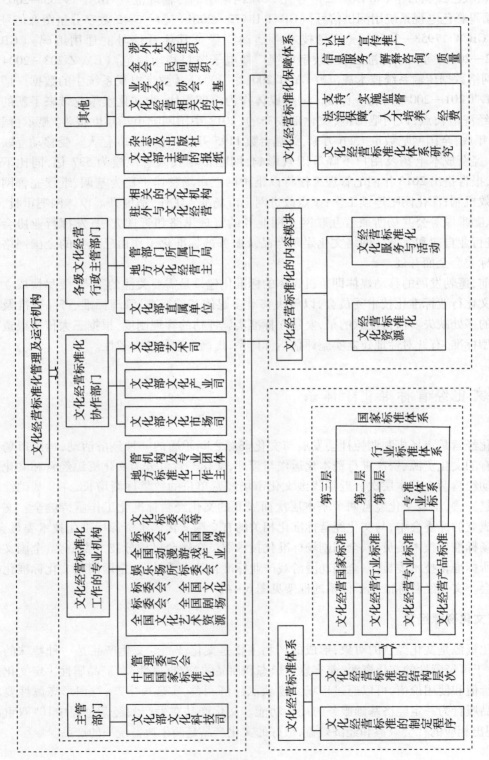

图6-4 文化经营标准化子体系框架

1. 健全文化资源经营市场的管理标准体系

作为商品的文化资源,其经营依托文化市场的建设与管理。从文化市场管理的现状来看,截至2011年年底,我国共有文化市场经营机构24.47万家,从业人员约140万人,固定资产原值约1615亿元,利润约375亿元(据励小捷在2012年全国文化市场管理工作会议上的讲话),文化市场已成为人民群众文化消费的主渠道。一方面,文化市场需要实行统一综合执法,建立文化市场综合执法体制,以提高市场监管效能;另一方面,文化资源经营市场需要在基础性工作上进一步深化,健全文化市场管理标准体系,以引导和规范文化市场管理。具体要做好以下工作:一是出台演出市场管理的相关标准,涉及演出院线联盟、区域联盟、新型行业组织、文化市场中介机构等的管理标准,制定演出市场的运作标准和演出市场定价标准;二是鼓励文化旅游类管理标准的申报立项,避免立项中与非物质文化遗产保护类相关标准的重复;三是加大游戏产业类管理标准的制修订,已出台的动漫游戏标准在一定年限内要更新并实现向国家标准乃至国际标准的转化,制定游戏产业行政管理标准以实现对游戏生产、进口、经营、销售、内容等的有效监管,玩具产业发展及玩具安全管理类标准也需要加紧出台;四是加快艺术品市场交易管理标准的研制,重点开展艺术品交易、鉴定、拍卖、展览、进出口等管理标准的研制;五是完善网络文化市场管理标准体系,填补网络游戏虚拟物品、虚拟货币、网络游戏评论、网络音乐、网络演出等网络文化市场管理标准的空白,提高网络文化市场管理的科学性和有效性。

2. 明确文化资源经营中技术标准化领域的重点任务

根据《文化部"十二五"文化科技发展规划》中所列的重点工作任务,文化资源经营中的技术标准化领域在下阶段要重点完成以下工作:持续推动用以可经营性的文化资源数字化、信息化和网络化进程中相关标准的宣传贯彻;针对各类文化艺术表现形式资源积累的需求,制定相应的应用技术标准,保证文化基础资源的信息采集、转换及记录;研制针对各类文化基础资源数字化应用、传统介质资源在文化市场经营中的数字化、文化市场中数字文化资源共享等的关键技术标准;出台技术管理标准以促进文化资源公益服务与商业应用的并行互惠经营模式形成。

6.3.2 文化服务与活动经营

文化服务是让人民群众享受或消费文化产品的过程,偏重于文化娱乐的文化服务应是有偿的,比如影音视听类服务;以文化欣赏为主的可以是补偿性的,比如艺术展览;而偏重于文化教育的应是无偿的,比如公共图书馆服务。对于文化经营来说,本节所述的文化服务是以有偿服务为主,兼顾补偿性的服务,而文化活动是在文化服务的基础上设计出来的各类文化经营项目。文化服务与活动经营标准化领域中,围绕服务与活动的内容、主体、对象、效果开展标准化工作是应有之义。

1. 加强文化服务与活动经营领域中基础通用标准的研制

基础通用标准是在一定范围内作为其他标准的基础并普遍使用的、具有广泛指导意义的标准。文化服务与活动经营涉及的范围广,需要有专门的标准化技术委员会来为该领域的基础和共性技术制定基础通用标准,或是制定对本领域其他标准具有普遍指导作用的标准,包括:文化服务与活动经营通用技术语言标准,如术语、符号、代码、标志标准等;文化服务与活动产品质量标准;文化服务与活动经营环境条件标准;文化服务与活动经营基本规范;所涉各专业的技术指导通则或导则;计量与单位标准等。

2. 夯实文化服务与活动经营标准化体系的机构保障基础

作为文化服务与活动经营的管理运行机构,要充分认识文化服务和文化活动的特殊重要意义,深入贯彻落实科学发展观,以增强服务意识、提高服务能力、提升服务质量、合理设计文化活动、打造文化活动精品,着力满足人民群众的精神文化需求、保障群众的基本文化权益,更好地发挥文化引导社会、教育人民、推动发展的功能。文化服务与活动经营领域的标准化工作需要该领域的各级主管部门从根本上认识到工作的重要性,成立文化服务与活动经营管理标准化委员会来负责标准的整个制定程序,并与已经成立的其他相关标委会、地方文化厅局、新闻报纸杂志及出版社、相关的行业组织等合作,保障标准顺利制修订的同时还能得到宣传贯彻及实施评价。

3. 完善与新兴文化产业机构相关的文化服务与经营标准体系

动漫游戏公司作为新兴文化产业机构的影响力在疾速扩张,需要充分重视对其进行标准化的管理和规范。文化部批准包括成都在内的9大城市为电子游戏经营场所管理工作试点城市,并开始试运营。文化部还批准成立了针对动漫游戏产业的振兴基地,以动漫电影、视频游戏体验、网络游戏体验、动漫和游戏主题购物等文化服务及内容来满足群众的文化需求。动漫游戏类公司的经营范围不仅包括动漫游戏的各类产品,还包括动漫游戏产业经营的各个环节,以湖南蓝猫动漫传媒有限公司为例,它是中国最早、规模最大的动漫企业之一,专业从事动画节目制作、动画软件开发、动画产业经营、动画人才培训。动漫游戏产业作为新型文化产业的突出代表,近年来的发展有目共睹。

今后,全国动漫游戏产业标准化技术委员会应尽快制定相应的标准,以提高动漫游戏产品与服务质量,优化产业结构,促进动漫游戏产业的健康有序发展。另外,与数量众多的文化经营机构相配套的建筑设计类标准、服务场馆安全类标准、服务质量监督以及运营管理类标准,绝大多数还是空白,需要尽快制定出台。

6.4 文化保护与保存标准化子体系

文化保护与保存分为物质文化保护保存和非物质文化保护保存两大类。就当前物质文化保护与保存的相关举措来看,2013年3月,国务院公布了第七批全国重点文物保护单位,有1943处不可移动文物名列其中。截至目前,我国国保单位的总量已达4295处。这一数字,意味着更多不可移动文物从此拥有法定身份,纳入国家重点保护的视野之中。文化保护与保存的意义深远,迫在眉睫,在问卷调查中,有26.6%的被调查者认为文化保护与保存是文化行业标准化的重点发展领域,且其重要性排在第一;在对文化行业标准优先事项的调查中,文物及文化遗产保护在27个选项中又以10.5%的比重位列第一,成为参与调查者公认的最重要且应优先制定的领域。

文化保护与保存标准化子体系框架如图6-5所示。研究文化保护与保存标准化,主要从文物保护与保存(物质文化范畴)、文化遗产保护与保存(非物质文化范畴)、相关组织与机构(制度范畴)三个方面入手。

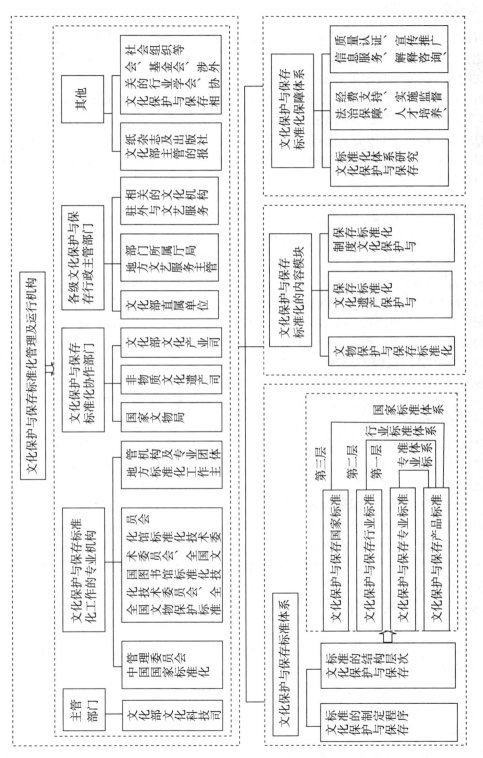

图6-5 文化保护与保存标准化体系框架

6.4.1　文物保护与保存

随着国家对于物质生产文化遗产的日益重视以及文物行业的科技进步发展,文物保护的标准化工作已经有了较好的基础。2006 年,由国家文物局标准化主管部门进行行政管理的全国文物保护标准化技术委员会(SAC/TC289)成立,迄今已有 6 项国家标准、47 项行业标准发布实施,如《中国文化遗产标志》(GB/T 25601—2010)、《文物保护单位开放服务规范》(GB/T 22528—2008)、《文物保护单位标志》(GB/T 22527—2008)、《文物建筑防雷技术规范》(QX189—2013)、《历史文化名城保护规划规范》(GB 50357—2005)、《地名文化遗产鉴定》(MZ/T 033—2012)等,在文物保护行业规范管理和行政能力建设方面发挥着技术支撑和保障作用①。

"十一五"时期,文物及文化保护业获得了快速发展,累计完成投资 424 亿元,占整个文化艺术业投资比重的 16.8%。2010 年,文物机构大力推进考古和文物保护工作,文物藏品数量进一步增加,文物机构开展公共服务的基础进一步夯实。据统计,全国文物机构全年考古发掘项目 2123 个,比上年减少 781 个;考古钻探面积 15 200 万平方米,比上年增长 128.37%;考古发掘面积 402.53 万平方米,增长 5.7%;全年修复藏品数 55 354 件,增长 24.6%;全年征集藏品数 333 054 件,增长 106.1%。第三次全国文物普查中,全国 2800 多个县全部完成了实地文物调查,调查登记不可移动文物 77 余万处,比第二次全国文物普查登记的文物总数翻了一番。截至 2011 年年底,全国 5728 家文物单位,其中有文物科研机构 107 个,文物保护管理机构 2735 个,文物系统博物馆 2650 个,文物商店 75 个,其他文物机构 161 个;从业人员 11 万余人,总资产愈 462.8 亿元②。

从以上的数据可以看出,文物保护及文化遗产保护在近几年取得了较快发展,但是关于这方面的标准化建设工作却未得到应有的发展。这个问题也是调研中的关注焦点。在访谈中,来自博物馆的专家 B 指出,"我们是一个文化大国,非常需要相关的文化行政部门,比如国家文物局在文化部体系下设一个标准委员会,到目前还没有。需求和国家在行使职能时的落后,这(是)个挺大的差距,特别需要有一个标准委员会。在问卷调查结果显示,文物及文化遗产保护标准被认为是最应该优先制定的"。

现成立的文物保护标委会由国家文物局管辖,主要负责不可移动文物、可移动文物、文物调查与考古发掘、文物保护、博物馆及其信息化和信息建设领域国家标准制修订工作。根据本研究已明确的研究范围,研究文化部管辖范围内的文化行业标准化体系,因此关于文物保护与保存的标准化工作应与文标委的工作有差异,不仅关注文物保护与保存的技术规范层面,还要关注其服务规范、管理规范等层面。可以筹建一个文物保护与保存的工作组,在某些交叉领域中与文标委合作,工作的重点是以实际文物活动对标准的需求上,明确制修订标准的适用范围,避免覆盖面的随意扩大,急需对文物甄选、文物保护与保存机构服务、文物管理、文物安全等制定相应标准。

---

① 何流. 文物保护标准体系构建的探讨[J]. 东南文化,2013(3):14 – 18.
② 中国统计年鉴 2012[M]. 北京:中国统计出版社,2013:476 – 481.

6.4.2 文化遗产保护与保存

本节的文化遗产概念仅包括非物质文化遗产,区别于上节的物质文化遗产。根据联合国教科文组织《保护非物质文化遗产公约》的定义,非物质文化遗产指被各群体、团体、有时为个人所视为其文化遗产的各种实践、表演、表现形式、知识体系和技能及其有关的工具、实物、工艺品和文化场所。各群体随着其所处环境、与自然界的相互关系和历史条件的变化,不断使这种代代相传的非物质文化遗产得到创新,同时使他们自己具有一种认同感和历史感,从而促进了文化多样性和激发人类的创造力。非物质文化遗产保护标准化工作涉及所有非物质文化遗产在传承和保护保存过程中相关标准的预研、制修订、宣传贯彻及评价实施活动。在我国,非物质文化遗产保护工作近几年受到广泛关注,得到快速发展。到目前为止,已经初步建立了符合我国国情的非物质文化遗产保护制度,国家、省、市、县四级非物质文化遗产名录体系基本形成,国务院先后公布了三批共 1219 项国家级非物质文化遗产名录项目;非物质文化遗产传承机制不断完善,文化部命名了三批共 1488 名国家级非物质文化遗产项目代表性传承人;全国建立了 900 多个非物质文化遗产专题博物馆、民俗博物馆和传习所;文化部先后设立了闽南文化、徽州文化、热贡文化和羌族文化四个文化生态保护实验区。截至 2011 年 11 月中国已有包括京剧和中医针灸等 29 项遗产被联合国教科文组织列入《人类非物质文化遗产代表作名录》,此外还有 7 项中国非物质文化遗产[①]经联合国教科文组织政府间保护非物质文化遗产委员会公布列入《急需保护的非物质文化遗产名录》,中国是目前拥有人类非物质文化遗产代表作数量最多的国家。

2006 年 9 月,我国成立了国家级非物质文化遗产管理机构——中国非物质文化遗产保护中心,承担全国非物质文化遗产保护的有关具体工作:履行非物质文化遗产保护工作的政策咨询;组织全国范围普查工作的开展,制定和更新国家级非物质文化遗产名录;指导保护计划的实施;进行非物质文化遗产保护的理论研究;举办学术、展览(演)及公益活动,交流、推介、宣传保护工作的成果和经验;组织实施研究成果发表和人才培训等。2011 年 2 月,全国人大通过《非物质文化遗产保护法》,同年 6 月 1 日正式施行,云南、贵州、广西、福建、江苏、浙江、宁夏、新疆相继出台了地方性非物质文化遗产保护条例,为依法、科学地保护非物质文化遗产提供了有力保障。然而相关法律法规出台至今,非物质文化遗产的一些基础性工作尚未完善,与非物质文化遗产保护相关标准的制修订工作没有直接对口的专门机构负责;关于非物质文化遗产保护工作的相关标准仍然处于极大的缺乏中。

今后,结合我国现今的非物质文化遗产保存与保护的现状,由文化部文化科技司牵头,与国家文物局合作,加快成立专门的非物质文化遗产标准化技术委员会,该标委会聘请与非遗保存保护相关的机构部门人员、致力于非物质文化遗产研究的专家或学者担任顾问,负责非物质文化遗产保存与保护工作相关标准的制修订工作,特别是要尽快出台有关非物质文化遗产的鉴定标准,服务规范和保护技术标准等。比如中央和地方都整理了非物质文化遗产名录,这些名录的著录规范是否统一,与世界标准是否一致,也是需要解决的问题。加快制定非物质文化遗产保护的相关标准,使得非物质文化遗产的申报、审批工作有据可查,才

---

① 这七项是:羌年;黎族传统纺染织绣技艺;中国木拱桥传统营造技艺;新疆维吾尔族麦西热甫;中国木活字印刷技术;中国水密隔舱福船制造技艺;赫哲族伊玛堪。

能使非物质文化遗产的保护工作得到长效发展。

6.4.3 制度文化保护与保存

除了上一节已说明非物质文化遗产外,非物质文化保护与保存还涉及制度文化的保护与保存,即与根本制度相关的文化保存保存。制度文化既包括经济制度、政治制度、法律制度、教育制度等根本制度外,还包括社会组织机构和工作部门的设置形式及其结构以及与之相应的制度、规章、条例等。由此,制度文化的保护与保存离不开相关的组织与机构,其标准化工作依托相关的文化单位来开展。

1. 博物馆的标准化建设

博物馆是征集、典藏、陈列和研究代表自然和人类文化遗产的实物的场所,并对那些有科学性、历史性或者艺术价值的物品进行分类,为公众提供知识、教育和欣赏的文化教育的机构、建筑物、地点或者社会公共机构。各种类型的博物馆是陶冶情操和社会教育的一个分支,是提高全民文化艺术修养和满足民众日益增长的文化生活需要的不可或缺的社会成分。

随着全国博物馆免费开放工作的顺利开展,博物馆的文化辐射力和社会关注度得到空前提高,公共文化服务能力和社会效益得到进一步增强①。2011 年,中央财政安排基层公共文化服务体系保障经费 18. 22 亿元,重点补助地方美术馆、博物馆、纪念馆免费开放所需资金,鼓励改善陈列布展和举办临时展览,支持重点博物馆、纪念馆提升服务能力。至 2011 年年底,全国博物馆总数达到 3415 座,年增博物馆 395 座,免费开放的博物馆总数达到 1804 座,占全国博物馆总量的 52. 8% ,年接待观众 5. 2 亿人次②。

免费开放加快了博物馆融入社会的步伐,但是专门负责制定和修订博物馆相关标准的专业技术委员会还没有成立,目前与博物馆相关的标准还是由国家文物局主管,全国文物保护标准化技术委员会归口管理。目前已发布的与博物馆相关的国家标准有《博物馆讲解员资质划分》(GB/T 25600—2010)、《博物馆和文物保护单位安全防范系统》(GB/T 16571—2012)、《图书馆、博物馆、美术馆、展览馆卫生标准》(GB 9669—1996)、《文化服务质量管理体系实施指南 第 3 部分:室外博物馆》(GB/T 28227. 3—2011)、《文化服务质量管理体系实施指南 第 2 部分:室内博物馆》(GB/T 28227. 2—2011)、《博物馆照明设计规范》(GB/T 23863—2009);行业标准有:《博物馆建筑设计规范》(JGJ 66—1991)、《艺术品及博物馆展(藏)品航空运输规范》(MH/T 1047—2012)和《文物系统博物馆风险等级和安全防护级别的规定》(GA 27—2002)等。

首先,应该召集文物保护专家和博物馆的管理者,尽快成立博物馆标准化专业技术委员会。来自博物馆界的访谈专家反复强调,今后应优先考虑成立博物馆专业技术委员会,为博物馆标准化发展提供组织保障。

其次,全面开展博物馆相关标准的制修订工作,专家呼吁这是"非常紧迫"的任务。比如《博物馆建筑设计规范》是 1991 年发布施行的,至今已经有 20 余年,亟待更新。而且,在数字化快速发展的时代,数字博物馆的建设渐成气候,有关数字博物馆的技术标准和管理规范

① 2010 年全国文化发展基本情况[EB/OL]. [2016 – 03 – 10]. http://59. 252. 212. 6/ndzs/201203/t20120313_28258. html.

② 中国统计年鉴 2012[M]. 北京:中国统计出版社,2013:644 – 645.

也急需出台。

2. 烈士陵园与纪念馆的标准化工作

烈士陵园与纪念馆是全国重点烈士纪念建筑物保护单位,是为纪念在中国各个革命历史时期的重大事件、重要战役和主要革命根据地斗争中牺牲的烈士或在全国有重要影响的著名烈士和为中国革命牺牲的知名国际友人而修建的,或者在对外开放的重点地区、少数民族地区修建的规模较大的,经确定的烈士纪念碑、馆和烈士陵园。烈士陵园与纪念馆被列为全国重点保护单位,要由民政部提出,报国务院批准后由民政部公布。

据不完全统计,至 2009 年,在中国(大陆)境内共有 174 处全国重点烈士纪念建筑物保护单位①。目前还没有专门与烈士陵园和纪念馆对口的标准化技术委员会。相关的国家标准只有民政部主管发布的《烈士纪念设施保护单位服务规范》(GB/T 29356—2012),这一标准于 2013 年 5 月 1 日正式实施。

为了规范烈士陵园的建设和发展,文化部文化科技司首先应成立相应的标准化专业技术委员会,尽快对烈士陵园与纪念馆的标准化工作进行统筹协调。除了要出台一系列的标准之外,还可以通过制定发展规划来引领烈士陵园与纪念馆的发展。例如,安徽省为了规范烈士陵园的建设,于 2012 年 11 月发布了《安徽省烈士纪念设施保护建设规划(2011—2015年)》②,指导安徽省内的烈士纪念设施的标准化建设,这一做法值得推广学习。其次,尽快对烈士陵园与纪念馆的建设标准招标立项,使得烈士陵园和纪念馆的建筑规模和经费支持有据可依。要尽快出台烈士陵园与纪念馆的服务规范,更好地服务社会大众。

3. 基于组织机构标准化进程的制度文化标准资源服务平台建设

建设基于组织机构标准化进程的制度文化标准资源服务平台,首先要建立服务资源库,包括制度文化相关的国家标准草案、行业标准草案、报批稿等标准制修订各阶段文本数据库;制度文化相关的标准修改单信息,国内标准备案信息等数据库;制度文化相关的国际标准专家数据库系统、国际标准题录数据库、国内外专家数据库、工作文件题录及全文资源库等。其次建立制度文化相关的标准资源服务平台门户和实施评价系统,直接面向科研机构、文化相关政府部门、文化行业、文化企业等提供标准信息服务,完善平台管理规范以实现对平台运行的绩效评估。第三要建设制度文化相关的标准信息中心,保证基于组织机构标准化进程的制度文化标准资源服务平台项目顺利开展。

6.5 公共文化标准化子体系

本节所讨论的公共文化是指文化事业中的公益性文化,主要包括学术研究、文学艺术、

---

① 维基百科. 全国重点烈士纪念建筑物保护单位[EB/OL]. [2016-03-10]. http://zh.wikipedia.org/wiki/%E5%85%A8%E5%9B%BD%E9%87%8D%E7%82%B9%E7%83%88%E5%A3%AB%E7%BA%AA%E5%BF%B5%E5%BB%BA%E7%AD%91%E7%89%A9%E4%BF%9D%E6%8A%A4%E5%8D%95%E4%BD%8D.

② 安徽省烈士纪念设施保护建设规划(2011—2015 年)[EB/OL]. [2016-03-10]. http://220.178.31.148:8080/xxgkweb/showGKcontent.aspx? xxnr_id=1588.

博物馆、图书馆等文化领域,其根本目标是满足社会的公共需要、提高思想道德和科学文化素质。公共文化活动的开展依托群众文化机构,主要指图书馆、档案馆、文化馆、美术馆、群艺馆、少年宫、艺术科技研究单位和文化社团等。在我国,群众文化机构一般是按照政府行政层级分级设置的,如省市设群众艺术馆,县设文化馆,县以下的农村乡镇和城市街道设文化站等。"十五"以来,国家通过实施县级图书馆和文化馆建设、县级图书馆和文化馆修缮、乡镇综合文化站建设、乡镇综合文化站设备购置专项、文化信息资源共享、流动舞台车等重大文化项目,不断完善群众文化机构的服务职能,其社会效益显著增强。但与全面建设小康社会的要求相比,与"四位一体"的总体布局相比,与人民群众日益增长的精神文化需求相比,群众文化事业的发展水平还不能完全适应,还须采取多项措施,促进群众文化事业健康快速发展①。建立健全公共文化标准化体系是推进公益性文化事业发展的重要举措,该体系框架见图6-6。

6.5.1 公共文化

本节所涉公共文化机构是来自于国有公共文化机构或组织团体。目前,与公共文化标准化工作直接相关的标委会有全国图书馆标准化技术委员会、全国文化馆标准化技术委员会、全国文物保护标准化技术委员会等,其中全国图书馆标准化技术委员会主要负责图书馆管理、服务标准化,图书馆古籍善本的定级、维修、保护,图书馆环境等领域标准化工作;全国文化馆标准化技术委员会主要负责文化馆技术、服务、管理等领域的标准化工作。划入公共文化行业的除了图书馆和文化馆外,还有博物馆、纪念馆、美术馆、科技馆等公共文化设施,就整个行业而言,下阶段的重点任务集中在以下方面:

1. 促进公共文化领域标准的国际化

公共文化领域至今已经出台了多项国家标准和行业标准,这些标准为我国公共文化事业实现标准化、科学化、规范化发展奠定了基础。要加强与国际标准化工作机构的有效交流与协作机制,在标准的预研、制定、实施和宣传推广等环节进行交流合作,避免标准的重复建设,积极跟踪并主动参与相关国际标准的制修订工作,促进成熟先进国际标准本土化的同时,促成我国的国家标准向国际标准转化。

2. 加快完善公共文化重点领域的标准化工作

围绕我国公共文化事业发展规划,确定公共文化的重点领域,针对这些重点领域逐步推进标准化工作,有计划地申报新的国家标准和行业标准项目,对已有的成熟标准要创造条件使其提升为行业标准和国家标准。急需加强标准化工作的公共文化重点领域包括:一是数字公共文化服务领域,要在数字公共文化资源的采集、加工、组织、存储、传播、服务等方面建立和遵循统一互用的标准规范和互操作协议,并形成一批标准;二是公共文化服务体系领域,需要在公共文化服务体系中的资源、技术、管理等方面设计科学的标准规范体系,重点研制公共文化服务有效覆盖面积、有效服务半径等布局指标以及服务模式方面的标准;三是基层公共文化服务机构建设领域,制定有关基层公共文化服务机构管理类标准以解决其管理不规范的问题,还要制定相应的服务类标准以促进基层机构的建设和发展。

---

① "十五"以来全国群众文化业发展情况分析[EB/OL].[2016-03-10].http://59.252.212.6/auto255/201108/t20110823_20109.html

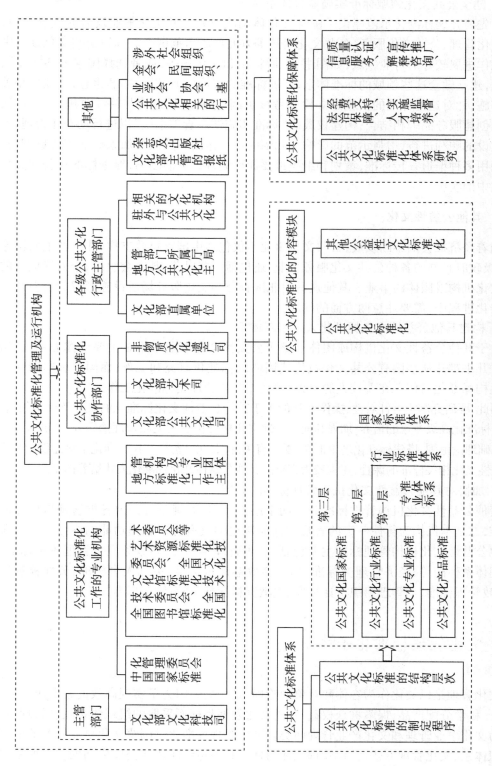

图6-6 社会文化标准化子体系框架

3. 健全公共文化领域标准实施监督体系

首先要开展标准化示范建设。围绕文化体制改革和公共文化事业发展的重点方面,在公共文化管理、公共文化服务、公共文化科技等方面形成示范试点。选择公共文化领域中标准化工作进展较好的行业领域,如图书馆、博物馆和文化馆等,或者选择国家公共文化服务示范区,建立健全这些领域的标准体系,开展标准的宣传培训,提供标准化意识,强化相关标准的实施;针对这些标准的实施建立检查考核机制,坚持效果评价与持续改进相结合、试点效果与创建服务品牌相结合;构建权威的"标准实施试点管理系统"以进行动态化管理,保障试点建设的顺利进行,增强示范的影响力和辐射带动作用。其次要加大标准宣传贯彻力度。充分利用多种渠道宣传标准,策划和组织重要标准的宣传贯彻图书,促进标准在公共文化相应领域中的实施。

6.5.2 其他公益性文化

随着经济社会的不断发展,公共文化事业不仅包括由国家财政支持、在资产上归国家所有、各级政府兴办的各种公共文化服务事业,还包括一些民营、基金会组织、个人等成立的公益性文化机构或团体的事业。其他这些由非国有公共文化服务场所设施形成的公益性文化在标准化进程中,需要注意两方面的问题。

1. 构建其他公益性文化标准化人才培养体系

由于其他公益性文化机构或团体在整个公益性文化事业中不是主要支撑力量,已培养的人才几乎都是从事国有公共文化机构或团体的标准化研究和工作,而国有和非国有公共文化机构标准化工作存在着较大的差异,尤其体现在管理类标准化工作上。

因此,要研究制定有针对性、操作性强的关于其他公益性文化标准化的人才培养政策,特别是加强标准化高级专家的培养;加强其他公益性文化标准化及相关领域理论研究,拓展该领域标准化基础理论范围,搭建标准化理论框架;配合有关部门,在公益性文化标准化学科建设中加入其他公益性文化相关标准的课程,建构较为完整的其他公益性文化标准化人才培养体系。

2. 加快对其他公益性文化机构管理标准的研制

其他公益性文化机构管理标准分为两个层面,一是为规范机构内各类管理事项而制定的标准,二是本机构为行使一定的管理职能而制定的具有特定管理功能的标准。急需研制的其他公益性文化机构管理标准主要包括:技术管理类标准,如服务质量管理体系标准、环境管理体系标准等;经济管理类标准,如社会效益评价标准、劳动人事标准、劳保福利标准等;行政管理标准,如管理组织审计标准、文献资料标准、档案管理标准。

6.6 文化管理标准化子体系

文化管理是以文化作为客体和对象的管理,是相关组织为了实现高效配置资源、促进文化生产、科学分配产品、保障群众权益、推进文化发展目标而采取的组织体系及其管理行为,可分为文化事业管理和文化产业管理两类。文化管理标准化是围绕文化事业和产业的职能及组织体系、文化管理方式、文化管理主体与社会其他组织团体或公民之间的关系所确定的制度及准则等开展的以标准体系为主体的工作,文化管理标准化体系框架见图6-7。

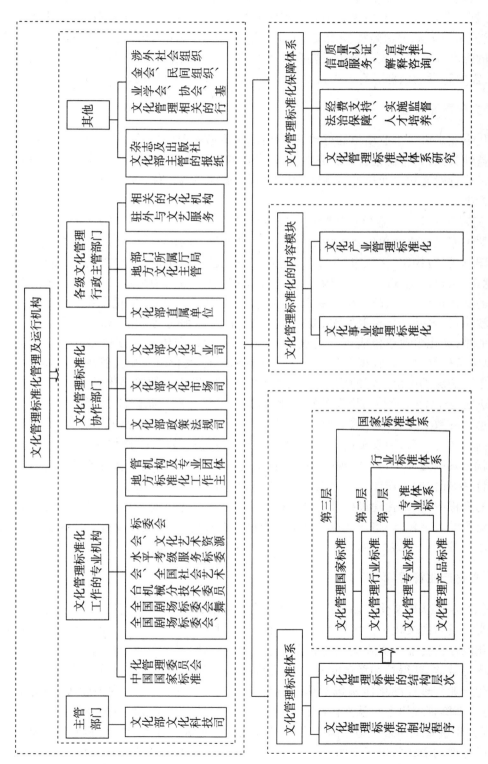

图6-7 文化管理标准化子体系框架

本项目进行的专家访谈中,专家 I 认为,文化管理混乱是当前应该引起关注和重视的问题。"在标准化的过程中,应该先是制定程序的规范化,要有正确的价值取向,要积极地应对文化的'三俗'问题,要保障社会的安全问题。"专家 A 进一步指出,文化管理标准是需要重点建设的标准领域:"多大的馆舍需要配备多少员工,在文化管理,行政管理需要多少人,需要测算,需要科学的依据。有多少人对外服务,研究的,库房管理的,这些都需要标准。"

6.6.1 文化事业管理

文化事业是机关事业单位的行政管理体制,依靠政府财政拨款,主要负责建设和管理社会的公益性文化,其特征是公共服务性、非营利性和先进文化的导向性。文化事业管理标准化主要是以针对文化事业单位行使管理职能的标准体系为主体,不涉及单位内部的管理事项内容标准。

1. 完善各级文化事业单位的管理标准体系建设

按照国家设立事业单位相关规定批准成立等条件,向社会提供公共文化产品的机构包括公共图书馆、博物馆、文化馆、美术馆、纪念馆、科技馆、少年宫、文化宫;公共电台、公共电视台、党报、文化信息资源共享机构;国家重点文物保护单位;为少数民族、残疾人等特殊群体服务的文化机构;列入政府拨款的学会、协会等文化机构。由于文化事业单位承担着政府文化行政执行、公共文化事业发展、提供公共文化产品及服务等职能,跟其他营利性文化机构不同的是,文化事业单位表现为高度行政化,其管理标准体系应该更多地包含强制性标准,并以国家标准居多。在现有的管理标准体系基础上,文化事业单位管理标准体系要对文化事业单位的级别做出一定的区分,并在体系中实现标准级别的差异化。

2. 加强公益性文化信息资源的数字化、网络化建设标准的制修订工作

信息资源数字化存储介质上统一了文字、图像、声音与动画,集高密度存储、高速度处理和远距离传送为一身,引发了诸多文化事业机构积极进行数字化、网络化建设计划,如公共图书馆就是其中之一。为了实现网络公益性文化信息资源与传统公益性文化信息资源建设有机结合,标准化的工作便显得尤为迫切,而国外的标准化经验以及证明了在实现数字化、网络化的进程中,网络化建设标准和网络标准应该达成一定共识。因此,急需加强公益性文化信息资源的数字化、网络化建设标准的制修订工作,以保证公益性文化信息资源标准化程度的稳步提升。

6.6.2 文化产业管理

文化产业是从事文化产品生产和提供文化服务的经营性行业,它要通过企业运作使这一部分文化资源的文化价值转换为市场商业价值,并同时以文化商品和服务的消费过程来实现文化的社会传播。实施文化产业管理标准化,可以使文化企业通过有效的、持续的管理改进而取得效益,获得长期稳定的发展,并不断提升文化企业的综合素质和实力。

文化产业管理标准化体系包括质量管理、生产管理、技术管理、内控管理、财务成本管理、环境管理等管理体系。就文化产业质量管理标准化体系来说,2013 年 5 月起正式施行的《文化服务质量管理体系实施指南 第 1—7 部分》系列标准对若干文化服务质量管理体系的实施以标准的形式做出了说明,其中也涉及文化产业的质量管理标准,但对于整个文化产业还是略显不足,需要从文化产业的整体管理角度构建针对性强的质量管理标准体系。就

文化产业技术管理标准化体系来说,网络文化市场的技术管理标准是最值得关注的,可以就极为相关的技术管理标准,如网络文化企业信息资源管理技术,进行预研和申报立项。另外,对于基层文化企业来说,基层文化市场的发育不良、结构失衡以及管理不善会导致基层文化企业的运行不畅,因此应成立文化产业管理标准化技术委员会,并成立基层文化产业标准化技术分委员会,专门负责基层文化企业的管理标准化工作。

　　未来一段时期内文化产业管理标准化要在贯彻落实国家关于标准化工作的法律法规、政策方针的基础上,根据文化企业的特点以企业现行有效的管理制度、技术性标准、作业性流程文件为基础,建立健全以管理标准为主体核心,以工作标准、流程文件为支持,以岗位标准为保障的文化产业管理标准化体系。

7 文化行业标准编制指南

文化行业的发展得到了国内外尤其是经济发达的国家和地区的日益重视,整个文化行业标准的现状和发展也说明了当前我国文化行业标准尚不完善的问题。在前面的章节中,本研究全面论述了文化行业标准制定的重要性和必要性,就已经构建的我国文化行业体系框架、文化行业标准化体系及各子体系而言,结合本研究的实证调查结果,为了保证文化行业标准的科学性和规范性,有必要制定一套通用指南为文化行业标准编制提供参考。本部分主要从实际操作层面,规范文化行业的标准化工作,指导我国文化行业标准的起草,有效保证我国文化行业标准的编写质量。具体内容包括指南编制的目的、指导思想、指导原则、基础、过程、内容框架以及指南的应用措施等相关问题。

7.1 文化行业标准编制指南的背景、目的及原则

由中华人民共和国国家质量监督检验检疫总局、中国国家标准化管理委员会发布,于2010 年 1 月 1 日起实施的 GB/T 1.1—2009《标准化工作导则 第 1 部分:标准的结构和编写》中将"指南(guideline)"定义为"给出某主题的一般性、原则性、方向性的信息、指导或建议的文件"。文化行业标准的制定、发布和实施是文化行业发展走上标准化的必然途径。文化行业标准的编制工作是一项复杂且系统化的工作,为了保证标准的有效性和规范性,有必要制定行业标准编制指南来为标准的制定工作提供科学的、具有可操作性的参考工具。

已实施的 GB/T 1.1—2009 适用于国家标准、行业标准和地方标准以及国家标准化指导性技术文件的编写,其他标准的编写可参照使用。目前我国还没有针对文化行业的标准化工作指南,还未出台文化行业标准的相关编制指南,这对于我国文化行业标准总体水平偏低、制定和修订速度较慢、标准的国际竞争力不强、重点领域标准匮乏等突出现状而言,先于文化行业标准制定的指南研究及其实践应用的重要意义尤为凸显。

7.1.1 编制文化行业标准指南的背景

随着政治体制、经济发展、新技术更新等环境变化,文化领域相关地位的不断提升及全球知识化进程的推进,文化行业的标准化工作日渐成为支撑文化行业的一项重要工作。标准化工作对于文化行业而言,其重要意义在于标准化是文化行业服务质量的保障、是规范文化市场的重要手段、是促进文化行业健康发展的必要条件。在我国现有体制下,全国专业标准化技术委员会作为组织专家、整合资源、推动标准化工作的基本组织已成立了数百个,目前涉及文化行业并由文化部主管的共有 9 个:全国剧场标准化技术委员会、全国剧场标准化技术委员会舞台机械分委员会、全国文化艺术资源标准化技术委员会、全国社会艺术水平考级标准化技术委员会、全国文化馆标准化技术委员会、全国网络文化标准化技术委员会、全国文化娱乐标准化技术委员会、全国图书馆标准化技术委员会、全国动漫游戏产业标准化技

术委员会。通过这些委员会的组建和运转,在文化行业的一些专门领域内从事全国性标准化工作的技术工作组织,负责该专业技术领域的标准化技术归口工作,根据国家标准化管理委员会和有关主管部门批准的计划,组织该领域的专业国家标准的制订、修订和复审工作。

尽管已成立的这些文化行业标准化技术委员会在标准化工作上已经取得了一定成果,但是在具体实践中仍然存在很多问题,阻碍了文化行业标准化工作的有效开展。从标准化工作的整体上来说,文化行业标准的制定严重滞后,远远不能满足文化行业的发展和建设的需要。本项目在调研过程中发现当前文化行业标准编制中还存在以下问题:一些部门领导对文化行业标准制订的认识和重视程度不够,对标准编制的参与度不高;文化行业中的标准化技术委员会还处于起步阶段,全文化系统的标准化工作组织尚不健全,难以投入精力从事标准化工作;标准化建设所需费用较高,文化部需要有足够的经费来支持文化行业的标准化工作,而经费缺乏的现状制约了工作的开展。

可以看到的是,虽然文化行业标准化工作面临着各种各样的困难,但国家宏观政策已经明确了要着力发展社会主义文化,这为标准化工作提供了很好的政策背景。另一方面,文化部在努力建立健全文化行业各个领域的标准化委员会,为标准化工作提供了有力的组织支撑。标准化是一项活动,其开展的好坏将对最终标准的出台和实施至关重要,因此,文化行业标准编制作为标准化工作的环节之一,制定一套符合我国国情、针对我国文化行业整体发展、致力于全面提升我国文化行业的国际竞争力的文化行业标准编制指南是文化行业的迫切需求,能为我国文化行业标准化工作打下坚实基础。

7.1.2 编制文化行业标准指南的目的

《标准化工作导则 第1部分:标准的结构和编写》中提到,制定标准的目标是规定明确且无歧义的条款,以便促进贸易和交流。为此,标准应:在其范围所规定的界限内按需要力求完整;清楚和准确;充分考虑最新技术水平;为未来技术发展提供框架;能被未参加标准标识的专业人员所理解。那么,标准指南的主要目的就是保证编制出来的标准能够达到标准制定的目标,并满足上述国家标准中所列出来的五项要求。细化来说,文化行业标准编制指南的目的有三个。

第一,对文化行业标准编制的性质、结构、组成要素、制定流程及其各环节具体工作进行介绍,并提供参考意见,有助于文化行业领域中的管理者们对文化行业的规定界限和未来发展框架形成清晰、全面、深入的了解。第二,促进文化行业标准化工作的科学性和规范性。编制指南为文化行业标准的制定、发布和实施工作提供一个规范统一的框架,在此框架下文化行业领域的各级各类主管部门可以参照此框架制定标准,从制定程序、制定主体、标准文本、实施反馈等方面建立一套可供部门参考的框架,避免不完整、不规范、不具操作性的标准文本形成。第三,通过指南来为推进文化行业标准化奠定基础,为参与标准化制定和推动标准化实施的主管部门、技术委员会、行业协会和企业提供一个开放互动的文本平台,有利于将政策、技术、制度、环境等贯通起来为标准化服务。

7.1.3 编制文化行业标准指南的指导原则

在编制指南的总体目标下,要明确并把握文化行业标准编制指南的指导原则,这样才能有规可循,才能更加深入地理解编制标准的具体规定,同时才能将相应的规范更好地贯彻于标准编制的全过程。就"指南"的本义而言,其体现在文本中内含的根本原则可以表述为一般性、原则性和方向性。根据国家标准 GB/T 1.1—2009,编写标准共有 5 个原则:一是统一性,即每项标准或系列标准(或一项标准的不同部分)内,标准的文体和术语应保持一致,系列标准的每项标准(或一项标准的不同部分)的结构及其章、条的编号应尽可能相同,类似的条款应使用类似的措辞来表述,相同的条款应使用相同的措辞来表述,每项标准或系列标准(或一项标准的不同部分)内对于同一概念应使用同一个术语,对于已定义的概念应避免使用同义词,每个选用的术语应尽可能只有唯一的含义;二是协调性,即为了达到所有标准整体协调的目的,标准的编写应遵守现行基础标准的有关条款,对于某些技术领域,标准的编写还应遵守现行基础标准的有关条款;三是适用性,即标准的内容应便于实施,并且易于被其他的标准或文件所引用;四是一致性,即如果有相应的国际文件,起草标准时应以其为基础并尽可能保持与国际文件相一致;五是规范性,即在起草标准之前应确定标准的预计结构和内在关系,尤其应考虑内容的划分。已出台的 GB/T 20000《标准化工作指南》中包含了标准化工作的五个部分:标准化和相关活动的通用词汇、采用国际标准的规则、引用文件、标准中涉及安全的内容、产品标准中涉及环境的内容。与上述五项原则以及标准化工作的五个部分所对应,文化行业标准编制指南应服务于这些原则,并符合文化行业标准化工作开展的规律和要求。

首先,坚持以政府为主导。文化行业标准化是全局性的战略工作,西方欧盟以及一些发达国家如英国、美国等一般采取政府授权民间机构管理国家的标准化活动,我国是由国家标准化管理委员会专门负责全国的标准化工作。依我国的国情和体制,文化行业的自身发展在标准化方面积累较弱,其现状决定了我国的文化行业标准化工作不能采取国外的模式,而应加强政府的宏观指导和政策导向,以期推动标准化。因此,编制指南作为标准的标准,必须坚持以政府为主导,从宏观层面来把握标准化工作。

其次,坚持制定与实施并重。文化行业标准编制指南在制定方面的重点在于要面向社会主义文化建设,保障在标准的规划中要加强文化行业的基础性标准、急需标准以及涉及公共文化安全和文化环境保护的标准建设,逐步开展面向社会的文化服务标准、技术标准、管理标准、基础标准等各项工作。标准的制定固然重要,但是应用才是行业实践的重头戏,因而编制指南要注重标准的可实施性,从标准的制定计划、修订工作、经费管理、审核、文本发布等各个环节上都确保以实施为直接目的,且明确了实施的每个步骤,使标准真正成为社会主义文化建设的规范,也成为文化行业工作者自觉遵循的行为准则。

第三,坚持借鉴国际经验与接轨国际标准并重。文化行业标准编制指南中对标准所提供的指导框架积极采用国际标准和国外先进标准,向国际标准靠拢,加强与国际上的文化行业标准组织的交流与合作,学习和借鉴国外先进的标准化经验,全面提升我国文化产品和文化服务的国际竞争能力,可以表现在标准的制定流程、标准内容、标准编写等方面都与国际保持一致,以制约和消除文化行业中的技术贸易壁垒。另外,在相对成熟和领先的文化行业领域,通过科学的编制指南来规范这些领域的标准化工作,逐渐取得我国在国际标准化活动中的话语权,站在文化行业标准编制的制高点上,争取让我国的标准成为国际标准或事实上的国际标准。

7.2 我国文化行业标准指南的编制

7.2.1 编制文化行业标准指南的基础

文化行业标准编制指南要做到内容全面、系统、实用、措辞准确、文字精练,需要具备多方的基础。

1. 文化行业专家队伍的支持

国内文化行业标准化的起步较晚,至目前为止,我国文化行业领域标准化专家队伍初步形成,发表的文章中不乏对文化行业标准的理性思考和对标准化工作的建设性意见。文化行业专家不仅仅在学术研究上为文化行业标准化工作给予理论支持,如对国内外关于文化行业管理、文化行业标准、文化行业标准化等相关文献的调研,从文化行业标准制定、方法选择、文本编写、发布规则、标准实施效果等多方面进行不同程度的阐释等,还可以对文化行业标准化工作的一些具体程序进行引导和规范,如指导文化行业标准文本研制、标准制修订、标准实施效果评价等。

2. 实践活动的经验借鉴

国外文化行业领域进行标准化工作有多年的实践发展,在众多理论研究成果和一系列的行业标准编制指南、规范等的指导下,已经呈现出专门性、常规性、规范性等特点。国外的各类文化行业标准凝聚着宝贵的实践经验,可为我国文化行业标准化工作提供丰富的案例资源,也可作为指南编制的重要实践依据。我国文化部主管的 9 个专业技术委员会在积极推进文化行业标准化的同时,参与制定并发布了若干标准。无论是国外还是国内的文化行业标准化活动,都为指南的编制提供重要的实践基础。

3. 已出台的相关标准编制指南的参考

国外文化行业在制定标准前,很注重编制适合于本领域的标准指南来规范行业标准的制定,实现标准化活动的科学管理,提高标准化工作的绩效。如美国公共图书馆的业务标准的制定需依据相关的编制指南来进行。我国已经陆续发布了 GB/T 20000《标准化工作指南》,主要用于:对标准化和相关活动的通用词汇进行了说明,为之后的标准引用提供适当的依据;规定了国家国家标准与相应国际标准一致性程度的判定方法、采用国际标准的方法、迅速识别技术性差异和编辑性修改的标识方法、等同采用国际标准的国家标准编号方法、国家标准与相应国际标准一致性程度的标识方法;根据国际上通用的引用文件的原则和方法,规定我国引用文件的基本原则、要求和方法;为标准起草者分析、确定并起草标准中涉及安全的内容提供指导;规定了制定产品标准过程中合理权衡产品功能和环境影响的关系需要总体考虑的原则,概述了产品标准在产品生命周期各个阶段可能影响环境的各种途径,介绍了确定和评定产品标准对环境影响的技术,以及减少由产品标准导致的负面环境影响的方法,适用于起草涉及环境内容的产品标准。还发布了 GB/T 1《标准化工作导则》,分为两个部分:标准的结构和编写、标准制定程序。除此之外,GB/T 20001《标准编写规则》也已全部发布,包括四个部分的内容:术语、符号、信息分类编码、化学分析方法。GB/T 1《标准化工作导则》、GB/T 20000《标准化工作指南》、GB/T 20001《标准编写规则》和 GB/T 20002《标准中特定内容的起草》共同构成支撑标准制修订工作的基础性系列国家标准。以上这些国内外已经出台的标准都为我国文化行业标准编制指南提供了有力的借鉴和参考。

7.2.2　编制我国文化行业标准指南

目前我国有适用于各类标准编制和标准化工作的通用指南,但是尚无针对文化行业标准的指南,行业的特殊性以及前期对文化行业人员的调研结果表明了有必要编制一套专门性指南以供文化行业标准化工作之用。我国文化行业标准指南围绕标准化工作来编制,参考国外文化行业标准指南相关材料,结合我国发布的基础性系列国家标准,其内容主要包括以下方面。

1. 关于文化行业标准的制定程序

世界贸易组织(WTO)秘书处和 ISO 秘书处共同签署了《关于 ISO 实施 WTO 标准信息服务的理解备忘录》,要求各签约国标准化机构至少每六个月公布一次工作计划,并使用标准制定的国际协调阶段编码系统。WTO 要求标准制定至少应该分 5 个阶段:已决定制定一个标准,但技术工作还未开始;技术工作已开始,但还未开始征求意见;已开始征求意见,但未完成;征求意见完结,但标准还未开始实施;标准实施开始。1997 年 1 月 27 日由我国国家技术监督局批准并于 1997 年 4 月 1 日正式实施的 GB/T 16733—1997《国家标准制定程序的阶段划分及代码》采用了 ISO/IEC 导则的阶段划分,阶段名称和任务按照我国情况作了相应调整,将国家标准制定程序分为九个阶段,分别是:预阶段,提出新工作项目建议;立项阶段,提出新工作项目;起草阶段,提出标准草案征求意见稿;征求意见阶段,提出标准草案送审稿;审查阶段,提出标准草案报批稿;批准阶段,提供标准出版稿;出版阶段,提供标准出版物;复审阶段,定期复审;废止阶段。

作为行业标准的制修订及管理,文化行业借鉴国际上的标准制定流程,其制定程序可参照使用国家标准制定程序,包含九个阶段。

(1)预阶段(Preliminary stage)

对将要立项的文化行业领域中新工作项目进行研究及必要的论证,并在此基础上提出新工作项目建议,包括文化行业标准草案或标准大纲,如标准的范围、结构及其相互关系等。文化行业标准化技术委员会或相关部门收到新工作项目建议提案,对这些提案进行审查并决定是通过还是放弃,如果通过,则将新工作项目提案上报。

(2)立项阶段(Proposal stage)

对文化行业领域中新工作项目建议进行审查、汇总、协调、确定,直至下达《国家标准制修订项目计划》,时间周期不超过三个月。文化行业标准化主管部门登记新工作项目建议,对此建议进行审查和协调,可将建议返回给提出者让其进一步明确,然后对这些建议决定是否通过,如果通过,则下达新工作项目计划。

(3)起草阶段(Preparatory stage)

文化行业标准化技术委员会登记新工作项目,落实计划。组成工作组,项目负责人组织文化行业标准起草工作直至完成标准草案征求意见稿,时间周期不超过十个月。

(4)征求意见阶段(Committee stage)

将文化行业标准草案征求意见稿按有关规定分发征求意见。在回复意见的日期截止后,标准起草工作组应根据返回的意见,完成意见汇总处理表和标准送审稿。时间周期不超过五个月。若回复意见要求对征求意见稿进行重大修改,则应分发第二征求意见稿(甚至第三征求意见稿)征求意见。此时,项目负责人应主动向有关部门提出延长或终止该项目计划的申请报告。

（5）审查阶段（Voting stage）

对文化行业标准草案送审稿组织审查（会审或函审），并在（审查）协商一致的基础上，形成标准草案报批稿和审查会议纪要或函审结论，时间周期不超过五个月。若标准草案送审稿没有被通过，则应分发第二标准草案送审稿，并再次进行审查，此时，项目负责人应主动向有关部门提出延长或终止该项目计划的申请报告。

（6）批准阶段（Approval stage）

文化行业标准化主管部门对文化行业标准草案报批稿及报批材料进行程序、技术审核。对不符合报批要求的，一般应退回有关标准化技术委员会或起草单位，限时解决问题后再行审核。时间周期不超过四个月。文化部技术审查机构对标准草案报批稿及报批材料进行技术审查，在此基础上对报批稿完成必要的协调和完善工作。时间周期不超过三个月。若报批稿中存在重大技术方面的问题或协调方面的问题，一般应退回起草单位或有关的文化行业标准化技术委员会，限时解决问题后再行报批。标准化行政主管部门批准、发布文化行业标准，时间周期不超过一个月。

（7）出版阶段（Publication stage）

文化行业标准出版单位登记行业标准出版稿，将文化行业标准出版稿编辑出版，提供标准出版物，时间周期不超过一个月。

（8）复审阶段（Review stage）

对实施周期达一定年限（一般可定为 3 年或 5 年）的文化行业标准进行复审，以确定是否确认（继续有效），修改（通过技术勘误表或修改单）、修订（提交一个新工作项目建议，列入工作计划）或废止。

（9）废止阶段（Withdrawal stage）

对于经复审后确定为无存在必要的文化行业标准，予以废止。

2. 关于文化行业标准的文本结构

一般认为，标准具有系统性、权威性、动态性、经济性和法律性。国家标准化指导性文件则为给仍处于技术发展过程中的标准化工作提供指南或信息，供科研、设计、生产、使用和管理等有关人员参考使用而制定的标准文件。国家标准 GT/T 1.1—2009 就是国家标准化指导性文件，规定了标准的结构、起草表述规则和编排格式，并给出了有关表述样式。其中标准的框架结构是起草一个好的标准的重要前提，也是衡量一个标准文本是否能应用于实践的体现。标准的结构就是标准的骨架，标准骨架搭建的完美与否决定了最终标准文本的质量。因此，有必要对标准的文本结构进行规范，文化行业标准的文本结构参照使用国家标准的结构，同时凸显文化行业的自身特点。

文化行业可视为一个标准化领域，包含文化行业领域中诸多相关的标准化对象。针对任一标准化对象，应编制成一项文化行业标准并作为整体标准。对于某些特殊的文化行业，可编制成若干个单独的标准，或在同一标准顺序号下将一项标准分成若干个单独的部分，如有需要，可以单独修订每一部分。根据国家标准，一项标准分为若干个单独的部分时，通常有这些原因：标准篇幅过长、后续的内容相互关联、标准的某些内容可能被法规引用、标准的某些内容拟用于认证，这些原因在文化行业领域中都很有可能出现。按要素的性质以及在标准中的具体位置来划分，一项文化行业标准可以分为：资料性概述要素、规范性一般要素、规范性技术要素、资料性补充要素。

资料性概述要素包括：(1)封面，为必备要素，给出标示标准的信息，即标准的名称、英文译名、层次、标志、编号、国际标准分类号、中国标准文献分类号、备案号、发布日期、实施日期、发布部门等；(2)目次，为可选要素，所列的各项内容和顺序为前言、引言、章、带有标题的条、附录、附录中的章、附录中带有标题的条、参考文献、索引、图、表；(3)前言，为必备要素，不应包含要求和推荐，也不应包含公式、图和表；(4)引言，为可选要素，可给出标准技术内容的特殊信息或说明，以及编制该标准的原因。

规范性一般要素包括：(1)标准名称，为必备要素，简练且明确地表示出标准的主题，使之与其他标准相区分；(2)范围，为必备要素，明确界定标准化对象和所涉及的各个方面，由此指明标准或其特定部分的适用界限；(3)规范性引用文件，为可选要素，列出标准中规范性引用其他文件的文件清单，引用文件的排列顺序依次是国家标准、行业标准、国内外有关文件、国际标准、ISO 或 IEC 有关文件、其他国际标准以及其他国际有关文件，文件清单的引导语为"下列文件对于本文件的应用是必不可少的。凡是注日期的引用文件，仅注日期的版本适用于本文件。凡不注日期的引用文件，其最新版本(包括所有的修改单)适用于本文件"。

规范性技术要素包括：(1)术语和定义，为可选要素，仅给出为理解标准中某些属于所必需的定义，引导语可为"下列术语和定义适用于本文件""……界定的以及下列术语和定义适用于本文件""……界定的术语和定义适用于本文件"，引导语的选择是具体情况而定；(2)符号、代号和缩略语，为可选要素，基本顺序是大写拉丁字母置于小写拉丁字母之前，无角标的字母置于有角标的字母之前，有字母角标的字母置于有数字角标的字母之前，希腊字母置于拉丁字母之后；(3)要求，为可选要素，不应包含合同要求和法律或法规的要求；(4)分类、标记和编码，为可选要素，为符合规定的文化行业产品、过程或服务建立一个分类、标记或编码体系；(5)规范性附录，为可选要素，给出标准正文的附加或补充条款。

资料性补充要素包括：(1)资料性附录，为可选要素，给出有助于理解或使用标准的附加信息；(2)参考文献，为可选要素，置于最后一个附录之后；(3)索引，为可选要素，置于标准的末尾。

3. 关于文化行业标准的实施

文化行业标准在实施阶段主要包括两个任务：一是进行标准化所涉资源的分配或再分配，二是监督执行。即对标准实施的各项活动所涉资源进行分配，将文化行业标准化整合成文化行业的持续运作，对文化行业标准的进展情况进行监督，在情况变化或标准失效时，对标准进行审查，为修订或废止做准备。文化行业标准分为强制性标准和推荐性标准。对于强制性标准，具有法律属性，一经发布必须贯彻执行，因此在实施过程中要考虑的是发挥法律、行政法规等强制性效力以保证标准的实施。对于推荐性标准，应出台一份配套的标准实施细则，解析标准的各个部分，推荐相关的文化行业领域使用。

7.3 文化行业标准编制指南的应用

标准化是人类在长期生产实践、社会管理活动中逐渐摸索和发展起来的一门应用技术，同时也是一门科学。标准代表着社会进步，保障社会安全，体现社会公平。文化行业的标准化工作内容十分丰富,它涉及文化领域的安全、环保、质量、工艺、资质、消费者权益保护等各个环节,覆盖图书馆、博物馆、文化馆、美术馆、演出场所、社会艺术教育、社区文化设施、文化娱乐场所、网络文化、动漫游戏、乐器、工艺美术等各个领域。随着文化建设的迅猛发展,文化行业标准数量少、水平低、适用性较差、缺乏统一规划等问题日益凸现。因此,加快文化行业标准化工作已成为当今一个时期内一项十分紧迫的任务。文化行业标准编制指南不是指令性文件,在行业标准的编制中可以自行决定如何以及在多大程度上应用它。

7.3.1 指南应用的主要任务

文化行业标准编制指南是文化行业标准化工作的前提,为文化行业标准的编制提供操作规范。从宏观层面来说,该指南应用于文化行业领域的主要任务为以下方面。

一是通过规范标准编制,缩小与发达国家的差距。我国文化行业标准化的发展相比于国外发达来说,有较大的差距,已有的文化行业标准化技术委员会可以使用本指南来开展和参与标准化工作的交流和合作,组织收集和分析本领域的标准编制与国外先进标准的发展动态,推动我国文化行业标准化建设与国际接轨。

二是为文化行业的标准化管理提供依据。泰勒在《科学管理原理》中明确提出了标准化管理,他认为"要掌握标准化的操作方法,使用标准化的工具、机器和材料,并使作业环境标准化"。文化行业标准编制指南不仅仅是规范标准的制定,还规范标准的发布实施,贯穿标准化的整个活动。指南的应用对于完善标准化体系有重要作用,通过构建的参考工具,确保实现行业的标准化,从而使文化行业的发展获得最佳秩序和效益。

三是明确文化行业发展的重点领域。在文化行业众多的标准化工作中,由于经费、人员配备、基础条件等方面的差异,需要辨析发展中的主次和重点。通过对国内外标准化进展动态的跟踪,抓住并推动急需标准和重点标准化工作的进度,以保证解决文化行业标准化重点问题的同时,进一步为社会主义文化事业的发展提供服务。

7.3.2 指南应用的保障措施

要保障文化行业标准编制指南的有效施行,主要可采取三个具体措施。

一是逐步形成文化行业标准化专家队伍,打好文化行业标准化基础建设,以期推进文化行业的有序发展。由文化部以及下属的各个标准化技术委员会组织专家,开展文化行业的国内外调研,明确行业标准化的作用和定位,同时保持各组织机构和专家的独立性,为指南的科学应用提供规范化的路径,为标准化管理提供可操作性的意见,为与标准化工作相关的政府决策提供有建设性意义的建议。

二是健全文化行业标准化管理组织,保障指南应用的逐步完善化。指南和标准都是动态性的,更需要建立健全专业标准化组织,并加强归口管理工作。一方面,需要标准化管理组织的全面推动保持指南和标准的与时俱进,进而推动科学合理的文化行业标准申报、审批、审核和发布,协同政府完成行业标准的制定,并承担解释、监督、检查等工作。另一方面,在指南的应用过程中,标准化管理组织加强国际的交流与合作,完成指南的更新和再构建。

三是加大对文化行业标准编制指南的宣传推广。大力加强编制指南的普及、宣传和推广,由文化部和各级文化主管部门牵头,重视从多途径以多方式对指南文件进行公布和宣传。从宣传推广中,获得对编制指南的反馈意见,以便之后对指南文本的持续修订和调整。

8 文化行业标准的实施与评价研究

文化行业标准的实施与评价是开展文化行业标准化工作的重要环节。文化行业标准的实施是相关行业按照文化行业标准开展具体工作的过程,该如何实施文化行业标准,实施过程中存在哪些障碍,文化行业标准实施的对策是研究重点关注的内容。此外,文化行业标准实施后的有效运行需要建立相应的评价机制以进行反馈、调整和修正,以进一步完善标准体系。对标准实施的评价有助于主管部门把握文化行业的整体脉络,也有助于行业自身进行自我评价,因此科学有效地对文化行业标准实施进行评价是十分必要的。本部分结合系统方法,从文化行业标准实施评价的内容、方法和管理等问题开展研究,以期为我国文化行业标准的实施与评价提供科学的理论依据。

8.1 文化行业标准的实施

文化行业标准是服务于具体行业进行建设的初期,在具体的文化行业开展建设、服务等相关活动中,起着指导和规范的重要作用。文化行业标准的实施是文化行业标准的具体实践过程,是行业标准的具体应用,对文化行业标准实施的研究具有重要的现实意义。本部分提出文化行业标准实施的过程模型,并指出文化行业标准实施的障碍,在此基础上提出文化行业标准实施的应对策略。

8.1.1 文化行业标准实施的过程模型

文化行业标准的实施是一个系统的过程,大体上可以划分为实施前、实施中和实施后三个阶段。实施前阶段是对文化行业标准的实施所做的人才、预算、计划等的准备阶段;实施中阶段主要是文化行业标准的实际运行阶段,主要是对文化行业标准的管理和维护;实施后阶段主要是对文化行业标准实施后的反馈、修订和调整阶段。这三个阶段是文化行业标准实施的主要过程,见图 8 - 1。

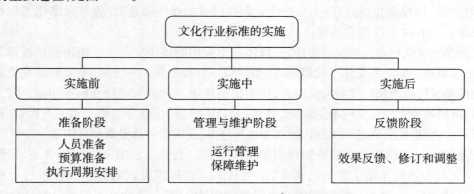

图 8 - 1 文化行业标准实施的过程模型

1. 实施前

实施前阶段是文化行业标准实施前的准备阶段,主要应包括以人员准备、预算准备和执行周期安排。

（1）人员准备

人员是开展文化行业标准实施的关键要素,因此在实施前阶段,要优先安排人员配置。首先,组建标准执行工作的工作小组,明晰责任和任务。此外,在标准实施阶段还要确定相关人员的参与,主要是标准执行的相关工作人员、审查人员等,需要事先拟定名单,规划参与执行的部门和人员。

人员准备方面应注意一下几个方面:其一,要明确哪些人员必须参加标准的实施工作;其二,要明确这些人员的分工,安排好具体工作,并通知到位,保证信息在人员中的及时沟通;其三,标准实施的具体工作人员,要提前确定,明晰职责、任务分工和责任,以确保标准实施的顺利进行;其四,在标准实施前,要先组建好标准实施的工作组,以确定相关工作有组织的进行。

（2）预算准备

标准的实施离不开一定的资金支持,在文化行业标准实施前要提前做好预算,规划经费的使用情况。一般来讲,可进行季度预算、年度预算以及总体预算等。此外,还要专门配置管理预算的组织机构,专门负责预算的制定、审核和监督工作。

（3）执行周期安排

在某一文化行业,或某一具体的机构要想完成标准的实施工作,必须提前安排执行的周期,确定最终完成的时间,规划每一步骤所需要的大致时间周期,以保证标准按照计划、有组织、有条不紊的执行。

2. 实施中

实施中阶段主要是文化行业标准的管理和维护的阶段,主要包括两个方面的工作,一方面是对标准运行的管理,另一方面是为标准的运行提供的保障维护工作。

（1）运行管理

对文化行业标准的运行管理是指对文化行业标准的执行、实施进行的计划、指导和控制的过程。运行管理是对文化行业标准的具体目标、规程和措施具体实施的过程,是具体机构执行行业标准体系、行业标准化过程或某一个标准实施的计划、指导和控制的过程。

（2）保障维护

保障维护是指为确保标准实施的顺利运行而提供的相应管理保障,包括人员保障、经费保障、制度保障、法律保障等。

人员保障是保持标准实施和维持运行状态的必要保障。从类型上来看,大体上可以分为内部人员和外部人员两类。内部人员是机构内部负责标准执行的人员,定期对标准执行情况进行监督和评价;外部人员是机构外部对标准运行情况进行审查与监督的人员。内部人员与外部人员对标准实施的审查与评价是保持标准运行的重要措施。

经费保障是维持标准运行的必要保障。充足的经费支持,才能保证标准长期稳定的实施。根据标准的运行情况和变化情况要及时调整经费支持的水平,保障与标准运行的需求相适应。

制度保障是确保标准实施的有效途径,要保障标准实施的规范管理,必须要制度先行。

要制定标准实施的相关制度,其中包括标准实施中各种应注意的问题、标准实施的规范流程、标准实施的各方面管理工作,等,以保证标准的顺利实施。

法律保障是指以法律的手段为标准的实施提供依据。通过法律保障可以是保证某些标准可以强制执行,为相关标准的实施提供了有利的规范化支持。

3. 实施后

实施后阶段是对行业标准实施效果反馈、修订和调整的阶段。在文化行业标准实施的过程中会反馈相应的问题,对这些问题及时的反馈、修订和调整,在制定新标准的时候充分重视现有问题,完善并改进标准。此外,实施后的标准要对其进行评价,包括对标准的环境适应性的评价、运行管理和实施效果的评价、分析,以改进标准体系,提高文化行业标准化的水平。

4. 文化行业标准实施的障碍

文化行业标准化是要建立一个文化行业的标准化体系,根据这一体系内容确定一系列适应文化行业的标准和规范。文化行业标准的实施,对促进文化行业间的交流和具体文化行业的规范发展具有重要意义。然而,目前文化行业标准的发展并不均衡,在实施文化行业标准的过程中还存在一些障碍:

(1)文化行业标准间的冲突

文化行业标准有很多,一些标准间还存在着交叉的现象。对于具体文化机构来说,在执行标准过程中,要解决这些冲突的问题,同时相应的标委会也要充分重视这一问题,及时调整或更新标准,协调标准间的冲突。

(2)文化行业标准化技术人员和技术保障不足

文化行业从业人员的认知有待提高,本研究的调查结果显示,近30%的从业人员不熟悉或十分不熟悉本行业的标准。文化行业标准在实施过程中没有建立专门的标准化工作机构,缺乏熟悉标准和标准化的专业人员,实施标准化的力量薄弱;未制定相关的标准化管理制度;缺乏国内、国际有关的标准化工作的横向交流,文化部门标准与相关的国家标准、行业标准和地方标准尚未得到广泛的应用;标准化总体工作缺乏科学性。

(3)重视、宣传贯彻力度不够

标准化工作实际上是一项艰巨的任务,标准的实施涉及的部门广,人员多,周期长。往往由于宣传贯彻不够,培训不到位,各级领导和实施管理人员未充分重视本项工作的重要性。

(4)标准化管理薄弱

从微观来看,对于文化机构内部的管理来讲,标准化的管理手段还十分单一,缺乏专门的标准管理制度,缺乏专门的标准化工作的部门和人员对标准的实施进行管理和控制。从宏观来看,我国文化行业标准化工作尚处于初级阶段,标准管理方面的人才十分短缺,缺乏标准化管理、监督的部门,相关法律保障仍十分欠缺。

这些问题,无论是来自于文化机构内部还是外部的都共同制约着我国文化行业标准的实施。因此,要顺利推行文化行业标准的实施就要直面这些障碍,需找解决这些问题的最佳办法。

8.1.2 文化行业标准实施的对策建议

基于上述问题的讨论,本研究提出文化行业标准实施的具体策略包括:

1. 文化机构内部要充分重视标准化工作,合理配置资源

文化机构是实施文化行业标准的具体实践单位,因此文化机构内部要充分重视起文化行业标准的实施,合理地为标准实施配置资源。文化机构应该成立专门的标准实施的工作部门,全程指导完成标准的实施,在标准实施后,也应该指派专门人员负责机构内部标准的运行和评价、审核等工作,以促进标准的进一步完善和修改。

2. 制定监管机制,保障文化行业标准的实施有所监管

长期以来,我国文化行业标准的实施都缺乏相应的监管机制,文化行业标准的实施有一定的随意性,无法判定执行的状况。因此,建立监管机制,使文化行业标准的实施有所监管,迫在眉睫。相应监管机制的建立,可以促进文化行业标准实施的内外监管,共同促进文化行业标准实施的规范化。

3. 大力培养标准化人才,为文化行业标准化工作储备后续力量

目前,我国文化行业标准化的人才非常紧缺,各个学校应加大相关人才培养力度,为文化行业标准化输送管理人才,保障文化行业标准的人才供应,为文化行业标准工作储备后续力量。首先,学校应该加开一些紧缺的文化行业标准的课程,比如 ISO 9001 体系相关课程等。其次,部分学校可以根据需求开设文化管理相关专业,加强人才的培养规模。第三,应以市场需求为导向,短期培训与学历教育相结合,培养相关人才。第四,还应该培养多层次的人才,包括本科、硕士、博士等。此外,标准化工作委员会也应参与其中,标委会工作人员也应进入大学之中进修、培训,学习相关课程,提高自身素质。

4. 制定法律法规,对部分标准强制执行

我国目前尚没有一部针对文化行业标准的法律法规,因此文化行业标准的实施缺乏法律指导,也使得文化行业标准没有强制性执行的依据,然而现实中,部分标准是需要强制执行的,例如:公共图书馆用地标准等。只有法律法规的颁布,才能令其具有强制性,在实施过程中有法可依。

5. 文化行业标准的国际化,促进我国文化行业标准与国际接轨

我国文化行业的发展根植于我国的国情,而在标准制定方面更应该借鉴国外相关标准的先进成果。在标准内容方面,可以借鉴国外有关标准细则,提早做好相应标准,提前做准备,使我国文化行业标准具有一定的预见性,而不是出现问题后在更新标准在做补救工作。此外,在管理方面,国际标准化组织的 ISO 9001:2008 体系的关系工作值得借鉴和学习其先进的经验,如其建立标准体系和监管制度,培养内部审查员和外部审查员,进行认证考核与培训,为标准实施与运行提供充分准备。

6. 制定文化行业标准化的战略规划,为文化行业标准化的发展提供长期规划

文化行业标准化工作是一项长期而艰巨的工作,因此要以战略的眼光看待,从长远的发展部署文化行业标准化工作。文化行业标准化的战略规划的制订能够为文化行业标准化工作提供远景的目标,制定执行任务等。目前尚缺少此方面的工作,无论是国家还是地区、行业,还是单一文化机构都要重视文化行业标准的战略发展,提高战略意识,制订战略规划,谋划未来发展。

8.2 文化行业标准实施的评价

在我国文化行业不断发展的进程中,文化行业标准究竟发挥什么作用,实施效果如何,将直接影响并决定文化行业在社会中的地位与作用,也决定了社会对文化行业的认识。文化行业标准实施评价的意义一方面是保证标准实施质量和效率的需要,可监督实施过程是否按照既定的目标推进,检查标准实施的效果是否促进文化行业的发展,能确保文化行业标准规范作用的发挥;另一方面是体现公共政策属性的手段,文化行业作为我国城市发展的新兴支柱,具有重要作用,文化行业标准的实施需遵循决策、执行、监督、反馈的双向循环过程,对其评价可以全面地考量实施的过程和结果,并在此基础上形成相关信息反馈,以此作文化行业标准修编与调整、运作制度修正与完善的依据,形成良性循环过程。本部分探讨文化行业标准实施评价的基本理论问题、评价的内容、方法和管理过程。

8.2.1 行业标准实施评价的基本理论问题

1. 评价的目标

对文化行业标准的实施评价,要有明确的目标做指导,才能有目的性的完成对评价对象的科学有效的评价。文化行业标准实施评价有别于对文化行业标准成果本身的评价、对方案的评价,而主要是针对已付诸实施的文化行业标准在各个不同的实施阶段不断深化实施的过程以及实施效果进行评价,对文化行业标准的实施评价,可以从总目标—分目标的体系来进行划分,见图 8 - 2。

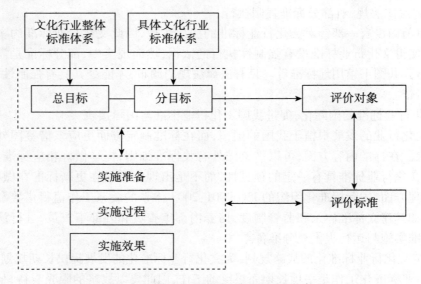

图 8 - 2 文化行业标准实施评价的目标体系

(1)总目标

对文化行业标准实施评价的总目标是对文化行业的整体实施效果的评价。文化行业总体标准的实施对文化行业整体具有引导和调控的作用,文化行业标准整体实施效果的评价可以更好地调整和反馈标准执行的状况,推进文化行业标准的进一步发展。

（2）分目标

对文化行业标准实施评价的分目标是对具体文化行业的标准实施效果的评价。对具体文化行业标准的实施准备、过程和效果进行评价,及时调整具体行业的标准体系以适应新的环境变化。

2. 评价的原则

构建文化行业标准的实施评价首先应确立评价指标选择的原则。指标体系必须建立在科学的基础上,客观地反映文化行业标准实施的各个方面,而且指标体系的繁简要适宜。除了要遵循国际通行的指标体系构建原则如科学性原则、动态性原则、定性定量结合的原则外,结合文化行业标准实施的具体情况,建立文化行业标准实施评价指标体系应特别遵循以下原则。

（1）全面性原则

评价是一项涉及系统各个方面的综合工作,在指标体系设置和个体指标选取上,要以构建科学、完整的评价系统为出发点。所选指标要尽可能覆盖所有文化行业及其下属领域的各个方面,避免遗漏重要的影响因素。

（2）可比性原则

这要求所选取的指标一是应该能具备较为普遍的统计意义,指标的统计口径、含义和适用范围要相同,可以在横向、纵向层面上分别进行评价;二是要求定量指标可以直接量化,定性指标可以间接赋值量化,使评价对象之间可以比较,从而确保评价结果的准确性。

（3）可操作性原则

在建立指标体系时应考虑指标数目和指标对评价影响的大小,把主要的、对评价影响较大的指标选择出来,这样可以在保证全面反映系统的特征和实质的情况下,使指标数目达到可以操作的程度。同时,可操作性也要求评价指标应该具有可获得性和经济性。如果指标过于庞杂,不仅会加大资料收集的难度和工作量,而且还会由于指标的交叉而影响评价结果的精确性。

8.2.2 文化行业标准的评价内容研究

文化行业标准评价的内容体系包含三个层次,其一是文化行业标准实施过程的评价;其二是对文化行业标准运行结果的评价;其三是对文化行业标准运行所产生的影响的评价,见图8-3。

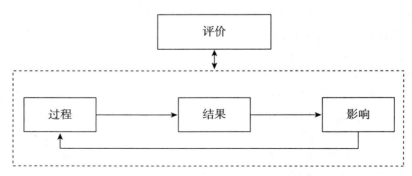

图8-3 文化行业标准评价的内容体系框架

8.2.3 文化行业标准的评价方法研究

目前,实施评价方法有成对比较法、综合评价法、统计分析法等。

1. 成对比较法

成对比较法就是将上轮标准执行的指标和具体实施指标直接进行两两比较。

2. 曲线拟合法

曲线拟合法是指选取几个主要文化行业标准指标,将这些指标看作序列数据,因而在数学上是一条曲线(折线),这样文化行业的标准指标和现状指标就有两条曲线。将标准指标对应的曲线作为理论值检查与现状曲线的拟和程度;检查方法可以采用后差检验的方差比、相关系数以及小误差概率等统计检验指标来反映。

3. 统计分析法

统计分析法是指用筛选出的评价指标值与评价目标值进行回归分析,以回归系数大小来确定文化行业标准实施评价的好坏。主要适用于各项指标之间有明显的相关性,特别是线性相关方面有其优势,对于非线性相关的分析存在一定的局限性。

4. 层次分析法

层次分析法就是通过对文化行业标准的多个因素的分析,划分出各因素间相互联系的有序层次,再请专家对每一层次的各因素进行客观的判断后,相应地给出相对重要性的定量表示,进而建立数学模型,计算出每一层次全部因素的相对重要性的权重值,根据各因素的权重值确定影响该行业文化标准体系的主要因素,并对主要影响因素进行量化和标准化,最后对各因素值按照权重值的大小进行加和,得到该文化行业标准实施的综合评价。该方法结合定性和定量分析,具有系统性、完整性等特点。

8.2.4 文化行业标准评价的管理过程研究

文化行业标准的评价要经过科学的管理过程的控制才能有效顺利地进行,本部分就科学管理过程中的评价主体、评价过程管理和有关问题进行讨论。

1. 评价主体选择

文化行业标准的评价主体的选择要以多样化为原则。可以由所在单位自我评价,也可以由某一主管部门或多个主管部门统一部署评价工作。

2. 评价的过程管理

对文化行业标准的评价要以科学性为依据,首先要对评价进度加以控制,限定时间内完成评价工作,不拖延时间,保证评价工作的按时完成,及时反馈问题。其次,要对预先设计的方案进行选择。包括评价的资金支持和人力资源的配置等。

3. 评价实施过程应注意的问题

评价实施过程中存在的问题主要来源于两个方面,一方面是评价主体因素,另一方面是评价客体因素,在评价实施过程中要给予充分的关注。首先,评价主体,即评价实施过程中人的因素,评价实施过程中,组织中的人员可能是接受标准的实施,也可能抵制标准的实施,因此在评价实施过程中,要做好抵制实施人员的工作,争取他们的理解和支持。其次,评价客体,即标准本身的因素。通用标准的研制是评价过程中不可避免的问题,此外不同标准的执行可能会存在冲突的问题,标准的选择就需要领导进行决策。

8.2.5 文化行业标准实施的实例研究

党的十六大以来,我国部署了一系列的国家文化发展战略,国家对文化行业的发展十分重视。2008 年文化部成立了 8 个全国专业标准化技术委员会以规范我国文化行业标准,推动文化创新,并提高我国的文化软实力。这 8 个专业标准化(分)技术委员会分别为全国剧场标准化技术委员会、全国剧场标准化技术委员会舞台机械分技术委员会、全国图书馆标准化技术委员会、全国文化馆标准化技术委员会、全国网络文化标准化技术委员会、全国文化娱乐场所标准化技术委员会、全国社会艺术水平考级标准化技术委员会、全国文化艺术资源标准化技术委员会等。在这 8 个标准化技术委员会中,由于图书馆的标准化实践历史较为长远,以图书馆行业标准建立和实施的最为完善,因此,本部分以全国图书馆标准化技术委员会为案例,分析图书馆行业标准化现状,结合上述理论对图书馆标准的实施评价给出方案建议,以供其他文化行业参考。

1. 全国图书馆标准化技术委员会简介

全国图书馆标准化技术委员会是由国家标准化管理委员会批准于 2008 年 10 月成立(SAC/TC 389),其主要负责“图书馆管理、服务,图书馆古籍善本的定级、维修、保护,图书馆环境等领域标准化工作”。

2. 全国图书馆标准化技术委员会的组织管理

全国图书馆标准化技术委员会会自成立之初就建立起了组织管理制度,包括关于秘书处工作细则和委员会章程两项草案,其中“全国图书馆标准化技术委员会秘书处工作细则(草案)”明确了秘书处的组织机构、工作任务、经费分配和人员选派问题;“全国图书馆标准化技术委员会章程(草案)”明确了全国图书馆标准化技术委员会的工作任务、组织机构、工作程序和经费的问题,为全国图书馆标准化技术委员会的工作提供指导。

组织成员构成方面,全国图书馆标准化技术委员会第一届委员的构成结构多元优化,共有来自公共图书馆、科研图书馆、院校图书馆、高校图书馆学专业及图书馆相关企业等不同领域的 37 位专家受聘为全国图书馆标准化技术委员会第一届委员,为规划图书馆领域标准规范体系,编制图书馆领域管理、服务、技术等相关标准提供了坚实的智力保障。

组织宣传方面,通过设立全国图书馆标准化技术委员会工作网站、编制工作简报、组织参与相关工作会议、合作申报相关标准化研究项目等方式,积极探索建立了委员间的信息通报制度,以及与图书馆标准化相关技术机构之间的沟通与协作机制,并逐步加强了对标准制修订工作的管理与监督,为进一步建立完整的标准制修订工作过程管理制度奠定了基础。

人才培养方面,在全国图书馆标准化技术委员会归口管理的国家标准和行业标准的制修订过程中,一批图书馆各专业技术领域标准化工作人才得到锻炼和成长,正日益成为推动图书馆标准化工作的中坚力量。

3. 图书馆行业标准领域科研立项及标准的制修订

全国图书馆标准化技术委员会成立后积极开展图书馆标准化研究工作。2010 年,受文化部委托,全国图书馆标准化技术委员会承担了文化部调研课题——文化行业标准化工作现状与趋势研究,项目在调研文化部所属 8 个标准化(分)技术委员会开展工作现状及国外文化领域标准化工作现状的基础上,对文化行业标准化工作中存在的问题做出梳理,并针对这些问题提出解决方案,形成课题报告,该项目已于 2011 年 9 月顺利结项。此外,2010 年,全国图书馆标准化技术委员会还承担了国家质检公益性行业科研专项项目——乡镇(社区)图书馆管理标准研究,该项目将在全面调研我国乡镇社区图书馆建设与服务现状的基础上,结合国外基层图书馆发展经验,形成我国乡镇社区图书馆管理标准体系研究报告,并起草若干相关标准文本,上报立项国家标准或行业标准。截至2014年10月底,全国图书馆标准化技术委员会承担的标准化研究项目11项,其中已通过验收结项5项,在研6项。相关科研项目有"我国文化行业标准化工作现状及发展趋势研究""乡镇(社区)图书馆管理标准研究""乡镇图书馆业务统计与评估研究""'十二五'期间文化行业标准化重点工作领域研究"和"图书馆移动服务标准研究"等。

在标准制修订工作中,截至2014年10月底,由全国图书馆标准化技术委员会归口管理和制修订的国家标准22项,文化行业标准34项,标准化研究项目10项。全国图书馆标准化技术委员会现有归口管理的国家标准制修订项目22项中已发布实施5项,已提交报批2项,已完成审查待报批5项,制订中项目10项。全国图书馆标准化技术委员会现有归口管理的文化行业标准制修订项目34项中已发布实施18项,已完成审查待报批6项,制订中项目9项,撤销立项项目1项。

近年来已经有关部门批准颁布的标准见表8-1。

表 8-1　已发布的图书馆相关标准一览

标准名称	标准号	发布日期	实施日期
公共图书馆服务规范	GB/T 28220—2011	2011 年 12 月 30 日	2012 年 5 月 1 日
图书馆古籍特藏书库基本要求	GB/T 30227—2013	2013 年 12 月 31 日	2014 年 12 月 1 日
图书馆馆藏资源数字化加工规范第 2 部分:文本资源	GB/T 31219.2—2014	2014 年 9 月 30 日	2015 年 1 月 1 日
图书馆馆藏资源数字化加工规范第 3 部分:图像资源	GB/T 31219.3—2014	2014 年 9 月 30 日	2015 年 1 月 1 日
图书馆馆藏资源数字化加工规范第 4 部分:音频资源	GB/T 31219.4—2014	2014 年 9 月 30 日	2015 年 1 月 1 日
图书馆　射频识别　数据模型　第 1 部分:数据元素设置及应用规则	WH/T 43—2012	2012 年 2 月 23 日	2012 年 6 月 1 日
图书馆　射频识别　数据模型第 2 部分:基于 150/IEC 15962 的数据元素编码方案	WH/T 44—2012	2012 年 2 月 23 日	2012 年 6 月 1 日
文本数据加工规范	WH/T 45—2012	2012 年 8 月 6 日	2012 年 12 月 1 日
图像数据加工规范	WH/T 46—2012	2012 年 8 月 6 日	2012 年 12 月 1 日
图书馆数字资源统计规范	WH/T 47—2012	2012 年 8 月 6 日	2012 年 12 月 1 日
数字对象唯一标识符	WH/T 48—2012	2012 年 8 月 6 日	2012 年 12 月 1 日
音频数据加工规范	WH/T 49—2012	2012 年 8 月 6 日	2012 年 12 月 1 日
网络资源元数据规范	WH/T 50—2012	2012 年 8 月 6 日	2012 年 12 月 1 日

续表

标准名称	标准号	发布日期	实施日期
图像元数据规范	WH/T 51—2012	2012 年 8 月 6 日	2012 年 12 月 1 日
管理元数据规范	WH/T 52—2012	2012 年 8 月 6 日	2012 年 12 月 1 日
数字资源长期保存元数据规范	WH/Z 1—2012	2012 年 8 月 6 日	2012 年 12 月 1 日
音频资源元数据规范	WH/T 62—2014	2014 年 1 月 6 日	2014 年 4 月 1 日
视频资源元数据规范	WH/T 63—2014	2014 年 1 月 6 日	2014 年 4 月 1 日
电子连续性资源元数据规范	WH/T 64—2014	2014 年 1 月 6 日	2014 年 4 月 1 日
电子图书元数据规范	WH/T 65—2014	2014 年 1 月 6 日	2014 年 4 月 1 日
古籍元数据规范	WH/T 66—2014	2014 年 1 月 6 日	2014 年 4 月 1 日
期刊论文元数据规范	WH/T 67—2014	2014 年 1 月 6 日	2014 年 4 月 1 日
学位论文元数据规范	WH/T 68—2014	2014 年 1 月 6 日	2014 年 4 月 1 日

4. 图书馆行业标准实施的经验与不足

目前的标准化工作成果为我国图书馆事业进一步实现标准化、规范化发展提供了条件，奠定了基础。这些成果可以概括为以下几个方面：

（1）重视组织管理制度建设

全国图书馆标准化技术委员会加强对组织管理制度的建设，首先确立了来自多个领域的专家作为委员，为标准化委员会的工作提供智囊团服务。其次，通过编制简报、举办会议和发布信息通报等多种沟通制度加强与有关部门的沟通。如 2013 年 5 月全国图书馆标准化技术委员会的网站正式开通，报道全国图书馆标准化技术委员会员的工作进展及行业相关信息，促进图书馆标准化工作的开展。此外，为宣传推广我国图书馆标准化工作，2012 年 11 月 23 日，由全国图书馆标准化技术委员会策划组织的"我国图书馆标准化工作"会议在广东省东莞市会展国际大酒店召开。此次会议是 2012 中国图书馆学会年会第 15 分会场主题会议，由全国图书馆标准化技术委员会秘书长、国家图书馆研究院副院长申晓娟主持，全国图书馆标准化技术委员会副主任委员、上海社科院信息研究所所长王世伟和全国图书馆标准化技术委员会委员、南开大学信息资源管理系教授柯平出席了会议并做专题报告，此次会议还特别邀请了全国文献影像技术标准化技术委员会第四分会委员兼秘书、全国图书馆文献缩微复制中心副主任张阳参加会议并作专题报告，全国图书馆界学者及从业人员数十人参加了会议。

（2）培养标准人才

人才的培养是全国图书馆标准化技术委员会工作的重中之重，通过标准化工作，让一批图书馆领域的专业技术人员得到了标准化领域实践的机会，以这种途径培养了图书馆标准化工作人员，让标准化的人才队伍在实际工作中逐渐壮大起来。

（3）重视标准的宣传贯彻

全国图书馆标准化技术委员会对图书馆行业标准的宣传和贯彻是十分重视的，以国家质量监督检验检疫总局、国家标准化管理委员会批准发布的《公共图书馆服务规范》（以下简称《服务规范》）（GB/T 28220—2011）为例，《服务规范》由文化部提出，全国图书馆标准化技术委员会归口管理,上海图书馆作为主要起草单位,联合浙江图书馆、长春市图书馆共同起草完成。该项目于 2007 年立项,2010 年 5 月由全国图书馆标准化技术委员会秘书处组织审查后上报国家标准化管理委员会,2011 年 12 月通过国家标准化管理委员会审查。《服务规范》分为"范围""规范性引用文件""术语与定义""总则""服务资源""服务效能""服务宣传"与"服务监督与反馈"八个部分,对图书馆服务进行了比较全面的规范,并分级别、分层次设置了规范性指标。

2012 年 7 月 26 日,由文化部主办,国家图书馆承办的《服务规范》宣传贯彻座谈会在国家图书馆召开。文化部公共文化司巡视员刘小琴主持会议,全国图书馆标准化技术委员会副主任委员、国家图书馆馆长助理、国家图书馆研究院院长汪东波,全国图书馆标准化技术委员会秘书长、国家图书馆研究院副院长申晓娟以及来自全国各地的公共图书馆馆长、图书馆界专家学者等十余人参加了会议。

自《服务规范》正式发布以来,《中国图书馆学报》《国家图书馆学刊》等业界核心刊物已陆续刊登相关解读论文,《中国文化报》《中国图书商报》等媒体做了深入报道;中国图书馆学会已举办三期专题培训班,参加培训的人数超过 700 人;此外,受文化部委托,全国图书馆标准化技术委员会秘书处还组织开展了《〈公共图书馆服务规范〉应用指南》的编制工作。与会专家们围绕《服务规范》的宣传贯彻工作开展了热烈的讨论,并就《〈公共图书馆服务规范〉应用指南》的框架草案提出了很多具有建设性的意见和建议。

(4)吸引业界广泛参与,面向社会征集标准化建议

图标委充分发挥行业的积极性,吸引各类型图书馆参与到标准化建设中来,包括向社会征集标准工作意见,征集标准制订立项建议,征集对已有标准的修订与实施建议。例如,自 2013 年年初起,全国图书馆标准化技术委员会秘书处向全体委员及国内主要图书馆发出征集年度标准制修订项目及标准化科研项目的通知,面向社会公开征集年度图书馆领域标准制修订项目及标准化科研建议项目,收到较好的效果。以 2014 年征集工作为例,截止到 3 月初,共收到回复的建议项目共 17 项,其中标准制修订建议项目 11 项,文化行业标准化研究建议项目 6 项。

(5)科研立项带动标准建设

全国图书馆标准化技术委员会成立以来,通过科研立项的方式推动了图书馆领域的国家标准和行业标准的制修订。以 2012 年、2014 年为例,文化部文化科技司批准的 2012 年立项的文化行业标准制修订计划项目共计 11 个,其中全国图书馆标准化技术委员会归口管理项目 10 个;文化部文化科技司批准的 2014 年立项的文化行业标准制修订计划项目共计 6 个,其中国家标准制修订建议项目 6 项,文化行业标准修订建议项目 3 项(见表 8 - 2)。

表 8 - 2 2012—2014 年度立项图书馆相关行业标准和国家标准计划项目一览表

计划编号	项目名称	标准性质	制修订	牵头起草单位
WH2012—001	乡镇(街道)图书馆统计指南	推荐	制订	陕西省图书馆
WH2012—002	社区图书馆建设指南	推荐	制订	黑龙江省图书馆
WH2012—003	社区图书馆服务规范	推荐	制订	深圳图书馆
WH2012—004	图书馆参考咨询服务规范	推荐	制订	广东省立中山图书馆

计划编号	项目名称	标准性质	制修订	牵头起草单位
WH2012—006	公共图书馆评估　第一部分:省级图书馆	推荐	制订	国家图书馆
WH2012—007	公共图书馆评估　第二部分:市级图书馆	推荐	制订	国家图书馆
WH2012—008	公共图书馆评估　第三部分:县级图书馆	推荐	制订	国家图书馆
WH2012—009	公共图书馆评估　第五部分:省级少年儿童图书馆	推荐	制订	国家图书馆
WH2012—010	公共图书馆评估　第六部分:市级少年儿童图书馆	推荐	制订	国家图书馆
WH2013—008	图书馆数字资源长期保存信息包封装规范	推荐	制订	国家图书馆
WH2013—009	图书馆行业条码	推荐	制订	国家图书馆
WH2014—005	流动图书车车载装置通用技术条件	推荐	制订	中国艺术科技研究所
WH2014—006	拓片修复技术规范与质量要求	推荐	制订	国家图书馆
WH2014—007	公共图书馆卓越绩效评估准则	推荐	制订	东莞图书馆
20120736－T－357	图书馆　射频识别　数据模型　第1部分:数据元素设置及应用规则	推荐	制订	国家图书馆
20120737－T－357	射频识别　图书馆　数据模型　第2部分:基于 ISO/IEC 15962 的数据元素编码方案	推荐	制订	国家图书馆
20130556－T－357	公共图书馆少年儿童服务规范	推荐	制订	湖南省少年儿童图书馆
20130557－T－357	乡镇图书馆服务规范	推荐	制订	首都图书馆
20130558－T－357	乡镇图书馆管理规范	推荐	制订	广东省立中山图书馆
20141495－T－357	视障人士图书馆服务规范	推荐	制订	中国盲文图书馆
20141496－T－357	图书冷冻杀虫技术规程	推荐	制订	国家图书馆
20141497－T－357	中国少数民族文字古籍定级	推荐	制订	民族文化宫图书馆
20141498－T－357	古籍函套技术要求	推荐	制订	国家图书馆
20141499－T－357	汉文古籍特藏藏品定级　第2部分:简帛古籍	推荐	制订	国家图书馆(国家古籍保护中心)
20141500－T－357	汉文古籍特藏藏品定级　第3部分:敦煌遗书	推荐	制订	国家图书馆(国家古籍保护中心)
20141501－T－357	汉文古籍特藏藏品定级　第4部分:佛教古籍	推荐	制订	国家图书馆(国家古籍保护中心)
20141502－T－357	汉文古籍特藏藏品定级　第5部分:碑帖拓本	推荐	制订	国家图书馆(国家古籍保护中心)
20141503－T－357	汉文古籍特藏藏品定级　第6部分:古地图	推荐	制订	国家图书馆(国家古籍保护中心)

通过科研立项,研究图书馆行业标准亟待解决的问题,推动行业标准建设,促进研究成果转化。例如,2012 年文化部文化科技司批准的文化行业标准化研究项目 3 个,其中全国图书馆标准化技术委员会推荐项目 2 个;2014 年文化部文化科技司批准的文化行业标准化研究项目 3 个,其中两项为委托项目(见表 8 - 3)。

表 8 - 3　2012—2014 年度图书馆相关文化行业标准化研究项目一览表

年份	项目名称	项目承担单位
2012	"十二五"期间文化行业标准化重点工作领域研究	国家图书馆、南开大学
2012	图书馆移动服务标准研究	国家图书馆
2013	ISO、IFLA 图书馆标准规范体系研究	北京大学信息管理系
2013	图书馆总分馆服务和流动服务标准研究	首都图书馆
2013	公共图书馆卓越绩效管理标准化研究	东莞图书馆
2014	图书馆未成年人设施安全标准化研究	杭州市图书馆、杭州市少年儿童图书馆
2014	文化行业标准化工作体系建设研究	国家图书馆、南开大学等
2014	文化行业标准化工作管理机制研究	国家图书馆

图书馆领域标准的制定与实施在文化部所辖的文化行业中处于领先的地位,值得其他文化行业借鉴相关经验。但是,与图书馆事业快速发展和科学发展的需求相比,当前,图书馆标准化工作仍然存在一些问题,主要表现在以下三个方面:

(1)标准体系有待进一步完善

目前的图书馆行业标准的规范体系仍不够健全,适应事业发展需要的图书馆标准规范体系还有待建立。

(2)缺乏标准实施评价机制

开放合作的标准规范研究和开发机制尚不完善,已有标准的宣传贯彻工作有待加强,对现有标准的推广实施情况缺乏评估,标准化工作监督机制有待进一步优化。

(3)与实际工作需求仍有差距

已有标准与图书馆工作的实际需求还有差距,一些重点领域标准缺失,特别是在基层图书馆管理与服务、特殊群体服务、数字图书馆建设、文献保护等领域还缺乏普遍接受和广泛应用的标准。

5. 图书馆行业标准实施评价的建议

依据上一节的相关理论,在评价目标和评价原则的指导下,开展图书馆行业标准实施的评价工作。

①评价内容方面。可以从图书馆行业标准实施的过程、结果和影响三个内容方面对图书馆行业标准实施进行评价,进而在三个内容范畴下建立评价指标体系。

②评价的方法方面。可以选择一种方法或者多种方法相结合进行图书馆行业标准实施的评价。需要注意的是针对多个图书馆的同一标准的实施评价要选取统一的评价方法,只有这样评价后的结果才具有一定的可比性。

以层次分析法为例,可构建图书馆行业标准的评价指标体系。

（1）评价指标体系的建立

遵循文化行业标准评价的原则,采取层次分析法划分指标和确定权重,本部分标准的形式、内容和效果三个指标入手,对图书馆行业某一标准进行综合评价,见图8－4。

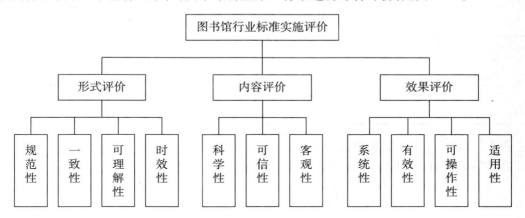

图8－4　图书馆行业标准评价的指标体系

形式评价主要是对文化行业标准的形式构成方面的评价。一方面是对标准的规范性进行评价,涉及标准结构的规范性、标准文字、符号使用的规范性等。另一方面是对标准一致性的评价。此外还包括对标准的可理解性和时效性的评价。

内容评价主要是对文化行业标准的内容表达方面的评价,从内容的科学性、可信性和客观性三个方面加以评价。

效果评价主要是对标准实施的效果进行评价。涉及标准执行的系统性、有效性、可操作性和适用性四个方面。

（2）指标评价体系的构建

用若干个指标进行综合评价时,见表8－4。从评价目标来看,各个指标对评价对象的作用并不同等重要。为了体现各个评价指标在评价指标体系中的作用地位以及重要程度,在指标体系确定后,需要对各指标赋予不同的权重系数。

权重是以某种数量形式对比、权衡被评价事物总体中诸因素相对重要程度的量值。同一组指标数值,不同的权重系数,会导致截然不同的甚至相反的评价结论。因此,合理确定权重对评价或决策有着重要意义。指标的权重是指标评价过程中其相对重要程度的一种主观客观度量的反映。权重的差异主要反映评价者的主观差异、各指标间的客观差异、各指标所提供的信息可靠性不同等。因此,在确定指标权重的时候也应该从这三个方面考虑。

表8－4　文化行业标准的评价指标体系

一级指标	二级指标
形式评价	规范性
	一致性
	可理解性
	时效性

续表

一级指标	二级指标
内容评价	科学性
	可信性
	客观性
效果评价	系统性
	有效性
	可操作性
	适用性

首先,本课题组就 1 级指标进行比较,分析 1 级指标的重要程度,然后进行投票,确定权重。在数据处理时,用算术平均值代表课题组的集中意见。其计算公式为:

$$a_j = \sum_{j=1}^{n} (a_{ij})/n, \quad (j = 1,2,\cdots,m)$$

式中:n 为评委的数量;m 为评价指标总数;a_j 为第 j 个指标的权属平均值;a_{ij} 为第 i 个评委给第 j 个指标权属的打分值。然后需要进行归一化处理:

$$d_j = a_j / \sum_{j=1}^{n} (a_j)$$

最后得到的结果就代表课题组集体的意见。一般来说,这样所确定的权数能正确反映各指标的重要程度,保证评价结果的准确性。最终确定的权重值,见表 8 - 5。

表 8 - 5　文化行业标准的评价指标体系权重

一级指标(权重)	二级指标(权重)
形式评价(0.2)	规范性(0.3)
	一致性(0.2)
	可理解性(0.3)
	时效性(0.2)
内容评价(0.3)	科学性(0.25)
	可信性(0.25)
	客观性(0.5)
效果评价(0.5)	系统性(0.15)
	有效性(0.25)
	可操作性(0.35)
	适用性(0.25)

(3)评价的管理过程方面

对图书馆行业标准实施的评价,首先要明确评价的主体及其构成,然后成立评价小组,制订评价计划,确定是进行内部审核还是外部评价。内部审核是由目标图书馆进行自我评价的方式,将评价的结果信息反馈后,针对标准实施的问题进行修改调整。外部评价,就会组建专家小组,针对标准实施的过程、结果和影响三个内容方面进行评价,给予优良可差的评价或者采取打分的方式进行评价,外部评价要由专家进入到目标图书馆内进行观察、询问、查阅相关资料等方法获得信息。

9 "十二五"期间文化行业标准化重点工作领域建议案

结合之前的研究,一方面我们可以看到文化行业标准化建设的重要性:有利于实施文化精品战略、促进各艺术门类全面协调发展、切实加强和改进文艺评奖和文艺评论、发挥艺术科研的导向和促进作用;有利于完善公共文化体系建设,加大公共文化产品和服务供给力度,从而推进基本公共文化服务均等化和群众性文化活动大众化;有利于提高文物保护与利用水平、完善文化遗产保护与保存工作的开展、拓展文化遗产展示传播途径;有利于推动文化产业重点领域的发展、优化文化产业布局、健全文化市场体系和文化产业投融资体系、扩大文化消费、促进文化产业与相关产业融合;有利于完善文化市场综合执法机构和文化市场综合执法队伍的建设、优化文化市场技术监管模式、加强文化市场的监管,提升文化市场诚信建设水平。

另一方面,我们也应当看到当前的文化行业标准建设过程中存在的一些主要问题:国内现行标准普遍存在更新时间间隔过长的问题,标准的更新问题是标准化建设中的薄弱环节,在文化行业标准化建设中不容忽视,需要引起相关部门的高度重视,投入更多力量完善、修订现有标准。标准化工作缺乏一定的统筹和协调,行业标准体系的建设尚未完善,标准的制修订、指导、监督、宣传、贯彻与实施等还有待加强;各级文化部门的重视程度不够,参与标准化工作的积极性还有待提高。各行业及各领域标准之间的协调性和统一性不高,各文化行业全国专业标准化技术委员会对于收集、研究和采用国际标准和国外先进标准的反应不够迅速,与国际有关标准组织的交流与合作不够积极,通过与 ISO 对比,我国文化行业标准缺少技术的追近,在技术标准方面的细化工作有待加强。对于传统工作来说,缺乏系统性,从行业标准与国家标准的数量比较来看,行业标准作为更专业、更基础的行业管理依据,处于相对的弱势局面。科研机构、学术团体、行业协会、企业和院校对于文化行业标准化工作的参与积极性整体不高。文化行业标准化工作在某些行业和某些领域的管理不统一,责权不明晰。文化行业标准化体系框架还尚未成型,对标准的实施情况缺乏有效的监督和奖惩,对文化行业全国专业标准化技术委员会的管理和指导不够深入和具体,没有明确和有效的指导和协调机制来对文化行业各级标准化管理部门和企业、事业单位及行业协会、学术团体的标准化工作进行科学的指导和协调。各文化行业全国专业标准化技术委员会在标准化工作中只有少数的委员会编制与本标准化技术委员会业务相关标准体系框架,多数标委会在征集本领域内标准制修订和申报相关标准立项的意见和建议时,考虑不够全面,征集范围和数量不够理想,在相关标准的宣传咨询、贯彻实施和检查监督的过程中,没有形成快速的反馈机制和有效的整改措施,在相关标准实施后,复审工作的跟进不够及时。

课题组就本项研究的体系框架,结合文化行业标准化工作的现状和问题提出相关的建议,希望能为今后文化行业标准化工作的顺利开展提供有益的参考。

9.1 文艺服务

在文艺创作的标准化建设工作中要尽快制定演出场所、社会艺术教育、乐器、工艺美术等相关标准,文艺评奖和文艺评论的评定标准,文艺领域的技术标准;要全面推动文化艺术领域的技术标准化建设,促进我国文化艺术领域的科技进步和新产品研发。要着力促进现代科学技术在文化艺术领域的创新和广泛应用,引导新兴科学技术和前沿科学技术在文化领域产、学、研各方面的广泛应用和集成创新或消化吸收再创新,推进具有自主知识产权的我国文化行业标准的研究制定。现行的文化行业标准中已有少数关于文艺产品生产中微缩影像技术的制作和质量检测的相关标准,还有许多急需的技术标准要出台,主要包括:文化内容和艺术表现形式及手段的标准;动漫与游戏等电子娱乐体验的设计与制作技术标准;提升文艺作品创作、创意协同、内容编排、活动策划、艺术表现、受众互动和展演展映展播展览等效能的关键技术标准等。要在如弹奏器材、剧本、美术纸版等原材料上制定标准,保证一定程度的通用性,推进文艺生产活动前和产品生成后的传播。要尽快出台标准,明确民间艺术作品的标准审核与相对应的民间艺术机构协作范畴。要规范文艺作品创作标准本身从预研到制修订的步骤之外,还得重视各文化机构宣传贯彻标准的程度,全面反映文艺作品创作标准的生命周期,以保持标准的新鲜活力和可用性。

在文化艺术资源的标准化建设工作中,要尽快建立标准化的工作机制和工作规范,文化艺术资源标准化尚处于起步阶段,文化艺术资源标准化又涉及管理、技术、专业业务等各个层面,建立良好、有效的工作机制和工作规范是其标准化建设的重要基础。要努力针对文化艺术资源标准化的特点,总结经验,把握大局,探索工作机制,规范工作程序,完善工作制度(包括秘书处工作制度、分技术委员会制度等),创新工作环境;要适时筹建分技术委员会和工作组,使文化艺术资源标准化建设的工作系统化、程序化、制度化、规范化,使文化艺术资源标准在文化艺术建设中发挥应有的基础性作用。要建立一个系统、科学的研究体系,包括:文化艺术资源标准体系建设与文化发展对应性战略研究、文化艺术资源分类及术语标准化研究、文化艺术资源保护安全监测评估标准研究、文化艺术资源受众分级标准研究、文化艺术资源等级评定标准研究、文化艺术资源修复技术标准研究、文化艺术资源用材料标准的对象范围适应性研究等。要以文化艺术资源标准化的基础理论研究作为基础工程,作为重中之重,积极引导相关课题的申报,尽快形成一批切实能够指导实践工作开展的理论成果。同时在国家标准体系框架的基础上,围绕行业实际需要,建立科学合理、细化、深化适应行业发展的行业标准体系框架,规范行业标准化建设。要着力开展文化艺术资源术语、文化艺术资源分类及文化艺术资源信息分类与代码的制订。根据目前文化艺术资源领域的行业及社会需要,必须要优先开展文化艺术信息资源核心元数据、文化艺术信息资源专用元数据、文化艺术资源数字化转换技术、文化艺术资源修复技术、文化艺术资源受众分级、文化艺术资源等级评定、文化艺术资源保护安全监测评估等标准的制定工作。同时,要适应跨媒体融合的大趋势,积极加强对整个文化艺术领域的标准体系的研究,推进其他技术及管理标准的制定工作,完成文化艺术资源各层级的标准体系建设。要开展标准化建设的宣传贯彻和标准的培训推广,因此,标准化建设的宣传贯彻和标准的培训、推广也十分重要,要在不长的时间里,使有关人员及社会公众认识标准化,理解标准化,推动标准化,尤其是让文化系统的同志正确理解标准化对于推动文化艺术资源保护和文艺创作的基础性作用。同时,积极推进标准的培训和推广工作,让文化艺术资源标准尽快服务行业、服务社会,使文化艺术资源标准成为行业和社会手中保护和利用文化艺术资源的利器。要建立国内及国际交流,建立与国内其他有关标准化技术委员会、国际标准化组织及相关机构的协调、合作机制,交流、学习有关经验,引进有关国际标准和国外先进标准,加快与国际惯例接轨的步伐,使我国文化艺术资源的标准化建设尽快适应我国文化艺术工作大繁荣、大发展的需要。积极参与国际标准化组织的活动和国际标准项目制定,在文化艺术领域国际标准的制定中争取话语权,以使国际标准能更大程度地反映中国的意见,同时努力争取将我国的国家标准推荐为国际标准。要加强各项保障措施,并积极拓展经费渠道,争取政府及企业的支持。

在文艺表演的标准化建设工作中,要切实地得到贯彻实施并进行复审更新已有的标准,安全类的标准应加大申报和立项力度以保证人流庞大的时候得到安全保障,另外还要增加其他硬件或软件设备(如音箱、功放、调音台、投影仪、电视墙、特技控制台、各式特效器材等)以及环境类(如舞台机械噪声控制)的标准。要全面审视民营文艺团体的演出活动涉及的各项基础性工作,尤其是针对民营文艺团体演出的评价标准。要成立文艺表演市场标委会,负责文艺演出市场标准的征召、引进、评审与推广,规划演出市场准入标准化体系。要加强文艺表演市场演出审批标准,要实现我国文艺表演与国外市场的平等对话,可以直接借鉴相关的国际标准。

在文艺培训业的标准化进程中,要建立一个文艺培训教育标准化技术委员会,由国内具备一定文艺培训教育资质的专家组成,可聘请文艺界内享有盛誉的专家或学者担任委员会的顾问;其次要建立标准制定工作小组,负责文艺培训教育标准的制修订具体工作;再次,要借鉴其他委员会如全国信息技术标准化技术委员会教育技术分技术委员会的做法,为宣传和推广相应的文艺培训业教育标准应用提供服务,指导标准化产品认证工作,向主管部门提出标准化水平分析报告。应在不断完善现有标准化工作的同时,加大文艺人才引进输出的其他标准制修订数量,并将新的标准以宣讲、技术咨询、对外交流等方式向社会延伸。要大力支持业余文艺培训市场经营的标准化。尽快制定关于业余文艺培训经营的标准,包括管理标准、师资标准、审批标准、普查标准等。要成立专门的标准化技术委员会与文化部相关业务主管部门合作,宣传推广业余文艺培训市场经营的各类标准,并承担标准化的审查工作。

9.2 娱乐休闲

在文化娱乐的标准化建设工作中,要尽快健全演出场所、文化娱乐场所、网络文化的分类标准,文化资源安全的技术标准和管理标准,多媒体、互联网等文化载体中文化内容的管理标准以及剧场、互联网上网服务营业场所、歌厅、露天演出、文化集会等公共文化活动场所的安全管理标准和等级评定标准,例如音响师、灯光师、舞台机械师、调律师、舞美师、录音师等执业岗位认证和等级评定的标准等。要处理好政府主导和社会参与的关系问题,要坚持重点保障、需求导向的原则。要面向文化娱乐发展繁荣这一重心,重点加强基础性标准、行业急需标准以及涉及公共安全和环境保护的标准建设,逐步开展面向社会的文化娱乐服务标准、技术标准、管理标准、基础标准等各项工作。

在网络文化标准化建设工作中,要集中精力组织研究并编制中国网络文化标准体系结构框架图和标准体系表,根据国家制修订标准的原则和方针,根据我国网络文化事业、产业和技术发展的需要,在广泛调查研究的基础上,按照完整性、统一性、开放性、可分解性、可扩展性、实用性的要求,研究和完善中国网络文化标准体系结构框架图和标准体系,作为今后制定网络文化标准及中长期规划、年度计划和标准化管理工作的重要技术依据。要尽快组织协调国内有关单位及相关专家,开展网络文化专业标准的研究、制定、修订和审定工作。研究和制定的标准主要有:互联网上网服务营业场所设备标准(包括网吧计算机、服务器、交换机、路由器、存储设备、摄像头等网吧硬件设备的技术规范);互联网上网服务营业场所软件标准(包括网吧计费系统、监管系统、游戏管理系统、影视管理系统等网吧应用软件的设计规范与评测标准)。要尽快完善互联网上网服务营业场所服务标准(包括客户管理服务、网吧游戏服务、网吧影视服务、网吧零售餐饮服务、网吧广告发布服务、网吧市场推广活动服务在内的服务规范,网吧星级的划分、评定及认证标准,网吧服务组织资质、网吧从业人员职业资质标准及岗位规范,网吧公共卫生、公共安全、信息安全标准,网吧突发事件处理预案,网吧消费者权益保护规范等)。要切实健全网络游戏、网络动漫等网络文化产品的技术规范、安全规范、监管规范、测试规范和评测标准等。要迅速建立网络文化标准档案,建立网络文化标准化信息、文献的收集和发布机制,适时发布国内外网络文化标准化最新信息。要努力加强企业、消费者、管理部门、社会各机构、社会各界人士对于标准化工作的参与,建设网络文化标准化信息共享平台,确保各方能够了解最新的国内外网络文化标准化动态。要努力帮助企业、机构和消费者掌握、理解已经颁布实施的网络文化国家标准与行业标准,并联系有关的专家和学者,组织编写相关标准的宣传贯彻资料,适时安排召开中国网络文化国家标准和行业标准宣传贯彻会,组织网络文化国家标准、行业标准的宣讲、解释和培训工作。要尽快建立中国网络文化标准化的检验认证体系和实施推广体系,推动网络文化国家标准、行业标准的实施,形成网络文化标准化工作的长效机制。要主动与权威的国家级质量监督检验机构、评测机构、认证机构等开展合作,建立中国网络文化行业的标准化质量监督检测体系、评测体系和认证体系。要适时进行网络文化标准化工作的试点工作,选择网络文化行业主导性企业以及具有一定标准化工作基础的地方,开展网络文化标准化试点工作,以点带面,不断总结经验,逐步形成"标准研制—试点示范—实施推广"的标准化工作模式,带动企业和地方的网络文化标准化工作。要积极开展和参加网络文化国际标准化工作的交流与合作,组织收集和分析网络文化国际标准和国外先进标准的发展动态,承担国际标准化组织相应技术委员会的对口工作,参与国际标准文件的表态,审查我国提案和国际标准的中文译稿,开展国际标准化学术交流活动,积极推动我国网络文化标准化建设与国际接轨。要切实加强对网络文化标准化人才的培养工作。定期对标准化工作人员进行培训,有针对性地开展关于国内外网络文化标准化的现状和趋势、网络文化标准的制修订程序、参与国际标准化活动的方法等方面的培训课程,力争培养一支高素质的网络文化标准化人才队伍。要循序建立和完善网络文化标准化工作的激励机制和资金保障机制,为实现上述工作计划及网络文化标准化整体战略目标,要重点引导鼓励企业、社会团体投资网络文化标准化工作,鼓励企业、行业协会积极参加网络文化标准化活动,形成政府、企业、社会共同投资网络文化标准化工作的格局,引导更多资金进入网络文化的标准研制、信息共享平台建设、人才培养等领域。

在文娱休闲类基础性工作中的标准化来看,需要大力推动服务质量标准化工作,加快文娱休闲类服务质量标准制修订和实施推广工作,尤其是要持续进行文娱休闲类服务标准的研制,以制定关键服务标准,建立全面的文娱休闲业服务质量标准化体系。要健全文娱休闲类场所的管理标准和卫生标准。要不断对国际上的相关技术标准保持敏感,要建立标准反馈机制,形成标准制定、标准实施、标准更新的科学运行机制。要建立文娱休闲类技术标准化人才培养机制,使得能有一批熟悉专业技术、熟悉标准化方法、熟悉该领域国际标准制定规则的人才投入文娱休闲类的技术标准化工作中。

在网络休闲娱乐的标准化工作中,要加强视频内容的标准化工作,要在文化娱乐视频内容领域上出台强制性的国家标准,规范现有的网络传播。要完善数字文化娱乐标准制修订管理规章制度,文化部文化科技司和国家标准化管理委员会要对标准的立项加强审查,避免数字文化娱乐标准的重复申报;要充分发挥文化部文化科技司、数字文化娱乐行业协会、各级地方文化厅局在标准化工作中的指导和协调促进作用;进一步完善工作领域并考虑设置移动设备标准化技术委员会分会。要尽快成立手机移动文化行业标准化技术委员会,以解决移动多媒体基础标准、管理标准、产品标准及方法标准的多处缺失。要建立标准实施评估的管理制度,有针对性地建立实施评估指标体系,提高标准化的有效性。

9.3　文化经营

在文化市场的标准化建设建设工作中,要推进文化产业科学技术进步,以标准的形式推动文化产业的秩序化发展,促进文化市场的规范化管理,使我国文化产业向规模化、品牌化方向发展,提高民族文化产品的国际竞争力。要加强与文化法制建设紧密相关的标准化工作,努力实现文化标准对文化法制化建设的技术支撑和保障作用,使文化行业标准化研究和贯彻实施真正成为文化法律法规前期研究和实践性检验的过程。要研究具有我国自主知识产权的文化技术标准,建立全面、统一、公开的文化产品准入制度和评审规则。要研究、制定文化经营场所的合格检验标准和验收规范,完善质量检测、检验规程,完善文化市场的分类服务标准,为贯彻文化市场法律法规提供可操作的依据和规则。要尽快制定和修订演艺、娱乐、文化旅游、工艺美术、动漫、游戏、网络文化、数字文化服务文化产业中的安全标准、环保标准、质量标准、工艺标准、技术标准、分类标准、检验检测标准、保护消费者权益标准,文化产品准入和评审标准,文化经营场所的合格检验、验收、质量检测、检验规程等标准,文化中介(鉴定、经纪、评估、拍卖)的服务标准,艺术品的交易标准等,研究和制定文化内容管理规范,限制多媒体、互联网等文化载体中的文化公害,保护文化环境的健康发展;研究和制定剧场、互联网上网服务营业场所、歌厅、露天演出、文化集会等公共文化活动场所的安全管理技术规范。

在文化产业标准化建设工作中,要切实加强政府宏观指导和政策导向,大力推动标准化规划的实施。要注重标准的研究、制修订工作,更要注重标准的贯彻实施,使标准真正成为文化建设的规范,成为广大文化艺术工作者自觉遵循的行为准则。应避免"为制标而制标"

的形式主义作风,防止将标准束之高阁的现象。要积极采用国际标准和国外先进标准,加强与国际有关标准组织的交流与合作,学习和借鉴国外先进的标准化经验,全面提升我国文化产品和文化服务的国际竞争能力。同时,在条件成熟的领域,要争取我国的标准成为国际标准或事实上的国际标准,以站在标准化和文化产业的制高点上。

在文化产品的标准化建设工作中,要出台演出市场管理的相关标准,涉及演出院线联盟、区域联盟、新型行业组织、文化市场中介机构等的管理标准,要制定演出市场的运作标准和演出市场定价标准;要鼓励文化旅游类管理标准的申报立项,避免立项中与非物质文化遗产保护类相关标准的重复;要加大游戏产业类管理标准的制修订,要制定游戏产业行政管理标准以实现对游戏生产、进口、经营、销售、内容等的有效监管;要加快艺术品市场交易管理标准的研制,重点开展艺术品交易、鉴定、拍卖、展览、进出口等管理标准的研制;要完善网络文化市场管理标准体系,填补网络游戏虚拟物品、虚拟货币、网络游戏评论、网络音乐、网络演出等网络文化市场管理标准的空白,提高网络文化市场管理的科学性和有效性。要持续推动用以可经营性的文化资源数字化、信息化和网络化进程中相关标准的宣传贯彻;要针对各类文化艺术表现形式资源积累的需求,制定相应的应用技术标准;要研制针对各类文化基础资源数字化应用、传统介质资源在文化市场经营中的数字化、文化市场中数字文化资源共享等的关键技术标准;要出台技术管理标准以促进文化资源公益服务与商业应用的并行互惠经营模式形成。

在文化服务经营的标准化工作中,要有专门的标准化技术委员会来为该领域的基础和共性技术制定基础通用标准,或是制定对本领域其他标准具有普遍指导作用的标准。要尽快完善文化服务与活动产品质量标准、文化服务与活动经营环境条件标准、文化服务与活动经营基本规范、所涉各专业的技术指导通则或导则、计量与单位标准等。要成立文化服务与活动经营管理标准化委员会来负责标准的整个制定程序,并与已经成立的其他相关标准化委员会、地方文化厅局、新闻报纸杂志及出版社、相关的行业组织等合作,保障标准顺利制修订的同时还能得到宣传贯彻及实施评价。全国动漫游戏产业标准化技术委员会应尽快制定相应的标准,以提高动漫游戏产品与服务质量,优化产业结构,促进动漫游戏产业的健康有序发展。要尽快制定出台文化经营机构相配套的建筑设计类标准、服务场馆安全类标准、服务质量监督以及运营管理类标准。

9.4 文化保护与保存

在文化遗产保护与保存的标准化建设工作中,要尽快研究和制定关于抢救和保护物质的、非物质的文化遗产管理技术规范;抢救和保护物质的、非物质的文化遗产管理标准,非物质文化遗产项目分类保护标准,古籍保护工作的标准,文化遗产监测文物保护传统工艺和文物建筑的评价标准,非物质文化遗产的传播标准等。要切实加强博物馆和美术馆的藏品分类、建筑设计、用地、展览制作等标准的制修订。

在博物馆标准化建设工作中,要尽量避免术语名词和概念上的重复、歧义和差异,在术语标准化的过程中,应当注意兼顾业内人士在信息交流中的心理和习惯因素,尽量采用多数认可、约定俗成的称谓。同时要注意保持国际和国内两个平面的统一,便于创造更为广阔的交流和沟通的空间。用标准化的办法,实现现代符号和编码系统的规范化和统一化,应当成为博物馆学研究的内容。陈列设计的标准化对技术条件要求很高,应当由科学、规范的标准来约束和指导。同时,对空白的专业技术标准加快制订速度,对陈旧、已不适用的标准,及时进行修订和补充。要尽快健全和完善藏品保管的标准化工作,从标本的采集、处理、登记、分类、建档、到入库收藏、管理、定级、保护等一系列工作,都需要有规范、统一的标准来约束。要为不同分工、不同岗位、不同级别、不同职位的人员制定不同的鉴定、考核等标准,为人才留用、人才交流、人才引进,提供科学的依据。要加强藏品信息结构体系、藏品信息分类代码、藏品信息主题词表、藏品信息著录规则、藏品数字采集登录规则、藏品信息管理系统规则等标准的制修订工作。要对博物馆行业的标准规范体系框架进行顶层设计和整体规划,在准确定位的基础上预先规划各类标准规范的应用范围、性质、效力、内容及技术水平,确定各类标准规范之间的关系。应当尽快健全包括标准化政策法规体系,标准规范的制定审核与发布管理体系,标准规范的运行、实施、保障与服务体系等相关保障体系。要借鉴其他领域的一切知识,技术和经验,通过广泛的交流与合作提高自主创新能力,提升文物保护水平标准规范。标准规范的研究和制定要积极鼓励各方面的参与,要充分发挥各学科领域专家的作用。要加强标准实施过程中的政策引导、监督管理和服务保障。要制定相应的行业准入、资质资格管理及成果验收制度,加强监督,维护标准规范的严肃性和权威性,保障执行效力,切实发挥标准规范的作用。

在文化保存与保护的其他标准化建设工作中,要明确制修订标准的适用范围,避免覆盖面的随意扩大,加强对文物甄选、文物保护与保存机构服务、文物管理、文物安全等制定相应标准。要尽快成立博物馆标准化专业技术委员会,全面开展博物馆相关标准的制修订工作。有关数字博物馆的技术标准和管理规范也急需出台。要尽快对烈士陵园与纪念馆的建设标准招标立项,使得烈士陵园和纪念馆的建筑规模和经费支持有据可依。要尽快出台烈士陵园与纪念馆的服务规范,更好地服务社会大众。要建立服务资源库,包括制度文化相关的国家标准草案、行业标准草案、报批稿等标准制修订各阶段文本数据库。要建立制度文化相关的标准资源服务平台门户和实施评价系统,直接面向科研机构、文化相关政府部门、文化行业、文化企业等提供标准信息服务,完善平台管理规范以实现对平台运行的绩效评估。要建设制度文化相关的标准信息中心,保证基于组织机构标准化进程的制度文化标准资源服务平台项目顺利开展。

9.5 公共文化

在公共文化服务体系的标准化建设中,要努力改善公共文化服务体系的社会服务功能和社会效益。要建立较为完善的图书馆、博物馆、文化馆、美术馆、演出场所、社会艺术教育、社区文化设施、文化娱乐场所、网络文化、动漫游戏、乐器、工艺美术等文化行业分类标准;要制定实施以服务为核心,以群众满意度为基本准则的公共文化服务标准,推动全国公共文化服务体系的规范化服务。要尽快制修订公共文化体系的建设标准、建筑设计规范、文化设施价值评价体系、质量合格检验的评定标准、文化设施价值评标准、区域性公共文化服务标准、基层文化事业标准、文化服务中的术语标准、公共文化服务体系以及文化设施的分类标准、文化内容数据库中的核心元数据标准、社区文化设施的建设标准、数字图书馆的技术标准、公共文化设施的服务标准、全国文化信息资源共享工程的相关标准等一系列的文化行业标准。要鼓励和扶持区域性公共文化服务体系的规范化、标准化建设,促进基层文化事业发展。要制定涉及文化安全、文化环境保护、公共文化活动场所安全的相关标准,要研究和制定文化资源数字化等涉及文化资源安全的技术标准和管理标准。

在文化馆的标准化建设工作中,要尽快将"文化馆标准化建设"作为一个重要课题纳入议事日程,拟定工作计划,成立工作小组,开展专题研究。要系统研究文化馆行业的相关工作,为文化馆工作制定出基础的标准体系。要加大宣传与呼吁力度,努力改善全国文化馆的办馆条件。要加大工作力度,督促各级文化馆在实践中推进标准化建设。要努力使各级文化馆认清形势,更新观念,增强服务意识,调整办馆方向。要让所有文化馆人牢固树立公益文化服务的思想,牢固树立服务老百姓文化民生、服务群众精神文化需求的思想,使文化馆沿着正确的方向向前发展。要采取得力措施,督促各级文化馆大力开展公益文化服务活动。要最大限度地腾出空间,开展阵地文化艺术活动;要通过多种形式,加强文化馆标准化建设经验交流。

在其他公共文化领域标准建设工作中,要加强与国际标准化工作机构的有效交流与协作机制,在标准的预研、制定、实施和宣传推广等环节进行交流合作,避免标准的重复建设,积极跟踪并主动参与相关国际标准的制修订工作,促进成熟先进国际标准本土化的同时,促成我国的国家标准向国际标准转化。要围绕我国公共文化事业发展规划,确定公共文化的重点领域,针对这些重点领域逐步推进标准化工作,有计划地申报新的国家标准和行业标准项目,对已有的成熟标准要创造条件使其上升行业标准和国家标准。要在公共文化服务体系中的资源、技术、管理等方面设计科学的标准规范体系,重点研制公共文化服务有效覆盖面积、有效服务半径等布局指标以及服务模式方面的标准。要制定有关基层公共文化服务机构管理类标准以解决其管理不规范的问题,还要制定相应的服务类标准以促进基层机构的建设和发展。要围绕文化体制改革和公共文化事业发展的重点方面,在公共文化管理、公共文化服务、公共文化科技等方面形成示范试点。要选择公共文化领域中标准化工作进展较好的行业领域,如图书馆、博物馆和文化馆等,或者选择国家公共文化服务示范区,建立健全这些领域的标准体系,开展标准的宣传培训,提供标准化意识,强化相关标准的实施。要针对这些标准的实施建立检查考核机制,坚持效果评价与持续改进相结合、试点效果与创建服务品牌相结合;构建权威的"标准实施试点管理系统"以进行动态化管理,保障试点建设的顺利进行,增强示范的影响力和辐射带动作用。要充分利用多种渠道宣传标准,策划和组织重要标准的宣传贯彻图书,促进标准在公共文化相应领域中的实施。要研究制定有针对性、操作性强的关于其他公益性文化标准化的人才培养政策,特别是加强标准化高级专家的培养;要加强其他公益性文化标准化及相关领域理论研究,拓展该领域标准化基础理论范围,搭建标准化理论框架;要配合有关部门,在公益性文化标准化学科建设中加入其他公益性文化相关标准的课程,建构较为完整的其他公益性文化标准化人才培养体系。要尽快制订其他公益性文化的技术管理类标准,如服务质量管理体系标准、环境管理体系标准等;经济管理类标准,如社会效益评价标准、劳动人事标准、劳保福利标准等;行政管理标准,如管理组织审计标准、文献资料标准、档案管理标准。

9.6　文化管理

　　在文化行业标准化的组织管理建设工作中,要建立健全文化行业标准管理体制,创新文化行业标准管理机制,努力实现文化行业标准化的统筹规划、有序发展、规范管理。要加强文化行业标准化组织建设。建立文化部标准化指导委员会、组建一批全国专业标准化技术委员会,积极推动文化行业标准监督检验和认证机构的构建,尽快建立文化行业标准监督检验和认证机构的建设标准、文化行业标准的宣传贯彻实施和奖励标准、文化行业标准化技术委员会设立的组织标准、文化行业标准化科研项目的管理标准、文化市场综合执法机构的建设标准、文化市场监管的技术标准、文化管理信息公开和发布标准等。要健全文化行业标准化管理组织,完善文化行业标准化管理制度,根据文化行业的发展,逐步建立健全专业标准化组织,并加强归口管理工作。要全面推动文化行业标准监督、检验和认证机构的建设,加强对涉及公共文化安全的监督管理。就目前来看,已经成立的9个文化行业标准化(分)技术委员会,在数量上还远远不能满足我国文化行业的快速发展需要,文化保护与保存和文化管理的标准化工作还处于初级发展阶段,急需专门的标准化技术委员会发挥作用,加快制定相关标准,以丰富和进一步完善文化行业标准体系,比如博物馆的标准化技术委员会还没有成立,文化遗产的保护和保存工作也急需专门的标准化技术委员会予以指导,而且现有的9个标准化(分)技术委员会也需要进一步完善职能,发挥出应有的作用,加快出台相应的标准以指引文化产业的健康发展。

　　在文化行业标准化的实施监管工作中,要通过文化行业标准行政主管部门出台行政法规,扩大文化行业标准的宣传范围和执行力度;加强文化行业标准的国内国际交流,广泛宣传我国文化行业标准化建设的意义和成果;要逐步建立以推动文化行业标准贯彻实施为目的的认证、鉴定、检测机构,切实加强文化行业标准贯彻实施的措施;要适时建立文化行业标准贯彻实施的奖励机制,采取切实可行的措施,为文化行业标准化工作创造良好环境。要建立以政府为主导,文化企事业单位和社会团体积极参与的文化行业标准建设机制,加强文化行业标准化组织的基础建设工作,保证文化行业标准化各项目标和任务的完成。要加大各级文化主管部门对于公共文化安全、基础、通用、公益等行业标准的研究和制修订经费的财政支持,鼓励和引导社会各界,特别是有条件的文化企事业单位出资制修订行业标准。要加强文化行业标准化的推广宣传,大力加强标准化知识的普及、宣传和加大标准的宣传贯彻工作,颁布《关于加强全国文化行业标准化工作的实施意见》。要建立奖励机制,鼓励和调动文化企事业单位、社会团体积极参加文化行业标准研究制定和标准实施,激励全社会各行业的专家学者对文化行业标准化建设的创新。

　　在文化行业标准化的人才培养工作中,要在全国培育一批标准研究和制定的文化企事业单位及社会团体,形成有一定规模和业务水平的文化行业标准化建设队伍。要培养文化行业标准化建设人才,有计划、有步骤地每年培训一定数量的文化行业标准化专业人才,逐步建立文化行业标准专家库。要鼓励学术交流、国际合作等多种形式培养文化行业标准化专业人才。要加强与国家标准化管理委员会人才培养的联合联动,积极参加国家标准化管理委员会标准化专业培训活动。要在国家标准化管理委员会的指导下,培养文化行业标准化工程师,试行文化行业标准化首席研究员制度。在文化行业标准化的研究工作中,加强文化行业标准化基础性科学研究,要逐步开展文化行业标准化基础理论研究、文化行业技术标准体系研究、公共文化服务标准体系研究、文化行业基础分类标准的研究及初步制定文化行业标准课题指南等。尽快基本完成文化行业标准化基础研究,推出一批文化行业标准化基础理论研究成果。全面推进文化行业标准体系研究,形成涉及文化领域安全、环保、质量、工艺、功能、技术、检验检测、资质、等级评定、保护消费者权益的标准体系。要逐步建立科学、合理的文化行业标准课题研究制度,努力完善课题申报、审批、审核和发行的规范化管理制度,不断培育标准研究制定的各类组织和标准化人才。目前 ISO 文化行业标准覆盖的领域涉及文化行业标准化工作的众多领域,英国文化行业的相关标准已达近百个,德国共发布文化行业标准 100 多项,其中现行标准约为 70 项,因此要结合国内目前文化行业标准化发展的现状,加大对国际标准的研究力度。

在文化行业标准化的法制建设工作中,要认真贯彻实施《非物质文化遗产法》,推动相关配套法规规章的出台,积极落实《文化市场综合行政执法管理办法》,建立健全文化市场综合执法各项规章制度。要继续推进《公共图书馆法》立法工作,研究制定《文化产业促进法》《公共文化服务保障法》。修订完善《文物保护法》。推动《博物馆条例》《大运河遗产保护条例》《世界文化遗产保护管理条例》等专项立法建设和文物保护地方性法规体系建设。推动出台《艺术品市场管理条例》《古籍保护条例》《国家图书馆条例》,修订《互联网上网服务营业场所管理条例》,尽快出台《游戏游艺机市场管理办法》《娱乐场所管理条例实施细则》等部门规章。积极参与促进文化艺术发展、鼓励文化艺术创新的知识产权立法。对法律法规实施情况进行全面考察、深入评估和及时清理。加强依法行政,完善文化行政执法体制和机制,健全执法程序,加强对文化综合执法机构的业务指导,实现综合执法的法制化、科学化、规范化。深化行政审批制度改革,创新行政许可实施机制,推进政府信息公开,完善行政复议,加强行政监督和问责。初步建立国家文物督察制度。要加强文化法制机构和队伍建设,增强文化工作者用法能力,改善文化法制环境。

总体看来,在开展文化行业标准化建设工作时,还需要妥善处理和把握好一些重要的关系:一是文化行业标准化建设与经济建设的关系,二是公益性文化标准化建设和经营性文化标准化建设的关系,三是价值引领和市场导向的关系,四是标准化改革与标准化建设发展的关系,五是标准化建设中政府主导作用和吸引社会力量广泛参与的关系,六是标准化建设的本土化与国际化的关系。

参考文献

[1] 陈渭.标准化基础教程——标准化理论与实践[M].北京:中国计量出版社,2008.

[2] 胡家祥,刘赞爱.艺术批评的性质、标准和基本模式——艺术批评学论纲[J].湖北民族学院学报(社会科学版),1998(5).

[3] 黄滨.试论博物管藏品保管标准化[J].兰州学刊,1994(4).

[4] 江清和.大力推进文化馆的标准化建设[J].中国标准化,2008(9).

[5] 姜树森.文献工作标准化刍议[J].广东图书馆学刊,1984(3).

[6] 姜云娜.浅谈档案工作的规范化、标准化管理[J].科技创新导报,2011(5).

[7] 蒋华.档案工作标准化现状分析及对策[J].淮海工学院学报(社会科学版),2005(4).

[8] 邝兵.标准化战略的理论与实践研究[M].武汉:武汉大学出版社,2011.

[9] 李春田.现代标准化方法——综合标准化[M].北京:中国人民大学出版社,2011.

[10] 李春田.新时期标准化十讲[M].北京:中国人民大学出版社,2013.

[11] 李春田.标准化概论出版社[M].北京:中国人民大学出版社,2010.

[12] 李春田.标准化是一项科学活动[M].北京:中国人民大学出版社,2011.

[13] 李春田.休闲要走综合标准化之路[J].中国标准化(英文版),2011(3).

[14] 李丹,刘雅琼.论标准化工作与基层图书馆的可持续发展[J].图书情报工作,2012(21).

[15] 李姗姗,周耀林,戴旸.非物质文化遗产信息资源档案式管理的瓶颈与突破[J].信息资源管理学报,2011(3).

[16] 李晟光.数字图书馆标准化的成本—收益分析[J].情报杂志,2006(11).

[17] 李霞.浅谈档案管理工作规范化标准化[J].科技创新导报,2011(17).

[18] 李学京.标准化综论[M].北京:中国标准出版社,2008.

[19] 李志刚."标准化"视域下武术散打国际化推广[J].内江科技,2012(9).

[20] 廖奔.文化市场的理论定性与文化的市场定位及其管理[J].科学社会主义,2001(3).

[21] 林建.我国文化创意产业标准化工作的思考[J].贵阳学院学报(社会科学版),2011(3).

[22] 刘春青.美国英国德国日本和俄罗斯标准化概论[M].北京:中国质检出版社,2012.

[23] 刘芳.浅谈标准化在档案工作中的意义[J].黑龙江史志,2005(5).

[24] 刘光清.稽查文化作推手工作提升见成效[J].福建质量技术监督,2011(8).

[25] 刘锦山.中国数字图书馆标准化工程建设探析[J].现代图书情报技术,2001(6).

[26] 刘景泉.关于文化分类的反思[J].广东社会科学,2006(3).

[27] 刘向阳.中国民族拉弦乐器标准化之我见[J].佳木斯大学社会科学学报,2009(5).

[28] 刘肖岩,关子安.试论戏剧翻译的标准[J].齐齐哈尔大学学报(哲学社会科学版),2002(2).

[29] 刘志华,陈亚民.文化产业管理学科建设及人才培养模式初探[J].中国成人教育,2011(10).

[30] 陆建松.中国文化遗产保护管理的政策思考[J].东南文化,2010(4).

[31] 罗可曼.音乐课程标准与基础音乐教育的改革[J].星海音乐学院学报,2003(2).

[32] 罗玉霞.试析文化对国际市场营销组合及标准化的影响[J].中国集体经济,2011(36).

[33] 内藤高雄.国际標準化:ISO/IEC 标准専門家必携[C]//2011/日本規格協会编集.東京:日本規格協会,2011.

[34] 潘一禾.论当代文化市场的生成、影响和管理思路[J].浙江社会科学,1997(3).

[35] 彭未名,王乐夫.新公共服务理论对构建和谐社会的启示[J].中国行政管理,2007(3).

［36］齐明山.公共行政学［M］.北京:对外经济贸易大学出版社,2008.

［37］邱均平,丁敬达,周春雷.1999—2008年我国图书馆学研究的实证分析［J］.中国图书馆报,2009(9).

［38］裘涵,陈侃.文化研究:技术标准化研究的新视角［J］.浙江社会科学,2011(4).

［39］全国标准化技术委员会.中国国家标准汇编［M］.北京:中国标准出版社,2012.

［40］全国标准化原理与方法标准化技术委员会.标准化工作导则国家标准汇编(第三版)［M］.北京:中国标准出版社,2010.

［41］全如城.地域文化与术语标准化(上)［J］.术语标准化与信息技术,2007(3).

［42］任慧,蒋伟,白石磊,等.舞台机械噪声标准的探讨［J］.环境工程,2009(1).

［43］阮桂芬.实施标准化战略:促进中国黄酒走向世界［J］.酿酒,2003(4).

［44］上海市标准化研究院.标准化效益评价及案例［M］.北京:中国标准出版社,2007.

［45］邵雅文.民族服饰标准化助推文化遗产保护——《蒙古族服饰》系列地方标准颁布［J］.中国标准化,2012(7).

［46］佘莹.浅析文博行业标准化工作［J］.黑龙江科技信息,2009(26).

［47］沈河涛.我国网络文化标准化的现状分析与展望［J］.中国标准化,2008(9).

［48］施勇勤,陈敬良.我国出版业标准化现状与发展思考［J］.中国编辑,2013(1).

［49］宋蓓,郁正民.新中国六十年音乐课程标准发展的回顾与反思［J］.教学研究,2010(2).

［50］宋长海.我国休闲街区标准化的内涵及实践［J］.城市问题,2013(4).

［51］孙波.地方标准化工作实用教程［M］.北京:中国质检出版社,2012.

［52］孙晓天,李晓非.民间文化的标准化与再标准化［J］.云南民族大学学报(哲学社会科学版),2011(2).

［53］孙颖.社区图书馆标准化建设问题浅析［J］.黑龙江档案,2012(3).

［54］孙云畴.文献工作标准化三议［J］.上海高校图书情报学刊,1994(2).

［55］唐汉民.论书刊编辑出版工作的标准化［J］.广西财政高等专科学校学报,1999(2).

［56］田建民.谈当前文学批评的规范与标准［J］.河北大学学报(哲学社会科学版),2003(1).

［57］王芳辉.标准化与地方化——宋元以来广东的妈祖信仰研究［J］.文化遗产,2008(3).

［58］王国华,温来成.基本公共服务标准化:政府统筹城乡发展的一种可行性选择［J］.财贸经济,2008(3).

［59］王际桐.城镇地名标准化刻不容［J］.中国测绘,1997(1).

［60］王磊.语言文字规范化、标准化与高师素质教育［J］.牡丹江师范学院学报(哲学社会科学版),1998(1).

［61］王善平.论数字信息资源的整合与标准化［J］.情报资料工作,2002(6).

［62］王一龙,门冬梅.专有专用名词翻译应实行标准化管理［J］.山西大同大学学报(社会科学版),2008(3).

［63］王自强.重视语言文字的规范化和标准化［J］.语文建设,1986(6).

［64］温洪清,吕静.在地名标准化进程中切实保护地名文化资源［J］.黑龙江史志,2007(6).

［65］西沐.中国艺术品市场标准化体系如何建成［J］.艺术市场,2009(11).

［66］向维良.藏文信息技术标准化［J］.中国标准导报,1998(1).

［67］肖洪根.我国旅游中文化特有事物名称英译标准化、规范化设想［J］.华侨大学学报(哲学社会科学版),1997(1).

［68］肖希明.我国书目信息标准化的现状与发展对策［J］.图书馆论坛,2000(6).

［69］肖潇.建立文化娱乐场所标准体系推动文化娱乐业健康有序发展［J］.中国标准化,2008(9).

［70］谢培元.印刷字体的标准化及优化［J］.印刷杂志,1999(12).

［71］邢宏玉.浅淡文物藏品计件的标准化与统计的科学性［J］.中原文物,1993(2).

［72］徐海龙.文化遗产管理开发的几种模型［J］.生产力研究,2009(21).

［73］闫贤良,阎平.推进剧场标准化建设实现艺术为人民服务［J］.中国标准化,2008(9).

[74] 阎平. 文化产业标准化问题研究[J]. 湖北大学学报(哲学社会科学版),2010(6).

[75] 杨凤英,马临芳. 如何做好档案管理工作规范化、标准化[J]. 科技信息,2008(33).

[76] 杨均. 城建档案标准化工作刍议[J]. 湖北档案,2008(5).

[77] 姚刚. 档案工作标准化的现状与前瞻[J]. 航天标准化,2004(2).

[78] 姚吉成,程伟. 民间名小吃标准化产业化发展思考[J]. 四川烹饪高等专科学校学报,2013(1).

[79] 叶柏林. 标准化基础[M]. 北京:中国科学技术出版社,1988.

[80] 叶国标. 标准化、知识产权、人才发展信息安全产业的三大关键——访科技部部长徐冠华[J]. 中国科技月报,2001(9).

[81] 易中天. 论艺术标准[J]. 厦门大学学报(哲学社会科学版),2001(4).

[82] 于欣丽. 地域文化差异对标准化工作的影响[J]. 世界标准化与质量管理,2006(12).

[83] 翟俊生. 以企业文化引领标准化建设[J]. 华北电业,2010(1).

[84] 詹长法,何流. 欧洲文物保护标准化行动概览中[J]. 国文物科学研究,2008(2).

[85] 张刚,邱邑洪. 全国文化艺术资源保护标准化技术委员会及其工作[J]. 中国标准化,2008(9).

[86] 张浩明. 学习贯彻十八大精神,推动语言文字规范化标准化信息化工作科学发展[J]. 语言文字应用,2013(1).

[87] 张宏伟,宋建武. 公共文化产品的质量标准和控制机制研究[J]. 四川大学学报(哲学社会科学版),2012(1).

[88] 张华. 加强城建档案标准化建设[J]. 山西档案,2011(1).

[89] 张金风. 文物保护标准化建设[J]. 中国文物科学研究,2008(1).

[90] 张立民. 印刷计价与标准化刍议(一)[J]. 印刷质量与标准化,2007(3).

[91] 张庆红. 树立标准化理念,实行标准化管理[J]. 理论学习与探索,2011(6).

[92] 张友明. 标准化综合贡献的科学评估方法[M]. 上海:复旦大学出版社,2009.

[93] 张苑,李红娟. 艺术品评估将有国家标准——评文化部文化市场发展中心艺术品评估委员会的成立[J]. 艺术市场,2006(7).

[94] 赵菁华. 游戏软件标准体系研究[J]. 信息技术与标准化,2010(6).

[95] 郑光辉. 世界经济一体化趋势与我国标准化发展的策略问题[J]. 上海标准化,2002(2).

[96] 郑雯. 中国音像业标准化版权价值评估的构建[J]. 中国出版,2009(10).

[97] 中国标准化研究院. 2010国际标准化发展研究报告[M]. 北京:中国标准出版社,2011.

[98] 中国科学技术协会. 中国学科发展研究系列报告标准化科学技术学科发展报告[M]. 北京:中国科学技术出版社,2010.

[99] 中华人民共和国国家质量监督检验检疫总局. 标准化工作指南第一部:标准化和相关活动的通用词汇[M]. 北京:中国标准出版社,2002.

[100] 周耀林,程齐凯. 论基于群体智慧的非物质文化遗产档案管理体制的创新[J]. 信息资源管理学报,2011(2).

[101] 朱一飞. 标准化法教程[M]. 厦门:厦门大学出版社,2011.

[102] 祝敬国. 博物馆藏品分类标准化研究[J]. 中国博物馆,1991(1).

[103] 曾毅. 文化产业标准化:市场助推民生为本[J]. 标准生活,2009(11).

[104] Berelson B. Content Analysis in Communication Research[M]. NewYork:FreePress,1952.

[105] Gaillard J. Industrial standardization,:Its principle sand application[M]. The H. W. Wilson co,1934.

[106] O'Connor J. The definition of the "cultural industries"[J]. The European Journal of Arts Education,2000,2(3).

[107] Weber R P. Basic Content Analysis[M]. 2nd ed. NewburyPark,London,NewDelhi:SagePublications,1990.

附录1　国内文化行业标准更新目录汇编

标准编号	中文标准名称	实施日期	代替国标号	更新间隔（年）
GB/T 20501.2—2013	公共信息导向系统　导向要素的设计原则与要求　第2部分:位置标志	2013－11－30	GB/T 20501.1—2006，GB/T 20501.2—2006	7
GB/T 20501.6—2013	公共信息导向系统　导向要素的设计原则与要求　第6部分:导向标志	2013－11－30	GB/T 20501.1—2006，GB/T 20501.2—2006	7
GB 13837—2012	声音和电视广播接收机及有关设备　无线电骚扰特性　限值和测量方法	2013－07－01	GB 13837—2003	9
GB/T 17933—2012	电子出版物　术语	2013－06－01	GB/T 17933—1999	13
GB/T 17739.6—2012	技术图样与技术文件的缩微摄影　第6部分:35mm缩微胶片放大系统的质量准则和控制	2013－06－01	GB/T 17739.6—2002	10
GB/T 15120.2—2012	识别卡　记录技术　第2部分:磁条—低矫顽力	2013－06－01	GB/T 15120.2—1994，GB/T 15120.4—1994，GB/T 15120.5—1994	18
GB/T 13187—2012	磁带录放音系统　一般条件与要求	2013－06－01	GB/T 13187—1991	21
GB/T 10001.1—2012	公共信息图形符号　第1部分:通用符号	2013－06－01	GB/T 10001.1—2006，GB/T 10001.10—2007，GB/T 17695—2006	6
GB/T 17497.3—2012	柔性版装潢印刷品　第3部分:瓦楞纸板类	2013－06－01	GB/T 17497—1998	14
GB/T 17497.2—2012	柔性版装潢印刷品　第2部分:塑料与金属箔类	2013－06－01	GB/T 17497—1998	14
GB/T 17497.1—2012	柔性版装潢印刷品　第1部分:纸张类	2013－06－01	GB/T 17497—1998	14
GB/T 16571—2012	博物馆和文物保护单位安全防范系统要求	2013－02－01	GB/T 16571—1996	16
GB/T 2901—2012	信息与文献　信息交换格式	2012－11－01	GB/T 2901—1992	20
GB/T 17147—2012	声音广播中音频噪声电平的测量	2012－10－01	GB/T 17147—1997	15
GB/T 9704—2012	党政机关公文格式	2012－07－01	GB/T 9704—1999	13
GB/T 16767—2010	游乐园(场)服务质量	2011－06－01	GB/T 16767—1997	13
JGJ 25—2010	档案馆建筑设计规范	2011－02－01	JGJ 25—2000	10
GB 7000.217—2008	灯具　第2—17部分:特殊要求　舞台灯光、电视、电影及摄影场所(室内外)用灯具	2010－02－01	GB 7000.15—2000	8
GB/T 13396—2009	中国标准录音制品编码	2010－02－01	GB/T 13396—1992	17
GB/T 13417—2009	期刊目次表	2010－02－01	GB/T 13417—1992	17
GB/T 15418—2009	档案分类标引规则	2010－02－01	GB/T 15418—1994	15
GB/T 3179—2009	期刊编排格式	2010－02－01	GB/T 3179—1992	17
GB/T 3792.1—2009	文献著录　第1部分:总则	2010－02－01	GB/T 3792.1—1983	26
GB/T 3792.3—2009	文献著录　第3部分:连续性资源	2010－02－01	GB/T 3792.3—1985	24

续表

标准编号	中文标准名称	实施日期	代替国标号	更新间隔(年)
GB/T 3792.4—2009	文献著录 第4部分:非书资料	2010－02－01	GB/T3792.4—1985	24
GB/T 3860—2009	文献主题标引规则	2010－02－01	GB/T 3860—1995	14
GB/T 4894—2009	信息与文献 术语	2010－02－01	GB/T 4894—1985, GB/T 13143—1991	24
GB/T 7713.3—2009	科技报告编写规则	2010－02－01	部分替代 GB/T 7713—1987	22
GB/T 18358—2009	中小学教科书幅面尺寸及版面通用要求	2010－02－01	GB/T 18358—2001	8
GB/T 13191—2009	信息与文献 图书馆统计	2009－09－01	GB/T 13191—1991	18
GB/T 17693.4—2009	外语地名汉字译写导则 俄语	2009－08－01	GB/T 17693.4—1999	10
GB/T 17693.3—2009	外语地名汉字译写导则 德语	2009－08－01	GB/T 17693.3—1999	10
GB/T 17693.5—2009	外语地名汉字译写导则 西班牙语	2009－08－01	GB/T 17693.5—1999	10
GB/T 7516—2008	缩微摄影技术 缩微拍摄用图形符号	2009－07－01	GB/T 7516—1996	12
GB/T 14531—2008	办公家具 阅览桌、椅、凳	2009－05－01	GB/T 14531—1993	15
GB/T 7002—2008	投光照明灯具光度测试	2009－05－01	GB/T 7002—1986	22
GB/T 9468—2008	灯具分布光度测量的一般要求	2009－05－01	GB/T 9467—1988, GB/T 9468—1988	20
GB/T 9705—2008	文书档案案卷格式	2009－05－01	GB/T 9705—1988	20
GB/T 18158—2008	转马类游艺机通用技术条件	2009－05－01	GB 18158—2000	8
GB/T 18159—2008	滑行车类游艺机通用技术条件	2009－05－01	GB 18159—2000	8
GB/T 18162—2008	赛车类游艺机通用技术条件	2009－05－01	GB 18162—2000	8
GB/T 18163—2008	自控飞机类游艺机通用技术条件	2009－05－01	GB 18163—2000	8
GB/T 18164—2008	观览车类游艺机通用技术条件	2009－05－01	GB 18164—2000	8
GB/T 18165—2008	小火车类游艺机通用技术条件	2009－05－01	GB 18165—2000	8
GB/T 18166—2008	架空游览车类游艺机通用技术条件	2009－05－01	GB 18166—2000	8
GB/T 18168—2008	水上游乐设施通用技术条件	2009－05－01	GB 18168—2000	8
GB/T 18169—2008	碰碰车类游艺机通用技术条件	2009－05－01	GB 18169—2000	8
GB/T 18170—2008	电池车类游艺机通用技术条件	2009－05－01	GB 18170—2000	8
GB/T 17693.1—2008	外语地名汉字译写导则 英语	2009－04－01	GB/T 17693.1—1999	9
GB/T 17693.6—2008	外语地名汉字译写导则 阿拉伯语	2009－04－01	GB/T 17693.6—1999	9
GB/T 7922—2008	照明光源颜色的测量方法	2009－03－01	GB/T 7922—2003	5
GB/T 16431—2008	中国盲文音乐符号	2009－03－01	GB/T 16431—1996	12
GB 7000.1—2007	灯具 第1部分:一般要求与试验	2009－01－01	GB 7000.1—2002	5
GB 7000.6—2008	灯具 第2—6部分:特殊要求 带内装式钨丝灯变压器或转换器的灯具	2009－01－01	GB 7000.6—1996	12
GB 7000.9—2008	灯具 第2—20部分:特殊要求 灯串	2009－01－01	GB 7000.9—1998	10
GB/T 12355—2008	缩微摄影技术 有影像缩微胶片的连接	2009－01－01	GB/T 12355—1990	18
GB/T 12356—2008	缩微摄影技术 16mm 平台式缩微摄影机用测试标板的特征及其使用	2009－01－01	GB/T 12356—1990	18

续表

标准编号	中文标准名称	实施日期	代替国标号	更新间隔（年）
GB/T 17292—2008	缩微摄影技术 第一代银—明胶型缩微品的质量要求	2009 - 01 - 01	GB/T 17292—1998	10
GB/T 17293—2008	缩微摄影技术 检查平台式缩微摄影机系统性能用的测试标板	2009 - 01 - 01	GB/T 17293—1998	10
GB/T 17294.2—2008	缩微摄影技术 字母数字计算机输出缩微品质量控制 第2部分:方法	2009 - 01 - 01	GB/T 17294.2—1998	10
GB/T 3792.7—2008	古籍著录规则	2009 - 01 - 01	GB/T 3792.7—1987	21
GB/T 6161—2008	缩微摄影技术 ISO2 号解像力测试图的描述及其应用	2009 - 01 - 01	GB/T 6161—1994	14
GB/T 8987—2008	缩微摄影技术 缩微摄影时检查负向光学密度用测试标板	2009 - 01 - 01	GB/T 8987—1988	20
GB/T 17294.1—2008	缩微摄影技术 字母数字计算机输出缩微品质量控制 第1部分:测试幻灯片和测试数据的特征	2009 - 01 - 01	GB/T 17294.1—1998	10
GB/T 17739.1—2008	技术图样与技术文件的缩微摄影 第1部分:操作程序	2009 - 01 - 01	GB/T 15021—1994	14
GB/T 17739.4—2008	技术图样与技术文件的缩微摄影 第4部分:特殊和超大尺寸图样的拍摄	2009 - 01 - 01	GB/T 17739—1999	9
GB/T 18405—2008	缩微摄影技术 ISO 字符和 ISO 1 号测试图的特征及其使用	2009 - 01 - 01	GB/T 18405—2001	7
GB/T 18503—2008	缩微摄影技术 A6 透明缩微平片 影像的排列	2009 - 01 - 01	GB/T 18503—2001	7
GB/T 12105—2007	电子琴通用技术条件	2008 - 09 - 01	GB/T 12105—1998	9
GB/T 12106—2007	电子琴的环境试验要求和试验方法	2008 - 09 - 01	GB/T 12106—1989	18
GB 8408—2008	游乐设施安全规范	2008 - 08 - 01	GB 8408—2000	8
GB/T 4963—2007	声学 标准等响度级曲线	2008 - 05 - 01	GB/T 4963—1985	22
WH/T 26—2007	舞台灯具光度测试与标注	2007 - 06 - 01	WH/T 0204—1999	8
GB/T 7713.1—2006	学位论文编写规则	2007 - 05 - 01	部分替代 GB/T 7713—1987	19
QB/T 1599—2006	书画纸	2007 - 05 - 01	QB/T 1599—1992	14
GB/T 3792.2—2006	普通图书著录规则	2007 - 02 - 01	GB/T 3792.2—1985	21
GB/T 17739.2—2006	技术图样与技术文件的缩微摄影 第2部分:35mm 银—明胶型缩微品的质量准则与检验	2007 - 02 - 01	GB/T 8988—1988，GB/T 8989—1988，GB/T 8989—1998，GB/T 8990—1988	18
GB/T 5795—2006	中国标准书号	2007 - 01 - 01	GB/T 5795—2002，GB/T 5795—1986	4
GB/T 13984—2005	缩微摄影技术 银盐、重氮和微泡拷贝片视觉密度 技术规范和测量	2005 - 10 - 01	GB/T 13984—1992	13
GB/T 15737—2005	缩微摄影技术 银—明胶型缩微品的冲洗与保存	2005 - 10 - 01	GB/T 15737—1995	10

续表

标准编号	中文标准名称	实施日期	代替国标号	更新间隔（年）
GB/T 7518—2005	缩微摄影技术　在35mm卷片上拍摄古籍的规定	2005 – 10 – 01	GB/T 7518—1987	18
GB/T 7714—2005	文后参考文献著录规则	2005 – 10 – 01	GB/T 7714—1987	18
GB/T 10335.1—2005	涂布纸和纸板　涂布美术印刷纸(铜版纸)	2005 – 09 – 01	GB/T 10335—1995	10
GB 7000.7—2005	投光灯具安全要求	2005 – 08 – 01	GB 7000.7—1997	8
GB/T 2900.65—2004	电工术语　照明	2004 – 12 – 01	GB/T 7451—1987	17
GB/T 7517—2004	缩微摄影技术　在16mm卷片上拍摄古籍的规定	2004 – 12 – 01	GB/T 7517—1987	17
GB/T 4129—2003	声学　用于声功率级测定的标准声源的性能与校准要求	2003 – 12 – 01	GB/T 4129—1995	8
GB/T 6159.1—2003	缩微摄影技术　词汇 第1部分:一般术语	2003 – 12 – 01	GB/T 6159.1—1985	18
GB/T 6159.3—2003	缩微摄影技术　词汇 第3部分:胶片处理	2003 – 12 – 01	GB/T 6159.3—1994	9
GB/T 6159.4—2003	缩微摄影技术　词汇 第4部分:材料和包装物	2003 – 12 – 01	GB/T 6159.2—1985	18
GB/T 6159.6—2003	缩微摄影技术　词汇 第6部分:设备	2003 – 12 – 01	GB/T 6159.4—1994	9
GB/T 6160—2003	缩微摄影技术　源文件第一代银—明胶型缩微品密度规范与测量方法	2003 – 12 – 01	GB/T 6160—1995	8
GB/T 5702—2003	光源显色性评价方法	2003 – 06 – 01	GB/T 5702—1985	18
GB/T 11821—2002	照片档案管理规范	2003 – 05 – 01	GB/T 11821—1989	13
GB/T 12450—2001	图书书名页	2002 – 08 – 01	GB/T 12450—1990	11
GB/T 12451—2001	图书在版编目数据	2002 – 08 – 01	GB/T 12451—1990	11
GB/T 9999—2001	中国标准连续出版物号	2002 – 06 – 01	GB/T 9999—1988	13
GA 27—2002	文物系统博物馆风险等级和安全防护级别的规定	2002 – 06 – 01	GA 27—1992	10
JGJ 57—2000	剧场建筑设计规范	2001 – 07 – 01	JGJ 57—88	12
GB/T 788—1999	图书和杂志开本及其幅面尺寸	2000 – 05 – 01	GB/T 788—1987	12
GB/T 9002—1996	音频、视频和视听设备和及系统词汇	1997 – 10 – 01	GB/T 9002—1988	8
GB/T 9397—1996	直接辐射式电动锥形扬声器通用规范	1997 – 08 – 01	GB 9397—1988, GB 9398—1988, GB 9399—1988	8
GB/T 3947—1996	声学名词术语	1997 – 03 – 01	GB 3947—83	13
GB 9664—1996	文化娱乐场所卫生标准	1996 – 09 – 01	GB 9664—88	8
GB 9669—1996	图书馆、博物馆、美术馆、展览馆卫生标准	1996 – 09 – 01	GB 9669—88	8
GB/T 3557—1994	电影院视听环境技术要求	1995 – 08 – 01	GB 3557—83 GB 5302—85 GB 5303—85 GB 6878—86 GB/T 13156—91	11
GB 3259—1992	中文书刊名称汉语拼音拼写法	1992 – 11 – 10	GB 3259—82	10

附录2　国外文化行业标准目录汇编（2010—2013）

文艺服务标准		
标准编号	年代	标准英文名称
AS/NZS ISO/IEC 19796.3：2013	2013	Information technology—learning, education and training—quality management, assurance and metrics—reference methods and metrics
AS/NZS ISO/IEC 19796.1：2013	2013	Information technology—learning, education and training—quality management, assurance and metrics—general approach
AS/NZS ISO/IEC 19788.5：2013	2013	Information technology—learning, education and training—metadata for learning resources—educational elements
AS/NZS ISO/IEC 19788.3：2013	2013	Information technology—learning, education and training—metadata for learning resources—basic application profile
AS/NZS ISO/IEC 19788.2：2013	2013	Information technology—learning, education and training—metadata for learning resources—dublin core elements
AS/NZS ISO/IEC 19788.1：2013	2013	Information technology—learning, education and training – metadata for learning resources—framework
AS/NZS ISO/IEC 12785.2：2013	2013	Information technology—learning, education, and training—content packaging—xml binding
AS/NZS ISO/IEC 12785.1：2013	2013	Information technology—learning, education, and training—content packaging—information model
ISO TR 12785 – 3 – 2012	2012	Information technology—learning, education, and training—content packaging—part 3：best practice and implementation guide—first edition
ISO 2382 – 36 CORR 1 – 2012	2012	Information technology—vocabulary—part 36：learning, education and training technical corrigendum 1—first edition
ISO 19788 – 5 – 2012	2012	Information technology—learning, education and training—metadata for learning resources—part 5：educational elements—first edition
ISO TS 29140 – 2 – 2011	2011	Information technology for learning, education and training—nomadicity and mobile technologies—part 2：learner information model for mobile learning—first edition
ISO TS 29140 – 1 – 2011	2011	Information technology for learning, education and training—nomadicity and mobile technologies—part 1：nomadicity reference model—first edition
ISO TR 24763 – 2011	2011	Information technology—learning, education and training—conceptual reference model for competency information and related objects—first edition
KS X ISO/IEC 19796 – 3：2011	2011	Information technology—learning, education and training—quality management, assurance and metrics—part 3：reference methods and metrics
AS 2700 – 2011	2011	Colour standards for general purposes
ANSI/INCITS/ISO/IEC19796 – 3 – 2010	2010	Informationtechnology—learning, education and training—quality management, assurance and metrics—part3：referencemet hodsand metrics
ANSI/INCITS/ISO/IEC19778 – 3 – 2010	2010	Informationtechnology—learning, education and training—collaborative technology—collaborative workplace—part3：collaborative group data model

续表

标准编号	年代	标准英文名称
ANSI/INCITS/ISO/IEC19778 – 2 – 2010	2010	Informationtechnology—learning, education and training—collaborative technology—collaborative workplace—part2：collaborative environment data model
ANSI/INCITS/ISO/IEC19778 – 1 – 2010	2010	Informationtechnology—learning, education and training—collaborative technology—collaborative workplace—part1：collaborative workplace data model
KS X ISO/IEC 2382 – 36：2010	2010	Information technology—vocabulary—part 36：learning, education and training

娱乐休闲标准

标准编号	年代	标准英文名称
GOST R 55515 – 2013	2013	Inflatable play equipment. Safety requirements under operation
AS 3533. 4. 2 – 2013	2013	Amusement rides and devices—specific requirements—contained play facilities
CEN EN ISO 8253 – 3 – 2012	2012	Acoustics—audiometric test methods—part 3：speech audiometry
CEN EN ISO 3382 – 3 – 2012	2012	Acoustics—measurement of room acoustic parameters—part 3：open plan offices
AS 4685. 11 – 2012	2012	Playground equipment—additional specific safety requirements and test methods for spatial network
AS 3533. 4. 5 (Int) – 2012	2012	Amusement rides and devices—specific requirements—waterborne inflatables
ANSIE1. 32 – 2012	2012	Guide for the inspection of entertainment industry luminaires
ANSIE1. 24 – 2012	2012	Entertainmenttechnology—dimensional requirements for stage pin connectors
ANSI/UL234 – 2012	2012	Standard for safety for low voltage lighting fixtures for use in recreational vehicles
ANSI/NSF50 (i85) – 2012	2012	Equipment for swimming pools, spas, hottubs, and other recreational water facilities
KS A ISO 6035：2011	2011	Cinematography—viewing conditions for the evaluation of films and slides for television—colours, luminances and dimensions
KS A ISO 26430 – 3：2011	2011	Digital cinema (d-cinema) operations—part 3：generic extra-theater message format
KS A ISO 26429 – 9：2011	2011	Digital cinema (d-cinema) packaging—part 9：asset mapping and file segmentation
KS A ISO 26429 – 8：2011	2011	Digital cinema (d-cinema) packaging—part 8：packing list
KS A ISO 26429 – 7：2011	2011	Digital cinema (d-cinema) packaging—part 7：composition playlist
KS A ISO 26429 – 10：2011	2011	Digital cinema (d-cinema) packaging—part 10：stereoscopic picture track file
KS A ISO 26428 – 9：2011	2011	Digital cinema (d-cinema) distribution master—part 9：image pixel structure level 3-serial digital interface signal formatting
KS A ISO 26428 – 2：2011	2011	Digital cinema (d-cinema) distribution master—part 2：audio characteristics
KS A ISO 22234：2011	2011	Cinematography—relative and absolute sound pressure levels for motion-picture multi-channel sound systems—measurement methods and levels
KS A ISO 17121：2011	2011	Cinematography—work stations used for film and video production—requirements for visual and audio conditions
ISO 26428 – 19 – 2011	2011	Digital cinema (d-cinema) distribution master—part 19：serial digital interface signal formatting for additional frame rates level afr2 and level afr4—first edition
ISO 26428 – 11 – 2011	2011	Digital cinema (d-cinema) distribution master—part 11：additional frame rates—first edition
ISO 13289 – 2011	2011	Recreational diving services—requirements for the conduct of snorkelling excursions—first edition

标准编号	年代	标准英文名称
CEN EN ISO 5912 – 2011	2011	Camping tents
CEN EN 15973 – 2011	2011	Safety of toys—part 1：mechanical and physical properties
CEN EN 15700 – 2011	2011	Safety of toys—part 2：flammability
CEN EN 13861 – 2011	2011	Safety of toys—part 8：activity toys for domestic use
CEN EN 13795 – 2011	2011	Swimming pool equipment—part 3：additional specific safety requirements and test methods for inlets and outlets and water/air based water leisure features
CEN EN 13050 – 2011	2011	Curtain walling—watertightness—laboratory test under dynamic condition of air pressure and water spray
CEN EN 12829 – 2011	2011	Swimming pool equipment—part 1：general safety requirements and test methods
AS 3533. 4. 4 – 2011	2011	Amusement rides and devices—specific requirements—concession go-karts
AS 3533. 2 – 2009/Amdt 1 – 2011	2011	Amusement rides and devices—operation and maintenance
AS 3533. 1 – 2009/Amdt 1 – 2011	2011	Amusement rides and devices—design and construction
ANSIE1. 40 – 2011	2011	Recommendations for the planning of the atrical dust effects
ANSIB77. 1 – 2011	2011	Passenger ropeways—aerial tramways, aeriallifts, surfacelifts, towsand conveyors safety requirements
ANSI/UL82 – 2011	2011	Standard for safety for electric gardening appliances
ANSI/ROHVA1 – 2011	2011	Recreational off-highway vehicles
ANSI/ASTMF2479 – 2011	2011	Guideforspecification, purchase, installation and maintenance of poured-in-place playground surfacing
KS A ISO 8567：2010	2010	Cinematography—maximum permissible area for subtitle on 35 mm and 16 mm motion-picture release prints-position and dimensions
KS A ISO 5758：2010	2010	Cinematography—labelling of containers for motion-picture film and magnetic material-minimum information for exchange of materials
KS A ISO 2939：2010	2010	Cinematography—picture image area on 35 mm motion-picture release prints-position and dimensions
KS A ISO 2907：2010	2010	Cinematography—maximum projectable image area on 35 mm motion-picture film – position and dimensions
KS A ISO 26430 – 2：2010	2010	Digital cinema(d-cinema) operations—part 2：digital certificate
KS A ISO 26430 – 1：2010	2010	Digital cinema(d-cinema) operations—part 1：key delivery message
KS A ISO 26429 – 6：2010	2010	Digital cinema(d-cinema) packaging—part 6：mxf track file essence encryption
KS A ISO 26429 – 4：2010	2010	Digital cinema(d-cinema) packaging—part 4：mxf jpeg 2000 application
KS A ISO 26429 – 3：2010	2010	Digital cinema(d-cinema) packaging—part 3：sound and picture track file
KS A ISO 26428 – 3：2010	2010	Digital cinema(d-cinema) distribution master—part 3：audio channel mapping and channel labeling
KS A ISO 26428 – 1：2010	2010	Digital cinema(d-cinema) distribution master—part 1：image characteristics

续表

标准编号	年代	标准英文名称
KS A ISO 2467:2010	2010	Cinematography—image area produced by 65 mm/5 perforation motion-picture camera aperture and maximum projectable image area on 70 mm/5 perforation motion-picture prints-position and dimensions
KS A ISO 21727:2010	2010	Cinematography—method of measurement of perceived loudness of motion-picture audio material
KS A ISO 1223:2010	2010	Cinematography—picture areas for motion-picture films for television-position and dimensions
GOST R 50897 – 2010	2010	Automatic play machines. Safety requirements and test methods
ANSIZ21.57 – 2010	2010	Recreational vehicle cooking gasappliances
ANSIE1.23 – 2010	2010	Entertainment technology—designand execution of theatrical fog effects
ANSI/ROHVA1 – 2010	2010	Recreational off-highway vehicles
文化经营标准		
标准编号	年代	标准英文名称
AS/NZS ISO 8124.1:2013	2013	Safety of toys—safety aspects related to mechanical and physical properties
AS ISO 12647.3 – 2013	2013	Graphic technology—process control for the production of half-tone colour separations, proofs and production prints
AS ISO 12646 – 2013	2013	Graphic technology—displays for colour proofing-characteristics and viewing conditions
ISO 8124 – 4 AMD 1 – 2012	2012	Safety of toys—part 4: swings, slides and similar activity toys for indoor and outdoor family domestic use amendment 1: inflatable activity toys—first edition
AS/NZS ISO 8124.6:2011/Amdt 1:2012	2012	Safety of toys—swings, slides and similar activity toys for indoor and outdoor family domestic use
AS/NZS ISO 8124.3:2012	2012	Safety of toys—migration of certain elements (ISO 8124 – 3:2010, mod)
AS/NZS ISO 8124.1:2010/Amdt 2:2012	2012	Safety of toys—safety aspects related to mechanical and physical properties (ISO 8124 – 1:2009, mod)
AS/NZS 60065:2012	2012	Audio, video and similar electronic apparatus—safety requirements (IEC 60065,ed. 7.2 (2011) mod)
AS ISO 3664 – 2012	2012	Graphic technology and photography—viewing conditions
AS ISO 12647.8 – 2012	2012	Graphic technology—process control for the production of half-tone colour separations, proof and production prints-validation print processes working directly from digital data
AS ISO 12647.7:2012	2012	Graphic technology—process control for the production of half-tone colour separations, proof and production prints-proofing processes working directly from digital data
AS ISO 12647.1:2012	2012	Graphic technology—process control for the production of half-tone colour separations, proof and production prints-parameters and measurement methods
ANSIZ21.57a – 2012	2012	Standard for recreational vehicle cooking gasappliances
ANSIE1.1 – 2012	2012	Entertainment technology—constructionand use of wire rope ladders
ANSI/UL62368 – 1 – 2012	2012	Standard for safety for audio/video, information and communication technology equipment—part1:safety requirements

标准编号	年代	标准英文名称
ANSI/UL60065c – 2012	2012	Standard for safety for audio, video and similar electronic apparatus-safety requirements
ANSI/UL60065a – 2012	2012	Standard for safety for audio, video and similar electronic apparatus-safety requirements
ANSI/TIA – 41. 334 – E – 2012	2012	Mobile application part: voice feature scenarios-voice message retrieval
ANSI/NSF50(i79) – 2012	2012	Equipment for swimming pools, spas, hottubs, and other recreational water facilities
ANSI/ASAS12. 51 – 2012	2012	Acoustics-determination of sound power level sand sound energy levels of noise sources using sound pressure-precision methods for reverberation test rooms
GOST ISO 10330 – 2011	2011	Photography. Synchronizers, ignition circuits and connectors for cameras and photoflash units. Electrical characteristics and test methods
GOST IEC 60598 – 2 – 17 – 2011	2011	Luminaries. Part 2. particular requirements. Section 17. luminaries for indoor and outdoor lighting of stages, television, film and photographic studios
GOST IEC 60491 – 2011	2011	Safety requirements for electronic flash apparatus for photographic purposes
CEN EN ISO 8624 – 2011	2011	Paddles and oars for recreational boats—safety requirements and test methods
CEN EN ISO 6158 – 2011	2011	Mountaineering equipment—ice-tools—safety requirements and test methods
CEN EN ISO 1518 – 2 – 2011	2011	Paper—determination of tearing resistance—elmendorf method
AS/NZS ISO 8124. 6:2011	2011	Safety of toys—swings, slides and similar activity toys for indoor and outdoor family domestic use
AS/NZS ISO 8124. 1:2010/ Amdt 1:2011	2011	Safety of toys—safety aspects related to mechanical and physical properties (ISO 8124 – 1:2009, mod)
AS/NZS 62115:2011	2011	Electric toys—safety
AS 4599. 1 – 2011	2011	Digital television—terrestrial broadcasting—characteristics of digital terrestrial television transmissions
AS 1417. 1(Int) – 2011	2011	Receiving antennas for radio and television in the vhf and uhf broadcast bands—design, manufacture and performance of outdoor terrestrial tv antennas
JSA JIS S 1033 ERTA – 2010	2010	Office furniture—storage cabinets
JSA JIS S 1032 ERTA – 2010	2010	Office furniture—chairs
JSA JIS S 1031 ERTA – 2010	2010	Office furniture—desks and tables
JSA JIS Q 10003 – 2010	2010	Quality management—customer satisfaction—guidelines for dispute resolution external to organizations
JSA JIS Q 10001 – 2010	2010	Quality management—customer satisfaction—guidelines for codes of conduct for organizations
JSA JIS C 5005 – 2 – 2010	2010	Quality assessment systems—part 2: selection and use of sampling plans for inspection of electronic components and packages
AS/NZS ISO 8124. 3:2003/ Amdt 1:2010	2010	Safety of toys—migration of certain elements
AS/NZS ISO 8124. 1:2010	2010	Safety of toys—safety aspects related to mechanical and physical properties (ISO 8124 – 1:2009, mod)
AS/NZS 4768. 1:2010	2010	Digital radio equipment operating in land mobile and fixed services bands in the frequency range 29. 7 mhz to 1 ghz—radiofrequency requirements

续表

文化保护与保存标准		
标准编号	年代	标准英文名称
ISO TR 14735	2013	Cosmetics – analytical methods—nitrosamines：technical guidance document for minimizing and determining n-nitrosamines in cosmetics—first edition
ISO 9973	2013	Information technology—computer graphics, image processing and environmental data representation—procedures for registration of items—third edition
ISO 9660 AMD 1	2013	Information processing—volume and file structure of cd-rom for information interchange amendment 1—first edition
ISO 30193	2013	Information technology—digitally recorded media for information interchange and storage—120 mm triple layer（100,0 gbytes per disk）bd rewritable disk—first edition
ISO 30192	2013	Information technology—digitally recorded media for information interchange and storage—120 mm single layer（25,0 gbytes per disk）and dual layer（50,0 gbytes per disk）bd rewritable disk—first edition
ISO 30191	2013	Information technology—digitally recorded media for information interchange and storage—120 mm triple layer（100,0 gbytes per disk）and quadruple layer（128,0 gbytes per disk）bd recordable disk—first edition
ISO 30190	2013	Information technology—digitally recorded media for information interchange and storage—120 mm single layer（25,0 gbytes per disk）and dual layer（50,0 gbytes per disk）bd recordable disk—first edition
ISO 2789	2013	Information and documentation—international library statistics—fifth edition
ISO 2721	2013	Photography—film-based cameras—automatic controls of exposure—second edition
ISO 23005 – 3 CORR 1	2013	Information technology—media context and control—part 3：sensory information technical corrigendum 1—second edition
ISO 22028 – 2	2013	Photography and graphic technology – extended colour encodings for digital image storage, manipulation and interchange – part 2：reference output medium metric rgb colour image encoding（romm rgb）– first edition
ISO 15781	2013	Photography – digital still cameras – measuring shooting time lag, shutter release time lag, shooting rate, and start-up time – first edition
ISO 15740	2013	Photography—electronic still picture imaging—picture transfer protocol（ptp）for digital still photography devices—third edition
ISO 15739	2013	Photography—electronic still-picture imaging—noise measurements—second edition
ISO 15444 – 1 AMD 5	2013	Information technology—jpeg 2000 image coding system：core coding system amendment 5：enhancements for digital cinema and archive profiles（additional frame rates）—second edition
ISO 15444 – 1 AMD 4	2013	Information technology—jpeg 2000 image coding system：core coding system amendment 4：guidelines for digital cinema applications—second edition
ISO 14496 – 10 AMD 2	2013	Information technology—coding of audio-visual objects—part 10：advanced video coding amendment 1：additional profiles and supplemental enhancement information（sei）messages—seventh edition

续表

标准编号	年代	标准英文名称
ISO 14496 – 10 AMD 1	2013	Information technology—coding of audio-visual objects—part 10：advanced video coding amendment 1：additional profiles and supplemental enhancement information（sei）messages—seventh edition
ISO 13818 – 2	2013	Information technology—generic coding of moving pictures and associated audio information—part 2：video—third edition
ISO 13818 – 1	2013	Information technology—generic coding of moving pictures and associated audio information：systems—part 1—fourth edition
ISO 12785 – 1 CORR 1	2013	Information technology—learning, education, and training—content packaging part 1：information model technical corrigendum 1—first edition
ISO 10646 AMD 1	2013	Information technology—universal coded character set（ucs）—amendment 1：linear a, palmyrene, manichaean, khojki, khudawadi, bassa vah, duployan, and other characters—third edition
JSA JIS X 6283 AMD 1 –2012	2012	Data interchange on rewritable 120 mm optical data disc（cd-rw）（amendment 1）
JSA JIS X 6281 AMD 1 –2012	2012	Data interchange on read-only 120 mm optical data disks（cd-rom）（amendment 1）
ISO TS 22028 – 4	2012	Photography and graphic technology—extended colour encodings for digital image storage, manipulation and interchange—part 4：european colour initiative rgb colour image encoding［ecirgb（2008）］—first edition
ISO TS 22028 – 3	2012	Photography and graphic technology—extended colour encodings for digital image storage, manipulation and interchange—part 3：reference input medium metric rgb colour image encoding（rimm rgb）—second edition
ISO TS 19135 – 2 – 2012	2012	Geographic information—procedures for item registration—part 2：xml schema implementation—first edition
ISO TR 17321 – 2	2012	Graphic technology and photography—colour characterization of digital still cameras（dscs）—part 2：considerations for determining scene analysis transforms—first edition
ISO 9541 – 1	2012	Information technology—font information interchange—part 1：architecture—second edition；includes access to additional content
ISO 6433 – 2012	2012	Technical product documentation—part references—second edition
ISO 29199 – 5 – 2012	2012	Information technology—jpeg xr image coding system—part 5：reference software—second edition
ISO 29199 – 2 – 2012	2012	Information technology—jpeg xr image coding system—part 2：image coding specification – third edition
ISO 29167 – 1 – 2012	2012	Information technology—automatic identification and data capture techniques—part 1：air interface for security services and file management for rfid architecture—first edition
ISO 29160 – 2012	2012	Information technology—radio frequency identification for item management—rfid emblem—first edition
ISO 26324 – 2012	2012	Information and documentation—digital object identifier system—first edition
ISO 26300 AMD 1 – 2012	2012	Information technology—open document format for office applications（opendocument）v1.0 amendment 1：open document format for office applications（opendocument）v1.1—first edition

续表

标准编号	年代	标准英文名称
ISO 26300 AMD 1	2012	Information technology—open document format for office applications（opendocument）v1. 0 amendment 1：open document format for office applications（opendocument）v1. 1—first edition
ISO 24735 – 2012	2012	Information technology—office equipment—method for measuring digital copying productivity—second edition
ISO 23271 – 2012	2012	Information technology—common language infrastructure（cli）—third edition
ISO 23009 – 1 – 2012	2012	Information technology—dynamic adaptive streaming over http（dash）—part 1：media presentation description and segment formats—first edition
ISO 23007 – 1 AMD 1 – 2012	2012	Information technology—rich media user interfaces—part 1：widgets amendment 1：widget extensions—first edition
ISO 23003 – 3 – 2012	2012	Information technology—mpeg audio technologies—part 3：unified speech and audio coding—first edition
ISO 23003 – 1 AMD 1 CORR 2 – 2012	2012	Information technology—mpeg audio technologies—part 1：mpeg surround amendment 1：conformance testing technical corrigendum 2—first edition
ISO 23001 – 7 – 2012	2012	Information technology—mpeg systems technologies—part 7：common encryption in iso base media file format files—first edition
ISO 23000 – 9 AMD 1 CORR 2 – 2012	2012	Information technology—multimedia application format（mpeg-a）—part 9：digital multimedia broadcasting application format amendment 1：conformance and reference software technical corrigendum 2—first edition
ISO 23000 – 12 AMD 2 – 2012	2012	Information technology—multimedia application format（mpeg-a）—part 12：interactive music application format amendment 2：compact representation of dynamic volume change and audio equalization—first edition
ISO 21000 – 4 CORR 1 – 2012	2012	Information technology—multimedia framework（mpeg-21）—part 4：intellectual property management and protection components technical corrigendum 1—first edition
ISO 21000 – 4 AMD 2 – 2012	2012	Information technology—multimedia framework（mpeg-21）—part 4：intellectual property management and protection components amendment 2：protection of presentation elemen—first edition
ISO 21000 – 2 AMD 1 – 2012	2012	Information technology—multimedia framework（mpeg-21）—part 2：digital item declaration amendment 1：presentation of digital item—second edition
ISO 19005 – 3	2012	Document management—electronic document file format for long-term preservation—part 3：use of iso 32000-1 with support for embedded files（pdf/a-3）—first edition
ISO 18936 – 2012	2012	Imaging materials—processed colour photographs—methods for measuring thermal stability—first edition
ISO 18929 – 2012	2012	Imaging materials—wet-processed silver-gelatin type black-and-white photographic reflection prints—specifications for dark storage—second edition
ISO 18926 – 2012	2012	Imaging materials—information stored on magneto-optical（mo）discs—method for estimating the life expectancy based on the effects of temperature and relative humidity—second edition
ISO 18913 – 2012	2012	Imaging materials—permanence—vocabulary—second edition

标准编号	年代	标准英文名称
ISO 17321 – 1	2012	Graphic technology and photography—colour characterisation of digital still cameras (dscs)—part 1：stimuli, metrology and test procedures—second edition
ISO 16363 – 2012	2012	Space data and information transfer systems—audit and certification of trustworthy digital repositories—first edition
ISO 14721	2012	Space data and information transfer systems—open archival information system (oais)—reference model—second edition
ISO 14641 – 1 – 2012	2012	Electronic archiving—part 1：specifications concerning the design and the operation of an information system for electronic information preservation—first edition
ISO 14496 – 5 AMD 31 – 2012	2012	Information technology—coding of audio-visual objects—part 5：reference software amendment 31：reference software for efficient representation of 3d meshes with multiple attributes—second edition
ISO 14496 – 28 – 2012	2012	Information technology—coding of audio-visual objects—part 28：composite font representation—first edition
ISO 14496 – 27 AMD 4 – 2012	2012	Information technology—coding of audio-visual objects—part 27：3d graphics conformance amendment 4：conformance for efficient representation of 3d meshes with multiple attributes—first edition
ISO 14496 – 26 CORR 5 – 2012	2012	Information technology—coding of audio-visual objects—part 26：audio conformance technical corrigendum 5
ISO 14496 – 22 AMD 2 – 2012	2012	Information technology—coding of audio-visual objects—part 22：open font format amendment 2：additional script and language tags—second edition
ISO 14496 – 10 – 2012	2012	Information technology—coding of audio-visual objects—part 10：advanced video coding—seventh edition
ISO 13818 – 4 CORR 3 – 2012	2012	Information technology—generic coding of moving pictures and associated audio information—part 4：conformance testing technical corrigendum 3—second edition
ISO 13211 – 1 CORR 2 – 2012	2012	Information technology—programming languages—prolog—part 1：general core technical corrigendum 2
ISO 13008 – 2012	2012	Information and documentation—digital records conversion and migration process—first edition
ISO 12651 – 1 – 2012	2012	Electronic document management—vocabulary—part 1：electronic document imaging—first edition
ISO 12231 – 2012	2012	Photography—electronic still picture imaging—vocabulary—third edition
ISO 1001	2012	Information technology—file structure and labelling of magnetic tapes for information interchange—first edition
DIN SPEC 27009 – 2012	2012	Guidance for information security management of power supply control systems based on iso/iec 27002
DIN SPEC 16567 – 2012	2012	Electronic business—model agreement on invoicing with structured electronic data interchange (edi), with cd-rom
DIN SPEC 15707 – 2012	2012	Guide for reliable testing of digital cameras

续表

标准编号	年代	标准英文名称
DIN ISO 18901 – 2012	2012	Imaging materials—processed silver-gelatin-type black-and-white films—specifications for stability（ISO 18901：2010）
DIN ISO 16245 – 2012	2012	Information and documentation—boxes, file covers and other enclosures, made from cellulosic materials, for storage of paper and parchment documents（ISO 16245：2009）
DIN EN ISO/IEC 19762 – 1 – 2012	2012	Information technology—automatic identification and data capture（aidc）techniques—harmonized vocabulary—part 1：general terms relating to aidc（ISO/IEC 19762 – 1：2008）；german version EN ISO/IEC 19762 – 1：2012
DIN EN ISO 19148 – 2012	2012	Geographic information—linear referencing（ISO 19148：2012）；english version EN ISO 19148：2012
DIN EN ISO 19144 – 1 – 2012	2012	Geographic information—classification systems—part 1：classification system structure（ISO 19144-1：2009）；english version EN ISO 19144-1：2012
DIN EN ISO 19143 – 2012	2012	Geographic information—filter encoding（iso 19143：2010）；english version EN ISO 19143：2012
DIN EN ISO 19131 – 2012	2012	Geographic information—data product specifications（ISO 19131：2007 + amd 1：2011）；english version EN ISO 19131：2008 + a1：2011
DIN EN ISO 19118 – 2012	2012	Geographic information—encoding（ISO 19118：2011）；english version EN ISO 19118：2011
DIN EN 1143 – 1 – 2012	2012	Secure storage units—requirements, classification and methods of test for resistance to burglary—part 1：safes, atm safes, strongroom doors and strongrooms；german version EN 1143 – 1：2012
AFNOR NF EN 62605 – 2012	2012	Multimedia systems and equipment—multimedia e-publishing and e-books—interchange format for e-dictionaries
AFNOR NF EN 15759 – 1 – 2012	2012	Conservation of cultural property—indoor climate—part 1：guidelines for heating churches, chapels and other places of worship
KS X ISO/IEC 19757 – 4：2011	2011	Information technology—document schema definition languages（dsdl）—part 4：namespace—based validation dispatching language（nvdl）
KS X ISO/IEC 19757 – 3：2011	2011	Information technology—document schema definition languages（dsdl）—part 3：rule—based validation—schematron
KS C IEC 62326 – 4 – 1：2011	2011	Printed boards—part 4：rigid multilayer printed boards with interlayer connections—sectional specification—section 1：capability detail specification—performance levels a, b, and c
KS C IEC 62326 – 4：2011	2011	Printed boards—part 4：rigid multilayer printed boards with interlayer connections—sectional specification
KS C IEC 62326 – 1：2011	2011	Printed boards—part 1：generic specification
KS C IEC 61937 – 9：2011	2011	Digital audio—interface for non-linear pcm encoded audio bitstreams applying iec 60958—part 9：non-linear pcm bitstreams according to the mat format
KS C IEC 61937 – 8：2011	2011	Digital audio—interface for non-linear pcm encoded audio bitstreams applying iec 60958—part 8：non-linear pcm bitstreams according to the windows media audio（wma）professional format

标准编号	年代	标准英文名称
KS C IEC 61937 – 6：2011	2011	Digital audio—interface for non-linear pcm encoded audio bitstreams applying iec 60958—part 6：non-linear pcm bitstreams according to the mpeg-2 aac and mpeg-4 aac audio formats
KS C IEC 61937 – 5：2011	2011	Digital audio—interface for non-linear pcm encoded audio bitstreams applying iec 60958—part 5：non-linear pcm bitstreams according to the dts (digital theater systems) format (s)
KS C IEC 61937 – 4：2011	2011	Digital audio—interface for non-linear pcm encoded audio bitstreams applying iec 60958—part 4：non-linear pcm bitstreams according to the mpeg audio format
KS C IEC 61937 – 3：2011	2011	Digital audio—interface for non-linear pcm encoded audio bitstreams applying iec 60958—part 3：non-linear pcm bitstreams according to the ac-3 and enhanced ac-3 formats
KS C IEC 61937 – 2：2011	2011	Digital audio—interface for non-linear pcm encoded audio bitstreams applying iec 60958—part 2：burst-info
KS C IEC 61937 – 1：2011	2011	Digital audio—interface for non-linear pcm encoded audio bitstreams applying iec 60958—part 1：general
KS C IEC 61249 – 4 – 17：2011	2011	Materials for printed boards and other interconnecting structures—part 4-17：sectional specification set for prepreg materials, unclad (for the manufacture of multilayer boards)—non-halogenated epoxide woven e-glass prepreg of defined flammability (vertical burning test) for lead-free assembly
KS C IEC 61249 – 4 – 16：2011	2011	Materials for printed boards and other interconnecting structures—part 4—16：sectional specification set for prepreg materials, unclad (for the manufacture of multilayer boards)—multifunctional non-halogenated epoxide woven e-glass prepreg of defined flammability (vertical burning test), for lead-free assembly
KS C IEC 61249 – 4 – 15：2011	2011	Materials for printed boards and other interconnecting structures—part 4—15：sectional specification set for prepreg materials, unclad (for the manufacture of multilayer boards)—multifunctional epoxide woven e-glass prepreg of defined flammability (vertical burning test) for lead-free assembly
KS C IEC 61249 – 4 – 14：2011	2011	Materials for printed boards and other interconnecting structures—part 4—14：sectional specification set for prepreg materials, unclad (for the manufacture of multilayer boards)—epoxide woven e-glass prepreg of defined flammability (vertical burning test) for lead-free assembly
KS C IEC 61249 – 2 – 9：2011	2011	Materials for printed boards and other interconnecting structures—part 2—9：reinforced base materials clad and unclad—bismaleimide/triazine modified epoxide or unmodified, woven e-glass reinforced laminated sheets of defined flammability (vertical burning test), copper-clad
KS C IEC 61249 – 2 – 38：2011	2011	Materials for printed boards and other interconnecting structures—part 2—38：reinforced base materials, clad and unclad—non-halogenated epoxide woven e-glass laminate sheets of defined flammability (vertical burning test), copper-clad for lead-free assembly

续表

标准编号	年代	标准英文名称
KS C IEC 61249 – 2 – 37：2011	2011	Materials for printed boards and other interconnecting structures—part 2—37：reinforced base materials, clad and unclad—modified non-halogenated expoide woven e-glass laminated sheets of defined flammability (vertical burning test), copper-clad for lead-free assembly
KS C IEC 61249 – 2 – 36：2011	2011	Materials for printed boards and other interconnecting structures—part 2—36：reinforced base materials clad and unclad—epoxide woven e-glass laminate sheets of defined flammability (vertical burning test), copper-clad for lead-free assembly
KS C IEC 61249 – 2 – 35：2011	2011	Materials for printed boards and other interconnecting structures—part 2—35：reinforced base materials, clad and unclad—modified epoxide woven e-glass laminate sheets of defined flammability (vertical burning test), copper-clad for lead-free assembly
KS C IEC 61249 – 2 – 34：2011	2011	Materials for printed boards and other interconnecting structures—part 2—34：reinforced base materials, clad and unclad—nonhalogenated modified or unmodified resin system, woven e-glass laminate sheets of defined relative permittivity (equal to or less than 3. 7 at 1 ghz) and flammability (vertical burning test), copper-clad
KS C IEC 61249 – 2 – 33：2011	2011	Materials for printed boards and other interconnecting structures—part 2—33：reinforced base materials, clad and unclad—non-halogenated modified or unmodified resin system, woven e-glass laminate sheets of defined relative permittivity (equal to or less than 4. 1 at 1 ghz) and flammability (vertical burning test), copper-clad
KS C IEC 61249 – 2 – 32：2011	2011	Materials for printed boards and other interconnecting structures—part 2—32：reinforced base materials, clad and unclad—halogenated modified or unmodified resin system, woven e-glass laminate sheets of defined relative permittivity (equal to or less than 3. 7 at 1 ghz) and flammability (vertical burning test), copper-clad
KS C IEC 61249 – 2 – 31：2011	2011	Materials for printed boards and other interconnecting structures—part 2—31：reinforced base materials, clad and unclad—halogenated modified or unmodified resin system, woven e-glass laminate sheets of defined relative permittivity (equal to or less than 4. 1 at 1 ghz) and flammability (vertical burning test), copper-clad
KS C IEC 61249 – 2 – 18：2011	2011	Materials for printed boards and other interconnecting structures—part 2—18：reinforced base materials, clad and unclad—polyester non-woven fibreglass reinforced laminated sheet of defined flammability (vertical burning test), copper-clad
KS C IEC 61249 – 2 – 10：2011	2011	Materials for printed boards and other interconnecting strutures—part 2—10：reinforced base materials clad and unclad—cyanate ester, brominated epoxide, modified or unmodified, woven e-glass reinforced laminated sheets of defined flammability (vertical burning test), copper-clad
KS A ISO 6328：2011	2011	Photography—photographic materials—determination of ks resolving power
KS A ISO 5 – 4：2011	2011	Photography and graphic technology—density measurements—part 4：geometric conditions for reflection density

续表

标准编号	年代	标准英文名称
KS A ISO 5 – 3：2011	2011	Photography and graphic technology—density measurements—part 3：spectral conditions
KS A ISO 5 – 2：2011	2011	Photography and graphic technology—density measurements—part 2：geometric conditions for transmission density
KS A ISO 18932：2011	2011	Imaging materials—adhesive mounting systems—specifications
KS A ISO 18921：2011	2011	Imaging materials—compact discs（cd rom）—method for estimating the life expectancy based on the effects of temperature and relative humidity
KS A ISO 12232：2011	2011	Photography—digital still cameras—determination of exposure index，ks speed ratings，standard output sensitivity，and recommended exposure index
JSA JIS X 6280 – 2011	2011	Information technology—data interchange on 130 mm magneto-optical disk cartridges—capacity：9. 1 gbytes per cartridge
JSA JIS X 6279 – 2011	2011	Information technology—data interchange on 90 mm optical disk cartridges—capacity：1. 3 gbytes per cartridge
JSA JIS X 6270 – 2011	2011	Information technology—data interchange on 90 mm optical disk cartridges—capacity：2. 3 gbytes per cartridge
JSA JIS X 6255 – 2011	2011	Information technology—digitally recorded media for information storage—data migration method for dvd-r, dvd-rw, dvd-ram, + r, and + rw disks
JSA JIS X 6252 – 2011	2011	Information technology—120 mm（8. 54 gbytes per side）and 80 mm（2. 66 gbytes per side）dvd recordable disk for dual layer（dvd-r for dl）
JSA JIS X 4177 – 7 – 2011	2011	Information technology—document schema definition languages（dsdl）—part 7：character repertoire description language（crepdl）
JSA JIS X 3002 – 2011	2011	Information technology—programming languages—cobol
ISO TS 8000 – 150 – 2011	2011	Data quality—part 150：master data：quality management framework—first edition
ISO TS 8000 – 1 – 2011	2011	Data quality—part 1：overview—first edition
ISO TR 29199 – 1 – 2011	2011	Information technology—jpeg xr image coding system—part 1：system architecture—first edition
ISO TR 29166 – 2011	2011	Information technology—document description and processing languages—guidelines for translation between iso/iec 26300 and iso/iec 29500 document formats—first edition
ISO TR 24754 – 2 – 2011	2011	Information technology—document description and processing languages—minimum requirements for specifying document rendering systems—part 2：formatting specifications for document rendering systems—first edition
ISO TR 23272	2011	Information technology—common language infrastructure（cli）—information derived from partition iv xml file—third edition
ISO TR 23081 – 3 – 2011	2011	Information and documentation—managing metadata for records—part 3：self—assessment method—first edition
ISO TR 19075 – 1 – 2011	2011	Information technology—database languages—sql technical reports—part 1：xquery regular expression support in sql—first edition

续表

标准编号	年代	标准英文名称
ISO TR 15938 – 8 AMD 6 – 2011	2011	Information technology—multimedia content description interface—part 8：extraction and use of mpeg-7 descriptions amendment 6：extraction and matching of video signature tools—first edition
ISO TR 14105 – 2011	2011	Document management—change management for successful electronic document management system（edms）implementation—second edition
ISO 9899	2011	Information technology—programming languages—c—third edition
ISO 9075 – 4 – 2011	2011	Information technology—database languages—sql—part 4：persistent stored modules（sql/psm）—fifth edition
ISO 9075 – 2 – 2011	2011	Information technology—database languages—sql—part 2：foundation（sql/foundation）—fourth edition
ISO 9075 – 14 – 2011	2011	Information technology—database languages—sql—part 14：xml-related specifications（sql/xml）—fourth edition
ISO 9075 – 1 – 2011	2011	Information technology—database languages—sql—part 1：framework（sql/framework）—fourth edition
ISO 9075 – 11 – 2011	2011	Information technology—database languages—sql—part 11：information and definition schemas（sql/schemata）—third edition
ISO 3665 – 2011	2011	Photography – intra-oral dental radiographic film and film packets – manufacturer specifications – third edition
ISO 30301 – 2011	2011	Information and documentation—management systems for records—requirements—first edition
ISO 30300 – 2011	2011	Information and documentation—management systems for records—fundamentals and vocabulary—first edition
ISO 29845 – 2011	2011	Technical product documentation—document types—first edition
ISO 29500 – 4 – 2011	2011	Information technology—document description and processing languages—office open xml file formats—part 4：transitional migration features—second edition
ISO 29500 – 3 – 2011	2011	Information technology—document description and processing languages—office open xml file formats—part 3：markup compatibility and extensibility—second edition
ISO 29500 – 2 – 2011	2011	Information technology—document description and processing languages—office open xml file formats—part 2：open packaging conventions—second edition
ISO 29500 – 1 – 2011	2011	Information technology—document description and processing languages—office open xml file formats—part 1：fundamentals and markup language reference—second edition
ISO 27031	2011	Information technology—security techniques—guidelines for information and communication technology readiness for business continuity—first edition
ISO 27005	2011	Information technology—security techniques—information security risk management—second edition
ISO 26300 CORR 2 – 2011	2011	Information technology—open document format for office applications（opendocument）v1. 0 technical corrigendum 2—first edition

续表

标准编号	年代	标准英文名称
ISO 26300 CORR 2	2011	Information technology—open document format for office applications (opendocument) v1. 0 technical corrigendum 2—first edition
ISO 25964 – 1 – 2011	2011	Information and documentation—thesauri and interoperability with other vocabularies—part 1：thesauri for information retrieval—first edition
ISO 24800 – 5 – 2011	2011	Information technology—jpsearch—part 5：data interchange format between image repositories—first edition
ISO 24800 – 2 – 2011	2011	Information technology—jpsearch—part 2：registration，identification and management of schema and ontology—first edition
ISO 24791 – 2 – 2011	2011	Information technology—radio frequency identification (rfid) for item management—software system infrastructure—part 2：data management—first edition
ISO 24775 – 2011	2011	Information technology—storage management—second edition
ISO 24760 – 1 – 2011	2011	Information technology—security techniques—a framework for identity management—part 1：terminology and concepts—first edition
ISO 24754 CORR 1 – 2011	2011	Information technology—document description and processing languages—minimum requirements for specifying document rendering systems technical corrigendum 1—first edition
ISO 24754 CORR 1	2011	Information technology—document description and processing languages—minimum requirements for specifying document rendering systems technical corrigendum 1—first edition
ISO 24753 – 2011	2011	Information technology—radio frequency identification (rfid) for item management—application protocol：encoding and processing rules for sensors and batteries—first edition
ISO 24745	2011	Information technology—security techniques—biometric information protection—first edition
ISO 23006 – 3 – 2011	2011	Information technology—mpeg extensible middleware (mxm)—part 3：mxm reference software—first edition
ISO 23006 – 2 – 2011	2011	Information technology—mpeg extensible middleware (mxm)—part 2：mxm api—first edition
ISO 23006 – 1 – 2011	2011	Information technology—mpeg extensible middleware (mxm)—part 1：mxm architecture and technologies—first edition
ISO 23005 – 7 – 2011	2011	Information technology—media context and control—part 7：conformance and reference software—first edition
ISO 23005 – 6 – 2011	2011	Information technology—media context and control—part 6：common types and tools—first edition
ISO 23005 – 5 – 2011	2011	Information technology—media context and control—part 5：data formats for interaction devices—first edition
ISO 23005 – 4 – 2011	2011	Information technology—media context and control—part 4：virtual world object characteristics—first edition

续表

标准编号	年代	标准英文名称
ISO 23005 – 3 – 2011	2011	Information technology—media context and control—part 3：sensory information—first edition
ISO 23005 – 2 – 2011	2011	Information technology—media context and control—part 2：control information—first edition
ISO 23005 – 1 – 2011	2011	Information technology—media context and control—part 1：architecture—first edition
ISO 23003 – 1 AMD 2 CORR 2 – 2011	2011	Information technology—mpeg audio technologies—part 1：mpeg surround amendment 2：reference software technical corrigendum 2—first edition
ISO 23003 – 1 AMD 1 CORR 1 – 2011	2011	Information technology—mpeg audio technologies—part 1：mpeg surround amendment 1：conformance testing technical corrigendum 1—first edition
ISO 23002 – 4 AMD 1 – 2011	2011	Information technology—mpeg video technologies—part 4：video tool library amendment 1：video tool library conformance and reference software—first edition
ISO 23001 – 4 – 2011	2011	Information technology—mpeg systems technologies—part 4：codec configuration representation—second edition
ISO 23000 – 9 AMD 1 CORR 1 – 2011	2011	Information technology—multimedia application format（mpeg-a）—part 9：digital multimedia broadcasting application format amendment 1：conformance and reference software technical corrigendum 1—first edition
ISO 23000 – 5 – 2011	2011	Information technology—multimedia application format（mpeg-a）—part 5：media streaming application format—second edition
ISO 23000 – 12 AMD 1 – 2011	2011	Information technology—multimedia application format（mpeg-a）—part 12：interactive music application format amendment 1：conformance and reference software—first edition
ISO 23000 – 11 AMD 2 – 2011	2011	Information technology—multimedia application format（mpeg-a）—part 11：stereoscopic video application format amendment 2：signalling of additional composition type and profiles—first edition
ISO 23000 – 11 AMD 1 – 2011	2011	Information technology—multimedia application format（mpeg-a）—part 11：stereoscopic video application format amendment 1：stereoscopic video application format conformance and reference software—first edition
ISO 19795 – 7 – 2011	2011	Information technology—biometric performance testing and reporting—part 7：testing of on-card biometric comparison algorithms—first edition
ISO 19795 – 5 – 2011	2011	Information technology—biometric performance testing and reporting—part 5：access control scenario and grading scheme—first edition
ISO 19794 – 9 – 2011	2011	Information technology—biometric data interchange formats—part 9：vascular image data—second edition
ISO 19794 – 8 – 2011	2011	Information technology—biometric data interchange formats—part 8：finger pattern skeletal data—second edition
ISO 19794 – 6 – 2011	2011	Information technology—biometric data interchange formats—part 6：iris image data—second edition

续表

标准编号	年代	标准英文名称
ISO 19794 – 5 – 2011	2011	Information technology—biometric data interchange formats—part 5：face image data—second edition
ISO 19794 – 4 – 2011	2011	Information technology—biometric data interchange formats—part 4：finger image data—second edition
ISO 19794 – 2 – 2011	2011	Information technology—biometric data interchange formats—part 2：finger minutiae data—second edition
ISO 19794 – 1 – 2011	2011	Information technology—biometric data interchange formats—part 1：framework—second edition
ISO 19788 – 3 – 2011	2011	Information technology—learning，education and training—metadata for learning resources—part 3：basic application profile—first edition
ISO 19788 – 2 – 2011	2011	Information technology—learning，education and training—metadata for learning resources—part 2：dublin core elements—first edition
ISO 19788 – 1 – 2011	2011	Information technology—learning，education and training—metadata for learning resources—part 1：framework—first edition
ISO 19784 – 4 – 2011	2011	Information technology—biometric application programming interface—part 4：biometric sensor function provider interface—first edition
ISO 19784 – 2 CORR 1 – 2011	2011	Information technology—biometric application programming interface—part 2：biometric archive function provider interface technical corrigendum 1—first edition
ISO 19776 – 3 – 2011	2011	Information technology—computer graphics，image processing and environmental data representation—extensible 3d（x3d）encodings—part 3：compressed binary encoding—second edition；includes access to additional content
ISO 19773 – 2011	2011	Information technology—metadata registries（mdr）modules—first edition
ISO 19757 – 8 CORR 1 – 2011	2011	Information technology—document schema definition languages（dsdl）—part 8：document semantics renaming language（dsrl）technical corrigendum 1—first edition
ISO 19757 – 8 CORR 1	2011	Information technology—document schema definition languages（dsdl）—part 8：document semantics renaming language（dsrl）technical corrigendum 1—first edition
ISO 19757 – 5 – 2011	2011	Information technology—document schema definition languages（dsdl）—part 5：extensible datatypes—first edition
ISO 19757 – 11 – 2011	2011	Information technology—document schema definition languages（dsdl）—part 11：schema association—first edition
ISO 19131 AMD 1 – 2011	2011	Geographic information—data product specifications amendment 1：requirements relating to the inclusion of an application schema and feature catalogue and the treatment of coverages in an application schema—first edition
ISO 19118 – 2011	2011	Geographic information encoding—second edition
ISO 19110 AMD 1 – 2011	2011	Geographic information—methodology for feature cataloguing amendment 1—first edition
ISO 19005 – 2 – 2011	2011	Document management—electronic document file format for long-term preservation—part 2：use of ISO 32000-1（pdf/a-2）—first edition

续表

标准编号	年代	标准英文名称
ISO 19005 – 1 CORR 2 – 2011	2011	Document management—electronic document file format for long-term preservation—part 1：use of pdf 1. 4（pdf/a-1）technical corrigendum 2—first edition；corrected version 12/01/2005
ISO 19005 – 1 CORR 2	2011	Document management—electronic document file format for long-term preservation—part 1：use of pdf 1. 4（pdf/a-1）technical corrigendum 2—first edition；corrected version 12/01/2005
ISO 18946 – 2011	2011	Imaging materials—reflection colour photographic prints—method for testing humidity fastness—first edition
ISO 18941 – 2011	2011	Imaging materials—colour reflection prints – test method for ozone gas fading stability—first edition
ISO 18934 – 2011	2011	Imaging materials—multiple media archives – storage environment—second edition
ISO 18930 – 2011	2011	Imaging materials—pictorial colour reflection prints – methods for evaluating image stability under outdoor conditions—first edition
ISO 18920 – 2011	2011	Imaging materials—reflection prints—storage practices—second edition
ISO 17107 – 2011	2011	Space data and information transfer systems—xml specification for navigation data messages—first edition
ISO 16963 – 2011	2011	Information technology—digitally recorded media for information interchange and storage—test method for the estimation of lifetime of optical media for long-term data storage—first edition
ISO 16900 – 4 – 2011	2011	Respiratory protective devices—methods of test and test equipment—part 4：determination of gas filter capacity and migration, desorption and carbon monoxide dynamic testing—first edition
ISO 16175 – 2 – 2011	2011	Information and documentation—principles and functional requirements for records in electronic office environments—part 2：guidelines and functional requirements for digital records management systems—first edition
ISO 15938 – 7 AMD 6 – 2011	2011	Information technology—multimedia content description interface—part 7：conformance testing amendment 6：conformance testing for video signature tools—first edition
ISO 15938 – 6 AMD 4 – 2011	2011	Information technology—multimedia content description interface—part 6：reference software amendment 4：reference software for video signature tools—first edition
ISO 15938 – 12 AMD 2 – 2011	2011	Information technology—multimedia content description interface—part 12：query format amendment 2：semantic enhancement—first edition
ISO 15938 – 12 AMD 1 – 2011	2011	Information technology—multimedia content description interface—part 12：query format amendment 1：reference software and flat metadata output—first edition
ISO 15930 – 8 CORR 1 – 2011	2011	Graphic technology—prepress digital data exchange using pdf—part 8：partial exchange of printing data using pdf 1. 6（pdf/x-5）technical corrigendum 1—second edition
ISO 15444 – 12 CORR 4 – 2011	2011	Information technology—jpeg 2000 image coding system—part 12：iso base media file format technical corrigendum 4—third edition

标准编号	年代	标准英文名称
ISO 15415 – 2011	2011	Information technology—automatic identification and data capture techniques—bar code symbol print quality test specification—two-dimensional symbols—second edition
ISO 14882 – 2011	2011	Information technology—programming languages—c + + —third edition
ISO 14496 – 5 AMD 5 CORR 1 – 2011	2011	Information technology—coding of audio-visual objects—part 5：reference software amendment 5：reference software extensions for error resilient simple scalable profile technical corrigendum 1—second edition
ISO 14496 – 5 AMD 30 – 2011	2011	Information technology—coding of audio-visual objects—part 5：reference software amendment 30：extendedcore2d reference software—second edition
ISO 14496 – 5 AMD 29	2011	Information technology—coding of audio-visual objects—part 5：reference software amendment 29：reference software for laser presentation and modification of structured information（pmsi）tools—second edition
ISO 14496 – 5 AMD 27 – 2011	2011	Information technology—coding of audio-visual objects—part 5：reference software amendment 27：scalable complexity 3d mesh coding reference software—second edition
ISO 14496 – 5 AMD 26 – 2011	2011	Information technology—coding of audio-visual objects—part 5：reference software amendment 26：reference software for scalable complexity 3d mesh coding in 3dg compression model—second edition
ISO 14496 – 5 AMD 10 CORR 5 – 2011	2011	Information technology—coding of audio-visual objects—part 5：reference software amendment 10：ssc, dst, als and sls reference software technical corrigendum 5—second edition
ISO 14496 – 4 AMD 40 – 2011	2011	Information technology—coding of audio-visual objects—part 4：conformance testing amendment 40：extendedcore2d conformance—second edition
ISO 14496 – 4 AMD 29 – 2011	2011	Information technology—coding of audio-visual objects—part 5：reference software amendment 29：reference software for laser presentation and modification of structured information（pmsi）tools—second edition
ISO 14496 – 27 AMD 3 – 2011	2011	Information technology—coding of audio-visual objects—part 27：3d graphics conformance amendment 3：scalable complexity 3d mesh coding conformance in 3dgcm—first edition
ISO 14496 – 27 AMD 2 – 2011	2011	Information technology—coding of audio-visual objects—part 27：3d graphics conformance amendment 2：scalable complexity 3d mesh coding conformance—first edition
ISO 14496 – 26 CORR 4 – 2011	2011	Information technology—coding of audio-visual objects—part 26：audio conformance technical corrigendum 4—first edition
ISO 14496 – 26 CORR 3 – 2011	2011	Information technology—coding of audio-visual objects—part 26：audio conformance technical corrigendum 3—first edition
ISO 14496 – 26 CORR 2 – 2011	2011	Information technology—coding of audio-visual objects—part 26：audio conformance technical corrigendum 2
ISO 14496 – 25 – 2011	2011	Information technology—coding of audio-visual objects—part 25：3d graphics compression model—second edition

续表

标准编号	年代	标准英文名称
ISO 14496－16－2011	2011	Information technology—coding of audio-visual objects—part 16：animation framework extension（afx）—fourth edition
ISO 14496－16 AMD 1－2011	2011	Information technology—coding of audio-visual objects—part 16：animation framework extension（afx）amendment 1：efficient representation of 3d meshes with multiple attributes—fourth edition
ISO 14496－15 CORR 1－2011	2011	Information technology—coding of audio-visual objects—part 15：advanced video coding（avc）file format technical corrigendum 1—second edition
ISO 14496－15 AMD 1－2011	2011	Information technology—coding of audio-visual objects—part 15：advanced video coding（avc）file format amendment 1：sub-track definitions—second edition
ISO 14496－12 CORR 4－2011	2011	Information technology—coding of audio-visual objects—part 12：iso base media file format technical corrigendum 4—third edition
ISO 13818－4 CORR 2－2011	2011	Information technology—generic coding of moving pictures and associated audio information—part 4：conformance testing technical corrigendum 2—second edition
ISO 13818－4 CORR 2	2011	Information technology—generic coding of moving pictures and associated audio information—part 4：conformance testing technical corrigendum 2—second edition
ISO 13818－1 CORR 3－2011	2011	Information technology—generic coding of moving pictures and associated audio information：systems technical corrigendum 3：corrections concerning vbv buffer size，semantics of splice_type and removal rate from transport buffer for itu-t h. 264 iso/iec 1
ISO 13818－1 AMD 6－2011	2011	Information technology—generic coding of moving pictures and associated audio information：systems amendment 6：extension to avc video descriptor and signalling of operation points for mvc—third edition
ISO 13818－1 AMD 3 CORR 1－2011	2011	Information technology—generic coding of moving pictures and associated audio information：systems amendment 3：transport of scalable video over rec. Itu-t h. 222. 0 iso/iec 13818—1 technical corrigendum 1－third edition
ISO 12862－2011	2011	Information technology—120 mm（8,54 gbytes per side）and 80 mm（2,66 gbytes per side）dvd recordable disk for dual layer（dvd-r for dl）—second edition
ISO 12785－2－2011	2011	Information technology—learning, education, and training—content packaging—part 2：xml binding—first edition
ISO 12642－1－2011	2011	Graphic technology—input data for characterization of four-colour process printing—part 1：initial data set—second edition
ISO 12640－4－2011	2011	Graphic technology—prepress digital data exchange—part 4：wide gamut display-referred standard colour image data［adobe rgb（1998）/scid］—first edition
ISO 10995	2011	Information technology—digitally recorded media for information interchange and storage—test method for the estimation of the archival lifetime of optical media—second edition
ANSI INCITS 388. 7－2011	2011	Information technology—storage management—part 7：media libraries
ANSI INCITS 388. 6－2011	2011	Information technology—storage management—part 6：host elements
ANSI INCITS 388. 5－2011	2011	Information technology—storage management—part 5：fabric
ANSI INCITS 388. 4－2011	2011	Information technology—storage management—part 4：file systems

标准编号	年代	标准英文名称
ANSI INCITS 388. 3 – 2011	2011	Information technology—storage management—part 3：block devices
ANSI INCITS 388. 2 – 2011	2011	Information technology—storage management—part 2：common profiles
ANSI INCITS 388. 1 – 2011	2011	Information technology—storage management—part 1：common architecture
ANSI INCITS 388. 0 – 2011	2011	Information technology—storage management—overview
ANSI INCITS 381 AMD 1 – 2011	2011	Information technology—finger image based data interchange format—amendment 1
KS X ISO/IEC 9075 – 13：2010	2010	Information technology—database languages—sqlpart 13：sql routines and types using the java programming language（sql/jrt）
KS X ISO/IEC 9075 – 11：2010	2010	Information technology—database language—sqlpart 11：information and definition schemas（sql/schemata）
KS X ISO/IEC 7942 – 4：2010	2010	Information technology—computer graphics and image processing—graphical kernel system（gks）—part 4：picture part archive
KS X ISO/IEC 7942 – 3：2010	2010	Information technology—computer graphics and image processing—graphical kernel systems（gks）—part 3：audit trail
KS X ISO/IEC 29199 – 2：2010	2010	Information technology—jpeg xr image coding system—part 2：image coding specification
KS X ISO/IEC 29116 – 1：2010	2010	Information technology—supplemental media technologies—part 1：media streaming application format protocols
KS X ISO/IEC 29109 – 9：2010	2010	Information technology—conformance testing methodology for biometric data interchange formats defined in iso/iec 19794—part 9：vascular image data
KS X ISO/IEC 24735：2010	2010	Information technology—office equipment—method for measuring digital copying productivity
KS X ISO/IEC 24734：2010	2010	Information technology—office equipment—method for measuring digital printing productivity
KS X ISO/IEC 23004 – 8：2010	2010	Information technology—multimedia middleware—part 8：reference software
KS X ISO/IEC 23002 – 4：2010	2010	Information technology—mpeg video technologies—part 4：video tool library
KS X ISO/IEC 23001 – 4：2010	2010	Information technology—mpeg systems technologies—part 4：codec configuration representation
KS X ISO/IEC 23000 – 11：2010	2010	Information technology—multimedia application format（mpeg-a）—part 11：stereoscopic video application format
KS X ISO/IEC 23000 – 10：2010	2010	Information technology—multimedia application format（mpeg-a）—part 10：video surveillance application format
KS X ISO/IEC 19799：2010	2010	Information technology—method of measuring gloss uniformity on printed pages
KS X ISO/IEC 19757 – 2：2010	2010	Information technology—document schema definition language（dsdl）—part 2：regular-grammar-based validation—Relax NG
KS X ISO/IEC 14496 – 27：2010	2010	Information technology—coding of audio-visual objects—part 27：3d graphics conformance

续表

标准编号	年代	标准英文名称
KS X ISO/IEC 14496－25：2010	2010	Information technology—coding of audio-visual objects—part 25：3d graphics compression model
KS X ISO/IEC 12089：2010	2010	Information technology—computer graphics and image processing—encoding for the image interchange facility(iif)
KS X ISO TS 23081－2：2010	2010	Information and documentation—records management processes—metadata for records—part 2：conceptual and impl
KS X ISO TR 13028：2010	2010	Information and documentation—implementation guidelines for digitisation of records
KS X ISO 8601：2010	2010	Data elements and interchange formats—information interchange—representation of dates and times
KS X ISO 16175－3：2010	2010	Information and documentation—principles and functional requirements for records in electronic office environments—part 3：guidelines and functional requiremenst for records in business systems
KS X 7003－2：2010	2010	Information technology—e-learning quality assurance guideline—service—part 2：k-12 education
KS X 7002－2：2010	2010	Information technology—e-learning quality assurance guideline—content—part 2：k-12 education
KS X 7002－1：2010	2010	Information technology—e-learning quality assurance guideline—content—part 1：general
KS X 6500：2010	2010	Essential records management & disaster planning for records
KS X 6050：2010	2010	Information technology—specifications for the digital talking book
KS X 6040：2010	2010	Extensible stylesheet language
KS X 6033：2010	2010	Xml signature syntax and processing(1.1 edition)
KS X 6030：2010	2010	Extensible markup language(xml) 1.1
KS X 6006－4：2010	2010	Korean machine readable cataloging(kormarc) format—part 4：authority data
KS X 0002－1：2010	2010	Documentation and information—vocabulary—part 1：basic concepts
JSA JIS X 4401－2010	2010	Information technology—open document format for office applications (open document) v1.0
JSA JIS X 3005－2－2010	2010	Information technology—database languages-sql—part 2：foundation (sql/foundation)
JSA JIS X 3005－1－2010	2010	Information technology—database languages-sql—part 1：framework (sql/framework)
JSA JIS C 9914－2010	2010	Audio/video, information and communication technology equipment—environmentally conscious design
ISO 9075－9 CORR 1	2010	Information technology—database languages-sql—part 9：management of external data (sql/med) technical corrigendum 1—third edition
ISO 9075－13 CORR 1	2010	Information technology—database languages-sql—part 13：sql routines and types using the java programming language (sql/jrt) technical corrigendum 1—third edition
ISO 9075－10 CORR 1	2010	Information technology—database languages-sql—part 10：object language bindings (sql/olb) technical corrigendum 1—third edition

续表

标准编号	年代	标准英文名称
ISO 690	2010	Information and documentation—guidelines for bibliographic references and citations to information resources—third edition
ISO 26300 CORR 1	2010	Information technology—open document format for office applications (opendocument) v1.0 technical corrigendum 1—first edition
ISO 1754	2010	Photography—cameras using 35 mm film and roll film—dimensions of picture sizes—fifth edition
ISO 14496 – 20 AMD 3	2010	Information technology—coding of audio-visual objects—part 20: lightweight application scene representation (laser) and simple aggregation format (saf) amendment 3: presentation and modification of structured information (pmsi)—second edition
ISO 13818 – 7 CORR 2	2010	Information technology—generic coding of moving pictures and associated audio information—part 7: advanced audio coding (aac) technical corrigendum 2—fourth edition
ISO 1222	2010	Photography—tripod connections—fourth edition
ISO 12029	2010	Document management—machine-readable paper forms—optimal design for user friendliness and electronic document management systems (edms)—first edition
GOST R ISO/IEC 26300 – 2010	2010	Information technology. Open document format for office applications (opendocument) v1.0
ANSI/NFPA909 – 2010	2010	Code for the protection of cultural resources properties—museums, libraries, andplacesofworship
ANSI INCITS/ISO/TS 19127 – 2010	2010	Geographic information—geodetic codes and parameters
ANSI INCITS/ISO TS 19139 – 2010	2010	Geographic information—metadata—xml schema implementation
ANSI INCITS/ISO TS 19138 – 2010	2010	Geographic information—data quality measures
ANSI INCITS/ISO TS 19103 – 2010	2010	Geographic information—conceptual schema language
ANSI INCITS/ISO 19144 – 1 – 2010	2010	Geographic information—classification systems—part 1: classification system structure
ANSI INCITS/ISO 19136 – 2010	2010	Geographic information—geography markup language (gml)
文化经营标准		
标准编号	年代	标准英文名称
NISO RP – 21 – 2013	2013	Improving openurls through analytics (iota): recommendations for link resolver providers
NISO RP – 17 – 2013	2013	Institutional identification: identifying organizations in the information supply chain
NISO RP – 16 – 2013	2013	Pie-j: the presentation & identification of e-journals
NISO RP – 15 – 2013	2013	Recommended practices for online supplemental journal article materials
GOST R 55567 – 2013	2013	The order of the organization and conducting technical engineering studies on researches on objects of cultural heritage. Monuments of history and culture. General requirements

续表

标准编号	年代	标准英文名称
GOST R 55528 – 2013	2013	Composition and content of scientific and project documentation for the conservation of cultural heritage. Monuments of history and culture. General requirements
AS/NZS ISO 8459:2013	2013	Information and documentation—bibliographic data element directory for use in data exchange and enquiry
AS/NZS ISO 27730:2013	2013	Information and documentation—international standard collection identifier (isci)
AS/NZS ISO 2709:2013	2013	Information and documentation—format for information exchange
AS/NZS ISO 26324:2013	2013	Information and documentation—digital object identifier system
AS/NZS 2632. 2:2013	2013	Codes for the representation of names of countries and their subdivisions—country subdivision code
AS 5488 – 2013	2013	Classification of subsurface utility information (sui)
ANSI/NISO Z39. 93 – 2013	2013	The standardized usage statistics harvesting initiative (sushi) protocol
ANSI/NISO Z39. 7 – 2013	2013	Information services and use: metrics & statistics for libraries and information providers data dictionary
NISO RP – 6 – 2012	2012	Rfid in u. s. Libraries
NISO RP – 14 – 2012	2012	Niso sushi protocol: counter—sushi implementation profile
NISO RP – 12 – 2012	2012	Physical delivery of library resources
ISO TR 11219 – 2012	2012	Information and documentation—qualitative conditions and basic statistics for library buildings—space, function and design—first edition
GOST R ISO/IEC 11179 – 5 – 2012	2012	Information technology. Metadata registries (mdr). Part 5. naming and identification principles
GOST R ISO/IEC 11179 – 4 – 2012	2012	Information technology. Metadata registries (mdr). Part 4. formulation of data definitions
GOST R ISO/IEC 11179 – 3 – 2012	2012	Information technology. Metadata registries (mdr). Part 3. registry metamodel and basic attributes
GOST R ISO/IEC 11179 – 2 – 2012	2012	Information technology. metadata registries (mdr). Part 2. classification
GOST R 54989 – 2012	2012	Long-term preservation of electronic document—based information
CEN EN 812 – 2012	2012	Information technology—automatic identification and data capture (aidc) techniques—harmonized vocabulary—part 1: general terms relating to aidc
CEN EN 397 – 2012	2012	Information technology—automatic identification and data capture (aidc) techniques—harmonized vocabulary—part 3: radio frequency identification (rfid)
CEN EN 12182 – 2012	2012	Assistive products for persons with disability—general requirements and test methods
AS/NZS ISO/IEC 27005:2012	2012	Information technology—security techniques—information security risk management (iso/iec 27005:2011, mod)
AS/NZS ISO 23081. 3:2012	2012	Information and documentation—managing metadata for records—self-assessment method
AS/NZS ISO 16175. 1:2012	2012	Information and documentation—principles and functional requirements for records in electronic office environments—overview and statement of principles
AS/NZS ISO 13028:2012	2012	Information and documentation—implementation guidelines for digitization of records

续表

标准编号	年代	标准英文名称
ANSI/NISO Z39.98 – 2012	2012	Authoring and interchange framework for adaptive xml publishing specification
ANSI/NISO Z39.96 – 2012	2012	Jats：journal article tag suite
ANSI/NISO Z39.85 – 2012	2012	The dublin core metadata element set
ANSI/NISO Z39.83 – 2 – 2012	2012	Niso circulation interchange protocol（ncip）part 2：implementation profile 1（version 2.02）
ANSI/NISO Z39.83 – 1 – 2012	2012	Niso circulation interchange part 1：protocol（ncip），version 2.02
ANSI/NFPA232 – 2012	2012	Standard for the protection of records
ANSI/CGATS/ISO12640 – 4 – 2012	2012	Graphic technology—prepress digital data exchange—part4：wide gamut display-referred standard colour image data［adobergb（1998）/scid］.
ANSI/ARMA19 – 2012	2012	Policy design for managing electronic messages
ANSI/NISO Z39.73 – 1994（R2012）	2012R	Single-tier steel bracket library shelving
ANSI/NISO Z39.32 – 1996（R2012）	2012R	Information on microfiche headers
ANSI/NISO Z39.86 – 2005（R2012）	2012R	Specifications for the digital talking book
ANSI/NISO Z39.74 – 1996（R2012）	2012R	Guides to accompany microform sets
NISO RP – 11 – 2011	2011	Espresso：establishing suggested practices regarding single sign-on
JSA JIS X 0814 – 2011	2011	Information and documentation—international library statistics
ISO 28560 – 3 – 2011	2011	Information and documentation—rfid in libraries—part 3：fixed length encoding—first edition
ISO 28560 – 2 – 2011	2011	Information and documentation—rfid in libraries—part 2：encoding of rfid data elements based on rules from iso/iec 15962—first edition
ISO 28560 – 1 – 2011	2011	Information and documentation—rfid in libraries—part 1：data elements and general guidelines for implementation—first edition
ISO 16000 – 6 – 2011	2011	Indoor air—part 6：determination of volatile organic compounds in indoor and test chamber air by active sampling on tenax ta sorbent, thermal desorption and gas chromatography using ms or ms-fid—second edition
ISO 16000 – 4 – 2011	2011	Indoor air—part 4：determination of formaldehyde—diffusive sampling method—second edition
ISO 16000 – 3 – 2011	2011	Indoor air—part 3：determination of formaldehyde and other carbonyl compounds in indoor air and test chamber air—active sampling method—second edition
ISO 16000 – 25 – 2011	2011	Indoor air—part 25：determination of the emission of semi-volatile organic compounds by building products—micro-chamber method—first edition
ISO 16000 – 18 – 2011	2011	Indoor air—part 18：detection and enumeration of moulds—sampling by impaction—first edition

续表

标准编号	年代	标准英文名称
ISO 16000 – 18 CORR 1 – 2011	2011	Indoor air—part 18：detection and enumeration of moulds—sampling by impaction technical corrigendum 1—first edition
ISO 15511 – 2011	2011	Information and documentation—international standard identifier for libraries and related organizations（isil）—third edition
GOST R ISO 15836 – 2011	2011	Information and documentation. The dublin core metadata element set
GOST R 7. 0. 61 – 2011	2011	System of standards on information，librarianship and publishing. Current national bibliographical indices. General requirements and publishing presentation
GOST R 7. 0. 14 – 2011	2011	System of standards on information，librarianship and publishing. Reference editions. Basic types，structure，publishing and printing presentation
GOST R 7. 0. 13 – 2011	2011	System of standards on information，librarianship and publishing. Cards for catalogs and files，model annotated card in editon. General requirements and publishing presentation
GOST R 7. 0. 12 – 2011	2011	System of standards on information，librarianship and publishing bibliographic record. Abbreviation of words and word combinations in russian. General requirements and rules
GOST R 7. 0. 11 – 2011	2011	System of standards on information，librarianship and publishing. Dissertation and dissertation abstract. Structure and rules of presentation
GOST R 54719 – 2011	2011	Archiving of the teleradio programmes. Audio and video materials description. Metadata structure
GOST R 54471 – 2011	2011	Document management. Information stored electronically. Recommendations for trustworthiness and reliability
CEN EN ISO 9999 – 2011	2011	Assistive products for persons with disability—classification and terminology
CEN EN ISO 21254 – 2 – 2011	2011	Metadata for learning opportunities（mlo）—advertising
CEN EN 15982 – 2011	2011	Mountaineering equipment—helmets for mountaineers—safety requirements and test methods
CEN EN 15943 – 2011	2011	Curriculum exchange format（cef）—data model
CEN EN 13710 – 2011	2011	European ordering rules—ordering of characters from latin，greek，cyrillic，georgian and armenian scripts
AS/NZS ISO 9999：2011	2011	Assistive products for persons with disability—classification and terminology
ANSIX9. 100 – 182 – 2011	2011	Bulk image and data schema
ANSIINCITS388 – 2011	2011	Information technology—storage management（revisionofincits388：2008）
ANSIB65 – 5 – 2011	2011	Graphic technology—safety requirements for graphic technology equipment and systems—part5：stand-alone platen presses
ANSIB65 – 3 – 2011	2011	Graphic technology—safety requirements for graphic technology equipment and systems—part3：binding and finishing equipment and systems
ANSI/ARMA18 – 2011	2011	Implications of web-based，collaborative technologies in records management
ANSI/NISO Z39. 43 – 1993（R2011）	2011R	Standard address number（san）for the publishing industry

标准编号	年代	标准英文名称
ANSI/NISO Z39. 87 – 2006 (R2011)	2011R	Data dictionary—technical metadata for digital still images
ANSI/NISO Z39. 71 – 2006 (R2011)	2011R	Holdings statements for bibliographic items
GOST R ISO/IEC 11179 – 1 – 2010	2010	Information technology. Metadata registries (mdr). Part 1. framework
GOST R 7. 0. 66 – 2010	2010	System of standards on information, librarianship and publishing. Indexing of documents. General requirements for coordinate indexing
GOST R 7. 0. 52 – 2010	2010	System of standards on information, librarianship and publishing. Format for bibliographic data exchange. Search pattern of a document
GOST R 7. 0. 30 – 2010	2010	System of standards on information, librarianship and publishing. Electronic publishing. Representation of greek alphabet for information interchange
GOST R 7. 0. 29 – 2010	2010	System of standards on information, librarianship and publishing. Electronic publishing. Representation of extended cyrillic alphabet for information interchange
GOST R 7. 0. 10 – 2010	2010	System of standards for information, librarianship and publishing. The dublin core metadata element set
GOST R 7. 0. 0 – 2010	2010	System of standards on information, librarianship and publishing. National system of standards on information, librarianship and publishing. Main principles
AS 1428. 5 – 2010	2010	Design for access and mobility—communication for people who are deaf or hearing impaired
AS 1428 (Set) – 2010	2010	Design for access and mobility set
ANSIX9. 100 – 181 – 2010	2010	Tiff image format for image exchange
ANSI/INCITS/ISO8879 Corrigendum2 – 2010	2010	Information processing—text and office systems—standard generalized markup language (sgml) technical corrigendum2
ANSI/INCITS/ISO/IEC-TR19758 – 2010	2010	Information technology—document description and processing languages—Dsssl Library for complex compositions
ANSI/CGATS/ISO15930 – 8 – 2010	2010	Graphic technology—prepress digital data exchange using pdf—part8 : partial exchange of printing data using pdf1. 6(pdf/x-5)
ANSI/NISO Z39. 19 – 2005 (R2010)	2010R	Guidelines for the construction, format, and management of monolingual controlled vocabularies
ANSI/NISO Z39. 18 – 2005 (R2010)	2010R	Scientific and technical reports—preparation, presentation, and preservation
ANSI/NISO Z39. 88 – 2004 (R2010)	2010R	The openurl framework for context—sensitive services
ANSI/NISO Z39. 84 – 2005 (R2010)	2010R	Syntax for the digital object identifier
ANSI/NISO Z39. 78 – 2000 (R2010)	2010R	Library binding
ANSI/NISO Z39. 29 – 2005 (R2010)	2010R	Bibliographic references

续表

文化管理标准		
标准编号	年代	标准英文名称
ISO 8825 – 5 CORR 1	2012	Information technology—ASN. 1 encoding rules: mapping w3c xml schema definitions into asn. 1 technical corrigendum 1—second edition
ISO 8825 – 4 CORR 1	2012	Information technology—ASN. 1 encoding rules: xml encoding rules (xer) technical corrigendum 1—second edition
ISO 8825 – 3 CORR 1	2012	Information technology—ASN. 1 encoding rules: specification of encoding control notation (ecn) technical corrigendum 1—second edition
ISO 8825 – 2 CORR 1	2012	Information technology—ASN. 1 encoding rules: specification of packed encoding rules (per) technical corrigendum 1—fourth edition
ISO 8825 – 1 CORR 1	2012	Information technology—ASN. 1 encoding rules: specification of basic encoding rules (ber), canonical encoding rules (cer) and distinguished encoding rules (der) technical corrigendum 1—fourth edition
ISO 8824 – 1 CORR 1	2012	Information technology—abstract syntax notation one (ASN. 1): specification of basic notation technical corrigendum 1—fourth edition
ISO 3382 – 3 – 2012	2012	Acoustics—measurement of room acoustic parameters—part 3: open plan offices—first edition
ISO 29178 – 2012	2012	Information technology—mobile item identification and management—service broker for mobile aidc services—first edition
ISO 28961 – 2012	2012	Acoustics—statistical distribution of hearing thresholds of otologically normal persons in the age range from 18 years to 25 years under free-field listening conditions—first edition
ISO 26101 – 2012	2012	Acoustics—test methods for the qualification of free-field environments—first edition
ISO 18047 – 2 – 2012	2012	Information technology—radio frequency identification device conformance test methods—part 2: test methods for air interface communications below 135 khz—first edition
ISO 17497 – 2 – 2012	2012	Acoustics—sound-scattering properties of surfaces—part 2: measurement of the directional diffusion coefficient in a free field—first edition
ISO 16000 – 28 – 2012	2012	Indoor air—part 28: determination of odour emissions from building products using test chambers—first edition
ISO 16000 – 19 – 2012	2012	Indoor air—part 19: sampling strategy for moulds—first edition
DIN SPEC 91287 – 2012	2012	Data interchange between information systems in civil hazard prevention
DIN ISO 3864 – 1 – 2012	2012	Graphical symbols—safety colours and safety signs—part 1: design principles for safety signs and safety markings (iso 3864-1:2011)
DIN ISO 10844 – 2012	2012	Acoustics—specification of test tracks for measuring noise emitted by road vehicles and their tyres (iso 10844:2011)
DIN EN ISO 3745 – 2012	2012	Acoustics—determination of sound power levels and sound energy levels of noise sources using sound pressure—precision methods for anechoic rooms and hemi-anechoic rooms (iso 3745:2012); german version en iso 3745:2012

标准编号	年代	标准英文名称
DIN EN ISO 3382 – 3 – 2012	2012	Acoustics—measurement of room acoustic parameters—part 3：open plan offices（ISO 3382-3：2012）
DIN EN ISO 10140 – 1 – 2012	2012	Acoustics—laboratory measurement of sound insulation of building elements—part 1：application rules for specific products（ISO 10140-1：2010 + amd. 1：2012）（includes amendment a1：2012）
DIN EN 302583 – 2012	2012	Digital video broadcasting（dvb）—framing structure, channel coding and modulation for satellite services to handheld devices（sh）below 3 ghz（endorsement of the english version EN 302583 v1. 2. 1（2011-12）as german standard）
DIN EN 300743 – 2012	2012	Digital video broadcasting（dvb）—subtitling systems（endorsement of the english version EN 300743 v1. 4. 1（2011-10）as german standard）
DIN EN 300468 – 2012	2012	Digital video broadcasting（dvb）—specification for service information（si）in dvb systems（endorsement of the english version EN 300468 v1. 12. 1（2011-10）as german standard）
DIN CEN/TS 15480 – 4 – 2012	2012	Identification card systems—european citizen card—part 4：recommendations for european citizen card issuance, operation and use; english version CEN/TS 15480-4：2012
DIN 66274 – 2 – 2012	2012	Information technology—internet accesses—part 2：classification
DIN 33871 – 1 – 2012	2012	Information technology—office machines, inkjet print heads and inkjet tanks for inkjet printers—part 1：preparation of refilled inkjet print heads and inkjet tanks for inkjet printers; with cd-rom
AS 1926. 1 – 2012	2012	Swimming pool safety—safety barriers for swimming pools
AS 1926 Set – 2012	2012	Swimming pool safety standards set
AFNOR NF ISO 16000 – 6 – 2012	2012	Indoor air—part 6：determination of volatile organic compounds in indoor and test chamber air by active sampling on tenax ta(r) sorbent, thermal desorption and gas chromatography using ms or ms/fid
AFNOR NF ISO 10844 – 2012	2012	Acoustics—specification of test tracks for measuring noise emitted by road vehicles and their tyres
AFNOR NF EN ISO 3741 – 2012	2012	Acoustics—determination of sound power levels and sound energy levels of noise sources using sound pressure—precision methods for reverberation test rooms
AFNOR NF EN ISO 10052/ A1 – 2012	2012	Acoustics—field measurements of airborne and impact sound insulation and of service equipment sound—survey method—amendment 1
AFNOR NF EN 55022/A2 – 2012	2012	Information technology equipment—radio disturbance characteristics—limits and methods of measurement
AFNOR NF EN 302583 – 2012	2012	Digital video broadcasting（dvb）—framing structure, channel coding and modulation for satellite services to handheld devices（sh）below 3 ghz（v1. 2. 1）
AFNOR NF EN 300468 – 2012	2012	Digital video broadcasting（dvb）—specification for service information（si）in dvb systems（v1. 12. 1）
AFNOR NF EN 15649 – 3 + A1 – 2012	2012	Floating leisure articles for use on and in the water—part 3：additional specific safety requirements and test methods for class a devices

续表

标准编号	年代	标准英文名称
AFNOR NF EN 15649 – 2/ IN1 – 2012	2012	Floating leisure articles for use on and in the water—part 2 : consumer information
AFNOR NF EN 15649 – 1/ IN1 – 2012	2012	Floating leisure articles for use on and in the water—part 1 : classification, materials, general requirements and test methods
KS A ISO 80000 – 8 : 2011	2011	Quantities and units—part 8 : acoustics
JSA JIS X 6940 – 2011	2011	Information technology—office equipment—method for measuring digital printing productivity
JSA JIS X 6939 – 2011	2011	Information technology—office equipment—method for measuring digital copying productivity
JSA JIS X 6936 – 2011	2011	Information technology—office equipment—measurement of ozone, volatile organic compounds and dust emission rates from copiers, printers and multi-function devices
JSA JIS X 5070 – 1 – 2011	2011	Information technology—security techniques—evaluation criteria for it security—part 1 : introduction and general model
JSA JIS X 0145 – 3 – 2011	2011	Information technology—process assessment—part 3 : guidance on performing an assessment
ISO TS 13399 – 60 CORR 1 – 2011	2011	Cutting tool data representation and exchange—part 60 : reference dictionary for connection systems technical corrigendum 1—first edition
ISO TS 13399 – 50 CORR 1 – 2011	2011	Cutting tool data representation and exchange—part 50 : reference dictionary for reference systems and common concepts technical corrigendum 1—first edition
ISO TS 13399 – 5 CORR 1 – 2011	2011	Cutting tool data representation and exchange—part 5 : reference dictionary for assembly items technical corrigendum 1
ISO TS 13399 – 4 CORR 1 – 2011	2011	Cutting tool data representation and exchange—part 4 : reference dictionary for adaptive items technical corrigendum 1—first edition
ISO TS 13399 – 3 CORR 1 – 2011	2011	Cutting tool data representation and exchange—part 3 : reference dictionary for tool items technical corrigendum 1—first edition
ISO TS 13399 – 2 CORR 1 – 2011	2011	Cutting tool data representation and exchange—part 2 : reference dictionary for the cutting items technical corrigendum 1—first edition
ISO TS 13399 – 100 CORR 1 – 2011	2011	Cutting tool data representation and exchange—part 100 : definitions, principles and methods for reference dictionaries technical corrigendum 1
ISO 40280 – 2011	2011	Information technology—w3c web services policy 1. 5—attachment—first edition; includes access to additional content
ISO 40270 – 2011	2011	Information technology—w3c web services policy 1. 5—framework—first edition; includes access to additional content
ISO 40260 – 2011	2011	Information technology—w3c web services addressing 1. 0—metadata—first edition; includes access to additional content
ISO 40250 – 2011	2011	Information technology—w3c web services addressing 1. 0—soap binding—first edition; includes access to additional content
ISO 40240 – 2011	2011	Information technology—w3c web services addressing 1. 0—core—first edition; includes access to additional content
ISO 40230 – 2011	2011	Information technology—w3c soap message transmission optimization mechanism—first edition; includes access to additional content
ISO 40220 – 2011	2011	Information technology—w3c soap version 1. 2 part 2 : adjuncts (second edition)—first edition; includes access to additional content

续表

标准编号	年代	标准英文名称
ISO 40210 – 2011	2011	Information technology—w3c soap version 1.2 part 1 : messaging framework (second edition)—first edition; includes access to additional content
ISO 10302 – 2 – 2011	2011	Acoustics—measurement of airborne noise emitted and structure-borne vibration induced by small air-moving devices—part 2 : structure-borne vibration measurements—first edition
ISO 10302 – 1 – 2011	2011	Acoustics—measurement of airborne noise emitted and structure-borne vibration induced by small air-moving devices—part 1 : airborne noise measurement—first edition
ANSI/UL82a – 2011	2011	The standard for safety for electric gardening appliances
ANSI/UL1081b – 2011	2011	Standard for safety for swimming pool pumps, filters, and chlorinators
ANSI/UL1081a – 2011	2011	Standard for safety for swimming pool pumps, filters, and chlorinators
ANSI/UL1081 – 2011	2011	Standard for safety for swimming pool pumps, filters, and chlorinators
ANSI/NSF50(i71) – 2011	2011	Equipment for swimming pools, spas, hottubs, andother recreational water facilities
ANSI/NSF50(i70) – 2011	2011	Equipment for swimming pools, spas, hot tubsand other recreational water facilities
ANSI/NSF50(i67) – 2011	2011	Equipment for swimming pools, spas, hottubs, and other recreational water facilities
ANSI/NSF50(i66) – 2011	2011	Equipment for swimming pools, spas, hot tubsand other recreational waterfacilities
ANSI/NSF50(i64) – 2011	2011	Equipment for swimming pools, spas, hot tubsand other recreational waterfacilities
ANSI/ASTMF2040 – 2011	2011	Specification for helmets used for recreational snow sports
ANSI/ASAS12.56 – 2011	2011	Acoustics—determination of sound power levels and sound energy levels of noise sources using sound pressure—survey method using an enveloping measurement surface eovera reflecting plane
ANSI/ASAS12.54 – 2011	2011	Acoustics—determination of sound power levels and sound energy levels of noise sources using sound pressure—survey method using an enveloping measurement surface eovera reflecting plane
ANSI/ASAS12.10Part2 – 2011	2011	Acoustics—measurement of airborne noise emitted by information technology and telecommunications equipment—part2 : declaration of noise emission levels
KS P 1021 ; 2010	2010	Fundus cameras
KS I ISO 2923 ; 2010	2010	Acoustics—measurement of noise on board vessels
JSA JIS Z 8210 AMD 3 – 2010	2010	Public information symbols (amendment 3)
JSA JIS Q 31000 – 2010	2010	Risk management—principles and guidelines
JSA JIS Q 0073 – 2010	2010	Risk management—vocabulary
JSA JIS B 9631 – 2 – 2010	2010	Graphic technology—safety requirements for graphic technology equipment and systems—part 2 : press equipment and systems
JSA JIS B 9631 – 1 – 2010	2010	Graphic technology—safety requirements for graphic technology equipment and systems—part 1 : general requirements
AS 1926.3 – 2010	2010	Swimming pool safety—water recirculation systems
ANSI/UL1081 – 2010	2010	Standard for safety for swimming pool pumps, filters, and chlorinators (proposaldated10-23-09)
ANSI/NSF50(i55) – 2010	2010	Equipment for swimming pools, spas, hot tubs and other recreational water facilities
ANSI/ACCA 10Manual SPS – 2010	2010	Mechanical systems for swimming poolsand spas. note : formallytitled " hvac for swimming pool sand spas"
ANSI INCITS 464 – 2010	2010	Information technology—information management—extensible access method (xam)

附录3 我国文化行业标准采用国际标准

标准号	中文标准名称	主管部门	采用国际标准号	标准类别
GB/T 2901—2012	信息与文献　信息交换格式	国家标准化管理委员会	ISO 2709:2008	基础
GB/T 17739.6—2012	技术图样与技术文件的缩微摄影 第6部分:35mm 缩微胶片放大系统的质量准则和控制	国家标准化管理委员会	ISO 3272-6:2000	基础
GB/T 17147—2012	声音广播中音频噪声电平的测量	国家广播电影电视总局	ITU-R BS.468-4:2002	方法
GB/T 15120.2—2012	识别卡　记录技术　第2部分:磁条—低矫顽力	国家标准化管理委员会	ISO/IEC 7811-2:2001	产品
GB/T 13187—2012	磁带录放音系统　一般条件与要求	工业和信息化部(电子)	IEC 60094-1:1981、IEC 60094-1:1981/Amendment1:1994	产品
GB/T 17934.5—2012	印刷技术　网目调分色片、样张和印刷成品的加工过程控制　第5部分:网版印刷	国家新闻出版总署	ISO 12647-5:2001	方法
GB/T 29261.3—2012	信息技术　自动识别和数据采集技术　词汇　第3部分:射频识别	国家标准化管理委员会	ISO/IEC 19762-3:2008	基础
GB/T 15120.6—2012	识别卡　记录技术　第6部分:磁条—高矫顽力	国家标准化管理委员会	ISO/IEC 7811-6:2008	产品
GB/T 28177.3—2012	识别卡　柔性薄卡　第3部分:测试方法	国家标准化管理委员会	ISO/IEC 15457-3:2008	方法
GB/T 29182—2012	信息与文献　图书馆绩效指标	国家标准化管理委员会	ISO 11620:2008	基础
GB 13837—2012	声音和电视广播接收机及有关设备无线电骚扰特性　限值和测量方法	国家标准化管理委员会	IEC/CISPR 13:2009	环保
GB/T 13396—2009	中国标准录音制品编码	国家标准化管理委员会	ISO 3901:2001	基础
GB/T 13417—2009	期刊目次表	国家标准化管理委员会	ISO 18:1981	基础
GB/T 24422—2009	信息与文献　档案纸　耐久性和耐用性要求	国家标准化管理委员会	ISO 11108:1996	产品
GB/T 24423—2009	信息与文献　文献用纸　耐久性要求	国家标准化管理委员会	ISO 9706:1994	产品
GB/T 24424—2009	馆藏说明	国家标准化管理委员会	ISO 10324:1997	基础

标准号	中文标准名称	主管部门	采用国际标准号	标准类别
GB/T 3179—2009	期刊编排格式	中华人民共和国国家质量监督检验检疫总局、中国国家标准化管理委员会发布	ISO 8:1977	基础
GB/T 3792.1—2009	文献著录　第1部分:总则	中华人民共和国国家质量监督检验检疫总局、中国国家标准化管理委员会发布	ISBD(G):2004	基础
GB/T 3792.3—2009	文献著录　第3部分:连续性资源	国家标准化管理委员会	ISBD(CR):2002	基础
GB/T 3792.9—2009	文献著录　第9部分:电子资源	国家标准化管理委员会	ISBD(ER):2004	基础
GB/T 3860—2009	文献主题标引规则	国家标准化管理委员会	ISO 5963:1985	基础
GB/T 4894—2009	信息与文献　术语	国家标准化管理委员会	ISO 5127:2001	基础
GB/T 7713.3—2009	科技报告编写规则	国家标准化管理委员会	ANSI/NISO Z39.18:2005	基础
GB/T 23730.1—2009	中国标准视听作品号　第1部分	国家标准化管理委员会	ISO 15706-1:2002 及其修改单1:2008	基础
GB/T 23730.2—2009	中国标准视听作品号　第2部分:版本标识符	国家标准化管理委员会	ISO 15706-2:2007	基础
GB/T 23731—2009	GEDI—通用电子文档交换	国家标准化管理委员会	ISO 17933:2000	基础
GB/T 23733—2009	中国标准音乐作品编码	国家标准化管理委员会	ISO 15707:2001	基础
GB/T 13191—2009	信息与文献　图书馆统计	国家标准化管理委员会	ISO 2789:2006	基础
GB/T 19688.5—2009	信息与文献　书目数据元目录　第5部分:编目和元数据交换用数据元	中华人民共和国国家质量监督检验检疫总局、中国国家标准化管理委员会发布	ISO 8459-5:2002	基础
GB/T 23269—2009	信息与文献　开放系统互连　馆际互借应用服务定义	国家标准化管理委员会	ISO 10160:1997	基础
GB/T 23270.1—2009	信息与文献　开放系统互连　馆际互借应用协议规范　第1部分:协议说明书	国家标准化管理委员会	ISO 10161-1:1997	基础
GB/T 23270.2—2009	信息与文献　开放系统互连　馆际互借应用协议规范　第2部分:协议实施一致性声明(PICS)条文	国家标准化管理委员会	ISO 10161-2:1997	基础
GB/T 23284—2009	缩微摄影技术　16mm和35mm卷式缩微胶片使用的影像标记(光点)	国家标准化管理委员会	ISO 11962:2002	方法
GB/T 23285—2009	缩微摄影技术　开窗卡增厚区厚度的测量方法	国家标准化管理委员会	ISO 6342:2003 Ed.2	方法
GB/T 23286.1—2009	文献管理　长期保存的电子文档文件格式　第1部分	国家标准化管理委员会	ISO 19005-1:2005 Ed.1	方法

续表

标准号	中文标准名称	主管部门	采用国际标准号	标准类别
GB/Z 23283—2009	基于文件的电子信息的长期保存	国家标准化管理委员会	ISO/TR 18492:2005	管理
GB 7000.217—2008	灯具 第2—17部分:特殊要求 舞台灯光、电视、电影及摄影场所(室内外)用灯具	中国轻工业联合会	IEC 60598 – 2 – 17:1984 + A2:1990	安全
GB/T 22907—2008	灯具的光度测试和分布光度学	中国轻工业联合会	CIE 121:1996	方法
GB/T 23110—2008	投光灯具光度测试	中国轻工业联合会	CIE 43:1979	方法
GB/T 7516—2008	缩微摄影技术 缩微拍摄用图形符号	国家标准化管理委员会	ISO 9878:1990	基础
GB/T 22466—2008	索引编制规则(总则)	国家标准化管理委员会	ISO 999:1996	基础
GB/T 16573—2008	缩微摄影技术 在16mm和35mm银—明胶型缩微卷片上拍摄文献的操作程序	国家标准化管理委员会	ISO 6199:2005	方法
GB/T 6161—2008	缩微摄影技术 ISO2号解像力测试图的描述及其应用	中华人民共和国国家质量监督检验检疫总局、中国国家标准化管理委员会发布	ISO 3334:2006	方法
GB/T 17293—2008	缩微摄影技术 检查平台式缩微摄影机系统性能用的测试标板	国家标准化管理委员会	ISO 10550:1994	方法
GB/T 17294.1—2008	缩微摄影技术 字母数字计算机输出缩微品 质量控制 第1部分:测试幻灯片和测试数据的特征	国家标准化管理委员会	ISO 8514 – 1:2000	基础
GB/T 17294.2—2008	缩微摄影技术 字母数字计算机输出缩微品 质量控制 第2部分:方法	国家标准化管理委员会	ISO 8514 – 2:2000	方法
GB/T 17739.1—2008	技术图样与技术文件的缩微摄影 第1部分:操作程序	国家标准化管理委员会	ISO 3272 – 1:2003	方法
GB/T 17739.4—2008	技术图样与技术文件的缩微摄影 第4部分:特殊和超大尺寸图样的拍摄	国家标准化管理委员会	ISO 3272 – 4:1994	方法
GB/T 18405—2008	缩微摄影技术 ISO字符和ISO 1号测试图的特征及其使用	国家标准化管理委员会	ISO 446:2004	方法
GB/T 18503—2008	缩微摄影技术 A6透明缩微平片影像的排列	国家标准化管理委员会	ISO 9923:1994	方法
GB/T 3792.7—2008	古籍著录规则	国家标准化管理委员会	ISBD(A)	基础
GB 7000.6—2008	灯具 第2—6部分:特殊要求 带内装式钨丝灯变压器或转换器的灯具	中国轻工业联合会	IEC 60598 – 2 – 6:1994	安全
GB 7000.9—2008	灯具 第2—20部分:特殊要求 灯串	中国轻工业联合会	IEC 60598 – 2 – 20:2002	安全
GB/T 4963—2007	声学 标准等响度级曲线	中国科学院	ISO 226:2003	方法

续表

标准号	中文标准名称	主管部门	采用国际标准号	标准类别
GB 7000.1—2007/ IEC 60598－1:2003	灯具　第1部分:一般要求与试验	中华人民共和国国家质量监督检验检疫总局、中国国家标准化管理委员会发布	IEC 60598－1:2003	安全
GB/T 7713.1—2006	学位论文编写规则	国家标准化管理委员会	ISO 7144:1986	基础
GB/Z 20648—2006	电子成像　擦除记录在一次写入光学介质上的信息的推荐方法	国家标准化管理委员会	ISO/TR12037:1998	方法
GB/Z 20649—2006	电子成像　在WORM光盘上记录证据文件的电子记录系统的推荐管理方法	国家标准化管理委员会	ISO/TR12654:1997	方法
GB/Z 20650—2006	缩微摄影技术　缩微品的法律认可性	国家标准化管理委员会	ISO/TR 10200:1990	管理
GB/T 5795—2006	中国标准书号	中华人民共和国国家质量监督检验检疫总局、中国国家标准化管理委员会发布	ISO 2108:2005	基础
GB/T 17739.2—2006	技术图样与技术文件的缩微摄影　第2部分:35mm银—明胶型缩微品的质量准则与检验	国家标准化管理委员会	ISO 3272－2:1994	方法
GB/T 20493.1—2006	电子成像　办公文件黑白扫描用测试标板　第1部分:特性	国家标准化管理委员会	ISO 12653－1:2000	方法
GB/T 20493.2—2006	电子成像　办公文件黑白扫描用测试标板　第2部分:使用方法	国家标准化管理委员会	ISO 12653－2:2000	方法
GB/T 20494.1—2006	缩微摄影技术　使用单一内显示系统生成影像的COM记录器的质量控制　第1部分:软件测试标板的特性	国家标准化管理委员会	ISO 14648－1:2001	方法
GB/T 20494.2—2006	缩微摄影技术　使用单一内显示系统生成影像的COM记录器的质量控制　第2部分:使用方法	国家标准化管理委员会	ISO 14648－2:2001	方法
GB/Z 20495—2006	电子成像　成功实施电子影像管理涉及的人及组织的问题	国家标准化管理委员会	ISO/TR 14105:2001	方法
GB/T 20247—2006	声学　混响室吸声测量	中国科学院	ISO 354:2003	方法
GB/T 20232—2006	缩微摄影技术　条码在开窗卡上的使用规则	国家标准化管理委员会	ISO 12656:2001	方法
GB/T 20233—2006	缩微摄影技术　A6尺寸开窗卡	国家标准化管理委员会	ISO 10549:2000	方法
GB/T 17739.5—2006	技术图样与技术文件的缩微摄影　第5部分:开窗卡中缩微影像重氮复制的检验程序	国家标准化管理委员会	ISO 3272－5:1999	方法
GB/T 20225—2006	电子成像　词汇	国家标准化管理委员会	ISO 12651:1999	基础

续表

标准号	中文标准名称	主管部门	采用国际标准号	标准类别
GB/T 20226.1—2006	缩微摄影技术　缩微胶片 A6 尺寸封套　第 1 部分:16mm 缩微胶片用五片道封套	国家标准化管理委员会	ISO 8127－1:1989	产品
GB/T 20226.2—2006	缩微摄影技术　缩微胶片 A6 尺寸封套　第 2 部分:16mm 和 35mm 缩微胶片用其他类型封套	国家标准化管理委员会	ISO 8127－2:1999	产品
GB/Z 20227—2006	缩微摄影技术　缩微记录的清除、删除、校正或修正	国家标准化管理委员会	ISO/TR 12036:2000	方法
GB/T 19954.1—2005	电磁兼容　专业用途的音频、视频、音视频和娱乐场所灯光控制设备的产品类标准　第 1 部分　发射	国家标准化管理委员会	EN 55103.1	产品
GB/T 19954.2—2005	电磁兼容　专业用途的音频、视频、音视频和娱乐场所灯光控制设备产品类标准　第 2 部分:抗扰度	国家标准化管理委员会	EN 55103.2	产品
GB 16895.26—2005	第 7—740 部分:特殊装置或场所的要求游乐场和马戏场中的构筑物、娱乐设施和棚屋	中国电器工业协会	IEC 60364－7－740:2000	安全
GB/T 13984—2005	缩微摄影技术　银盐、重氮和微泡拷贝片　视觉密度　技术规范和测量	国家标准化管理委员会	ISO 8126:2000	方法
GB/T 19729—2005	电子成像　数字数据光盘存储数据验证用介质错误监测与报告技术	国家标准化管理委员会	ISO 12142:2001	基础
GB/T 19730—2005	缩微摄影技术　期刊的缩微拍摄操作程序	国家标准化管理委员会	ISO 11906:1999	基础
GB/T 19731—2005	盒式光盘(ODC)装运包装以及光盘标签上的信息	国家标准化管理委员会	ISO 10922:2000	基础
GB/Z 19736—2005	电子成像　文件图像压缩方法选择指南	国家标准化管理委员会	ISO/TS 12033:2001	方法
GB/Z 19737—2005	缩微摄影技术　银—明胶型缩微品变质迹象的检查	国家标准化管理委员会	ISO/TR 12031:2000	方法
GB/T 19688.1—2005	信息与文献　书目数据元目录　第 1 部分:互借应用	中华人民共和国国家质量监督检验检疫总局、中国国家标准化管理委员会发布	ISO 8459－1:1988	基础
GB/T 19688.2—2005	信息与文献　书目数据元目录　第 2 部分:采访应用	中华人民共和国国家质量监督检验检疫总局、中国国家标准化管理委员会发布	ISO 8459－2:1992	基础

续表

标准号	中文标准名称	主管部门	采用国际标准号	标准类别
GB/T 19688.3—2005	信息与文献　书目数据元目录　第3部分:情报检索	中华人民共和国国家质量监督检验检疫总局、中国国家标准化管理委员会发布	ISO 8459 - 3:1994	基础
GB/T 19688.4—2005	信息与文献　书目数据元目录　第4部分:流通应用	中华人民共和国国家质量监督检验检疫总局、中国国家标准化管理委员会发布	ISO 8459 - 4:1998	基础
GB/T 19689—2005	信息与文献　交互式文本检索命令集	国家标准化管理委员会	ISO 8777:1993	基础
GB/T 7714—2005	文后参考文献著录规则	国家标准化管理委员会	ISO 690:1987	基础
GB 7000.19—2005	照相和电影用灯具(非专业用)安全要求	中国轻工业联合会	IEC 60598 - 2 - 9:1987	安全
GB 7000.7—2005	投光灯具安全要求	中国轻工业联合会	IEC 60598 - 2 - 5:1998	安全
GB/T 19658—2005	反射灯中心光强和光束角的测量方法	中国轻工业联合会	IEC 61341:1994	方法
GB/T 19523—2004	缩微摄影技术　16mm 与 35mm 缩微胶片防光片盘与片盘 技术规范	国家标准化管理委员会	ISO 1116:1999	基础
GB/T 17739.3—2004	技术图样与技术文件的缩微摄影 第3部分:35 mm 缩微胶片开窗卡	国家标准化管理委员会	ISO 3272 - 3:2001	方法
GB/T 19474.1—2004	缩微摄影技术　图形 COM 记录仪的质量控制　第1部分:测试画面的特征	国家标准化管理委员会	ISO 11928 - 1:2000	基础
GB/T 19474.2—2004	缩微摄影技术　图形 COM 记录仪的质量控制　第2部分:质量要求和控制	国家标准化管理委员会	ISO 11928 - 2:2000	基础
GB/T 19475.1—2004	缩微摄影技术　开窗卡扫描仪制作影像质量的测量方法　第1部分:测试影像的特征	国家标准化管理委员会	ISO 11698 - 1:2000	方法
GB/T 19475.2—2004	缩微摄影技术　开窗卡扫描仪制作影像质量的测量方法　第2部分:质量要求和控制	国家标准化管理委员会	ISO 11698 - 2:2001	方法
GB/T 19476—2004	工程图样硬拷贝输出　控制文件结构规范	国家标准化管理委员会	ISO 14985:1999	方法
GB 7000.17—2003	限制表面温度灯具安全要求	中国轻工业联合会	IEC 60598 - 2 - 24:1997	安全
GB/T 6159.1—2003	缩微摄影技术　词汇　第1部分:一般术语	国家标准化管理委员会	ISO 6196 - 1:1993	基础

续表

标准号	中文标准名称	主管部门	采用国际标准号	标准类别
GB/T 6159.3—2003	缩微摄影技术 词汇 第3部分:胶片处理	国家标准化管理委员会	ISO 6196－3:1997	基础
GB/T 6159.4—2003	缩微摄影技术 词汇 第4部分:材料和包装物	国家标准化管理委员会	ISO 6196－4:1998	方法
GB/T 6159.6—2003	缩微摄影技术 词汇 第6部分:设备	国家标准化管理委员会	ISO 6196－6:1992	基础
GB/T 6159.8—2003	缩微摄影技术 词汇 第8部分:应用	国家标准化管理委员会	ISO 6196－8:1998	基础
GB/T 6160—2003	缩微摄影技术 源文件第一代银—明胶型缩微品密度规范与测量方法	国家标准化管理委员会	ISO 6200:1999	方法
GB/T 6159.10—2006	缩微摄影技术 词汇 第10部分:索引	国家标准化管理委员会	ISO 6196－10:1999	基础
GB/T 4129—2003	声学 用于声功率级测定的标准声源的性能与校准要求	中国科学院	ISO 6926:1999	方法
GB/T 17739.6—2002	技术图样与技术文件的缩微摄影 第6部分:35 mm缩微胶片放大系统的质量准则和控制	国家标准化管理委员会	ISO 3272－6:2000	基础
GB/T 18730—2002	文献成像应用在35 mm胶片上缩微拍摄非彩色地图	国家标准化管理委员会	ISO 12650:1999	方法
GB/T 12450—2001	图书书名页	国家标准化管理委员会	ISO 1086:1991	基础
GB/T 9999—2001	中国标准连续出版物号	国家标准化管理委员会	ISO 3297:1998	基础
GB/T 18123—2000	音频、视频及视听系统 视频系统Y/C连接器的应用和优选电配接值	工业和信息化部(电子)	IEC 60933－5:1992	产品
GB/T 17247.1—2000	声学 户外声传播衰减 第一部分:大气声吸收的计算	中国科学院	ISO 9613－1:1993	基础
GB/T 788—1999	图书和杂志开本及其幅面尺寸	国家新闻出版总署	ISO 6716:1983	基础
GB/T 17696—1999	声学 测听方法 第3部分:语言测听	中国科学院	ISO 8253－3:1996	方法
GB/T 17311—1998	标准音量表	工业和信息化部(电子)	IEC 60268－17:1990	产品
GB/T 17247.2—1998	声学 户外声传播的衰减 第2分 一般计算方法	中国科学院	ISO 9613－2:1996	方法
GB/T 17155—1997	胶印印版 尺寸	国家新闻出版总署	ISO 12635:1996	基础
GB/T 9002—1996	音频、视频和视听设备和及系统词汇	工业和信息化部(电子)	IEC 60574－2:1992	基础
GB/T 15693—1995	印刷型文献价格指数标准	国家标准化管理委员会	ISO 9230:1991	基础
GB/T 15485—1995	声学 语言清晰度指数的计算方法	中国科学院	ANSI S3.5:1969	方法
GB/T 15381—1994	会议系统电及音频的性能要求	工业和信息化部(电子)	IEC 60914:1988	产品
GB/T 15397—1994	电影录音控制室、鉴定放映室及室内影院A环、B环电声频率响应特性测量方法	国家广播电影电视总局	ISO 2969:1987	方法

续表

标准号	中文标准名称	主管部门	采用国际标准号	标准类别
GB/T 15294—1994	高保真调频广播调谐器最低性能要求	工业和信息化部（电子）	IEC 60581-2:1986	产品
GB/T 14947—1994	声系统设备互连用连接器的应用	工业和信息化部（电子）	IEC 60268-11:1987	产品
GB 3102.7—1993	声学的量和单位	国家技术监督局 发布	ISO 31-7:1992	基础
GB/T 14476—1993	客观评价厅堂语言可懂度的 RASTI 法	工业和信息化部（电子）	IEC 268-16:1998	方法
GB/T 14220—1993	视听、视频和电视设备及系统音频盒式系统	工业和信息化部（电子）	IEC 60574-10:1983	产品
GB/T 14197—1993	声系统设备互连的优选配接值	工业和信息化部（电子）	IEC 60268-15:1982	基础
GB/T 14200—1993	高保真声频放大器最低性能要求	工业和信息化部（电子）	IEC 60581-6:1972	产品
GB/T 13581—1992	高保真头戴耳机最低性能要求	工业和信息化部（电子）	IEC 60581-10:1986	产品
GB/T 13418—1992	文字条目通用排序规则	国家标准化管理委员会	ISO 7154:1983	基础
GB/T 11668—1989	图书和其它出版物的书脊规则	国家标准化管理委员会	ISO 6357:1985	基础
GB/T 9401—1988	传声器测量方法	工业和信息化部（电子）	IEC 60268-4:1972	方法
GB/T 9003—1988	调音台基本特性测量方法	国家广播电影电视总局	IEC 268-3:1983	方法
GB/T 7610—1987	音频脉冲编码调制特性	工业和信息化部（通信）	CCITT G711	产品
GB/T 7313—1987	高保真扬声器系统最低性能要求及测量方法	工业和信息化部（电子）	IEC 60581-7:1986	基础
GB/T 6278—1986	模拟节目信号	工业和信息化部（电子）	IEC 60268-1c:1982	基础
GB/T 3451—1982	标准调音频率	中国科学院	ISO 16:1975	基础
GB 3238—82	声量的级及其基准值	中国科学院	ISO 1683:1983	基础
GB 3240—82	声学测量中的常用频率	中国科学院	ISO 266:1975	基础

附录4 访谈提纲

"十二五"文化行业标准化重点工作领域研究
开放式访谈提纲

尊敬的各位专家：

您好！随着社会环境的不断变化，文化行业标准化工作面临着如何确定发展重点，如何构建发展框架，如何制定发展指南等许多发展问题。作为文化部文化科技司"十二五"文化行业标准化重点工作领域研究的重要研究途径，本访谈用于搜集有关文化行业标准化工作的相关意见，为后续研究提供支持。访谈内容将被用于学术研究，并严格实行保密原则，请您放心参与。访谈将需要占用您45分钟的宝贵时间，非常感谢您的支持与配合！

访谈题目：

1. 文化领域的标准化是促进文化艺术与现代科技紧密结合、推动文化创新的重要技术保障，是繁荣文化事业和发展文化产业的重要基础性工作。"十一五"期间，文化行业标准化工作取得了很大的进展，为繁荣文化事业、发展文化产业发挥了积极作用。随着文化建设的迅猛发展，文化行业标准数量少、水平低、适用性较差、缺乏统一规划等问题日益凸现。加快文化行业标准化工作已成为今后一段时期一项十分紧迫的任务。您是否了解文化行业的标准化工作？在这一过程中您认为文化行业标准化的发展过程中存在哪些问题？

2. 根据下列文件和相关研究，课题组经过研究，提出构建文化行业标准化工作的框架体系，依据如下：国家标准，国民经济行业分类（GB/T 4754—2011）、国家统计局：文化及相关产业分类（2012）、文化管理体制理论中的职能划分、文化分类理论、文化部门的行政划分、实证研究。（具体见附件1：文化行业标准化工作框架体系；附件2：文化行业体系的划分）课题组经过研究，提出构建文化行业标准化工作的框架体系。您认为这个框架是否合理，需要如何修改？

3. "十二五"期间文化行业标准化重点工作领域会重点强调文化行业标准化体系框架的建立，这能够为文化部开展文化行业标准化研究与立项提供方向。同时，文化行业标准化体系的建立，有利于各文化行业标准化工作的统一、协调开展，从而避免各行业之间的标准不均衡、相互交叉重复的弊端，以促进文化行业标准化新业态的形成。此外，通过明确重点工作领域，为文化行业标准化工作未来五年指明了发展方向，以构建发展重点的方式绘制出文化行业标准化领域通向未来的路线图，推进标准化工作"十二五"期间的快速发展，这也将推动我国整个文化事业登上新的发展台阶。根据课题组所提出的文化行业标准化工作的框架体系（可以参照附件2：文化行业体系的划分），您认为文化行业标准化工作的重点领域是？理由是什么？

4. 分析文化产业标准化中即急需制定标准的行业，如创意产业、动漫产业、网络文化产业等，可以确定重点领域中的优先事项和优先发展的问题。总体来看，在您所从事或了解的行业中,除了已有的行业标准外(可以参照附件3:国内已有文化行业标准一览表),您认为哪些标准是需要优先制订的? 理由是什么?

5. 在文化行业标准化体系研究基础上,为指导我国各文化部门制定文化类标准,为文化行业标准的制定提供客观依据,本项目完成《我国文化行业标准编制指南》,包括标准的基本规范、操作指南和建议方案等。您认为是否需要制订文化行业标准编制指南? 如果需要的话在制订该指南时要注意到那些方面的问题?

附件1:文化行业标准化工作框架体系(略)

附件2:文化行业体系的划分

文艺服务

- 文艺创作(指文学、美术和艺术,如戏曲、歌舞、话剧、音乐、杂技、马戏、木偶等表演艺术等创作活动。)
- 文艺表演(指有观众席、舞台、灯光设备等演出场所的文学、美术和艺术表演活动。)
- 文艺培训(指文学、美术和艺术,如戏曲、歌舞、话剧、音乐、杂技、马戏、木偶等表演艺术等培训和教育活动。)

例如:艺术表演团体、艺术单位:京剧院、话剧院、歌舞剧院、艺术剧院、书画院、杂技团、乐团、说唱团、艺术创作研究中心、艺术学校等。

文化保护与保存

- 文物及文化遗产保护(指对具有历史、文化、艺术、科学价值,并经有关部门鉴定,列入文物保护范围的不可移动文物的保护和管理活动;对我国口头传统和表现形式,传统表演艺术,社会实践、意识、节庆活动,有关的自然界和宇宙的知识和实践,传统手工艺等非物质文化遗产的保护和管理活动。)
- 博物馆(指收藏、研究、展示文物和标本的博物馆的活动,以及展示人类文化、艺术、科技、文明的美术馆、艺术馆、展览馆、科技馆、天文馆等管理活动。)
- 烈士陵园与纪念馆

例如:博物馆、纪念馆、文化遗址管理处、故居管理所、文物考古研究所等。

公共文化

- 图书馆
- 档案馆
- 文化馆
- 群艺馆
- 群众文化活动(指对各种主要由城乡群众参与的文艺类演出、比赛、展览等公益性文化活动。)
- 文化研究与文化社团
- 公益文化活动

例如:图书馆、档案馆、群众艺术馆、文化馆、美术馆、少年宫、艺术科技研究所、文化社团等。

娱乐休闲

- 娱乐服务与活动
- 休闲服务与活动
- 网络休闲娱乐(指通过计算机等装置向公众提供互联网上网服务的网吧、电脑休闲室等营业性场所的服务。)
- 数字休闲娱乐

例如:棋牌室、网吧、娱乐会所、酒吧、民众乐园、动漫娱乐中心、游戏中心、健身房、游乐场、游乐园、休闲中心等。

文化经营

- 文化公司
- 文化产品经纪代理
- 文化产品出租与拍卖
- 文化产品生产与销售
- 文化活动组织与策划
- 文化活动开发与交流

例如:艺术开发中心、文化娱乐中心、文化发展有限公司、演出公司(演艺公司)、电影公司、文物公司、文化艺术音像出版社、对外文化交流公司、动漫公司、数字文化公司等。

文化管理

- 文化市场管理
- 文化活动咨询与管理
- 文物产品与文化活动审核
- 文化设施与产品管理
- 文化信息管理

例如:文化市场稽查队、表演艺术咨询管理办公室、文物鉴定审核办公室、文物监察总队、文化管理办公室、文化信息资源管理建设中心等。

附件3:国内已有文化行业标准一览表(略)

附录 5　调查问卷

"十二五"文化行业标准化重点工作领域研究调查问卷

尊敬的领导/专家/朋友：

您好！非常感谢您能在百忙之中填答此问卷。本研究系文化部文化科技司 2012 年规划课题,本调查的目的在于了解您对文化行业标准化工作相关问题的看法。本问卷采用匿名方式,您所提供的信息仅供学术研究之用,绝不另作他用或向第三方披露,敬请放心。填答此问卷大约需要 10 分钟,请在您所选择的选项前的□内打"√"。

谢谢您的配合！

注：①文化行业：广义上是指从事文化活动的所有单位的集合。狭义上是指由文化部管辖下的文化单位的集合,包括图书馆、文化馆、博物馆等。本研究将文化行业划分为：文艺服务（艺术表演团体、艺术单位：京剧院、话剧院、歌舞剧院、艺术剧院、书画院、杂技团、乐团、说唱团,艺术创作研究中心、艺术学校等）；文化保护与保存（博物馆、纪念馆、文化遗址管理处、故居管理所、文物考古研究所等）；公共文化服务（图书馆、档案馆、群众艺术馆、文化馆、美术馆、少年宫、艺术科技研究所、文化社团等）；娱乐休闲（棋牌室、网吧、娱乐会所、酒吧、民众乐园、动漫娱乐中心、游戏中心、健身房、游乐场、游乐园、休闲中心等）；文化经营（艺术开发中心、文化娱乐中心、文化发展有限公司、演出公司或演艺公司、电影公司、文物公司、文化艺术音像出版社、对外文化交流公司、动漫公司、数字文化公司等）；文化管理（文化市场稽查队、表演艺术咨询管理办公室、文物鉴定审核办公室、文物监察总队、文化管理办公室、文化信息资源管理建设中心等）。②标准化：就是在科学技术、经济贸易及社会发展实践活动中,对重复性事物和概念,通过制定实施标准,以获得最佳秩序和最佳效益的过程。

1. 请填写您的基本信息

性别：□男　□女	工作年限：　　　年				
年龄：□20 岁以下　□20—29 岁　□30—39 岁　□40—49 岁　□50—59 岁　□60 岁及以上					
学历：□初中及以下　□高中/职业技术学校　□大学/大专　□硕士　□博士　□其他					
职称：□初级　□中级　□副高　□正高级　□其他					
职务：□普通工作人员　□中层干部　□部门领导　□其他					
所在部门或单位名称：					

2. 您熟悉您所在单位或部门日常工作中所涉及的相关行业标准吗？（单选）
□十分熟悉　□熟悉　□不清楚　□不熟悉　□十分不熟悉

3. 您对制定文化行业标准的意见是：（单选）
□非常有必要　□有必要　□不清楚　□没必要　□非常没必要

4. 您所在的单位或部门是否执行或使用过相关的行业标准？请根据情况选择①或②回答：

①您所在的单位或部门至今没有执行或使用过相关的行业标准：(单选)

□对单位或部门工作没有影响　□对单位或部门有一定影响　□对单位或部门有很大影响

②您所在的单位或部门使用过相关的行业标准：(单选)

□但因种种原因未彻底执行　□严格实施,效果很好　□严格实施,但无明显效果

5. 您认为目前哪些领域的行业标准化工作需要重点考虑的：(选 1—3 项)

□文艺服务　□文化保护与保存　□公共文化服务　□娱乐休闲　□文化经营

□文化管理　□其他(请注明)：

6. 您认为目前哪些文化行业标准是需要优先制定的：(选 1—5 项)

文艺服务：□文艺创作　□文艺表演　□文艺培训

文化保护与保存：□文物及文化遗产保护　□博物馆　□烈士陵园与纪念馆

公共文化服务：□图书馆　□档案馆　□文化馆　□群艺馆　□文化研究与文化社团
　　□群众文化活动

娱乐休闲：□娱乐服务与活动　□娱乐场所　□休闲娱乐　□网络娱乐

文化经营：□文化公司　□文化产品经纪代理　□文化产品出租与拍卖　□文化产品
　　生产与销售　□文化活动组织与策划　□文化活动开发与交流

文化管理：□文化市场管理　□文化活动咨询与管理　□文物产品与文化活动审核
　　□文化设施与产品管理　□文化信息管理　□其他(请注明)：

7. 您认为是否需要制定文化行业标准的编制指南？(单选)

□需要　□不需要　□不清楚

8. 在制定行业标准指南时,您认为有必要成立专门性工作委员会吗？(单选)

□非常有必要　□有必要　□不清楚　□没必要　□非常没必要

9. 您认为一份行业标准的适用年限应该为：(单选)

□2 年以下　□2—3 年　□4—5 年　□6—10 年　□10 年以上

10. 在您所从事的行业中,您认为制定行业标准时应主要考虑哪些方面？(多选)

□标准的解释性　□标准的强制性　□标准的可实施性　□标准的可扩展性
□其他(请注明)：

11. 您认为在我国制定行业标准时应该：(单选)

□聘请外部机构　□行业相关部门制定　□上级主管部门制定
□外部机构和文化行业相关部门联合制定　□其他(请注明)：

问卷到此结束,再次感谢您的参与和支持!

后　记

　　2012 年 7 月 19 日,文化部文化科技司正式批准《"十二五"文化行业标准化重点工作领域研究》立项,作为"2012 年度文化行业标准化研究项目"(见文化部科技函〔2012〕48 号"文化科技司关于 2012 年度文化行业标准修订计划项目和文化行业标准化研究项目立项的通知"),同时立项的还有《网络游戏术语标准研究》《图书馆移动服务标准研究》两个项目。

　　随后,国家图书馆和南开大学合作组建了课题组,并签订了研究合同。课题组成员共 15人,其中具正高职称 3 人、副高职称 2 人、博士研究生 6 人、其他 4 人。按照合同研究模式,课题组分为以申晓娟为组长的国图分组和以柯平为组长的南开分组,并按照规范的科研过程开展研究。国图分组由国图研究院常务副院长申晓娟研究馆员、研究院政策研究室翟建雄研究馆员、研究院馆史资料研究室程鹏副研究馆员、研究室政策研究室主任李丹馆员、研究院政策研究室石鑫馆员、图标委秘书处田颖馆员等组成。南开分组由南开图书情报专业学位教育中心柯平教授以及博士生朱明、闫娜、张文亮、何颖芳、贾东琴、李廷翰等组成。

　　在资料收集整理阶段,共收集相关报告文件 35 份、相关指南 14 份、国内外研究论文 117篇、国内相关标准原文 382 份、国外相关标准条目 619 条、文化部领导讲话稿 99 篇。

　　在实证调研阶段,分专家访谈和问卷调查两个部分。2013 年 1 月成立实证分析工作组,主要负责问卷和访谈数据的回收统计与分析处理工作。2 月开始对访谈提纲和调查问卷进行预测试,并陆续进行相关的调整。在专家访谈部分,对相关领域的 6 名专家进行深度访谈,收集录音约 470 余分钟;后补充 3 位访谈专家并对 9 个不同类型的实践场所进行走访和调研。同期整理出访谈录音稿 6 份,誊写字数近 2 万字。在问卷调查部分,正式发放问卷742 份,回收 716 份。

　　在研讨阶段,课题组共召开讨论会 7 次,内容涉及访谈设计、体系框架的调整、重点领域和优先事项的确定方案、撰写研究报告的分工等相关事项。在此基础上,对实证数据及相关研究内容的数据进行最后的整理分析,并对标准及标准化的体系框架进行探讨和调整。

　　在最终研究报告撰写阶段,由课题组的南开分组形成初稿后,交由课题组的国图分组提出修改意见,这样来回交叉讨论,反复修改,共修改至第 13 稿。

　　2013 年 8 月 26 日,该项目通过了全国图书馆标准化技术委员会秘书处组织的文化行业标准化研究项目中期检查。随后开展了研究报告初稿的征求意见工作,根据意见反馈对报告进行了修订。

　　2013 年 9 月 24 日,课题组在北京召开研讨会,总结了研究工作,对研究报告提出讨论修改意见,还围绕相关问题进行了探讨。会后对研究报告进行修改,形成最终的提交报告。

　　2014 年 2 月,开始筹备项目鉴定和验收工作。4 月 11 日,受文化部科技司委托,由全国图书馆标准化技术委员会秘书处在北京召开了《"十二五"文化行业标准化重点工作领域研究》项目鉴定会,专家组由中国社会科学院学部委员黄长著研究员担任组长,成员有国家图书馆馆长助理汪东波研究馆员、中国科技信息技术研究所沈玉兰研究员、北京师范大学文学院萧放教授、文化部公共文化司白雪华处长。文化部文化科技司科技处马鸣远同志代表主管单位到会。与会专家听取了柯平教授代表课题组的汇报,对该项目成果予以高度评价,并一致同意通过鉴定。专家组认为,该项目对文化部开展标准化管理、推动文化行业标准化工作的协调开展、促进文化事业和产业的发展具有重要现实意义。同时,专家组建议项目组在我国文化行业如何借鉴国际相关领域标准工作成功经验上持续予以关注。2014 年 6 月 3 日,文化部文化科技司给全国图书馆标准化技术委员会的结项函中说:"《关于报送文化行业标准化研究项目〈'十二五'期间文化行业标准化重点工作领域研究〉研究成果及委托鉴定结论的报告》(图标委函〔2014〕3 号)收悉。经我司审查,该项目完成既定任务,准予结项。"

项目通过鉴定之后,恰逢 3 月份"2014 年国家社会科学基金重大项目(第一批)招标课题研究方向"公布,其中就有"促进我国基本公共文化服务标准化与均等化研究"这一招标课题。南开大学柯平教授迅速着手申报工作,以"十二五"期间文化行业标准化重点工作领域研究这一项目为基础,邀请国家图书馆研究院申晓娟等组成多学科研究团队,经过将近两个月的连续奋战完成项目初步论证,最终于 7 月获得国家社科重大项目中标。

文化行业标准化项目的完成为更大的国家项目奠定了基础,同时国家项目的获得又促使对项目成果的提升。本书正是在这项目的推动下,对文化行业标准化项目成果进行反复修改完成的。既是文化部文化科技司项目的最终成果,又是国家社科重大项目的前期阶段性成果。

参加本书撰写的主要作者有:柯平、申晓娟、朱明、闫娜、何颖芳、张文亮、陈信、田颖、李丹、石鑫等。全书由柯平和申晓娟负责统稿,朱明和闫娜参与统稿。

这部著作的问世是两年来项目研究的结晶,凝聚着课题组全体成员的劳动和心血,更是国家图书馆和南开大学两个团队合作的一个成功范例。项目成果得以出版,不仅要感谢国家图书馆和南开大学给予的支持,更要感谢所有参与项目指导的领导和专家们。

当把我们的辛勤收获和果实呈现给读者面前时,我们深知,成果还不完美,研究也才刚开始,我们期待我们的成果能得到社会支持和广泛应用,期望广大读者给予更多的建议和斧正。

柯　平　申晓娟

2014 年 10 月 30 日